UnRead

–

思想家

上帝笑了99次

哲学悖论里的大思考

The Big Think Book

[英] 彼得 · 凯弗 著

程水英 译

Peter Cave

Discover Philosophy Through 99 Perplexing Problems

北京联合出版公司
Beijing United Publishing Co., Ltd.

奉献给所有缺少奉献精神的人

目录

CONTENTS

序言　开始思考吧　01

第一章 | 伦理观：我们该做什么　001

1　你逃跑对熊公平吗 / 005

2　我们只是在救自己 / 011

3　我被创造出来了，对不起 / 015

4　应该拔掉小提琴家的管子吗 / 019

5　你无视而过的乞丐 / 024

6　沙漠之歌与无辜的凶手 / 029

7　女孩、笼子和猩猩 / 033

8　对某些人来说是幸运的 / 037

9　令人伤感的面纱 / 041

10　刽子手的工作 / 047

第二章 | 政治与社会：为什么要遵守法律 053

11 我们凭什么关心暴徒 / 057

12 正义能被仁慈干预吗 / 062

13 柏拉图和争吵不休的水手 / 066

14 投票好还是逗猫好 / 071

15 做人还是做羊 / 074

16 保安官、土匪与因果链 / 079

17 比较有钱是我的错吗 / 084

18 男女真的平等吗 / 088

19 医生、良心和豁免权 / 094

20 一切都是相对的吗 / 098

21 名为健康的风险 / 103

第三章 | 逻辑：道理也太多了吧 107

22 如何不赢得公主垂青 / 111

23 我的钱是怎么没的 / 116

24 谁会变成小鸡 / 122

25 别看这个告示 / 127

26 当“是”意味着“否” / 132

27 醒美人 / 136

28 瞪羚、树懒和鸡的赛跑 / 142

29 小丑、罗素与集合悖论 / 147

30 无穷尽的希尔伯特旅馆 / 153

31 如何得到你想要的 / 159

32 出老千的骆驼卡梅尔 / 163

第四章 | **形而上学：谈谈现实之外** 169

33 乌龟先生的发财妙计 / 173

34 语言时态中的矛盾 / 178

35 你不能两次踏进同一条河吗 / 183

36 我的山羊不见了 / 187

37 时男时女的大卫 / 193

38 大头针掉了 / 198

39 当下是什么，现在是什么 / 204

40 如何数清海滩上的沙子 / 210

41 是我们制造了星星吗 / 215

第五章 | **知识：淹没在怀疑的汪洋大海** 221

42 指羊为驴 / 225

43 别告诉他，派克 / 229

44 安慰剂：一种不靠谱的提议 / 233

45 你相信的都是对的吗 / 237

46 矮胖子和火鸡小姐 / 242

47 你怎么知道你不是在做梦 / 248

48 永远不会被执行绞刑的洛 / 253

49 贪吃的树懒和蝴蝶翩翩 / 257

50 奶油哲学家 / 261

51 卧室里的动物学研究 / 265

52 什么是“兰色”和“缕色” / 271

第六章 | **自我：我是谁** 277

53 美好的意愿和奶油面包 / 281

54 玛丽、玛丽，就不服气 / 285

55 谦虚的人知道自己谦虚吗 / 291

56 嘿，我是牛顿，别提苹果了 / 297

57 机器人能变成人吗 / 301

58 是什么让我成为独一无二的我 / 306

59 大脑，或者说“我”在哪里 / 310

60 有滑轮的男人 / 315

61 一捆苦恼和驴子悖论 / 320

62 狐狸、刺猬与生活的灵药 / 324

63 青蛙、蝎子和道德原则 / 330

第七章 | 宗教：放眼世界之外 337

64 世上并没有圣诞老人 / 341

65 世界上真的有奇迹吗 / 347

66 上帝、巧克力和宝盒 / 352

67 你永远无法进入天堂吗 / 358

68 没人疼爱的恶魔 / 362

69 无罪之地与帕斯卡的赌注 / 367

70 汉娜和阿米娜 / 372

71 全知全能，到底知道多少 / 376

72 在很久很久以前 / 381

第八章 | 人际关系：人类是什么 387

73 食人族有错吗 / 391

74 你选择现在痛苦还是未来痛苦 / 396

75 出售：瓶中精灵 / 401

76 从武器交易到桃色交易 / 406

77 爱情是荒谬的吗 / 411

78 明天你依然爱我吗 / 417

79 我知道我在想什么吗 / 421

80 对女人吹口哨是不对的 / 426

81 美洲驼会坠入爱河吗 / 431

82 我正在告诉你一个真相 / 436

83 我应该生什么样的孩子 / 440

第九章 | 美学：艺术的价值是什么 445

84 美人、窃贼和围观者 / 449

85 绘画如何描绘现实事物 / 454

86 人为什么会对虚构人物产生感觉 / 459

87 我们讨论的到底是谁 / 464

88 但这是艺术，亲爱的玛蒂尔达 / 469

89 眼见一定为实吗 / 475

90 音乐是超越的语言吗 / 480

91 人是最脆弱的生物 / 485

第十章 | 价值观：生命的意义是什么 491

92 幸灾乐祸是好事吗 / 495

93 我们应该拯救跳鼠吗 / 500

94 为何我们选什么都是错的 / 505

95 长生不老有什么好 / 511

96 生活总是容易的 / 516

97 逻辑是没有尽头的吗 / 521

98 到底谁是野蛮人 / 526

99 这就是生命的意义 / 532

结语 思考永无终点 539

致谢 549

序言

开始思考吧

很多人宁愿死也不愿思考，他们也确实这样做了。

——伯特兰·罗素

所有人都在思考。但这还不足以让我们成为哲学家，不过也差不多了。

假如你在冥思苦想——我们为什么做好事？我们是否应该做好事、不做坏事？——那你就有点儿接近哲学家了。如果你想一窥世间万物的真相——只有大脑才能产生思维吗？世界是由上帝创造的吗？——那么，你就是在探讨哲学了。还有，如果你问一些诸如“这一切的意义是什么？”此类的问题——很好，这又是一个你成功进入哲学家境界的证据！

这本书对许多难题、悖论和困惑所进行的反思，都是在讨论哲学。本书涉及的领域从伦理到上帝再到时空，从政治到意识再到逻辑，甚至包括情爱和小说。没错，一旦尝试系统、清晰地思考问题是什么，我们假设了什么，以及这些假设指向何处，你就是在研究哲学。这里面的哲学，以万花筒般色彩斑斓的风格呈现，从对话到独白，从你熟悉的日常经验到奇特的思想实验，从与上帝的对谈到蝼蚁之间的争论，从轻松的闲谈到引发关注的严肃话题。我希望所有难题都能以最轻松的方式触及你们的思维，帮你们厘清思路。这些文章我故意写得比较短，就是为了引起你们更多的思考、更深入的发问和辩论。无论是跟自己、跟别人辩论，无论在工作、玩耍还是约会中，甚至在睡梦中，你们随时都可以提问和辩论。

“哲学”一词，源自希腊语中的“爱智慧”，是为了表述某些关于生命和宇宙（而非其他事物）的最宏大、深刻的东西。事实上，如今哲学家的所作所为，大大地背离了他们被赋予的智慧。如今的哲学家，往往是在教书，靠写书和做研究维持生计，稍好一点儿的在指导经济。过去的哲学家则截然不同：斯宾诺莎是个磨镜片的匠人；莱布尼茨是个图书馆管理员；约翰·斯图尔特·穆勒（John Stuart Mill）[1]起初是东印度公司的职员，还干过兼职记者，后来当上了议员。眼下有种观点，认为哲学仅仅是一门技术——看看市面上的哲学书就知道了。技术确实很重要，但根本而言，我们不该误以为哲学仅仅是技术专家和学者的活计。古往今来，一切伟大的哲学思想——从柏拉图到大卫·休谟（David Hume）再到维特根斯坦——都是向所有人敞开的。我希望这本书能为你们传达这一点。

万物合谋

这些谜题、故事和对话，涵盖了哲学思考的全部领域，从逻辑推理中的形式悖论到道德困境，所有内容都是按哲学话题归类的。古希腊医生希波克拉底（Hippocrates）[2]有句名言：“万物合谋。”（All things consire.）——所以，本书里的部分内容和难题偶尔会重复出现，但也是为解开不同谜题所运用的不同手段，例如：“自我的本质是什么”，“如何描述周围的世界”。有些难题

1　也译作密尔，19世纪英国哲学家和经济学家。——编者注，下同

2　古希腊名医，被西方人尊为“医学之父”。

出现在别的章节，可能会更别致，例如“纽卡姆悖论”（见第 66 节），放在第五章“知识”里可能更适合，但把它和宗教哲学结合起来也挺有意思的。我倾向于将这些内容交叉、混合——让读者一跃来到更精彩的章节，而不是把问题挨个儿梳理。

只要把一群话痨组织起来，就有了哲学思考的材料。你们甚至不用具备数学思维、渊博的历史知识，也不用做什么科学调查，一点点日常经验就足够了。因为哲学家很少直接参与具体实践，也不必跋涉过泥泞的沼泽，或者挥汗如雨地挖掘。我们更爱的是扶手椅、笔和纸（还有键盘），甚至小酌一杯——两杯也行。确实，哲学家会反思人们对于宇宙万物的考察，无论这些反思关乎身体、精神抑或宗教，因为哲学思考本身就揭示了万物的联系。

矛盾有什么问题?

当面对悖论、难题和困惑时，我们往往是从一些显然真实可靠的说法、观念或原则入手的。这些东西可以被视为问题的前提。我们会做一些推理，期望得出合理的结论。当我们得出的结论明显错误、令人难以接受，或在某种程度上不可取时，我们的困惑也就随之而来了。一旦它们与我们最初的看法有了矛盾，那这个推理一定是哪里出了问题，或者我们从一开始就错了，又或者，矛盾是这个世界固有的特征？哲学家们试图找出每一处错误，努力解释困惑产生的机制，其目的就是要避免矛盾。

两个彼此矛盾的观点，不可能同时为真。比方说，你回家后发现你的另一半留了两张便条，一张写着“在家等我”，另一张写着“别在家等我”。这时你该怎么办？这两个指令相互矛盾——你百思不得其解。你看到本书目录前面那句自相矛盾的话了吧？因此，我们要回避矛盾，避免言语和措辞的对立。这种回避还适用于语言指令之外的地方。当你的朋友告诉你："今天会下雨。"然后又说了一句："今天不会下雨。"你这下可就糊涂了："她到底是怎么想的呢？"你到底该怎么做，到底带不带伞呢？为了寻求合理的解释，我们会开始为这种矛盾找借口，"这可能代表她的想法变了？也许她说的是别的地方下雨？"

睁开双眼，锻炼思维，能言善辩

古罗马哲学家塞涅卡（Seneca）曾解释过我们每天经历的事——那些最值得惊叹和赞赏的事——是如何被我们忽略的。我们就像梦游症患者，也许碰巧能找对路，却不知道自己在做什么，而哲学帮我们睁开了双眼。

哲学具备某些内在的价值，但同时也是一种锻炼思维的方法——能够锻炼我们对事物的看法。每当我们在寻找真理之路上小有所得，哲学还能带给我们某种受人欢迎的自谦。此外，哲学还是一种与人分享、与人和谐相处的生活方式。古希腊的智者苏格拉底通常被看作西方哲学的启蒙者，他强调了对话的重要性，与他人讨论"如何获得更合理的薪资""是否应该容忍冒犯言论""我们有多么自由"之类的问题，确实有助于产生一种共同的人性、真实的理念，让我们感受到"人人与共"，携手努力探索宇宙和我们周围世界的真相。这与"和衷共济"这种"神棍式"的经济口号形成了鲜明对比，这是近年来英国掌权者常说的一句话。

哲学难题依旧困扰着我们，这表明它们比那些可以用科学实验、逻辑和数学推理来解决的难题高明多了。

我们先看看科学。1616 年，一个叫约翰・布洛卡（John Bullokar）的人提出了一则命题："地球在转，而天空静止。"今天，多数人都知道，地球除了自转，还要绕着太阳公转。天文学观测为我们提供了证据。

再看直言逻辑。这里只涉及我们提到的三个人：奥斯伯只爱佩内洛普，但佩内洛普只爱昆汀。奥斯伯是一位哲学家，而昆汀不是哲学家。那么，是哲学家爱着非哲学家吗？答案是“是”“否”还是“不知道”？听我解释，你们就会恍然大悟。

接着看概率。在蒙蒂·霍尔（Monty Hall）[1]的竞猜节目里有三扇门：A、B和C，其中一扇门背后藏着诱人的奖品，比如说金条，另外两扇门后面各有一只山羊。对于这个谜题，我们假设山羊既不合你意，你也不需要它，你只想要奖品。哪扇门背后藏了奖品是随机的。现在请设想这个游戏：你选择了一扇门，比如A。门后可能是山羊，也可能是金条。主持人（他知道每扇门后是什么）为你打开另一扇门的门缝，露出一只山羊。我们假设他打开了B，接着，他问你是否要改变主意，换一扇门。显然，你不会选B（因为你已经瞥见了山羊），但你应该改选C吗？改变主意是不是理性的选择呢？你赢的概率会增加吗？

罗素的玩笑与尼采的生命之重

与刚刚给出的难题相反，哲学难题无法通过科学论证或逻辑推理来有效解答，困惑依然萦绕着我们。接下来有两个案例：第一个是关于逻辑悖论的。

在20世纪初最著名的哲学家里有两位出身于剑桥大学——伯特兰·罗

1 美国电视游戏节目*Let's Make a Deal*的主持人，著名的“三门悖论”（Monty Hall problem）就是以他的名字命名的，这是一个源自博弈论的数学游戏。

素和G. E. 摩尔（G. E. Moore）[1]。摩尔留给人的印象一般是诚实和正直，而罗素则圆滑世故、机敏过人，是许多人的理想情人，但是他有点儿爱恶作剧。有一天，罗素调皮地问摩尔："你是否总是说真话？"摩尔保持着适度的谦虚答道："不是。"此刻，摩尔这句话是真话还是谎话？

摩尔的回答是："我并不总是在说真话。"让我们假设摩尔确实很谦虚谨慎，他说的一切都是真的。他的回答相当于在说："我现在说的不是真的。"这句话着实令人困惑——如果他说的不是真的，那么包括他的所有话在内，这句话终归也是真的。然而，如果他说的是真话，那这句话本身就不是真的。

这就是一则著名的悖论——**说谎者悖论**。它可以追溯到古代，我们会在第25节详细讨论它和其他相关的悖论。

上面那个故事说明哲学家对于日常事务通常具有着怎样的看法，并且喜欢用何种机智、幽默和古怪的观点来看待这些事务。事实上，维特根斯坦（后面还有更多关于他的故事）提出：真正伟大的哲学思想，完全可以用一串笑话写成。笑话不仅会引发困惑，而且经过思索，也会给人以启发。梅·韦斯特（Mae West）[2]曾打趣说："当我好时，我非常好；当我坏时，我就更好了。"这句话涉及严肃的道德问题和语言指示问题，但最初不免引发莫名的困惑和人们善意的笑声。

还有一种截然不同的困惑，是由通常属于"存在主义者"的19世纪末哲学家弗里德里希·尼采（Friedrich Nietzsche）提出的。尼采假设，生命中有一种永恒轮回——"不能承受的生命之重"——并由此提出一个问题：我们能否把一生安排妥当，让我们能接受永远重复的生命，即每次人生都完

1 20世纪英国哲学家，新实在论及分析哲学的创始人之一。

2 20世纪初美国著名女演员、歌手和剧作家，提倡性解放，最为人熟知的是她的语带双关。

全相同。当然，如果所有重复完全相同，整个宇宙以完全相同的方式在重复，那么我们会无法意识到这种重复。我们甚至会怀疑这种完全一样的东西在不断重复的感觉——这是一个形而上学的悖论。永恒轮回——这是最可怕的、令人痛苦的想法，会使我们主动去思考应该如何生活，追求何种生活，还有我们的生命可以承受什么——这些都是偶尔会困扰人类的思考。

“他什么都教不了我”

路德维希·维特根斯坦堪称 20 世纪最伟大的哲学家。他初次去剑桥报到时，就去问罗素对他的看法（就是前面那个罗素），后者评价他说：你是个天才，但是有点儿磨人、古怪和自负。罗素送他去颇有建树的老逻辑学家约翰逊那儿学逻辑。他只学了一个学期就结束了。后来，维特根斯坦跟罗素报告：“他什么都教不了我。”约翰逊也对自己的朋友们说：“我什么都教不了他。”

在某种意义上说，约翰逊和维特根斯坦谈论的都是约翰逊上课的事，但意思却截然相反。约翰逊认为年轻的维特根斯坦自负、听课不专心。维特根斯坦觉得约翰逊是老古板、过时了。但后来两人成了好朋友，维特根斯坦对约翰逊的钢琴演奏很欣赏——远远超过了对他逻辑学方面的欣赏。

这个故事提醒我们，要特别注意话语中的表达和意图，必须注意语境、动机和前提。假设我说：“首席大法官今天在辩护律师总结陈词时保持了清醒。”这句话在逻辑上并不表示“他通常都会打瞌睡”；但在特定的语境和前提下，这句话将会表达“他通常在法庭上都是昏昏欲睡的”这种意思。这就是所谓的“会话含义”。

听过摩尔和维特根斯坦讲座的哲学家卡西穆勒·路易，曾被问到对一位同事出版的新书的看法。“纸张印刷精良。”他操着波兰口音重复道。他这么说，其实也就够了。

虽然多数哲学家强烈反对把哲学悖论归结于语言学问题，但人们普遍认为，如果我们要对世界产生正确的认识，就必须使用**谨慎明确**的语言。请注意，语言明确这一要求，对某些“后现代主义”哲学家而言可能是一种挑战，他们似乎更喜欢模棱两可的表达。我忽然想起了德里达、伊丽加莱（Irigaray）[1]和克里斯蒂娃（Kristeva）[2]的某些言论。但也许问题出在我身上，是我没理解他们。

洗衣、进化论和上帝

19世纪的丹麦哲学家索伦·克尔恺郭尔（现在被归为宗教存在主义者）看到一家店里挂着“把衣服放在这儿洗”的标牌。他立刻赶回家，打包了所有脏衣服，并带到这家店里——却发现这儿并不是洗衣店，而是卖商店标识的店。这个故事提醒我们，在判断如何解释言辞和行为时，我们需要考虑怎样写标识才能做到准确、没有歧义。“我的行为被误解了”这句话可能是真理，也可能是狡辩。

当我们思考如何行事的问题时，“如何解释我们做的事”这一问题尤为突出。放着某人不管让他去死，等于直接杀死这个人吗？毕竟结果都一样。人类是进化而来的生物，还是按照“神的形象”被塑造出来的？答案如果是前者，那么道德有什么价值？答案如果是后者，我们身上又具有哪些神性？

我们再回到维特根斯坦。他对某些神秘的原理、惊人的思想和深刻的形

1　法国当代女性哲学家，在哲学、心理学和语言学上分获三个博士学位，还是杰出的作家、诗人。

2　法国当代女性哲学家，也是文学批评家、精神分析学家、女权主义者。

而上学焦虑有着独到的直觉。他写过一句很出名也颇有争议的话：

哲学是针对借助我们的语言来蛊惑我们的智性所做的斗争。

我们不该将他简单定义为“一个语言哲学家”。他在理解我们“能做什么”和“不能说什么”的时候，看到了更深一层的问题。他对此感到痛苦，找不到一种简单、快速解决问题的办法、方案和诀窍。

维特根斯坦写道：当两位哲学家见面时，他们彼此之间的问候应该是“慢慢来”。心中的困惑，最好能与别人一起细细探讨，交流各自的想法，要沉浸其中，再跳脱出来，然后在浴缸里或火车上，甚至半梦半醒时再次回顾。然而，我自始至终都鼓励大家不要太着急得出答案。我希望大家“慢慢来”。

所以，无论小鸟、蜜蜂或受过训练的跳蚤能不能做到“慢慢来”（好像不能吧），哲学推导都是源于对智慧的热爱，诞生于奇迹和好奇心。这就开始吧，现在，我们一起来聊聊哲学——

第一章

伦理观：我们该做什么

没有伦理观的人，是在世上游荡的野兽。

——阿尔贝·加缪

我们经常被告知我们该做什么或者不该做什么。我们受到伦理、道德和责任感的约束。在这种约束之下，我们常遇到的困惑是一种两难困境，看看下面这几个故事："你逃跑对熊公平吗""应该拔掉小提琴家的管子吗""刽子手的工作"。这些难题也揭示了道德是如何渗透在法律、政治权利甚至行为理解当中的。归根结底，是什么使得某种行为成为我们实际的行为和计划中的行为？或者说，我们是从何时开始形成动机并实施行为的？

隐藏在这些难题背后的问题是：我们是否曾依照道德行事？我们是否应该依照道德行事？以及，现实中是否存在任何真正的道德？我们是否应该关心他人——无家可归的人，甚至可怜的动物——的困境，或者关心自己和我们挚爱的家人、朋友？当我们试着处理上帝和信仰问题，以及处理我们与国家、政府和法律这些更加世俗的关系时，这些问题也随之而来，并且源源不断。

伦理道德是人类特有的关注对象。谁都不会认真思考"猪、孔雀和豪猪能否意识到道德要求做的事不等于它们自己想做的事”这一问题。相较于自然界，人类世界的内容要丰富得多。人类可以做数学、自然科学和历史研究，还可以追求真理。人类还有艺术和哲学思想，当然，还有伦理学。

道德问题远比我们想象的要宽泛得多。它使我们超越了简单原始的诫命，例如：不杀人、不被奴役和不妄语。其实，这些诫命都值得思考和仔细鉴别。正如我们所看到的：伦理学在最大限度提高人类福祉和尊重一个人不被使用的权利这两件事上产生了冲突。此外，对于伦理的思考还使我们意识到：人类的繁荣需要优雅的格调，也需要同情和移情的态度，并督促我们关注对待其他生物的态度，比如如何对待上述的猪、孔雀和豪猪。在伦理学的探讨中，我们尝试去了解更多的东西，而不仅仅是权利。

作为人类，我们不能轻易地对他人闭眼无视，不能不关心自己如何影响他人。作为人类，我们不该闭眼无视自己，还有其他所有人。

1

你逃跑对熊公平吗

这里有两个女探险家，分别是悲观的佩内洛普（Penelope）和乐观的奥菲利娅（Ophelia）。她们正在某一片山区探险，突然发现远处有一头饥肠辘辘的巨熊在觅食，眼睛正直勾勾地盯着她们。熊朝她们移动，逐渐加速，期待着美味的“探险家套餐”。

“我们最好快点儿跑！”乐观的奥菲利娅催促说。

“有意义吗？”悲观的佩内洛普看着熊，绝望地叹着气说，“我们不可能跑得过熊。”

“没必要，”乐观的奥菲利娅得意地笑起来，“我没必要跑得比熊快——我只要比你快就行了。”说完，她就跑了。

* * *

道德允许我们做什么来拯救自己呢？假设熊只需要一个人当早餐，那么谁都能牺牲自己。但是，道德要求我们自我牺牲吗？谁来牺牲呢？你们先等一下。假设那两个女人都知道自己无法打败熊，逃跑才是唯一的正解。在这种情况下，考虑自己，至少在道德上是允许的。

让我们先忽略奥菲利娅得意的笑容。两个探险家都认识到了自己悲惨的处境。她们发现，如果奥菲利娅要牺牲自己，或者佩内洛普牺牲自己，的确超出了道德的要求。她们都要与熊赛跑，我们不知道谁跑得更快或谁更擅长绕弯子。她们任凭命运来决定谁会逃脱，谁会牺牲。

然而，结果是肯定的。她俩都明白，奥菲利娅跑得更快，她一定能顺利逃脱，所以佩内洛普注定要被熊吃了。如果是这样，奥菲利娅就让弱者佩内洛普陷入了绝境——变成熊的盘中餐。然而，这并不是奥菲利娅牺牲自己的好理由。毕竟，如果她这样做，我们会好奇——为什么佩内洛普不能这样对她呢？假如她俩都主动喂了熊，那又有什么意义呢？她们可不是少了彼此就活不下去的恋人啊！

让我们稍微改动一下故事设定：唯一能确保自己逃脱的方法是绊倒同伴。我们可能觉得那样在道德上是错的。那样也许确实不公平，一个人故意干扰另一个人很不公平。但我们要先问一问：一个人跑得比另一个人快是公平的吗？

如果你为了自救而导致无辜的人死去，这在道德上是否可行？

说到这里，我们有点儿糊涂了。让我们集中注意力，专注于思考一种情况：有个无辜的人为了救你而失去了自己的生命。为了排除家庭、寿命等复杂因素的干扰，我们假设这里所涉及的个人对社会福祉的贡献有同样的责任和潜力。

为了测试我们所感知到的某种可能性，再来思考一些不同的场景。假设奥菲利娅和佩内洛普在排队，奥菲利娅在前面，有个疯狂的持枪者正拿着左轮手枪朝着队伍开枪。奥菲利娅猛地弯腰，避开子弹，结果子弹射中了佩内洛普。奥菲利娅自救的同时，导致佩内洛普的死亡。然而，即使奥菲利娅能预见到佩内洛普被射中——也许她没时间来提醒对方——奥菲利娅也不希望佩内洛普死掉。佩内洛普的死并不是奥菲利娅自救的手段。如果队伍里所有人都躲开了，就没有人被杀了。佩内洛普只是个无辜的受害者和倒霉的围观群众。

我们再假设，奥菲利娅为了避免被枪杀，把佩内洛普推到了自己身前。在这里，她把佩内洛普当成了盾牌，而后者根本不知情。当然，道德不允许奥菲利娅这样做。这表明了一个关乎道德的特征：一个人是否因为被他人当作防御手段而受到威胁。奥菲利娅如果以佩内洛普为盾，就是不尊重她，她只是用佩内洛普来达到目的。根据很多人的观点，这在道德上是错的，这无可辩驳。对人的尊重，应当包括把他们当作理性的主体来对待，让他们有权同意或不同意自身如何被利用。对他人的尊重，是伊曼努尔·康德的道德哲学的核心问题，康德是18世纪最有影响力的启蒙哲学家之一。在另一个故事中，我们会看到一个关于尊重他人的道德难题：

你被绑在一段铁轨上，有一辆失控的电车正在冲向你，但你手上有一个无线扳道器，所以你可以把电车转向侧轨来救自己。不幸的是，你知道有一个工人躺在旁边的轨道上。通过扳道器，你拯救了自己的生命，却导致了工人的死亡。这在道德上可能会被允许，也可能不被允许，但它并不像你在下一个场景中所做的那样糟糕。

又一次，失控的电车冲向你。你自救的唯一办法是：用橡皮子弹射击铁轨边上的路人。那人惊慌失措，摔倒在铁轨上，被电车撞死了。这样，你就可以用他作为盾牌来拯救自己。路人的死，是你得救的必要手段，不像工人的死那样毫无必要，当然，你没有尊重路人。一个人当然有不被这样利用的权利。在未经同意的情况下，对这种权利的践踏，是一个重大的、根本性的道德错误。

当我们把某人当成盾牌，我们是在将自己的不幸转嫁给被迫承受的那个人。那么，这里有两个与道德相关的因素：

第一个因素是被转嫁的不幸，以及它对被转嫁者的意义。如果救自己的唯一方法是让某个无辜的女孩成为盾牌，只是蹭掉了她的指甲油，这在道德上还能接受。如果她对你表示抗议，就会显得很小家子气。如果我从一个绅士手上抢走精致的丝帕，用来包扎我正在喷血的大腿，我无疑侵犯了他的财产权。但是，如果我用丝帕救了一条人命，这就是一笔不错的交易，尽管绅士会告我侵犯他的财产权。

第二个因素是转嫁行为本身。在盾牌的例子中，转嫁是转移者的刻意行为，也是必要行为。在其他例子中，即使不幸没有发生在别人身上，生命也会得到拯救。不过，如果我们知道事实上会发生不幸，我们可能会质疑这种区分的现实意义。你有权为了保护自己而让电车改道，但如果你预见到工人的死亡，你是不是正在残忍地把不幸转嫁到他身上？当然，这在道德上看完全是两码事，如果你知道他是有意识的，可以轻松躲开，那蹭不蹭掉指甲油不重要。但是，在开头那种情况下，放任致命的电车撞死他肯定是不道德的。可以说，无意识的工人对你是一种“无辜的威胁”。他的存在，似乎在道德上阻止了你去做原本可以救自己一命的事——转移电车。

再回到熊的故事，奥菲利娅知道佩内洛普可能会被吃掉，然后准备逃跑，这样做哪里违背道德了？或者，如果她不逃跑又会怎样？毕竟，她必须让熊抓住佩内洛普饱餐一顿，以确保熊不会追自己。看起来，似乎是奥菲利娅把自己的不幸转嫁给了佩内洛普——最低限度而言，这和让电车撞到不知情的工人一样不道德。然而，我们大概会觉得，在这种情况下“两人都只顾自己”在道德上还可以接受。

也许盾牌和熊的例子之间的差异，关系到了故事的出发点。在熊的故事中，两个探险家从开始都同时暴露在熊饥饿的眼神里。而在电车的例子中，你自己从一开始就是独自面对危险的。如果你什么都不做，工人就是安全的。而就算奥菲利娅什么都不做，佩内洛普也仍会面对饥饿的熊，熊真的很饿。如果疯狂的持枪歹徒向队伍随机开枪，那么我们可以认为所有排队的人都是不幸的。不过，假设歹徒专门对着排在前面的奥菲利娅开枪，而她弯腰避开，把不幸转嫁到别人身上，这对别人还公平吗？

轨道上的工人、队后面的佩内洛普、跑得慢的佩内洛普——我们可能会仰天咒骂，宣告这些条件都这么不公平。但是，反正奥菲利娅刚好排在前面，你刚好在失控电车的轨道上，这些也都很不公平——再宽泛一点说，许多人生在战争、贫困和疾病的环境中，而有些人生来衣食无忧，这一样很不公平。

面对这些不公平和由此引发的困境，我们当然应该尝试寻找那些对人们

“最好的”结果。可悲的是，我们往往无法知道到底什么才是最好的，有时是因为根本没有什么是最好的；即使有，即使我们知道它是什么，也还实现不了。

就像我们必须面对的许多道德难题，我们到底应该怎么选择呢？似乎，我们往往就是胡乱应付了一下。

2

我们只是在救自己

17 世纪，英国博物学家约翰·奥布里曾说过一段话，用以描述伟大的政治哲学家托马斯·霍布斯。读过这段话的人们，总是会爱上霍布斯。

> 他（霍布斯）对那些真正的施舍对象是非常慷慨的，可以说是尽其所能。我记得，有一次在斯特兰，一个贫穷、虚弱的老人恳求施舍，他用怜悯的眼神看着老人，从口袋里拿出 6 便士递给他。旁边的牧师（雅斯帕·梅恩）问霍布斯："如果不是出于信仰，你会这么做吗？"霍布斯回答说："我会。""为什么？"牧师又问。"因为看到境况悲惨的老人，我很痛苦，希望我的施舍能给他一丝安慰，也能让我自己舒服一些。"他说。

一般这类故事给我们的启示是：我们只会做那些对自身有益（利己）的事。的确，有时我们看到别人受苦，帮助他们只是为了缓解自身的痛苦——

我们的痛苦才是最初的动机。道德责任从来就不是我们做事的真正动机。

其实，这个故事真正的启示是：我们所有的行动，不管看起来多么自相矛盾，都是为了自身的利益，或者说出于自私。一位母亲跑进着火的房子去救她的孩子，是因为害怕——害怕她的孩子一旦死去，自己不知会遭受多大的痛苦。圣徒牺牲他们的生命，捍卫自身信仰，是由于渴望上天堂而不是下地狱。那些无神论者，“出于责任”帮助流浪汉，其实只是为了自我感觉良好，可能只是想感动街坊四邻。

切记，为了挑战以上观点，我们最终要考虑的是这种观点的假设迁移，即“当我们实施任何行动时，必须怀有某种动机”——就是说，在某种意义上讲，我们想做这件事就会付出行动实现它。但是，如果我们做某事是为了满足自己的需要，那么我们就是出于自私做这件事。这是一种“一刀切”式的论证。然而，我们想要的往往可能不符合自身利益——我们经常会糊涂，不知道什么才是对自己最好的——所以，准确而言，这种推导需要先解释一个问题：我们如何判断我们的意愿和期待一定会符合切身利益，并总是依此行事呢？

有没有可能，在某些层面上我们的行为都不是出于自私？

对“这种说法是不是真的”这句话的不同看法，带来了许多哲学探讨。很诡异，在某些哲学研讨会上，哲学家和其他学者似乎很快就知道或理解一种说法是真的，而刚一走出研讨室就完全不认为它是真的。某些哲学家和其他学者很少反思，以至于他们认为，我们从来没有“真的”了解过某事，从来无法“真的”确定某事，我们并不是“真的”在自由生活着——虽然看起来，在生活中我们经常能肯定某人是否知道某事，是否确定某事，并且自由地做过某事。

我们该如何理解“我们‘真的’从来不是出于对别人的关心而行事”这句话呢？这可能是一种实证说法，是我们对现有证据做出的评估，但如果是这样，它看起来就不是真的——我们似乎可以认为，人们有时是纯粹出于对他人的关心而行动的。然而，“人人皆利己”的说法往往不允许任何辩驳。无论我们举出哪一种无私行为的例子，总会有人反驳：“如果她做了什么，一定是因为她真的想做，所以她终究是自私的。”仿佛无私之举和利他行为的可能已被排除在外——因为一个人想做某事，就足够表明他不是无私的，而是自私的。

多年前，我看过英国前首相撒切尔夫人接受关于医疗危机的采访——当时正值英国护士罢工。撒切尔夫人说：“可是，护士不会罢工的。”记者目瞪口呆地指着电视屏幕上的照片，解释说“她们”聚集在特拉法尔加广场上挥舞横幅，宣布罢工。“噢！”撒切尔夫人说，“‘她们’不是真的护士。”“护士不会罢工”最初是一种用于描述世界的经验主义说法，而在撒切尔夫人的圆滑辞令中，却变成一句无论如何都为真的话——如果她们罢工，就不能算护士。

从有趣的**实证说法**，到通过**定言令式**转变成现实的说法——这种转变，在别人告诉我们“所有行为都是自私的”的时候，值得商榷。我们假设这句话是实证说法，再测试一下：火灾中的母亲真是因为害怕将来受苦才冲进去救孩子的吗？我们为什么这样认为？如果有人为了某项事业牺牲生命，他真的是出于自私才这样做的吗？我们为什么这样认为？如果有证据表明这些是真的，那请拿出证据来啊！但是，让我们避免用“所有行为都是自私的”这种无稽之谈（也不知哪儿来的）来为一切看似无私的行为下定论，千万别说这些行为（哪怕是不自觉行为）一定是自私的。

*　　*　　*

多年前，哲学家理查德·道金斯在《自私的基因》一书中总结了一种趋势，并由此而出名——他将自私的起源从“人性层面”转向了“基因层面”。基因当然不是一种自私的东西，因为它可以自我复制。就此而言，如果可以用一个更恰当的词来形容这种趋势，我想应该是“自负”吧。某些人会根据遗传因素说：利他主义“正是”基因的一种提高自我复制成功率的手段；利他主义“不过是”基因繁衍或人类的私心在起作用。这真是耸人听闻——不能因为人们表现出的各种行为特征之间存在因果联系（就基因而言，是复制和变异的结果），就断定没人会在利他思想指导下行动。正相反，这些因果联系恰好解释了真正的利他行为的动机。

将一切人类行为绑架上同一条自私之船——归于基因遗传或无意识的动机——会忽略一些更有价值的区别，如帮助你而不求回报的人，和只为回报而帮助你的人的区别。现在，你更希望哪种人当你的朋友？——或者说，当你的车突然抛锚、不知所措时，你更希望哪种人在你身边？

如果你一定要坚持改变语言的游戏规则，认为“人都是自私的”，那我也无话可说，但是你仍应该区分那些有偿帮助你和无偿帮助你的人。

3

我被创造出来了，对不起

我遭受了不公正的对待。

我是谁？我是你们在几年前、一年前、几分钟前因为避孕而没能诞生的那个人。像我这样的人还有好几亿，我们都遭受了不公正的对待。

你们这些有幸存在的人，热烈讨论着人类生命的价值。你们努力维持人的生命。你们设置了法律制度、道德压力和制约体系，以防止人们被杀害。你们有医院、疫苗接种和筛选计划，还有安全保障、卫生条例、保健诊所，以帮助活着的人继续活下去。你们大多数人都对杀婴行为（谋杀儿童、婴儿）感到毛骨悚然，都对孕晚期堕胎嗤之以鼻。你们会说：新生儿和子宫里即将出生的胎儿，在道德上有什么区别呢？

你们中的一些人，已经在道德上将堕胎等同于谋杀。如果从道德层面看，在孕晚期进行堕胎与杀婴有着同等过错，那么堕掉稍早于此的胎儿又该怎么看呢？或者按日倒推，那些更早或再早一些的胎儿呢？ 16 周的胎儿和比他再早一天的胎儿，还有比后者再早一天的胎儿，他们在道德上有什么区别呢？

我们这样一直倒推下去，直到回到我们受孕那一刻。

受孕——这就是区别所在！在受孕前，没有任何个体能成为一个人。根本没有什么“潜在的人”。只有当卵子受精后，我们才可能成为拥有感情、智慧、爱与欲望的活生生的人。

我可以谴责你是数量主义者和空间主义者，甚至是“物质主义者”，但哲学家对于“物质”这个概念有特殊的理解。没错，在受孕前，卵子和精子间还有一段距离——它们之间有很大的结构差异或物质间隔——但是，为什么这种数量和空间上的事实，会扯上道德问题呢？精子和卵子的存在，并不代表它们是潜在的人。的确，我们无法预知哪个精子会让卵子受精——卵子将会发育成胚胎、胎儿、婴儿、儿童和成年人。毫无疑问，在受精之前一定有一颗特定的精子，暂且叫它贺姆（Herm），最终它将使某颗特定的卵子——暂且叫它艾格维娜（Eggwina）——受精。没有受精行为，就不会产生受精卵。在那一刻，任何避孕行为都会阻止贺姆和艾格维娜相结合，阻止受精卵产生，从而阻止人们如此珍视的胎儿、婴儿和成人的生命产生。

如果杀人有错，那不生孩子不也有错吗？

要解答这个问题，让我们先回到婴儿身上。毕竟，对于以上问题有一种快速省事的回答：我们活着的人通常并不想死，但那些还没有被生下来的人，却根本没有自己的想法——应该没有吧？

杀死婴儿有什么错？这不单单是个令人愤慨的问题，而且是个急需解决的问题。它要求我们找出使人们普遍认为这是道德错误的原因。准确而言，哲学家们提出的这个问题令人不安——有时他们提出问题，是因为本身心有不安。当然，他们也可能有哲学上的担忧，担心在某些情况下不该提出某些问题。这就把问题引向了**自由表达的意义**的话题（见第 9 节），而此处的问题是，我们必须在哲学语境下思考——杀死婴儿有什么错？

如果我们简单回答“我们失去了一条未来的宝贵生命”，那么堕胎当然是一种道德错误。这是因为，堕胎一旦发生，那么未来的生命（孩子、成人）都会逝去。如果我们采取有效的避孕措施阻止了胎儿的诞生，继而阻止了胎儿长成儿童和成人，那么未来的生命同样会逝去。再往前倒推，节欲自然也是错误的，这一样会阻止儿童和之后成人的诞生。

当然，怀上一个胎儿也会妨碍其他胎儿存在的可能，没有人会怀疑所有潜在生命的可能性。如果我们不能养活自己创造的生命，那么创造更多的生命也是不可取的。困惑在于，如果说避孕和堕胎有错，那就是会杀掉未来原本可以诞生的人，那么，不仅仅是避孕、节欲，其他类似的行为同样是错的。如果就“会扼杀原本可以存在的生命”而言，那么守贞行为和杀婴儿一样恶劣。然而，多数人都会觉得这个结论太疯狂了。这确实是个荒唐的结论，它把那些保持贞洁的修道士、修女，那些誓守贞节的人，都说成了杀人凶手。

*　　*　　*

所以，认为“杀人之错在于导致未来生命的丧失是一种错误”，这种想法也是错的。还有更合理的解释——杀人之错在于它使个体蒙受损失。想想《巴黎圣母院》里的埃斯梅拉达（Esmeralda），她只是个普通人（名字不太普通），她的内心有一种“自我延续感”。通过杀害她，我们挫败了她的这种欲望、目标和意图。而从根本上说，埃斯梅拉达很想活下去。这就是为什么杀她是错误的——以及为什么杀真正求死的人就没有错；还有，为什么自愿安乐死和协助安乐死是被道德允许的。再说，如果一个人没有自我延续感和这种渴望，那么让他无痛地死去也没什么不好。当然，可能还有其他更好的理由可以解释协助安乐死也是错的，例如，这可能会给他们的至亲带来痛苦。

这样看来，节欲、避孕和堕胎的行为，对那些没能存活的个体并没有错。因为这些行为对拥有自我延续感的人没有造成直接伤害。没有人会真的认为卵子、精子、胎儿怀有什么欲望和意图。因此，刚出生的婴儿也没有这种自我延续的意识。然而，杀婴和某些堕胎行为仍然是错的，会给其他人带来痛苦，尤其是孩子的母亲。此外，如果我们仅仅用理性推导来减轻因孕晚期堕胎和杀婴所引起的心理不适或痛苦，就会引起一连串的负面效应。我们在这里绝对不是在呼吁杀婴。

以上论证试图证明：我们不必为那些没有被创造出来的人忧心忡忡。与这种论证相对应地，请思考一种道德原则——“道德黄金律”——“你希望别人怎样待你，你也要怎样待别人”。多数人都很高兴自己被创造出来了（他们都会这样说，尽管没准儿是自欺欺人）。如果你今晚准备造人，那么结果很可能就是生下孩子，而你做的这件事会让这个孩子觉得高兴，就像你为自己被父母生出来那样庆幸——有人把你创造出来了。

把一个人创造出来，就是为了他好吗？在我们没造人之前，这个人是不存在的，所以如果你什么都不做，那么肯定没有人会错失被创造出来的机会。尽管如此，如果你相信创造一个人对他有好处，那么你就知道今晚约会该怎么做了——但请小心再小心，可要想想后果哦。

4

应该拔掉小提琴家的管子吗

你在一个很普通的周一早晨醒来，却发现这一天非常不普通：有一根管子把你的身体连到不远处的一个陌生人身上了。原来，是一个小提琴家身上的管子插进了你的淋巴系统。

尽管这个故事很离奇，但它与现实生活有着很大联系。在把这个故事和现实联系起来之前，先让我们的思绪飞一会儿。

小提琴家是怎么连上你的身体的呢？好吧，也许你是在医院做些常规体检。正当你打盹儿的时候，这个小提琴家突然冲进了你的病房。医生知道，救他的唯一办法，就是把他的淋巴系统连上你的。你的淋巴系统拥有一种罕见特性，对维持他的生命至关重要，这对他来说是幸运的，但你可就倒霉了。小提琴家利用你的免疫系统不会危及你的健康；但是，当连着他的时候，你的生活就有些不便。你得带着他去任何地方，这很可能会让你在社交、隐私和感情生活中遭遇尴尬。

现在，小提琴家正坐在你的床边。只要跟你连着，他就不会有事。你用手指轻轻弹着连接你俩身体的管子解闷。他很清楚，你随时都能拔掉管子。你的一切状况都挺好，他的一切都很不好。他可能会死，也许会死得很痛苦。为了生存，他需要你。

可以理解，小提琴家请求你别拔掉他的管子。对他来说，这是关乎生死的大事，有直接利害关系——而对你来说却恰恰相反，这根本无足轻重。然而，还有其他原因：他无权使用你的身体。他有权吗？他当然有权活下去。拔掉他的管子，你难道没有侵犯他的生存权吗？毕竟你一定会导致他的死亡。

拔掉管子在你的权利范围之内吗？

有一种简单快速的回答是“在”，你认定他无权连着你的身体，你们事先没有达成任何协议。可以说，他是在侵犯你的身体自主权，所以你完全有权拔掉管子。没错，他会因为你拔掉管子而死，但那既不是你的目的，也不是你的错。这是你维护自己权利的不幸附带后果。如果他奇迹般地活下来，你也不该有意见，你一定会松一口气。因为在拔管子的时候，你的目的并不是杀他。

你们可能会对以上回答感到不安。你坚持优先考虑你的权利不受侵犯，这难道没有侵犯他的生存权吗？假设他只需借用你的身体一天，直到救命的药物送来。你仍坚持拔掉管子，这是否在你的权利范围之内？

以上观点引出了两个基本问题：一是我们的权利包含什么，二是道德的程度。

对于第一个问题，我们经常会说，人人都有活着的权利，但我们无法轻易地说：人人都有权利获得活着所需的一切。小提琴家有活着的权利，他需要利用你的身体存活，但他本无权利用你的身体。世界上有上百万人正在遭受营养不良和疾病的折磨，他们确实有活着的权利，但他们有获得你救济的权利吗——例如，你的慈善捐款？有些人迫切需要肾脏移植，可他们有权获得你的肾吗？毕竟你一个肾也能活。我们在奢侈品上花费惊人，前提是默认自己有权按自己的自由意愿去花费。让我们先假设：我们消费奢侈品的权利，先于那些有生存权的人维持生存的需求。

我们的这种权利比较廉价，保证他人权利所付出的代价却十分高昂。如果我们不顾他人只顾实现自己的权利，那么那些人就算有生存权也毫无意义。对饥饿人口来说，知道自己拥有生存权，但无权享受我们囤积的多余食物，这对他们起不到什么安慰作用。

在提出更多关于权利的想法之前，让我们先看看第二个问题——道德的程度。即使你拔掉管子没有侵犯他的权利——虽然结果是造成他的死亡——但如果你真的拔掉管子，你不还是犯了道德错误吗？道德不仅包括权利，还包括信用、忠诚、善良、勇敢和宽容等品质。在小提琴家的例子里，坚持捍卫你的权利，结果肯定会很残忍。如果小提琴家只需要借用你的身体几个小时，最多几周，那么顺着他的意思，对你来说不就是件高风亮节的事了吗？

当然，道德的程度有高有低。如果你接受小提琴家下半辈子一直赖着你，你将会是一个非凡的大善人。当然，道德并不要求你做这种极端的自我牺牲。在这种情况下，小提琴家或许会认识到他给你的生活带来了负担，对你不公平，并且他勇敢地牺牲了自己。回想一下 1912 年，探险家奥茨（Oates）[1] 船长与斯科特一起在灾难重重的南极探险。为了不变成伙伴的负担，奥茨从帐篷里爬出来，走进暴风雪，留下了那句著名的遗言：“我去外面走走，待会儿

1 劳伦斯·奥茨（Lawrence Oates，1880—1912），英国人，南极探险家，“奥茨船长”是他的昵称。在从南极点返回营地时，他受到了严重的冻伤，身体急剧衰弱而死。

回来。”没人可以要求他做这种牺牲，但也许奥茨做了正确的事，尽管最终还是徒劳[1]。

小提琴家、奥茨船长和许多其他的例子都提醒我们，道德困境不是都会导致权利冲突。道德困境的缝隙可以从多方面得到填补，而这种填补会使道德问题变成一团乱麻。例如，你可能会认为小提琴家对他自己的价值很大，对人类社会的价值也很大。假如把小提琴家换成三流足球运动员，或颓废的瘾君子，你可能就不太愿意让他利用你的身体了，但他是技艺精湛的名家啊。如果这个小提琴家同时又是个窃贼或家暴男，或者是挽救许多生命的医生，再想想，你的态度会有怎样的变化？然而，我们挽救某些生命的道德准则，是否取决于这些生命对社会的贡献？

* * *

权利的触角无所不至，从最小的层面（比如我可以授权你用我的笔记本电脑），到关乎生死的重大层面。联合国似乎已经揭示了人类的普遍权利，它在赋予我们生存权外，又给了我们休产假的权利。[2] 这表明，“权利”话题稍一不留神就会有贬值的风险。某些基本道德原则，似乎证明了道德权利的合理性。我们通常认为，杀死一个人在根本上是错误的，而这一点恰恰成为维护“生存权”的直接论据。相形之下，我们却需要大把理由来证明休产假是一项重要的“权利”。

乐意讨论这种“权利”的人，把某些道德原则作为解决道德困境的王牌。然而，依然存在一些问题：这些原则从何而来（即青蛙和蝎子的难题，见第

1 斯科特等人后来遭遇了另一场暴风雪，被冻死在距离食物补给点 18 千米的地方。

2 是指 1948 年 12 月 10 日联合国大会通过并颁布的《世界人权宣言》，包含从基本的生存权到妇女休产假的权利。

63节）？有些哲学家认为，我们有“自然赋予”的权利，即权利是自然而然产生的，也许是来自上帝的恩赐，也许是出于人类的本性。19世纪初的思想家杰里米·边沁（Jeremy Bentham）有一句绝妙的俏皮话，说这种人是“踩着高跷胡说八道”。边沁热心接受并推广了功利主义原则——我们应该“追求最多数人的最大幸福”。那么，他的这一原则是从大自然里突然冒出来的吗？如果它不是踩在上帝的高跷上胡说八道，那是踩在自然的高跷上喽？

假设让小提琴家活着，年复一年地连着你的身体，将会促进社会整体的幸福最大化。我们肯定还会怀疑：道德能否要求你这样为他牺牲，你该不该这么高风亮节？无论小提琴家的演奏技巧有多精湛。

5

你无视而过的乞丐

你知道这是怎么回事吗？你悠闲地走在路上，突然发现一个乞丐就坐在前面几步远的人行道旁，你会自动加快脚步，试图确保当你靠近时，其他人会插在你跟那个穷困潦倒的“他人”之间。或者你正好在过马路，因为上班要迟到了，都没空看一眼这个人。他可能是一个骗子或者一个赌棍，拿了钱夜里去花天酒地。好吧，总有这样那样的背景故事。或者，他根本就是个瘾君子。在任何情况下，你都会想：反正国家会管他的。所以，你视而不见地经过了他。当你经过他的时候，会由衷地感到一种不安。

或者，事实可能完全不是这样……

正相反，你想要做一些改变，比如给他几个硬币——必须不多不少——那到底给多少才合适？你把目光移开了——确实，这挺尴尬的——但你还是让硬币滑进那双脏兮兮的手了。松了口气！至少你们没有身体接触，或者只碰了一下。所以，你赶紧拿出纸巾擦手，当然，是在走出一段距离以后。至少，你为他做了些什么，至少你没有被抠门儿的本性所支配，你发自肺腑地高兴。然而，你给的钱到底够不够，还是太多了？你是不是心里陡然觉得高他一等？于是，当你离开的时候，心里多少会有些不安。

* * *

乞丐的存在，会让很多人感到心有不安。也许以上两种场面都有些过于敏感了。但是，当我们面对这种情况时，究竟应该怎么做呢？如果我们没有意识到极端贫富差异所带来的令人难以忍受的痛苦，就不会面临这种两难的困境。当然，解决这些问题，应该依靠国家通过调整社会结构和税收制度。我们可能还会怀疑这些乞丐的悲惨是不是他们咎由自取：他们是运气太差，还是主观行为导致了自己的落魄？如果他们活该倒霉，我们为什么要在乎呢？这里让我们先假设：乞丐客观上确实不幸。

认为施舍乞丐是“好心”，这压根儿就错了？

嗟来之食会伤人。有人说，乞丐过于轻松地得到富人施舍，这是自取其辱，理应由国家来救济他们。如果我们心软施舍了，自己也会感到羞耻，最好根本不要施舍。更好的做法是：把乞讨归为违法行为。但是，这样就会好一点儿吗？

在真正的慈善行为中，我们把物品送给受助者，不期望什么报答。乞丐不光不会报答你，通常也没有能力报答你。相比之下，当你给朋友赠送礼物时，他们可能只是简单地说声谢谢，但是至少也算回报。

在这儿，回报并不需要同等的货币价值，而是相应的牵挂和关怀。当然，货币价值多多少少也有些关系。特别贵重的礼物，会让那些无法给出同等回报的人心有不安，甚至感到被羞辱。真正的乞丐会强烈地感受到这种尴尬。

为了解决这个问题，有些乞丐会提供一些物品作为回报，但这也引出了这些物品的价值问题。我们假设：一方面，这些小东西毫无价值且毫无必要，那么这种把捐赠伪装成购买的做法，就是虚伪的，就会表现出对乞丐的不尊重；另一方面，如果这些东西确实有价值，而且是我们需要的，我们就不是在做慈善。我们可以毫不犹豫地选择购买或拒绝。仰赖提成的销售员有时会遇到一些顾客出于同情而买东西。销售员可能会感到被羞辱，或者，假如他们是故意操弄顾客的同情心，那被羞辱的就是顾客了，无论顾客是否知情。

想了解这种令人痛苦的羞辱，请看下面的例子：

一个年轻人装扮成图坦卡蒙[1]的样子站在博物馆门口。他戴着一副古埃及面具，浑身裹着金布，一动不动。在他面前的地上放着一个碗，博物馆的游客会把钱扔进碗里。每到这时，他就会动一动，鞠一躬。有些游客——尤其是孩子——就会扔更多的钱，看他反复地鞠躬。他可能会让你联想到摇尾乞怜的狗，流露出一种乞丐般的感激和卑微。

1 图坦卡蒙（Tutankhamun），古埃及第十八王朝法老。

在这个例子里，也许大家给钱是想看他表演。让我们来看一个单纯乞讨的例子。在巴黎地铁上，有一个男人在跪着乞讨。他在车厢里跪着蹒跚而行。这个人明显是在羞辱、贬低自己。人与人之间的关系不该是这样的。然而，如果这个人是在表现一种讽刺的行为艺术，那么乘客就会感到被羞辱。请你想象自己就在车厢里，无论他是要真的乞讨还是要讽刺社会，请体会一下那种不舒服吧。

然而，乞讨双方的关系不该被看作一种羞辱和被羞辱的关系。让地铁上的乞丐站起来，直起身子，他就会成为我们的一分子，只不过运气不太好。诚然，他可能会迫于环境压力而屈服，选择站起来，但给予者和接受者这时可能会感受到一种共同的人性。共同的人性不一定会带来羞辱，反而会引发我们的同情和慷慨。是的，乞丐确实很无助，但不必觉得大声求助是一种耻辱。大声地寻求帮助，远远好过饿死。正如一位犹太拉比[1]所说："神与穷人一同站在门口。"而无神论人道主义者在表达时，用我所说的"共同的人性"替换了"神性"。

* * *

上述种种观点都不是在鼓励乞讨。想要分辨哪些乞讨者是为了博人眼球，哪些真正需要帮助，哪些最值得施舍——只能凭运气。为了救助更多无依无靠的人，当权者有充分的理由采取更多举措。鉴于许多人对待乞丐的方式依然很令人反感且应受谴责（而乞丐大多都是倒霉的可怜人，虽然有些比较好斗，有些精神不正常），很多乞丐的境遇依然悲惨，远不像劝跪着的人站起来享受温暖的共同人性那么简单。然而，尽管我说了这么多，尽量去帮助有困

1　拉比意为"先生""夫子"，是犹太教对师长和有学识者的尊称。

难的人，肯定比所谓的“招致羞辱的风险”更重要。

进一步思考羞辱关系的来源，我们还可能会因为人类的整体状况而蒙羞——我们依然忍受着生老病死，而且自顾不暇。也许将来我们无法独立改变现实，在这一点上，我们就像乞丐一样必须求助于人。而且，也因为这一点，为了避免遇到救济和招致羞辱的风险，有的人主张人类拥有 _____ 的权利（横线上可填的是一些基本必需品，从食物、饮料到教育、护理，还有其他福利）。当然，世界上没有挥一挥就能召唤一切资源的魔杖。因此，真心主张这些的人，往往需要通过税收来支撑社会运转，以确保必要资源的供应。

当然，羞辱有时是故意施加在不情愿的受害者身上的。那些在集中营里遭遇非人折磨的人，试图通过把折磨者看成丧失人性的野兽，来维护自己那仅有的人性尊严。非人为力量造成痛苦，似乎就不像人为力量造成的那么悲惨了。折磨者把受害者当成野兽或东西来看待，当然，受害者同样要保持人的身份，才能让羞辱成立，因为野兽是不会被羞辱的，你也无法羞辱石头、树或机器人。

在街角乞讨的穷困潦倒的人有权赢得尊重。当然，他们理应被当作人来对待。人性就是他们的本质。然而，这并不代表你因为害怕羞辱他们就拒绝帮助他们。拒绝帮助也会令我们自己蒙羞。乞丐具有的人性，应该会防止我们无视而过，或者至少，不会毫不犹豫地经过。

乞丐具有的人性，也可以防止我们看事物非黑即白，就像前面那样，我们觉得乞丐对自己的惨状负有或不负有主观责任。我们觉得他们要么在兜售商品或服务以换取施舍，要么就是在假模假式。人类拥有的各种个性、动机和命运，具有混杂性。这种混杂性，也会导致一些人陷入乞讨的悲惨境遇。在打发乞丐之前，了解这种混杂性，至少会让我们迟疑片刻。事实上，这种混杂性很多时候能阻止我们随便打发乞丐——至少不会让我们无视他们而过。

6 沙漠之歌与无辜的凶手

三个旅行歌手在沙漠中跋涉。由于喜好不同，他们有各自独立的帐篷、设施和给养。让我们给这两女一男分别取名为：莉娜（Lena）、波普伊（Poppy）和巴林顿（Barrington）。沙漠生活并不顺利，莉娜和波普伊比较合得来，她们组成了女高音二重唱。她们都不喜欢巴林顿的男中音，但莉娜和波普伊彼此都不知道对方有多么讨厌巴林顿，也没有交流过这个。她们越来越恨巴林顿，以至于分别暗自决定悄悄杀了他。

一天晚上，巴林顿睡着的时候，波普伊偷偷进入他的帐篷，把毒药倒进他的储水器。接着，投毒者波普伊回到自己的帐篷。不一会儿，莉娜蹑手蹑脚地来到巴林顿身边，她并不知道波普伊已经来过。莉娜找到巴林顿的储水器，敲裂底部，让水漏出。接着，放水者莉娜也回到自己的帐篷。清晨，巴林顿还没醒来，姑娘们收拾好自己的东西，一起唱着歌儿上路了，只留下巴林顿一个人。巴林顿醒来时，发现储水器空了，只能唱起深沉悲怆的歌，最后渴死了。沙漠警察后来发现了他的尸体，我们的问题是：两个姑娘都杀了巴林顿吗？

波普伊辩解说："是，我巴不得巴林顿死，但你们不能判我谋杀罪。毒药没有碰到巴林顿的嘴唇，他醒的时候水都干了。他可没有因为中毒而死。"

莉娜也辩解说："是，我也希望巴林顿死，我本想把他渴死的。事实上，我放出了有毒的水，所以，不管怎么说，是我救了他，让他没有中毒。"

巴林顿确确实实是死了。他是被谋杀的，这不难理解。凶手一定是波普伊和莉娜吗？但她们不都是无辜的吗？说波普伊是凶手，至少因为她的行为导致了巴林顿的死亡，但她是对的，她只是往水里投了毒，但巴林顿没喝有毒的水。说莉娜是凶手，是因为至少她导致了巴林顿的死亡。但莉娜也是对的，她只是放掉了有毒的水，避免他因中毒而死。

无辜者是杀人凶手吗？

一些人会说，巴林顿因脱水而死，水是莉娜放掉的，所以她是凶手。但莉娜放出了有毒的水，而投毒也可能是导致脱水的一种因素，在这时，莉娜可能不是导致巴林顿脱水的元凶——无论如何，巴林顿都将死于脱水。事实上，这种毒药可能会使水无法饮用，或者让水凝固，所以即使莉娜没有放掉水，巴林顿也可能会死于脱水。尽管莉娜的行为显然是巴林顿死亡的原因，但这也让她在道德上变成了杀人凶手吗？因为假如她不采取行动，巴林顿就会死于波普伊的投毒？当然，表象是莉娜在无意中阻止了波普伊的谋杀。她显然是在无意中让波普伊的投毒失败的。但表象往往可能带有欺骗性。

很明显，这个"沙漠之歌"的故事缺少的是一场共谋。如果两个姑娘是共同行动的，那么她们就可能共同获罪。假如她们共同的行动导致了巴林顿的死亡，这一结果就符合她们的动机。由于是单独行动，她们最多（或最少）

都会因“谋杀未遂”而获罪，但是，可以说她们其实并没有犯谋杀罪。

做错事或违法的动机或意图，和这些动机引起的后果，很少被同等看待。如果我们仅仅因为怀有动机就该被起诉，那我们所有人应该都犯过罪，无论动机和最终后果相差多远。我们可以把这跟某些能让人崩溃的宗教教义比较一下，某些教义和行为后果之间的差异明显不算大，但它们更能引发某些行为后果。比如，美国前总统吉米·卡特信奉《新约》教义，他认为爱上妻子以外的女人在道德上等于通奸。最近，某些奇怪的极端女权主义者也声称，观看描写强奸的文字等同于强奸。

如果你们觉得这个“沙漠之歌”的举例有些牵强，请思考以下这个基于法庭案例的故事：

帮派成员菲利普想除掉他的手下丹尼尔。菲利普确实重击了丹尼尔，自以为把他打死了，就把他捆起来放在车的后备箱。菲利普决定把“尸体”处理掉，于是把车开到悬崖边，连人带车推下悬崖。后来警方发现，丹尼尔的死因并不是殴打，他当时只是暂时昏迷。他的直接死因是从悬崖上摔进乱石堆。菲利普这时犯了谋杀罪吗？

菲利普的辩护律师不这么认为。他的辩论过程如下：

谋杀是指主观上故意杀人。菲利普仅仅怀有谋杀的意图——杀丹尼尔的意图，目击了自己给他的非致命打击。实际上，丹尼尔的死因是坠崖。当菲利普把车推下悬崖时，他并不是要杀丹尼尔，而是要毁尸灭迹。菲利普认为丹尼尔已经死了，他的这个行为显然不是为了杀丹尼尔。

法官没有被辩护律师的舌灿莲花所蒙蔽。法官裁定，菲利普的各种行为应被视为一个整体，这些单个或整体的行为都是由菲利普的意图产生的，并导致了丹尼尔的死亡。

以上这些故事引出了行为整体性和个体性的问题。行为就是我们所做的事，但行为全都等同于我们所做的事吗？昨晚，是你把邻居吵醒了。这种表达准确吗？你打开收音机，是音乐吵醒了邻居。这样表达一定对吗？你转动了一个旋钮，放大音量，引起墙壁的振动，振动吵醒了邻居。那么是你转动的旋钮吗？——或者，更准确地说，是你用手指让旋钮转动的吗？我们到底可以倒推到多远？是否存在一些由我们直接实施的“基础”行为，也就是说，不带有进一步因果联系的行为？请注意“有滑轮的男人”的例子（见第60节）。

除了行为整体性的问题之外，我们还要考虑实施者或主体的整体性。菲利普是单一的行为实施者。在杀死巴林顿这件事上，波普伊和莉娜并不是作为整体行动的，但当波普伊和莉娜合唱时，她们是作为整体在合唱。

在房间里搞清楚桌椅的数量很简单，但是你想搞清楚某一行为和实施人时，要明白，它们有时会单独出现，有时会整个儿出现。

7 女孩、笼子和猩猩

如果你愿意，请想象一种场景：一个四岁女孩被人关在笼子里。她被人抓住，大声尖叫，她看到自己的父母被绑匪殴打。她来回地晃动栏杆，明显露出恐惧和精神不稳定的迹象。我们不很清楚她在做什么，但她无疑在遭受身体上的疼痛。她的头发被剃掉了一部分，裸露的头皮上连着电线。尽管坏人也给她食物和水，但似乎往里面下了一些药。

也许我让你想象的是某个集中营里的场面；也许这样对待女孩是为了向她父母逼供；也许我让你想象的是一个被绑架的女孩；也许我在这儿提出了一个“想象有没有道德程度”之类的问题？

都不对。在我看来，你想象的是一个儿童演员在扮演被关在笼子里的女孩，拍摄由国际动物保护组织制作的《我的朋友是猩猩》的公益短片。很多人如果看到这样的片子，会把这些当作疯狂的动物解放主义者的幻想。一些科学家，比如从事动物实验的人，则会带着强烈的情绪控诉，他们会说实验中的动物被照顾得多么好，而且它们不会被野外的掠食者吃掉。许多人一想到把动物关在笼子里进行各种各样的实验，就感到震惊；还有些人认为，应该永远禁止动物实验；另一些人认为这些实验虽然让人不舒服，但也有助于开发药物以造福全人类，甚至能造福动物界。

我们的难题不在于挑战事实，而在于那些支持动物实验的人的言行是否有整体性。假设那些人是对的，觉得开发安全药物就必须对活体动物进行实验。假设这种实验确实无法避免痛苦，但跟最终的好处相比，动物的痛苦就没那么重要了，因为将未经检验的药物分发给成千上万的病人，是极不负责任的。请注意，这通常是那些一考虑后果就会感到震惊的人的思路。

根据刚才给出的假设，我们的问题就来了。在进化的早期阶段，人类的情感、智力意识和他们对世界的认知还不及某些动物，比如成年黑猩猩。有些人说，成年黑猩猩和四岁儿童有着同样的心智和情感发展水平，这是那段短片明确强调的。然而，无论孩子年龄多大，无论和哪种动物相比，问题是——

为什么动物实验在道德上被允许，对孩子做实验就不行？

如果简单回答“因为孩子是人，黑猩猩不是人”，这种言论就会被指责为“物种歧视”。他们仅仅是根据物种内部的成员关系来区分生物的。这就好比因为种族或性别的差异而歧视某些人类。这种歧视是不公平的，除非该物种的某些特征、种族或性别，足以证明它们就该被这样区别对待。

我们为男性提供前列腺癌的筛查，而女性就不必，这不代表我们有性别歧视。很明显，男女的生理差异决定了不同的医疗措施。可以说，当我们拒绝杀人却无痛宰羊的时候，我们不是物种歧视者。（与杀人相比）在宰羊过程中，我们并不是在摧毁拥有未来、计划、希望和意图的人类。如果我们认为黑猩猩的痛苦不一定会减轻，以及如果我们知道人和黑猩猩大同小异，那么我们把痛苦施加给黑猩猩而非儿童时，我们就是物种歧视者。

对于这种推理的回应，要依靠揭示实验动物和人之间在道德上的差异，或者证明物种歧视是合理的。这些回答又引出了我们自身的难题。

当然有差异——人类儿童比黑猩猩、猴子和很多其他动物有着更丰富的生命潜力，这毫无疑问。为什么潜力会如此重要呢？受精卵也有成为人的潜力，但我们不把它们当人来看待，所以，许多人觉得堕胎在道德上可以接受。我们也应该怀疑“潜力”是否真的能解释人类这种看似物种歧视的态度，如果确实可以解释，那么抱持这种态度的理由到底是否充分？毕竟，这个孩子可能带有先天脑损伤，没有任何发展的潜力。

我们假设：必须在使孩子和非人的动物摆脱暂时的痛苦之间做出选择，而这些痛苦对两者都不会造成长期的不良后果，那么大多数人会坚持说保护孩子是正确做法。然而，如果痛苦都是一样的，那么我们还有什么正当理由去歧视动物呢？如果我们认为对儿童施加痛苦是彻底错误的，且与造福人类的结果毫不相干，那么，为何这种态度不能适用于动物呢？当杰里米·边沁的功利主义关心人类整体的幸福时，他的道德疑问难道不应该是“人类会遭受痛苦吗”？当然这个问题也很重要，但它仅仅是唯一的问题吗？

让我们进一步排除性别主义、种族主义和物种主义，还有一种可选的因素是“家庭主义”。家庭主义在道德上也有错吗？母亲偏爱自己的孩子比别人多一些，这样对吗？那么“朋友主义”呢？对朋友的爱比对陌生人多，这在道德上有错吗？金发主义、美貌主义、音乐发烧主义、民族主义呢？这些古怪的名词提醒我们：基于不同的人的感受，我们会有很多偏好，假如没有这些偏好，我们可能就不再是人了。这些例子也提醒我们，如果想过上多姿多彩的生活，我们需要仔细评估这些偏好在什么时候合理，什么时候不合理。

当然，一个女人在生活中对大胡子男人的偏好不该被社会谴责，但根据这种偏好判断一些事情时，比如在法庭上做证时，就明显应该抛弃它。

我们是物种主义者。矛盾的是，这恰好能证明我们不是物种主义者——作为物种主义者，我们看到孩子受苦比看到非人类的动物受苦感到更加难受，所以这本身从结果上就带来了道德上的差异对待。这个结论还能站得住脚吗？

* * *

一个四岁儿童、一头黑猩猩或一只兔子，并不知道自己发生了什么。我们可以得出结论，可以有更多理由不对儿童、黑猩猩或兔子进行残酷实验——还不如用理性的成年人做实验。如果实验是为了造福人类，那么至少成年人能够理解这个目标的价值。此外，对孩子做实验，很可能会影响到他们以后的生活，或者导致他们夭折。这表明，也许我们的实验对象应该从孩子转向老年人。如果实验确实有必要，会不会有一些人，比如将死的人，自愿为他人牺牲？至少他们的痛苦会减轻一些，因为他们知道这些牺牲都是有意义的。

既然我们反感以上这种建议（对于这个话题，考虑到我这把年纪，我宣布我真的有兴趣被做实验），也许我们应该停止对动物实验的漠不关心。我们也应该坚决停止对其他伤害行为的熟视无睹，比如，许多生物由于各种可怕的农作方法而受到伤害。当然，这不应该使我们停止对千百万人的苦痛、不幸和悲伤的关切。为了减少人类的痛苦和苦难，我们还有很多事要做。我们既不能做完所有的“很多事”，也不能什么都不做。

8

对某些人来说是幸运的

我先为下一个令人费解的暴力故事道歉。这个难题出现在各种行为中，这些行为都容易受到道德谴责或褒扬，并获得社会的惩罚或奖励。这里的难题是：泛滥的暴力是否会给生活带来困惑。我们从一对恋人——杰克（Jack）和吉尔（Jill）讲起。

吉尔爱的是杰克的钱，不是他的人。她想杀了杰克，抢走他的钱，然后逃到一座梦幻之岛上。杰克对这个主意可不感冒，他逃走了。吉尔去找杰克，发现他躲在山顶上，于是把他绊倒，打昏了他，然后把他按在水桶里溺死了。真可怕，她是个现行杀人犯，被判了谋杀罪。

如果吉尔没能成功绊倒杰克，或者桶里的水漏了，也许杰克就能活下来。吉尔会被判谋杀未遂罪，而没有因谋杀罪获得更长的刑期（或更短，比如死刑立刻执行）。这种结果差异，是由她控制之外的事情造成的。在这两种情况下，她都有道德缺陷，尽管在第二种情况下更残忍。这里，我们可能会问——就像可怜的巴林顿（见第 6 节）的故事那样——为什么在道德上相同的恶行，在法律上会有不同的惩罚？

人们是否应该不依赖意外、好运、厄运这些无法控制的因素而受到道德的赞扬或谴责？我们动机中的善意和恶意，无疑是最重要的影响因素。假设吉尔在山顶遇到杰克时，他碰巧被绊倒，脸朝下倒在水里溺死了，但吉尔没有救他，难道她不像前一种情况那样负有道德过错吗？这就引出了一个更大的难题——在杀一个人与放任他去死，在主动与被动之间，有没有道德上的差异？这个问题关系到某些晚期病人的治疗。

这里还有两个例子，可以解释我们在评估道德责任、道德褒扬和道德谴责时会遇到的混杂性。

开车时，你偶尔会不专心，可能是在摆弄你的口红、手机或音响，也可能是喝太多奇怪的饮料。很少有人会认为你的这些行为在道德上应予谴责；然而，如果有孩子突然跑到马路上，你反应慢了，撞死了他，你难道不该被严厉谴责吗？你很有可能会因为你的行为而自责。然而，你受到多大的道德谴责，取决于孩子当时的行为，这些超出了你的控制范围。

米勒（Miller）是个居家好男人，他住在就业机会不多的英国，只能当保安或煤气工。他性格随和，亲朋好友都很喜欢他。想象一下，还有一个跟他性格类似的居家男人穆勒（Müller[1]）。他住在纳粹德国，能找到的工作无非就是在奥斯维辛集中营当保安或煤气工。他最终被他的工作卷入杀害成千上万名无辜的波兰人、俄国人和犹太人的事件中，被人痛斥：“道德败坏的家伙！”“怎么会有人愿意与恶魔为伍呢！”然而，难道不是外在环境（不受米勒和穆勒控制的情况）决定了他们被评价为道德高尚或道德败坏吗？我们多数人都很幸运，没有陷入穆勒的境地，也不会做他那样的事。

1 德语 Müller 相当于英语中的 Miller。

我们应该只为自己能控制的事接受道德评判吗?

康德的回答是“是”，早在两百多年前他就坚信：美好的意愿就像璀璨的星空，无论它们能否被实现。我也可以这样说：无论星空是否迷人，邪恶的意愿就像其中恐怖的黑洞。即使吉尔没能亲手杀死杰克，她的动机、意愿也会让人觉得她是不道德的。即使孩子没有受伤，我们肆无忌惮地开车，也一样要接受道德谴责。尽管米勒的生活平淡、温和，而一旦处在极端恶劣的环境下，他温和的性格可能也会让自己卷入杀戮，像穆勒那样参与恶行。

问题就在于：假如一切都不受我们控制，我们都不去做道德评判，人类就有可能完全丧失道德。我们再谈谈米勒和穆勒两人的性格。他们能控制自己的性格吗？他们是勇敢无畏还是意志薄弱，是有原则的人，还是善变的人呢？他们善于评估道德责任吗？

我们再来看贾斯敏（Jasmin），她是一个极为敏感的姑娘，她的言行容易受家人和朋友的影响。贾斯敏的选择和行为，在某种程度上取决于她周围的文化环境。在受过良好现代教育的环境下，长在无神论的家庭、社区环境中，她很可能宽容、随和，追求个性发展，支持民主投票。然而，假如让她每天念诵宗教典籍，被灌输“牺牲生命才能践行信仰”，她就可能变得偏执，甚至走向恐怖主义。当然，必须注意，非宗教的恐怖主义和某些披着宗教外衣的恐怖主义一样，都会导致伤亡。重点是，如果真有此类事情发生，不要去辩论这种杀戮在什么情况下才算合理，而是要去评估宗教行为是否比非宗教行为更有破坏性。问题在于，如果道德价值取决于我们无法控制的因素，似乎就没有做道德评判的必要了。

* * *

我们平时做事情时往往会应付了事，把外因当成失败的借口，而有时却把外因一脚踢开。我们应该这样做吗？某些人通过思考哪些是自己能控制的事情，来摆脱这种困惑，他们会被告知——要振作起来，要勇敢，可一旦他们失败了，就会遭遇道德谴责，被斥为懦夫。

然而，他们能否振作，似乎取决于他们本身的个性，而对此他们无能为力；也可能取决于运气，也就是有没有人为他们加油打气——哪怕是骗骗他们、鼓励他们的运气。

在法律界我们往往也会敷衍了事。如果辩护律师成功证明了罪犯精神失常，他的行为不受他控制、不算他的行为，罪犯就可以获得减刑甚至撤诉。可是罪犯精神正常，却不被算作减刑因素。

一个小偷说："抱歉，我小时候的成长环境不好，我控制不了我自己，我不该为我的偷窃行为负责。"女法官回答说："我也很抱歉，但是考虑到我的成长经历，不得不多判你几年。"

9

令人伤感的面纱

当曼迪（Mandy）在海边漫步，有小混混朝她扔石子时，她受到了伤害。当扎希拉（Zahira）穿着遮面长袍走过公园，有小流氓对她做鬼脸时，她同样受到了伤害。很多支持约翰·穆勒的人认为：只要不伤害别人，我们就应该按照自身意志自由地生活，除非那人同意被伤害。这就是穆勒的“伤害原则”，也称“自由原则”。那些小混混、小流氓，是在无正当理由、未经同意的情况下对人造成伤害的，他们压根儿不该这样做。但是，这里出现了一些难题。

扎希拉是个温和、保守的女教徒。当她在家换衣服时，有个叫汤姆的男人在窗外偷窥她，而她自己一无所知。她不认识汤姆，也不知道他喜欢偷窥，但她没受到伤害吗？她平时喜欢在院子里玩，夏天日晒时就会待在屋里拉上窗帘。而她的女邻居曼迪却喜欢在院子里裸着上身晒着太阳。扎希拉觉得她这种行为有些恶心，但扎希拉受到伤害了吗？在她看来，曼迪的生活不知羞耻，也不太虔诚。尽管拉着窗帘，扎希拉会不会因为知道了邻居的偷窥而受到伤害呢？

在一片公共海滩上，曼迪裸着上身晒着太阳，周围的人也有裸着上身的。在这里，她常常被周围的男人盯着看，这让她很不舒服，这时，她受到伤害了吗？有些激进主义者——比如扎希拉——与其他教徒一起在海滩上游行、抗议。他们挥舞标语牌，谴责无神论、裸露和性开放。这是对曼迪的一种更大的伤害吗？她由于这些人对她和家人咆哮着“下地狱吧”而感到不安，她很纳闷：“他们为什么要这样做？”

曼迪离开了海滩，扎希拉也停止了游行。她们乘坐同一列火车回家，而且在车厢里认出了彼此，场面十分尴尬。在车厢里，她们被漏音的 MP3、手机铃声和其他更刺耳的噪声所围绕。在家里，她们无法躲避附近的工地白天施工的噪声；在某些夜晚，她们的思绪和睡眠会被汽车警报器和防盗器的噪声打扰，更何况还是误报。她们被这些事情伤害了吗？

第二天，又是一个阳光明媚的下午，曼迪在自家院子里晒太阳，却开始担心打扰到邻居。而她的邻居扎希拉，在房间里为自己谴责曼迪的行为心有不安。

伤害从何处而来，又在何处停止？

由于没有给出“伤害”的确切定义，约翰·穆勒饱受批评，但就算有确切定义也于事无补。就算提出一个确切定义，它一样会变得模糊、不确定，我们已经在前面关于“伤害”的案例中了解了这一点。最后，我们还要仔细思考以上的例子，一个接一个地仔细思考。

扎希拉完全不知晓汤姆的偷窥行为，当然，我们没必要为了受伤而去受伤。当一个人被打晕致死的时候，他受到了伤害，却没有意识到。被变态偷窥，确实不属于这一类伤害。有些人坚持认为，伤害行为只有在当事人意识到的时刻才会造成伤害，但这种说法站不住脚。只要扎希拉发现有人在偷窥，她就会很痛苦，因为她意识到自己被偷窥了。她没有立刻体会到这种伤害，为何还会觉得痛苦呢？因为对扎希拉而言，她的利益优先于她的体验。考虑到她在隐私问题上的敏感，不被偷窥恰恰符合她的利益。

还有个关于背叛的例子也比较可靠。假如有人背叛你，你自然会受到伤害——即使你未感受到这种背叛，它对你的生活也没有任何影响。当然，我们并不是说未体验到的伤害和已经体验到的伤害一样糟糕。通常来说，被子弹射中比被变态偷窥要严重得多。

扎希拉看到邻居汤姆令人反感的行为，此时她脑海中感受到的痛苦是什么呢？在偷窥发生时，尽管扎希拉没有体验到痛苦，但她被汤姆利用以满足某种私人乐趣。但是曼迪晒太阳的行为没有利用扎希拉。扎希拉的痛苦，是因为她觉得这样做是不道德的，她的道德观念让她背上了负担。也许我们应该忽视这些伤害，或至少看淡一些。即使这些事算是一种伤害，也仅仅针对那些秉持某种道德观或宗教信仰的人。由此看来，对于曼迪看到抗议标语时的痛苦——还有某些信徒对先锋戏剧和卡通漫画的反感，以及因为泰迪熊和先知重名[1]感到的痛苦——我们都该看淡一些。

以上推理表明，侵犯隐私的行为不必引起过度关注，因为人们在被偷窥或者暴露隐私时可能会觉得痛苦的前提似乎是：受害者本人认为这种暴露是错误的。不过，我们应该牢记，侵犯隐私的行为暴露了那些人可耻的道德特征：未经受害人同意，为了自我满足而利用受害者。在第1节中，我们知道了康德强调尊重他人的道德意义，他强调，不能仅仅把他人当作实现我们

1　指20世纪初犹太复国主义先驱西奥多·赫兹尔的昵称泰迪（Teddy）与“泰迪熊”玩具（Teddy bear）重名，导致部分犹太人的抗议，赫兹尔被这些犹太人奉为先知。

目的的工具。然而，不易察觉的是，与被侵犯隐私的人不同，那些被标语、漫画和泰迪熊的名字困扰的受害者，正在被施暴者以某种可耻的方式利用着——当然，有时这可能原本就是施暴者的目的。

至于邻居的音乐或者其他干扰，我们或许应该大方点儿承认这些“喧闹者”（这个称呼源于他们的干扰）并不是故意惹恼曼迪和扎希拉的。如果他们是故意的，曼迪和扎希拉就会被利用，就像汤姆为了满足乐趣而偷窥扎希拉一样。也许这些喧闹者只是想过得开心，就像这两个姑娘只想自己过得开心。那么我们应该接受、原谅这些人吗？

曼迪的生活方式冒犯了扎希拉，但这只是因为后者怀有不同的信仰。喧闹者会因为信仰不同而影响曼迪和扎希拉吗？不会。无论是刺耳的噪声，还是细微而重复的声音——比如水龙头的滴答声——都会造成很多人的不适、压力和一种“边缘化的感觉”；事实上，心血管疾病的发病率，似乎在很大程度上与噪声污染有关。这种伤害似乎与信仰无关。但是，如果不功放音乐和手机铃声，这些喧闹者也一样会感到不安——假如他们选择压抑自己，没准儿也会受到一些生理伤害。

“就是生活方式的冲突。”我们只能得出这个结论了吗？或者说，再没有别的相关因素了吗？假设我们推论的起点是在一列从 A 地到 B 地的火车上，我们逐渐加入一些活动：曼迪在看书，这一般不会影响别人；她睡着了，这也不会影响别人；有些人可以调低音量，这还是不会影响别人。之所以会有伤害和争议，是因为喧闹本身。因为这是对不想听到噪声的人而言的——噪声对他们是不必要的。

也许这在道德特征上可以表述为：单方面强加于人的身体伤害，违背了“道德黄金律”，按孔子的说法就是：“己所不欲，勿施于人。（不要对别人做你不喜欢的事。）”在第 3 节，我们提到过这句话的西方版本。即使我们认同这一高尚的原则，也不代表我们在道德思考中必须优先采用它。此外，道德黄金律也没有提到“对别人做同样的事”。有人会持有不同的看法：那些大声喧哗或对别人翻白眼的人，可能不介意别人对自己这么做。但我认为，那些伤害别人的人，至少不想自己也受到伤害。这样的确可以驳斥这种看法。不过，这又让我们对伤害的性质和程度产生困惑了。

* * *

前面举出了伤害在重大道德问题层面的相关因素，我想再补充两点。

第一，正如穆勒指出的，有些活动即便有害，也一样会被允许。开车会导致交通事故，但开车的便利性抵消了这些伤害。自由表达对社会的整体好处，可能远远凌驾于扎希拉和曼迪个人的痛苦。但我们还是要慎之又慎，不能随便说某些好处明显高于某些伤害。因此，某些特定的伤害方式却是正当的。其他类似的方法也需要考虑。这里再举一个例子：

毫无疑问，防盗是出于社会整体利益考量，但不代表用低效率的噪声警报来防盗有益于社会整体。因为明显还有更好的防盗手段，比如你可以在家门口放置 LED 招牌，闪烁“救命，我被盗了！”的字样。好，我严肃点儿，直接按报警按钮也行。我们还会质疑许多建筑工地的噪声是否合理，这些噪声给许多人造成了压力，降低了他们的生活质量——完全可以研发工地消音设备或无声焊接。一些人可能会立刻反弹：这些都投入过高、不切实际。他们忘了，几十年来，英国政府在公共卫生服务支出、无铅汽油推广措施，还有在市区限行的规定上也一样投入过高、不切实际——我还可以举出更多的例子。正如他们所说的：“只要有心……”

第二，我们要时刻保持礼节和风度——时刻怀着良好意愿，重视其他人的感受。在世俗国家，主张在公共场合佩戴面纱的教徒，可能对这些国家的风俗习惯不太了解；他们可能会说，这是对他们信仰的不尊重（见第 19 节）。当人们陷入此类争论时，也许会引发令人不安的深刻矛盾。而其他的争论就简单多了。某些人坚持认为，他们应该率性而活，漏音的 MP3、公交车座椅上的鞋印，都将这些人的粗鲁和恶意表露无遗——而酒吧老板和某些媒体，对酗酒和粗俗的生活方式推波助澜，可以说，很多做这些事的人，根本就不知道什么才是好的生活方式，或者，还有一种更悲哀的解释——他们不知道该做什么。

最后，谈论这些观点，是因为我老了，还是因为我有着社会默认的最低程度的敏感？人们会认真反思如何不伤害他人，并且认可这些观点吗？

10
刽子手的工作

在美国中西部的小石城，找工作不是件容易的事。所以，请想象一个老好人古德曼（Goodman）在当地保安官提供工作时有多么高兴。他真走运——他是这么想的，直到保安官说了一句话。

“听着，”保安官说，“我们需要的是一个真正专业的刽子手。你是我们的理想人选，因为你很会打绳结，我觉得你很快就能用好绞刑套索。”

古德曼咽了一口唾沫。没错，他是想要一份工作，他有一大家子人要养活——但有别于小石城的部分居民，他个人反对绞刑。他是个坚持原则的人，至少在这件事上是这样。

“不，我真的不能接受这份工作，”古德曼说，“很遗憾，但我强烈反对死刑，就这么简单。”

“好吧，”保安官回答，“虽然我不支持你，可是我尊重你，但如果你不接受这份工作，我就得找别人了。还有人会乐意当刽子手，你拒绝了又能怎么样呢？”

“坚持原则。”古德曼悲伤地喃喃自语，他正在想着该如何跟家里交代他拒绝了如此高薪的工作。

“如果原则让你这么难过，那它就不是多么要紧的事。”保安官微笑着说，“无论如何，想想你的其他原则——比如责任，比如抚养孩子？”

“我懂，我懂。原则之间确实有冲突，但有些事我不能放纵自己。在每次镇上实施绞刑前后，我都会做噩梦，它们在警告我，这在道德上是多大的错误。”

“这只是你的心理问题，老好人。但你的责任是养家，而且如果你不接受这份工作，别人也会接受的。你站在道德的制高点，目空一切。其实私底下说，我真希望你能得到这份工作。第一，我知道你会善待那些死刑犯；第二，你的竞争者坏人巴德曼（Badman）会肆意嘲笑那些犯人，还会在死前尽量折磨他们。来吧，接受这份工作吧！”

古德曼应该违背原则接受这份工作吗？

“如果我不做，别人也会做”是一个借口，通常在我们做了自认为不该做的事情时，或者没做到自以为应该做的事情时，我们都会这么说。例如：我们正巧在赶时间，有位女士在火车站台上晕倒了。“反正别人会照顾她！”我们在匆忙中自言自语道。

我们给古德曼怎样的建议呢？这个难题，仅从结果来看待，应该考虑整体利益，古德曼似乎应该接受工作，这对养家帮助很大，而且会让那些犯人不那么痛苦。这些因素相加，应该抵消了甚至超越了他的不安。他还会感觉良好，他就像个殉道者，正在奋力抵抗自己的原则。

诚然，我们也可以考虑另一些让他不接受工作的理由，比如，巴德曼可能也要养一大家子人。

到这里为止，我们的推理都是针对可能出现的结果。此外，如果古德曼拒绝这份工作，将会导致镇上的人重新考虑是否支持死刑，并最终有助于废除死刑——如果废除死刑能让社会更加文明、繁荣——从结果论而言，他的拒绝依然是对的。但是，让我们假设，只看结果的话，古德曼接受这份工作会更好。关于让古德曼放弃这份工作，还有其他建议吗？

这是我们应该关注的焦点：古德曼想做什么样的人，以及如何在生活中贯彻自己的原则。如果古德曼允许自己（就像他了解的那样）弄脏自己的双手，他还能活得心安理得吗？他能够承受良心的责备吗？也许无论整体结果如何，忠于原则的行为，都有其本身的道德价值。

还有一种简单直接的回答：古德曼在拒绝工作时，将自己的道德优越感置于养家责任之上。但是，这种回应公平吗？道德要求他违背正直吗？他必须心安理得地活着才行啊。或许，选择养家的责任也能让古德曼的生活改善一些，但这只是更细微的结果论者要考虑的因素，而更重要的，依然是古德曼的正直。

*　*　*

以上这种结果论的道德观，是基于一种相对独立的观点，即独立于古德曼的特殊情况之外。这一观点寻求的是客观性，考虑到了古德曼、死刑犯、巴德曼等各方面行为所产生的影响。在这种情况下，古德曼会觉得他排除了一些多余的情感——他开始不受家人的左右，对犯人受刑的惨状也熟视无睹——但是他的决定和最终行动，似乎仍要依赖人的实际感受、担忧和关切的情感。那么，问题来了——通常被认为完全独立于事外的道德，是否能为我们提供这些必要的“情感”。此外，有人认为，道德还要关注古德曼具有的其他附加特征——他的忠诚、家庭关系还有生命中最珍贵的东西。

古德曼不单单是在选择工作，同时也是在塑造自己。他的动机，可能源于自认为一个坚决反对死刑的人，或一个忠于家庭的人，不惜为家人牺牲某些原则。可一旦接受了这份工作，他就会觉得自己是个虚伪的懦夫，没有坚守自己的原则。

驱使古德曼和我们所有人的动机，是我们的事业，以及我们眼中为生活赋予道德意义的东西。“如果我不做，别人也会做”，这种想法在我们考虑怎么过日子的时候就无足轻重了——嗯，一般是这样的。

类似地，“别人这么做，我也要这么做”也一样无足轻重了。想想某些父母，为了让孩子上更好的学校编造民族成分和出身，他们会说：“别人都是这么做的。”投保人在向保险公司索赔时，也会编造类似的理由。别人做的事，不足以成为我们免受谴责或获得褒扬的借口，因为我们仍选择像别人一样做事。

*　*　*

经过讨论，你们如何看待古德曼和这份工作？我们可以找古德曼聊聊，也可以把注意力放在一些被忽视的因素上。当然，最终决定权还是在他。他必须接受自己的选择。他不该像个傀儡一样被道德绑架，或者在某个置身事外的理论指导下行动。傀儡不是任何人的代理人，也根本不是人。当然，他也能选择老实做个傀儡，但这还是他个人的选择。

当人们遇到重大的道德困境（比如古德曼的困境）时，有些人会举出 D. H. 劳伦斯[1]的那句话："找到你内心深处的冲动，并且追随它。"这句劝告提醒我们，要经常反思我们的内心和内心最深处的冲动。但也有很多人不建议这样做。

我鼓励人们认识自我，忠于自己的信仰、观念和事业。似乎，那种"面面俱到"的答案，有时并非最好的答案。事实上，压根儿就不好。某些内心最深处的欲望和承诺，其实不应该被实现。反思现在的许多恐怖事件——无数生命被践踏、摧毁——这些恐怖后果，是怀着深刻观念的恐怖组织领袖造成的，站在他们的角度，确实忠于自己的观念、信仰和事业。对于观念、事业和信仰的具体内容，需要仔细评估，因为其中只有一部分值得推广。于是我们又遇到了一个普遍的难题：哪一部分值得推广呢?

1 英国作家，是 20 世纪英语文学中最重要的人物，也是最具争议性的作家之一。

第二章

政治与社会：为什么要遵守法律

反对民主的最好的论据是与普通选民的五分钟谈话。

——温斯顿·丘吉尔

我们的生活都受到国家、政府、法律的约束。一旦违法，结果通常是罚款、监禁和道德谴责。那么，什么才是一个国家行使权力的正当理由呢?

今天，多数西方国家都在疯狂炫耀自己的民主资历。他们说，他们的权力源自选民的投票，这体现了“人民的意志”。然而，对于民主近乎普遍一致的推崇，是近代才有的现象，详见“柏拉图和争吵不休的水手”那一节。

民主国家在应对如何操纵选举程序、如何保障某些权利的问题上，经常会耍花样。毕竟，多数选票可能会导致某些可怕的后果，例如压迫或驱赶少数民族。除了关于权利、自由和言论自由的难题，司法领域本身也要面对一些难题，比如平等待遇和公平分配。这是我接下来讨论危害健康问题时要举出的例子。

这里的难题属于政治哲学范畴，本质而言是伦理学的一部分。我们应该记住，道德和法律是截然不同的。在某些时候，违反法律反而是正当行为。我们见识过违法的抗议最终为妇女争取到了选票。仅仅在几十年前，美国人见证了公民权利的斗争，以及最近它们对某些警察行为的抗议，大力抨击了种族主义和不平等现象。事实上，我们英国人也见证了法律是如何对待违法之人的。这些人仅仅因为绝望而触犯法律就被当作罪犯，他们可能只是千里迢迢来寻求庇护，或者，他们本来就是无家可归的穷苦英国人。

今天，我们也不该忘记某些政府对敢于直言的抗议者报以酷刑、种族灭绝和压迫。我们也不该忘记某些国家的政府既谴责这种野蛮行径，又支持那些参与其中的人——通过签署贸易和防务协议，以及欢迎压迫政权的领导人及其家属在伦敦和其他地方买房置业。言辞干净，并不代表他们双手干净。

11

我们凭什么关心暴徒

我想介绍一个为非作歹的人，以下都可以叫他“暴徒”。他是一个彻头彻尾的野蛮人，沉湎于纯粹的暴力，对手无寸铁的人使用暴力。他由于糟蹋了几个姑娘并弃之不理，正要接受法庭审判。尽管她们都侥幸活了下来，但身心都受到了永久的创伤。暴徒不但恐吓邻居、殴打退休老人，而且以此为乐。他站在被告席上，不带有一丝悔恨和愧疚，只带着一种嘲弄、挑衅的表情望着法官、陪审团以及幸存的受害者。

让我们先忽略现实中如何量刑的问题，要相信法律这种保护社会的良好工具。相反，让我们想想，如果我们关心暴徒是为了他好，那我们凭什么要关心他？毕竟，很多人会为他的人权辩护，关心他的幸福。总而言之：

我们凭什么关心暴徒？

一些人立刻坚持说，我们不应该关心他；另一些人则强调人性，为我们可以帮助暴徒、改良暴徒，让他认识到自己的错误而辩护。我们可以从两个不同的角度出发来解决这个难题——他是一个无法控制自己行为的人，或者是一个可以自控的人。也就是说，他对自己的行为和态度应该负责任，还是不应该负责任?

第一，假设他对自己的行为不负有责任。他无法控制自己的行为，无法控制自己反社会的态度，比如他的暴行和嘲笑。在某种程度上，他是不受控制的自己的受害者。这是有可能的。

我们知道脑损伤、药物和某些未知因素会影响人们的语言和行为。暴徒并不像一个按照自由意志行动的人，而更像是风中摇摆的树木、被风暴侵袭的船只，或者被气味和颜色所吸引的昆虫。在这种情况下，我们可能认为暴徒需要治疗，也应该得到治疗，而不是接受惩罚。他应该获得救助而非折磨。

如果他确实不负有责任，那么他也可以说是一头发疯的公牛或一只疯狗，因此，何不制服他呢? “但这样太不人道了，”有的人说，“虽然他表现得像个不受控制的动物，但他仍然拥有人权。他有机会做一个负责任的自由人，他能当好一个人，而不是一头野兽。”

但是，假设我们无法治愈暴徒，假设他没有做好人的潜力。接着怎样呢?也许我们正在坚持自己也无法确定的想法。或者，也许关心他的动机不够理性，在某些意义上还有些功利。社会已经花费资源培养他，我们不愿意放弃我们的投资，尽管我们应该放弃。也许，我们只是情不自禁地为他感到惋惜；在某种程度上，我们发自内心地同情他，心想，我们要是处在他的位置、有他那种性格，会是多么悲惨。

第二，他对自己的行为确实负有责任。他欣然接受自己的一切可怕行为，除此以外，没有任何精神失常的迹象。他自诩一个纯粹的暴徒。在这种情况下，我们凭什么要关心他呢?这里又有了两种观点：首先从他说起，其次说说我们自己。

首先说说暴徒。许多教徒坚持认为：我们所有人心中都有善良的火光，至少是有神圣潜能的火花。如果我们能点亮暴徒的火花，他就能痛改前非。即使我们不能引导他，他也和我们一样是按照上帝的形象被塑造的——这就是我们应该关心他的原因。这种观点并不仅限于宗教。无神论的人道主义者也可能持类似的观点，不是神圣的火花，而是人性的火花。有人可能认为在他内心深处，肯定有好的一面，或者拥有向善的可能。鉴于暴徒的所作所为，以及他后来的态度，我们可能会说：我们凭什么要相信他有好的一面？

当谈到“二战”中上百万人被屠杀的骇人事件——犹太人大屠杀——有些教徒会质问：“上帝何在？”而非教徒则会质问：“人性何在？”这两个问题带来一种惊人的绝望感——某些人在与其他人或群体相处时，没有流露出任何的神性和人性，真令人绝望。这些人也没有看到后者——那些拥有“错误的”相貌、信仰和出身的人——具有的人性。

有时，我们对暴徒的关心，仅仅出于一些简单的想法，比如“每个人都是独一无二的，是有价值的”。但暴徒的价值在哪里呢？每颗卵石都是独一无二的，但并不代表每颗卵石都有价值。因此，关注暴徒本身，并不能充分说明我们为什么在乎他。因此，接下来，就像我刚才所说，重点应该放在我们自己身上。

其次说说我们自己，搞清楚我们凭什么关心暴徒——我们或许会冒出一种可怕的感觉：我们也会做出跟暴徒一样的事。我们发现自己有可能伤害他人，因为不友善的、极度野蛮的行为都是蓄意和自发的。我们回想一下生命中那些成长与机遇，我们有多么幸运没有误入歧途。通常情况下，会有人真的想成为暴徒吗？那压根儿不是一种生活的选择，除了那些在成长过程中遇到挫折的人，或者被环境压垮的人。我们可能都不会遭遇如此绝望、无助、误入歧途的情况，所以我们绝不会变成暴徒，真的？想想看，当人群被煽动时，会一瞬间变得多么粗暴和残忍。想想在肯尼亚、卢旺达、中东还有欧洲的许多地方，由于政治危机硝烟四起，连邻居之间都会互相残害。想想看，美国对关押在关塔那摩、伊拉克和阿富汗的战俘做了什么，还有极端分子给无辜记者和“异教徒”带来的恐惧。可悲的是，从古罗马到十字军东征，再到 20 世纪 70 年代的智利，历史上还有许多这样将苦难强加于人的例子。

直接回到我们对暴徒的感受吧，不管是满腔愤怒的信徒，还是侥幸没有生活在狂热与骚动中的非信徒，大概都会说：“若无上帝保佑，我也无法幸免于罪。”

* * *

我之前刻意忽略了一点：惩罚暴徒是为了维持社会安全。因此，让我们不要把惩罚看作威慑他人的正当行为，那是另一个问题。为了暴徒的幸福，我仍然有兴趣关心他。矛盾在于，有时他是一个自由人，对他的关心是试图惩罚他的正当理由。

可以说，惩罚是有必要的，因为此时，我们把暴徒当作一个对自己行为负责的人来尊重。这是一种以暴制暴的做法，重点是，他要为自己的行为遭受惩罚。如果说他配得到什么，肯定不会是金色海滩和海边的五星级酒店，还是有人全天侍候的那种。但我们如何确定他的行为是正确的呢？在很多情况下“以牙还牙”无济于事，还可能会导致一些违背道德的惩罚。正义之士在思考这件事的时候，是否真的想以暴制暴呢？

我想，我们可以接受暴徒忏悔他所做的事、表达由衷的歉意，并做出一些补偿。这是现实中的忏悔。我们甚至会赞许一种想法：他勇于认错和悔改的心意如此真诚，甚至愿意以死谢罪。那些反对折磨罪犯的人应该意识到：

我们希望暴徒真诚地悔改，悔不当初，甚至自我惩罚。毕竟悔恨不是一件多快乐的事。

假设暴徒没有忏悔。囚禁他、折磨他、处决他——不管我们做什么，假设一切都无法让他认识到自己的罪恶，那么我们就无计可施了。暴徒一直在对我们散发出一种神秘的能量，让我们良心不安，动摇我们的人性，以及我们根深蒂固的信仰——“我们是按上帝的形象被塑造出来的”。我们很想抵抗、消除、中和这种神秘的能量。如果可以从人性的价值出发，打破关心暴徒的道德障碍就好了；如果能让他重新做人、诚心道歉就好了；如果……就好了。

这些就是我们关心暴徒的理由吗？

12

正义能被仁慈干预吗

想象一下，在决斗当天，珀西（Percy）爵士挑战沃辛厄姆（Walsingham）勋爵（简称沃勋爵）。这是两人之间的一场生死决斗。他们约好在黎明时分相见，各自准备了手枪。按照约定，手帕落地，他们就开始面对面前进。尊贵的沃勋爵紧张了，迅速开了两枪——太快了，他没射中。而珀西爵士的枪管在冉冉升起的太阳下闪闪发亮。他盯着沃勋爵的眼睛，这个人勾引了他的妻子，令他无比痛苦。此刻，勋爵的命运掌握在他手中。

支持珀西爵士的人称赞他的仁慈，虽然他是个优秀的枪手，但他的子弹仅仅擦伤了对方。珀西爵士没有把沃勋爵置于死地，但依然挽回了声誉。然而，讨厌珀西爵士的人窃窃私语，说他根本是个伪善者，他假装仁慈，是希望欠他人情的沃勋爵在社会上帮他一把。

仁慈行为是指那些在原则或假设前提下不太严苛的行为。为表现出适当的仁慈，这些行为建立在对被同情者的同情上。塞涅卡说："惩罚过错，本身就是一种过错。"

当受到伤害的人对伤害实施者表现仁慈时，他可以宽恕实施者，这可能会平息他的憎恨和愤怒。尽管如此，宽恕和仁慈彼此是相对独立的。有些女受害者可能会原谅强奸犯，但她们很少会表现仁慈，即使有宽恕之心，她们也会在法庭上反对仁慈的判决。即使珀西爵士对勋爵展现出真正的仁慈，他也可能永远不会原谅他。

“怜悯的人有福了。”无论是不是教徒，我们都会把仁慈或宽恕看成一种美德。然而，仁慈无法强求，所以我们祈求他人的仁慈。仁慈是权力主体可以主动授予的礼物，无论这个权力主体是合法放贷的债权人，还是非法夺取受害者生命的绑匪。

正义能够用仁慈进行调和，这是一种普遍观念。然而，对正义进行调和，就等同于干预正义——这似乎就破坏了正义的公正性。

仁慈总是违背正义的吗?

这个困惑基于两个前提。第一，尽管我们鼓励仁慈，但仁慈不是必要的，它是我们可以主动选择给予别人的东西。第二，正义是必要的，是所有人应得的。

我们来思考两个案例，关系到两种表面上相似的罪行和罪犯。一名法官，仁慈法官，展现出了仁慈，宣布减刑；另一名法官，严厉法官，宣布不减刑。仁慈在这里似乎违背了正义。这种量刑结果的差异似乎也不够公正。为了更细致地观察，也许我们应该把适用正义的领域同其他领域区别看待。

法官应该依照法律判断，而非依照自己的同情和仁慈。如果犯人有可以减罪的情况，法官可能会宽大处理。其实，仁慈法官和严厉法官在量刑上的差异，可能取决于某些因素。也许比起严厉法官面对的罪犯，仁慈法官面对的罪犯内心充满悔恨或是被人教唆犯罪。量刑结果的不同，是因为仁慈法官更加细致地分析了各种情况。如果是这样，仁慈法官就是被误会为仁慈，他同样是严格依照法律来判断的。仁慈法官的宽容不是赠予他人的礼物，而是法律上的义务。

因此，在以上的案例中，赦免和减刑并没有体现出仁慈，而是体现了对各种情况仔细审查后的正义。如果严格的审查没有为减刑提供正当理由，就不应当给予减刑。在应该公正的领域里，没有仁慈的位置。

在这里需要恰当理解：如果仁慈在司法中没有位置，那么它在其他机构和人际关系中地位如何？老师有时会改变主意，取消让学生留校察看的处罚。家长可能会后悔没有阻止孩子的不当行为，却不会反对老师的提议，相反，还会感到抱歉，请老师继续处罚。也许老师的宽容，只源于小小的怜悯或同情，还配不上“仁慈”的赞美。

海盗、劫机犯和绑匪有时也会显露仁慈。假如一再要求提高赎金，他们可能会被击毙。所以他们平安释放了人质——却不是为了能够减刑。然而，这些较为极端的恶行，是由于受到威胁而不得不放弃；而人质和其他相关人等此时已经负有道德义务，不能再继续威胁他们。因此，坏人们并没有赠予他人仁慈——准确地说，他们根本没有显露仁慈。

似乎，我们只剩下一些琐碎的论据，比如老师和家长。然而，表象往往都是错误的。

在决斗故事的背景下，假设珀西和沃辛厄姆都认可他们彼此之间有一种关乎生死的利益联系，这时就有了显露仁慈的可能。举个著名的《威尼斯商人》的例子：当夏洛克把钱借给安东尼奥时，要求安东尼奥以 1 磅肉来偿还。不过，就像鲍西娅所恳求的，夏洛克可以放弃他的债权。如果我违背了偿还 10 万元的承诺，债主就会把我告上法庭，这将会导致我的家庭破裂，我会终日借酒浇愁。然而，债主也可以为情所动，显露仁慈而放弃讨债。因此，可以这样说：债主可以主动放弃债权，这既没有违背正义，也不是在逃避责任。

综上所述，在严格、正式的司法案件中，在应该施以正义的地方，容不得半点仁慈；在与正义无关的领域，仁慈才能起到作用。这似乎就是正确答案了。

仁慈的难题似乎解决了，不过方法有些简单粗暴。让我们再回到珀西爵士和他对沃勋爵表现出的仁慈。我们可以褒扬他的举动，但就像我前面说的：珀西爵士并没有放他一马的义务。

但是，请假设珀西在另一场决斗中面对另一个对手，比如威林厄姆（Willingham）绅士，他们之间发生了类似的丑闻，而后者也有与沃勋爵相似的弱点。在这场决斗中，珀西爵士不再显露仁慈，这时他的行为是违背公正吗？他对沃辛厄姆表现出了仁慈，对威林厄姆却没有。公正起见，他对这两人应该一视同仁。此外，如果珀西能仁慈地对待沃辛厄姆，那么在相同情况下，他对其他人不也该显露仁慈吗？

再一次，就像我们对仁慈法官和严厉法官的讨论，仁慈正在逐渐失去"自愿赠予"的味道。如果仁慈在一个案例中合理，那么公正原则就要求它适用于其他类似的案例。到那时，仁慈就不再是赠予他人的礼物，而是对道德品质的要求。矛盾在于，仁慈这时也就变了味道。

我们是人，有时会率性而为，因为我们向往特立独行；我们同时也鼓励对某些人释放更多的善意，尽管这偶尔会违背公正，却也是一种仁慈。在生活中，我们有时会应付了事，这可以理解。毕竟我们都是人，都太有"人性"了。

13

柏拉图和争吵不休的水手

当你病情严重时，最好去看医生、心理咨询师或护士；当你的鞋坏了，理性建议你最好交给技术精湛的鞋匠；当你想学弹曼陀林[1]，去请教曼陀林乐手才是理性的选择。咨询电话应该打给专家。理性的人不会向不懂解剖的外科医生寻求建议，或者让外行为自己的钢琴调音。至于如何解决数学、医学和音乐上的问题，我们不会用“民主方式”解决，我们不会投票来决定。相反，我们会向知识寻求答案。这么做，是因为我们知道，多数票决是不可靠的解决手段，无法找到应该用技术和知识解决的手段。所以，为什么寻求良好的治理社会的手段，非要求助于民主投票呢？就像丘吉尔所说的：“与普通选民的五分钟交谈，就能彻底粉碎民主的观念。”

借林肯的话来说，民主是“民有”“民治”“民享”的政府的有力例证，但具体到每个国家，关于什么是“人民”，什么是“有”“治”和“享”的原

1　曼陀林，一种类似琵琶的乐器。

则，都有自己的一套标准。“民治”代表由成年人治理，少数人明智，多数人被误导，投票给代表或全民投票。某些人投票是出于自身利益，另一些人投票是为了支持他们自以为对整体有利的东西。民治规则可能是通过“票多者得”来实现的。从大小各异的选区中，根据“票多者得”原则，或根据一定比例确定人选。无论选择哪种手段，我们都没有充分的理由相信由此产生的政府和政策会是更好的、最好的，甚至代表了某种神秘的“民意”。

判断什么政策对社会是有益的，需要从经济、道德和社会学方面进行评估，包括犯罪、感情亲疏和疾病因素，还有税收水平、核能和绿色环保的社会经济后果。没有人会真的以为，大多数选民或者少数掌权者对这些问题了然于胸。诚然，专家意见不一致的情况下，我们当然会遵循多数专家的意见。然而，民主不是要投票给专家，而是要投给所有人。而“所有人”一词，很容易使少数具备专业知识的人陷入困境。

柏拉图的提醒

上述反对民主的思考，出自柏拉图的对话录《理想国》，写于两千多年前。柏拉图提醒我们：在航行中，我们应该选择专业领航员，而不要听信爱争吵的水手——即使你是水手，也别相信聒噪的水手对天气状况和潜在危险的判断。

柏拉图所说的争吵不休的水手，指的就是“暴民”——由暴民统治的制度，就是暴民政体，在古代，暴民政体与民主政体是截然对立的。在柏拉图那个时代，“民主”仅仅适用于具有某种地位的公民的统治。它可以是一种直接民主：有一定地位的公民聚集在城市广场上公开辩论，直接对提议进行投票。基于这种对古代民主的理解，美国国父之一詹姆斯·麦迪逊（James

Madison）将美国描述为一个“共和国”，而非“民主国家”。

今天的民主政体和古代的民主制度截然不同。如今的选举通常面向的是职业政客，他们为当上民意的代表而多拉选票。投票机制最后会选择具有说服力和魅力的候选人，如果还有商业赞助就更好当选了。这也是为什么在一些古代的民主国家，领袖会通过抽签来产生——这避免了“万人迷”和普通人在选举上的不平等。

柏拉图的论点有什么问题？柏拉图关于船的隐喻，恰好可以用来反驳他本人的观点。柏拉图说的领航员，不是一般的领航员，不是把乘客带到他们指定的目的地，而是自己帮乘客选择路线和目的地。就像某些餐馆的服务员，不仅为你点餐、上菜，还告诉你应该吃什么。实话跟您说，英国的某些餐馆就是这样的。

上述对柏拉图的批评，也有其内在的缺陷。这种批评观点认为，重大的政治决策应该由人们的偶发需求来决定。在餐馆里，我今天可能想吃羊肉、不想吃鲑鱼。然而，社会问题就远没有这么简单。即使在餐馆里，一想到我的心血管状况或动物的权利，也该斟酌一下到底要吃什么。公民们可能会误以为个人和社会的利益最大化应该通过对富人多征税来实现。

这种针对柏拉图的批评，也可能带来一种片面的观点——在价值观层面，所有人的意见和选择都同样是好的，似乎所有这些事实都涉及是非判断。柏拉图（略带夸张地）提醒我们——我们常常会忘记自己最初的路线和目标，忘记自己要追求什么，社会应该崇尚什么价值观。他可能在暗示一种过于理想主义的、狭隘的直接民主，即仅仅允许有智慧、有道德的人参政议政。然而，就算所有选民都是善人，也不能保证他们都能明智地为社会找到最佳方案，或者在寻求最佳方案和目的时达成一致。例如，深度思考和道德意识会引导善良之人重视社会公平，但在税收、薪资水平、高考录取率和福利待遇等方面，我们仍会怀疑，到底怎样才算公平。比如优先权的冲突。

* * *

民主投票是一种提供决策的机制，而且无论这个决策是什么，选民至少参与了。这可能会促进某些因共识而产生的政府、法律的产生。毕竟你作为选民参与了，但是，假如投票机制与你的投票意愿背道而驰——你是少数派——投票结果可能会排斥你，甚至侵犯你的自由。比如，你想投票给自愿安乐死、妓院合法化和征收高额遗产税，但政府的立法倾向与此相悖。这样一来，你就无法认同这个社会的价值观。

选民仍然是民主选举中的重要组成部分，即使他们的选择会受到严格限制，且常常会失效。因此，选民的普遍参与只是一种虚幻的优越感。不过政治家们还是需要尽力争取选民，尽可能拉拢更广泛的人群来投票。但他们的竞选口号往往瞄准的是选民的一些短期利益。

也许，究其根本，民主是有一些价值的，毕竟它推动了平等和自由的实现。除了儿童、精神病人和某些群体以外，绝大多数成年人拥有选举权。因此，选民是自治的，他们是自己的代言人，而不是接受别人的命令。但这种表达同样很有误导性。因为，正如前面说的，少数选民可能会被与他们的期望相悖的法律伤害。西方民主就是这样的，即使是多数选民，也很少会支持执政党和他们通过的法律。

也许民主之所以有价值，是因为它强调尊重人民的权利。说它有价值，并不是因为投票权本身，而是因为投票者拥有对他人行为的否决权。否决权保护了我们每个人免受暴政的侵害，无论这些暴政是服务于大多数人、保守主义者、强权政府，服务于某些宗教权威，还是服务于少数大权在握的独裁者。

柏拉图用船的隐喻提醒我们：民主需要一台强大的导航仪，引领我们远离暴政，不被投票的结果所左右。当然，一个长久以来的问题是：我们为事情制定的目标，往往是自相矛盾和混乱不堪的。在最低限度上，民主制允许通过言论自由来表达不同的声音，正是这些不同的意见，保证了社会多样性和批评的自由。民主制没有为不同声音提供充足的空间，却为我们提供了多元化的生活方式——宗教的或世俗的、严肃的或娱乐的、横向的或纵向的。民主制本着民主的精神，既不允许多数人，也不允许少数人强迫所有人齐唱同一首赞歌。

因此，正如 E. M. 福斯特[1]在几十年前所说——尽管民主充满幻想、效率低下、危险重重，但它还是值得我们“欢呼几声”。

1 即爱德华·摩根·福斯特，20 世纪英国最重要的作家之一。

14 投票好还是逗猫好

假设今天是选举投票的日子，你是个民主国家的热心选民，要在几个政党及其候选人之间做出选择。你当然清楚你希望谁当选，所以，你马上就要去投票了。但是，何必去投票呢？

“我想帮帮我支持的政党，帮它取得成功。通过投票，我会尽自己的一份力量。”

在某些特定场合，这可能是个不错的理由，但我敢打赌，在这里不太合适。我敢打赌，你住在一个热门选区，当选人不会因为多那么一两票就能获胜。在这种情况下，你的一票对你们选区的选举结果没有任何影响。即使真有影响，你也应该好好想想：你支持的政党能否上台，取决于你支持的候选人能否当选，而你的影响能有多大？

“我这一票肯定会对结果产生一些影响。”

假设你确实投了票，又能有多大影响呢？假设你支持的候选人赢了，那他就会比原来多一票；假设他输了，他就会比原来少一票。

"嗯，这就是影响呀。"

但这对谁赢谁输没有什么影响。你这一票，对获胜所需的票数规模产生的影响是可以忽略不计的。没有人会真的以为，获得了 29547 张选票的候选人，会敏感到因为再多一张就欢呼雀跃。没有人会真的以为，其他选民会因为你给候选人多投了一票就更加注意你。与其投票，还不如去熨衣服、逗猫或者去看望孤寡邻居。

"可是，如果所有投票的人都这么想，那该怎么办？"

我猜你的衣服会很快熨完，你的猫可能会被吓着，你的邻居也会措手不及。

"别傻了。我是说，如果人人都不投票了怎么办？"

如果人人都按着我的推理继续，就会产生他们不想要的结果。但是，并不是人人都会按我的方式去推理、思考的。所以，这种"如果人人都……那该怎么办？"的假设是多余的。

为什么要投票？

我们做的一些事，在结果上会产生非常细微的影响——也许我们根本无法察觉，但终归还是有影响的。如果其他人也加入制造细微差别的大军，我们就会创造一个整体、巨大的影响。在水资源短缺时，我一个人节约用水，不太会引起注意，但这确实对社会整体的节约有所帮助。在拔河比赛时，也许我对本队的贡献是微不足道的，队伍在没有我的情况下仍可能会赢，但由于我的参与，我正在对获胜的结果产生帮助，其他队友也不用那么费劲。

投票可就不一样了。请先假设我不去投票。如果我的候选人输了不止一票，那么就算我投了一票，我仍然无法帮他获胜；如果我的候选人获胜，那么就算我投了一票，对他获胜的事实也不会产生什么实质影响。

有些投票的理由或许令人信服，你可能会觉得投票是公民的义务。注意，这是一种古怪的责任感，毫无意义。你可能只是喜欢参与，或喜欢扮演投票者。进入怀疑模式，我们可能会支持马克·吐温的观点："假如投票真能改变什么，他们就不会让我们投票。"再容我补充一点："如果你喜欢，可以参加任何毫无意义的活动，但如果你去看望一下孤寡邻居，或者把家里的衣服熨好，岂不更有意义？"

"如果人人都这样想，那该怎么办？"这种老掉牙的论调吸引了很多粉丝，包括一些道德哲学家。他们的观点是：道德应该泛化。我们不该去问："如果我不去投票，我可能去草地上散步，或者去摘一朵花，结果会有什么不同？"毕竟没有人会在乎这些。我的问题是："如果每个人都做同样的事情，这些行为会带来什么影响？"这就是一种**道德泛化测试**。

让我们来挑战一下这个测试。假设我真应该考虑"如果人人都……那该怎么办？"这个问题。如果人人都觉得，反正很多人会去投票，因此决定自己不投票，转而去做些更有意义的事情，那又该怎么办？这里就产生了一个难题：如何接纳或排除这种"很多人会去投票"的认识。也许，我应该忽略其他人投票的事实，假设我是唯一的选民。此时，我的投票就变得非常、非常重要，选举结果完全取决于我这一票。要是这样，我就应该拼死去投这一票。但这是不对的——因为我肯定不会真的以为我的票有那么重要。

我们必须回到现实，而不要总是去问那么多"如果……怎么办"。别人做的事，确实会被我们的一些行为所影响。前提是，如果你是总理的竞选搭档、偶像团体的成员，或是性感模特，那么当你宣布不投票才有可能影响到其他人。而我们中的大多数人都没有这样的影响力。所以，在下一次选举时，我们的任务好像应该是熨衣服、逗猫或者看望邻居。

不过，提醒一下：我强烈建议你别随便传播这一点。

15

做人还是做羊

托马斯·霍布斯（前面讨论利己时讲到过）曾写道："人的一生是孤独、贫穷、肮脏、野蛮且短暂的。"有人立刻回应说，托马斯本人的人生可能就是孤独、贫穷、肮脏、野蛮且漫长的。

霍布斯描述的是在国家、政府和法律诞生之前的人类生活。人类天生好竞争，缺乏相互信任的理由，除非有一个强大的权威来制定法律、惩罚违法者。在自然状态下，人总是处在冲突中，或者至少总是在警惕、不安的状态下，时刻准备战斗。自然状态，即政府出现之前的生活状态，是一种持续的临战状态。由于自然状态如此吓人，以至于人类明显想要一个更好的环境。根据霍布斯的说法，人们会聚集在一起，同意由一个统治者、绝对权威来代表他们，统治他们，给他们以安全感，让他们能够过上舒适的生活。

我们会遇到许多霍布斯这样的谜题，尤其是为何自然状态下的人会甘冒风险相互信任，以达成某种协议。不过，我们先别管政府是如何产生的，让我们先假设：我们生活在同一个国家里，有一个由民主方式选举出来的政府。

无论民主的程度如何，这里的法律都是强加给我们的，限制着我们的行为。出于某些道德或宗教的因素，我们可能不同意某些法律；我们也可能不同意另一些法律，仅仅因为它们阻止我们获得自己想要的。我们普遍关注的问题是：一个政府是凭借何种权力正当、合法地统治我们的？

我们为什么要守法?

我可以用更实际的例子来回答：我们遵守法律，是因为我们害怕不服从它的后果，不愿冒着被罚款和监禁的风险。为了尽可能地继续好好生活，更理智的做法就是服从。当被问到愿意做人还是做老鼠时，很多人往往会选择“吱吱叫、吃奶酪”。当被法律和警察约束的时候，我们大多数人都会“吱吱叫”。事实上，我们这群老鼠，也许更像一群羊，在共同的服从下怯懦地随大流。然而，我们的难题在于：是什么东西（假如它确实存在）让我们理所当然地服从法律？即使我们不服从，明显也可以选择远走他乡。

我们中的多数人由于国家的存在而受益：我们受到国家的保护，以纳税来换取国家的教育和医疗服务。我们的法律，肯定比没有法律要好。因此，作为回报，我们有义务遵守满足我们利益的法律。有种直接的反对声音说，这种服从法律的正当性，不适用于那些总体上没有受益的人。很多流浪汉依然过得很糟糕，露宿街头，无法享受社会福利，还被富人看不起。他们为什么要服从法律呢？此外，一些富人可能会争辩说，他们付出的比自己得到的要多——也许他们忘了，因为社会的稳定和社会不公平的存在，使他们获得了更多的保障，而且往往他们的财富还会被继承下去。

即使总体上我们确实从国家存在这件事上受益，也不代表我们对法律负有任何义务。我们是否签署过协议，同意我们接受福利作为服从法律的回报？如果有人问都没问就给我们买了杯饮料，我们有没有义务再买一杯回赠他？

“签约”让我们走上了另一条路，通往“社会契约”的道路。使国家和我们的服从成为合理的前提是我们同意这样的设置。一些哲学家，比如约翰·洛克（17世纪最伟大的政治哲学家之一）说，过去曾有一部分人订立了契约，选择由一个为他们的利益服务的权威所统治，社会就是这样产生的。当然，我们不相信历史传说，就算真的发生过，对今天的我们能有什么意义？我们又不是几百年前的人，没有签署过任何交易契约。

对于最后这种观点的回应，我们在生活中偶尔会发现可能会签署协议的迹象。我们都在使用国家的服务。洛克说，我们在英国的国王公路（现在叫女王公路）上自由开车旅行。这表明我们默许着国家的存在——难道这是真的？我们住在这个国家，使用它的基础设施，并不见得我们就认可它啊——不过，我们还有其他选择？我们多数人能随便移民吗？其他国家的法律允许外人随便入境吗？18世纪的哲学家兼历史学家大卫·休谟指出：这就像我们突然发现自己在大海中央的一艘船上，船长说，假如我们不服从他的命令，可以随时滚下船。

我们常常抛出理性来解救自己。的确，我们没有签署任何最初的社会契约；诚然，我们和社会上其他人很难达成一致。假设我们都是理性的，而且还没有形成社会，我们就必须创造一些社会的基本原则。假设我们不知道自己的性别、种族、能力，还有我们在社会中可能达到的地位，无论是通过偶然还是天赋获得的地位。处在这样一个原始的位置，站在**“无知之幕”**[1]背后，

1　这是约翰·罗尔斯《正义论》中的一个重要理论，即在商量如何给一个社会或一个组织里的不同成员何种待遇时，最理想的方式是把大家聚集在一张幕布背后，假定每一个人都不知道自己走出幕布后在社会上、组织里处于何种角色，然后大家讨论如何对待某一个社会角色，无论他是市长还是清洁工。

我们之间的一切条件都是公平的；即使我们仍是个体，我们的思想也不会被一种违背他人利益的利己主义所扭曲。更重要的是，我们的共同理性和共同利益，必将引导我们去看待、接受构成所有公平法则、利益和权利的东西。在无知之幕背后，我们认可了一个容许基本自由的社会，不以无谓的理由歧视个人，并在个人遇到困难时提供救济。这似乎是理性的选择。毕竟，站在无知之幕背后，我们不知道自己会不会沦为少数群体或者陷入困难。如果我们今天的社会拥有了这些特征，那么站在幕布之后的认可行为就是理性的，那么，我们今天的服从就是通过认可这种假设而证明的，由此，这种认可就能被看作一种假设的契约。

对于这种观点，有一种嘲讽般的回应是：这种“假设的”契约，不配形成明文的法律，假设的认可不等于真的认可。然而，这种回应却忽略了一点：合理的理由恰恰有可能包含假设的理由。

“你为什么要跟他打架，不顾他的抗议，把他从悬崖上推下去？”

“因为，假如他是清醒的，就会反抗我，避免坠崖而死。”

我们寻求了无知之幕、理性和假设认可的帮助，即使是这种假设也会遇到内在的难题——这种幕布背后的理性到底是什么？例如，将自由建立在高税收带来的高福利之上，这是不是理性的？此外，假设你在生活中坚信“侍奉上帝能得永生”，那么拒绝幕布背后那些吸引人的自由原则，对你来说一样是理性的。

无论我们如何解释全体无条件服从法律这一点，在某些时候，站在道德角度，我们也可以选择不服从。也许是在多数人出于人道主义而违背法律的时候，某些政府制定的恶政、暴政才得以避免。也许是在多数人敞开同情的心扉，不再像老鼠、羊群一样盲从的时候……

请注意，我说着、你读着，这都很容易，因为我们多半是正襟危坐地读着这本书，不需要站起来被数人头，也不必忍饥挨饿，在绝望的环境中挣扎求生。回想一下第 8 节的米勒比起穆勒有多幸运吧。我们中的很多人都是幸运的——凭着运气，我们成了少数的幸运儿，活在世界上大多数可怜人中间。再想想霍布斯在本节开头说的话，这些可怜人的一生，当然是肮脏、野蛮且短暂的。

16

保安官、土匪与因果链

在阻止土匪班迪抢劫某个偏远牧场的战斗中，保安官身负重伤。他伏在一匹忠实的老马身上，老马把他驮回了小石城（忠诚的马都会这样）。而土匪头子班迪回到了他山里的土匪窝“班迪之家”，对手下炫耀说：“我打死了保安官。”然后他把抢来的财物摆成一排，开起了庆祝派对。受人爱戴的保安官回到小石城，由城里的医生照料。城里有一群喜欢私刑的暴民，他们则开始寻找那些土匪。保安官是执法者，明确表示反对私刑——“我只是被打中，我还没有死。”虽然他让他们把土匪活着抓回来，但他（确实）害怕发生更糟的事情——不仅是对土匪更糟，对法律的尊严来说也更糟。

土匪们在班迪的庆祝派对上喧闹不已，喝得酩酊大醉，而暴民们骑了几天的马，不费什么功夫就找到了他们。班迪被他们抓起来就地绞死了。暴民们回到小石城，医生仍在努力抢救保安官。医生竭尽所能，但依然徒劳（肯定因为医生喝多了）。几周后，保安官死于伤口感染，死前仍然对暴民们动私刑耿耿于怀。请注意，我们已经遇到了问题：由于医生自我放纵、沉迷酒精，是否应该由医生——而非班迪——对保安官的死承担直接责任？我们先把这放在一边。假设医生高度尽职、滴酒不沾，很明显是班迪杀了保安官，保安官的直接死因是枪伤。

班迪什么时候杀了保安官？这个问题真令人费解，他是开枪打中保安官时杀死保安官的吗？难以置信，因为在枪击发生几周后保安官还活着，所以他不可能是在枪击瞬间被打死的；而在枪击后的一段时间，保安官明显还活着。在他死的时候是班迪杀了他吗？这似乎也不对，因为保安官去世的时候，班迪已经被暴民们处死许久了。死人怎么能杀人呢？又不是说班迪的尸首在绞刑架上来回摇荡，恰好踢死了保安官。

枪杀发生的地点也让我们摸不着头脑。枪击发生在牧场，但保安官没有死在牧场，而是死在小石城；但班迪却从来没有到过小石城。当保安官最终死在小石城时，班迪已经在山里凉透了。

保安官的死发生在何时何地？

这可不单单是学术问题，也是法律问题，法律必须对这些事实做出清晰的判定。假设班迪的杀人行为是刻意的（其他的条件也都满足了），那么保安官就是死于一场谋杀——但谋杀发生在何地？是何时发生的？而案发地点可能与判决密切相关，因为这通常会影响量刑结果。在某些国家，谋杀罪会被判有期徒刑（一种比较短的“无期徒刑”，比如十年），在另一些国家，杀人犯会被直接判死刑（一种瞬间的“无期徒刑”）。而案发时间也是密切相关的因素，因为要根据犯罪时间和罪犯的年龄来依法判决。

要正确看待这个问题，只需记得：法律会对一切事实做出判决。考虑到对现实的影响，我们在这儿只要做出决定就好了。有一种错误的观点认为：

我们通过调查一切，就能准确地推断谋杀恰好发生的时间、地点。错误的根本在于，当我们需要精确的时间、地点的时候就一定能找到。

例如，1892 年，在弗吉尼亚州发生了一起谋杀案，但“弗吉尼亚州”和“1892 年”都是比较大的概念。毫无疑问，我们还可以更精确地描述谋杀案，而不该随便假设。原则上讲，为满足条件的高度特异性，我们总是要精确找出谋杀案的时间和地点。而“谋杀”的概念，既不需要限制在某一特定时刻，也不需要精确的地点，不会像“某时某地最先响起了警报声”那样精确。

再回到保安官和土匪的故事，故事里给出了正确的描述。保安官被枪打中了，这才是他的死因，因为几周后在另一个地方，保安官死于伤口感染。法律工作者应该决定什么情况下适用哪些法律，而且，基于公正原则，他们需要确保事件的前后一致性。这就是我们可以讨论的地方。

* * *

或者，我们还能多讨论一些。在生活中很多情况下，我们还没有遇到应该运用哪些规则、法规、法律做决定的需求。想象一下，有一场足球比赛，一名球员在被射杀前踢了一脚球，几秒钟后，球滚进了球门。死去的球员进了一球，比赛规则允许这样吗？我不是踢足球的，不太清楚，但在比赛中发生这样的事是有可能的，可是没有特定的规则来处理这种极个别的意外。或者，想象一下，有个国际象棋手走了一步棋，突然心脏病发作，当场猝死；他的对手研究棋盘，逐渐意识到自己陷入僵局，决定投降认输。这个棋手在他死后赢了，规则允许这样吗？

我们不应该感到意外，现实中，关于某些人的规则，是在他们死后才开始适用的。有些人故意服毒，效果很缓慢，但只有当他死后，预谋自杀才算成功，而不是服毒的那一刻——但在这种情况下，关于他何时自杀并没有一个明确的答案。班迪在死后才变为谋杀保安官的凶手，这不奇怪，就像一个住在纽约的女人，会因为上海的一场意外变成寡妇，比如她的丈夫死了；她也可能突然当了姥姥，因为她女儿在千里之外的伦敦生了孩子。假如依据这样的事实，就断定纽约女人本身会因为上海和伦敦的变故而发生变化，这也是错的。17 世纪的德国哲学家莱布尼茨就犯了这个错误，他倒是用自己的一生证明了一个道理：一个人真实情况的改变，并不一定能改变这个人本身。

莱布尼茨一生争名夺利，死前却幡然醒悟，只有他的秘书出席了他的葬礼。他最后被葬在一座无名坟墓里。后人研究了他的大量著作（还有许多未公开的研究），并对他做出了重新评价。他是一位伟大非凡的哲学家与数学家，他的智慧理应受人敬仰；当然，尽管出现了一些小插曲，他的名声却没有丝毫动摇，这是由于他的成就在几百年当中传播的**因果链**的作用。

我们平常所做的一些事，也和因果链息息相关。我们的注意力往往只集中在眼前的事情上，却没有关注几百年后的影响。

这里还有个例子：萨曼莎（Samantha）倒出了一桶汽油，扔了一根点着的火柴，火柴点燃了汽油，烧着了窗帘，导致木地板被烧光，再导致房倒屋塌、火灾蔓延，再导致周围的人惊恐尖叫……“房子是不是被萨曼莎烧毁的？”这个问题要看在最初的倒汽油和扔火柴之后的一段时间里发生了什么。但是她最初的那个“行为”不是持续了好几年。

人类冷冻精子、卵子和胚胎技术的发展，也会引发更多的问题——在这一领域，会遇到“我们何时何地当上父母”的问题。奥斯卡（Oscar）的精子和奥利维亚（Olivia）的卵子是在 2007 年被提取的，2011 年人工授精，2014 年受精卵被植入子宫，2015 年孩子出生。问题是，奥斯卡和奥利维亚是什么时候当上父母的？假如他们在提取精子和卵子时都死了，比如，先后死于 2008 年、2012 年，该如何判断？生活中，有些渣男自豪地说“我稀里糊涂就当了爹”，在未来的某一天，可能无论男女都能这么说，甚至躺在坟墓里也能这么说。

坟墓或许是个“美丽、安详”的地方，但即使在那里面，我们已经安详地死去——死了很久——还是有可能当上父母的。

17 比较有钱是我的错吗

毫无疑问，我们生活在一个不平等的社会里。许多人，并非由于他们自己的错，只能靠微薄的工资度日；或者根本没有收入，勉强活着，还异想天开地渴望国家的救济。穷人的生活条件恶劣，身体不健康，毫无改善的机会，他们的孩子会发现自己也是穷人。我猜，这些“穷人”一部分是骗救济的，根本不穷，但这并不代表我们应该忽略真正的穷人。社会应该更加平等，人们理应享受更大的平等，提高生活水平，获得医疗和教育的机会，也理应享有更多的机会平等。继而，还有全球贫困问题……

女议员波莉·蒂希安（Polly Titian）在议会大厦附近的酒吧里兴致勃勃地接受采访。出门时，她把一枚1元硬币扔进了乞丐的帽子，坐着私人司机开的劳斯莱斯飞奔回到富人区的家里。她要去接她的孩子们，他们刚从一所著名的私立学校放学，接着她会带他们赶去她停泊在圣特罗佩兹港附近的游艇，然后去度假。在度假期间，她的孩子们会享受额外的私人辅导，波莉希望他们在学校考个好成绩。

波莉——准确地说，蒂希安夫人——是贫富矛盾中的极端个案。她和许多政治家一样主张废除私立学校，但还是把自己的孩子送去私立学校；她和那些鼓吹、布道的宗教领袖一样，为无数无家可归的人搓手哀叹，但却坐在悬挂着伟大艺术品、装饰精美的教堂里侃侃而谈。她和各国领导人、企业家、政客、名流一样，在晚宴上一边讨论全球饥饿，一边享受美酒佳肴。其实，她可能和我们中的很多人一样，都认为世上存在不公平、不公正等现象，但对此毫无作为。

我们可以把波莉的这些行为简单解释成虚伪。她知道自己该做什么——捐更多的钱——但她是自私的。也许她不是意志坚强的人，而是意志薄弱的人，即使是从她自己的角度来看。让我们不要止步于这种答案，我们暂且假设她是真诚地想要改善社会的。

假如知道自己富有，你还真诚地渴望更平等的社会吗？

我们很容易联想到“香槟社会主义者”[1]这个词，但许多非社会主义政治家也致力于寻求更广泛的平等。相信有些人——比如波莉——确实是真诚的，这可以接受。她能意识到某种帮助他人的义务：她拿出小额捐款，还为争取更广泛平等的候选人拉票。然而，她在不降低自己生活标准的前提下，依然可以付出更多。她可以捐得更多、更多，却仍旧过得舒适，哪怕没有私人司机开着劳斯莱斯，没有游艇和孩子们的私人辅导。

1　也称“阔佬社会主义者”，指富有的左翼政治家、声称支持社会主义的高收入者，其生活方式与其所鼓吹的理念往往背道而驰。

她或许会为自己的行为找找借口。她会承认无法放弃财富，尽管她心里知道应该放弃。我们可能会认为她不够理性，昧着良心撒谎。但我更想知道的是，尽管她寻求更广泛的平等，可她是否能够拒绝帮助更多的人？考虑到她确实为人们提供了一些帮助，所以她不是那种事不关己高高挂起的人。那么，她的这种立场合理吗？

无论她做什么，社会都不会发生太大改变，仍然会从根本上产生贫富差异。所以刚才的立场是不合理的：她拿出了小额捐款，那为什么不多捐一些呢？确实，如果她只关心穷人的相对贫困，那么她捐得再多也是一样。但是，说她的捐款无法根本改变某些穷人的状况，这也是不对的。改变某些穷人的命运，往往是寻求更广泛平等的动力，而如果波莉捐得再多一些，至少可以改善少数穷人的生活。

也许她觉得自己没有义务去纠正这些社会上的不公平，比如收入不平等，因为这不是她的错。然而，她心里觉得，在这些事情上她确实负有某种义务，例如应该推动实现更平等的社会："请选民见证我的工作。"看起来，波莉似乎正闭眼沉思，思考自己还应该做些什么。

* * *

波莉如何看待自己的富有和地位，是一个重要的影响因素。我们假设她是合法取得财富的，但她可能会同意，考虑到周围许多穷人的状况，她没资格独占这么多的财富。或许她在股市上赚了一笔，又或许她继承了一大笔遗产。我好奇的是，某些人鼓吹机会平等和多劳多得，同时却又强烈反对征收遗产税——就好像他们继承的财产应该与世隔绝，被排除在价值平等和机会平等问题之外。遗产在人们眼里通常是"不劳而获"，就像社会福利那样。注意，如果我们把父母和孩子看成一个利益整体，那么遗产税就相当于把左口袋的钱放进右口袋。然而，我们有充分的理由先不考虑父母和孩子这个问题。

也许波莉的财富来自她过人的商业手段，承受的商业风险。即便如此，她当然本应该更好地帮助自己的员工，而且事实上，她的商业成功正是发生在不公平的社会里，无疑是从中受益的。她也庆幸自己具有这些商业手段。

认为应该有更平等的社会，跟你觉得自己应该帮助实现它，此二者是有本质区别的。如果提高税收，福利分配也会发生相应的变化，波莉的财富会大幅缩水，她觉得这根本不用担心，因为她很清楚其他富人的财产也一样缩水了。然而，如果她通过慈善捐赠减少了财富，那么与那些一毛不拔的富人一比就得不偿失了。她也会背上这种负担，而且这其实是因为她决定了帮助一部分穷人——这还能算公平吗？此外，她可能会宣称，凭借她目前的财力足够影响政府部长的意见，从实质上推动后者落实改善贫困的政策（而且会马上补充，她的贵族头衔可不是靠财富获得的）。她说的这些影响力我们无法证实，它们是否真的那么强大，强大到足以证明她不给贫困者、赤贫者提供大量捐赠是合情合理的，这很值得怀疑。

波莉会坚持认为，慈善捐赠让穷人产生依赖心理，我们最好还是活在一个人人能够体面地工作赚钱的社会里。当然，通过慈善改善穷人的生活，比不做慈善和不提高生活水平始终要好得多。

一些人会赞成“财富是点滴积累的”这类口号——巨大的不平等总有一天会让所有穷人受益。这句话根本站不住脚，请记住，即使这句话有点道理，它也不是富人置身事外，不帮助穷人的借口。富人确实应该做些什么，无论是通过捐赠，还是纳更多的税，至少不要偷税漏税。我们能让蒂希安夫人的财富与她对社会平等的承诺保持一致吗？“比较有钱”，这不正是为那些忧心忡忡的富人准备的行动理由吗？

18 男女真的平等吗

男女平等在哪里？女人与男人不同，普通女人不同于普通男人，女性个体亦不同于男性个体。两者从生物学角度看区别很大，在基因层面也是这样，当然，在生殖特征和预期寿命上同样有区别。的确，男人和女人是有些共同特征，至少他们都属于人类。的确，尽管女性和男性在身高、体重和鞋码上都有差异，但在哭点、性倾向和购物欲望等方面，一些女性和男性是平等的。从生物学角度看，女性和男性在许多方面，比如在情感、智力和直觉上都有所不同，这不奇怪。在很多方面，女性和男性内部的个体之间也有差异，女性个体与男性个体的差异就更多了。

性别平等通常是一种简称，或者说简明表达，意思是说：女性和男性应该被平等对待——并且这种平等对待是正当合理的。平等对待男女，与平等对待健康与不健康的人，道理是一样的。双腿受伤的人需要治疗，而没受伤的人不需要治疗；如果有必要他还会需要一种特殊治疗——心理辅导。为男性筛查宫颈癌或为女性筛查前列腺癌，都是荒唐的行为，都只是在提醒我们：对不同性别的人区别对待是合情合理的。

这里的难题是：到底是什么促成了性别平等的需求？到底什么才是合理的平等需求？或者，我们换种问法，换成一个普遍问题和一个特殊问题：

男女之间的哪些差别应当被保留？为平衡男女的平均预期寿命，是否应该优待男性？

呼吁男女平等，可能是号召对男女双方，以及他们在社会中的作用予以平等关注。这种对平等的关注，往往只限于某种机会平等，而不是结果平等，但有时两者却纠缠在一起。

一般而言，没有什么好的理由能决定一种性别的生命优于另一种性别的生命——尽管偶尔确实会有。在社会人口减少的情况下，鼓励女性生育孩子可能是政府优先考虑的问题，这表明女性比男性拥有更多生育资源。如果夫妻双方都不愿意生育，那么政府就有充分的理由鼓励生育。这些并不是呼吁男女平等的例子，这些例子是为证明：不平等的待遇是由于某种价值产生的，诸如为了社会延续，或者必须有足够的适龄工作人口来维持社会运转。此外，这些例子也不一定对女性有益，反而可能会对一些喜欢丁克生活的女性造成心理压力。而在某些国家，生育则受到限制，这又产生了一种相反的压力。

这里有个简单的观点：性别平等——无论是何种平等——总是值得优先考虑。此外，我们关心这个问题，并不意味着生命能以同样的方式得到平等的发展。有些男性想要孩子，有些不想；同样，有些女性想要孩子，有些不想。假如我们想要的不是不分性别地对生命予以同等关注的模糊表达，那么我们仍未找到“性别平等”这一需求的核心。

有时，对于平等的需求源于性别比例，但当同一职业、同一专业里的男女数量极不对等时，就另当别论了。很多具有女权主义思想的人会抱怨说：比起男人，有更多的女人在家里带孩子，没有带薪。然而，为什么说假设男女数量对等是我们讨论的必要前提呢？或许生物学家可以为我们解释这种数量差异，或者，这种数量上的差异没有过错。

这种差异或许没有过错，但它可能还是有问题。这种在男女数量上的差异，可能不是来自生物学的原因，而是来自社会不平等或强迫。

先看不平等问题。无论两性在生物学上有什么差异，我们都无法断定一个性别可以投票，另一个不能投票。然而，议会、国会和参议院里该不该男女数量平等，又另当别论了。如果代表机构理应代表选民的意志，我们难道不应该保证哲学家、同性恋者、芭蕾舞爱好者甚至罪犯的代表在议会里占一定比例，无论投票结果如何？在议会中要求两性平等的呼吁，表明女性和男性作为不同的群体，存在差异明显的平等需求。矛盾的是，这种对两性平等的特定需求，可能正是由某些重大的性别不平等或不必消除的不平等所导致的。

再回到就业问题。如果女性面试被拒绝，仅仅是由于她们的性别，这往往就是不公平的。相比之下，如果一个剧组只想招男演员，那就不算不公平了。如果美容院老板意识到客户更喜欢女性的触摸，或至少是为店面形象考虑，更喜欢雇用女性，这对男性来说也不算不公平。当然，女性和男性应该同工同酬。然而，假如（仅仅是假如）在这方面有某些习俗甚至法律规定，那么女性比男性更有可能放弃工作来养育子女，因此雇主当然倾向于选择同样能干却没有这种风险的雇员。这显然不能算不公平，或者确实不公平？

如果女性被迫生孩子或被期望生孩子，这种歧视性的做法可能不太公平。如果仅仅因为“她们是女人”，就说她们必然想要孩子，进而辞退她们，这种做法可能也不公平。还是，这些做法是公平的，或许能说得过去？然而，至少在表面上，许多女性和男性不需要强迫，本身就有生育的意愿。此外，从生物学角度看，女性因产假离岗的时间往往比男性更长，假如没有特殊条款，这可能会影响女性的职业发展。因此，许多人认为在这种情况下，公平原则要求我们为这类女性提供优待。

一旦我们要合理解释这些优待——我们必然会走到这一步——就很难找到坚实的立足点。这里有个愚蠢的例子：有些人可能确实想当消防员，但完全没有相应的体力和耐力。可以假设，没人会真的认为这种人应该被特殊照顾，比如给他们特殊的训练和药物，或者降低对他们的岗位要求。某些人确实比较体弱多病，相比于未来的消防员，我们经常会给这样的人许多优待。我们这里的难题是，生活中有哪些优待是合理的？

“强迫！”我们来到了第二个影响性别平等的重要因素，能支持特殊优待的因素。有一种对女性的形容是“温驯的主妇”——她被洗脑了，被驯服了，变得更喜欢顾家。但是这不是她真正想要的。她就像奴隶一样，在奴隶制度下长大，对外界一无所知。在一些传统社会里，妇女显然不能自由产生个体意识，被剥夺了受教育的权利，被迫戴上面纱，甚至过得更糟。在自由社会里，社会压力和习俗仍然会限制各种自由选择。这里又引出了一个难题：哪些限制更加重要呢？毕竟，我们似乎不该为了“银行禁止男员工穿裙子”而烦恼。（其他关于“豁免权”的内容请见下节。）

当我们能自由选择时，却还是出现男女数量差异的结果，我们依然觉得哪里有问题，这是为什么？一些人认为，两性之间的数量差异——如公司董事会、数学家和国会议员里的男性更多——确实表明了女性自由的缺失。教育不当或文化上的压力肯定可以解释这一点。因此，对于那些遭受不公正的人，应该给予特殊照顾。但是，我们怎么知道这种压力一定可以解释差异呢？确实，在很多情况下，在一些国家的许多场合，我们会明显感受到对女性的有形的强迫和压力。但是，假如没看到明显的强迫，就认定男女数量差异源于某些不易察觉的强迫，这也是一种既不合理又很诡异的结论。

有一种看似假设的假设更让我好奇，即如果男女数量差异是由“自然”“生物学”的原因造成的，这种差异就可以接受。这就好比有人相信抚养后代和文化传承并不是源于自然天性，不然它们还能从哪儿来呢？进一步说，为什么在判断事物发展的时候，我们总是喜欢谈所谓“先天、后天”因素的差异？的确，我们总是想干涉大自然。

这些论点，不该让我们对世界上数百万因性别而遭受不平等对待的女性视而不见。这个可怕的事实又提醒我们应该重视另一个事实——还有数百万的男女因战争、宗教不宽容、政府腐败和他人的冷漠，正在遭受不平等的待遇。

* * *

生活可真不容易。以下是哲学家亚瑟·叔本华所说的一段话：

> 女人最适合护士和幼教工作，很简单，她们自己就很幼稚、愚蠢、目光短浅。总之，她们一辈子都像个大孩子……你可以想象一个年轻女孩每天和孩子一起玩玩具、跳舞、唱歌的场景，但你想象不出有哪个男人会怀着世间最美好的意愿去代替她。

毫不意外，叔本华遭到了女士们的口诛笔伐。他还能希望我们怎么评价他？他又是怎么推导出这种结论的？然而，就算我们该痛斥叔本华，也不该抛弃所有证据，坚持说女性和男性在观念和情感上毫无差异。女性和男性的自由选择，可能会导致他们在生活方式上的巨大差异，以及不同职业中的性别比例差异——而且，在某些情况下，自由选择似乎仅仅会导致生活方式的差异和男女比例的差异。

可以说，我们追求的终极理想应当是人类的共同繁荣。对两性平等的呼吁，使我们更加认识到不同的女性对美好生活的向往。也有越来越多的人意识到为人父母的重要性。有些国家一般通过提供产假和陪产假来鼓励生育——在这些国家，人们并不担心（至少不明显担心）人口显著减少。下一个问题是：相较于不愿生育的男女，是否应该优先为生育子女的人提供特殊照顾？不愿生育的人，如果希望社会繁荣，就不该因为旅行、志愿活动中断自己的工作，至少不该为了喝香槟中断工作。

人类的繁荣有各种各样的呈现方式，而不同群体出于不同原因，往往会获得较多的机会，进而比其他群体更加繁荣。社会优先选择了一些群体来带动其他群体的发展，然后就放着不管了。可是，哪个群体更值得优先发展呢？哪些歧视是公平的呢？哪些平等是更值得追求的——性别平等、教育平等，还是关乎生活质量的收入平等和结果平等呢？

多数人认为，最低限度而言，合理的预期寿命是人类繁荣的核心要素。就此而言，在许多国家里，男性比女性的寿命更短，就像与贫富差距那么明显。提高男性的平均预期寿命，通常会使男女双方都受益。那么，在这种情况下，社会资源应该被用来促进性别平等吗？也许答案是“应该”。也许，男性应该有比女性更低的退休年龄或额外的医疗保健，或更多的休假。这总该是要优先考虑的吧？我们应该在这里讨论一下？

关于性别平等，那些令人纠结的核心问题依然存在——有哪些性别不平等属于性别主义（毫无理由地歧视一种性别）呢？我们应该或者不应该推动哪些性别平等呢？毕竟，对女性美容师的需求比对男性美容师的需求要大得多，那么这一现实需要改变吗？

19

医生、良心和豁免权

有时，在某些国家，男女纷纷应征入伍，为国家和国王而战，为独裁者或民主而战。然而，在另一些国家，在某些时候，某些人是可以免除服役的，理由是他们有着根深蒂固的信仰。出于良心拒服兵役的人会真诚地认为："从良心上讲"，他们应该免除兵役。

至少在英国，天主教医生、护士和外科医生可以直接拒绝参与堕胎手术。他们深信堕胎等同于杀人，至少是杀了潜在的人，因此他们有理由拒绝需要医疗救助的女性。在理想情况下，天主教的福利机构只可能接受已婚的、异性的夫妇来领养孩子。天主教徒深信同性恋夫妻无法提供合适的家庭环境。而在现实中，英国的此类机构没有排除同性恋人群作为收养父母。这种理想和现实的差异会不会令人困惑?

至于锡克教徒，由于他们敬奉包头巾，可以有权不戴安全帽。雇主们会按照一定需求修改企业的着装规范，以便让信徒可以选择穿戴亚莫克[1]、尼卡布、罩袍、十字架上班。但是绝地教（Jediism）[2]的创始人被禁止穿戴连帽斗篷，尽管他说这身打扮对他创立宗教至关重要；在伦敦市议会开会时，男人通常不能穿裙子，女人也不能穿比基尼。这都不难理解：人们当然会怀疑绝地武士信仰的真实性，也会怀疑男人穿裙子和女人穿比基尼在讨论公共议题时的必要性。

令人费解的是，为了推动就业和生活方式的平等，有时也需要少量的不平等。无论是在法律上还是在现实中，之所以会有这些例外和豁免，一般都是为了照顾某些教徒。那么，允许某些特定的豁免，不允许其他豁免，其中存在哪些道德上的标准呢？如果医生可以拒绝堕胎，那收养机构为何不能拒绝同性恋夫妻当收养人呢？如果某些女教徒在工作中可以穿戴罩袍和面纱，那么爱开玩笑的无神论者为何不能穿印着先知头像的 T 恤呢？

我想从法律规定、工作职责、社会职责和义务中寻找一些合理解释，但这些通常是我们无法免除的，这就让我转向寻求道德。

人们常常认为，深刻的观念都源于某些宗教基础。这个观点颇值得怀疑。宗教确实给人以深刻的观念，但主要的非宗教运动也一样可以（例如，生态保护运动）。当然，后者有时也会带来坏处，就像某些不靠谱的政治运动口号。

怀着深刻信仰的人会发自内心地说：如果做了某些事，我就无法原谅我自己。他们可能会面对良心的审判，可谁知道良心在挣扎什么呢？如果良心或深刻的信仰能够证明那些豁免是合理的，那么坚定的种族主义者就可以用这些豁免来抵制反种族主义的法律；而不喜欢女性的雇主，则会给女员工较低的工资。我们必须考虑得更多，最起码深刻的信仰、良心的挣扎，这些在

1 犹太男子在祷告、学习、吃饭等时戴的圆顶小帽。

2 又称杰迪教，是西方近年出现的一种源于《星球大战》系列电影中“绝地武士”形象的无神论信仰。

道德上绝不该受到谴责。某些东西即使是错的，也应予理解，因为这些对教徒们来说至关重要。有时的确是如此。

即使是狂热崇拜战争的人，也可能会尊重那些在道义上对战争进行评判的人。即使是最坚定的女权主义者也会认识到，堕胎会造成真正的道德困境。关于战争和堕胎的豁免理由，对我们如何尊重他人的生命提出了明确的道德呼吁。在这种情况下，我们至少应该接受豁免的可能性。那些根深蒂固的观念，显然是"关乎他人的"，最初是为了保护他人。当然，这不能解决关于豁免的难题，无论是关于他人的，还是仅仅关于个人的，它们都应该得到允许。

例如，遇到现实的极端的情况——士兵不够，医生太少，无法给他们相应的豁免权。然而，考虑现实情况，确实可以促进一些豁免的实现。和平主义运动的成员不太可能是好的士兵，但他们可能会给予战争伤员很好的救助。无可避免的是，人们必须权衡这种矛盾和现实的因素。当然，假如没有豁免，某些信徒可能仍会拒绝做他们反对的事情——比如通过辞职——但是，事实上，现实中的不利条件往往会导致"根深蒂固的信仰"变得不再坚定。他们往往会妥协，继而随心所欲地篡改原则。

在讨论不同信仰的人如何和平相处的时候，难免会遇到一些灰色地带——当权者和大众都需要慢慢适应和调整。

我们再谈谈收养机构。天主教会的担心确实考虑到了他人：他们想要的是他们觉得对孩子最好的收养条件，而同性恋夫妇可能只看到了他们的同性恋恐慌症。我们应该如何看待这个问题？假设有足够多的非宗教收养机构，假如有一个允许孩子受到宗教熏陶和教育（颇有争议的教育）的社会，教导孩子某种性行为是不道德的，那么行为整体性的原则，就要求我们体谅天主教会的那种担忧。

最后，豁免取决于一些现实的、混杂的因素。这可能会让某些读者感到失望，但如果谁认为有一种标准能快速准确地判断在什么场合应该做什么，这种观点通常也有问题。

有时，战争狂人也会站在法庭上争辩说“我只是尽我的职责”，假如法律都这么糟糕了，那么能否获得对某一义务、职责的豁免也都无所谓了——这时候需要的就是不服从，要站起来公开表明立场，或者像“核裁军运动”[1]成员那样，坐下来表明立场。但是请记住：那些古老、神圣的经典，不能仅仅因为带有“神圣”的光环，就能成为我们“站起来”或“坐下来”的可靠依据。

1 英文缩写为 CND，英国最大的和平运动组织。

20 一切都是相对的吗

在某个传统国家里，通奸的女人会被处以石刑——一种缓慢、痛苦和耻辱的死亡。在今天的英国，对通奸没有明确的法律制裁。有些英国人认为女人通奸是不道德的；其他人，包括女人的丈夫，可能会觉得这没什么。在欧洲、美国和其他地方，多数人都认为石刑是一种惨无人道、大错特错的行为。有人会说，这表明这种事情都是相对的。相对于她所在的国家，她的行为是错误的；而相对于现代文明国家，她的行为并不算错，或者没有那么离谱。基于她所在的国家的道德和法律，她受到了应得的惩罚。

许多年前，在一场学校辩论赛中，我对“打倒迷你裙运动”表示赞同。我支持这一运动，我能用“打倒”（down with）[1] 这个幽默的双关语来参与男生话题。当时迷你裙很流行，可没过几年它就过时了。时尚总是来匆匆、去匆匆，那些用以表达时尚的形容词“时髦”“酷”“流行”“新潮”“超棒”“时

1 “down with”在英语里既有“打倒”的意思，也有“脱下”的意思。

兴”也一样来去匆匆。我们认为有吸引力的、大胆的、能接受或被冒犯的东西，都是针对于它们所在的当下情境而言的。据说，男人曾经会因为瞥见女人露出脚踝而神魂颠倒。回想一下，你年少时初尝红酒的味道（是不是很难喝？）和你现在品尝红酒的味道；对比一下，韩国人和英国人对“奶汁炖狗肉”这道菜的反应；对比一下古希腊的“美少年之恋”与当今西方的类似关系；再对比一下苏格兰人对风笛的感受和英格兰人觉得这是噪声（抱歉，是声音）的感受。

文化相对主义者，通常将这种相对性推展到了道德层面。他们声称，道德上的对错与社会密切相关。这些“广义的相对主义者”（我是这样称呼的）进一步将相对性扩展到了所有真理上。例如，他们说，“上帝存在”对信徒而言是真理，但对非信徒来说，就是错误；或者“地球是平的”对于中世纪的多数人而言是常识，但对我们来说就是谎言。他们可能会说：“当我说某件事情绝对正确——不是相对——的时候，不过是在表达我的观念。我无法跳出个人局限去寻找事情的真相。”一些相对主义者觉得，根本就没有所谓的“绝对”，一切事情都是相对的。

一切价值和真理都是相对的吗？

可以说，当表面上的真理关系到道德问题——道德上该做或不该做某事——而非现实问题时，相对主义似乎更占优势。**道德相对主义**获得了许多世俗主义者的支持。想想看前面讨论的石刑，道德相对主义者有时会错误地推断出：我们干涉别国习俗的行为是错误的。如果这一结论来自一个绝对主义者——这种干涉行为是“绝对”错误的——那么它就和相对主义者所说的“所有道德判断都是相对的”产生了矛盾。这些相对主义者不能坚持自己的立场。这是我们驳斥这种相对主义观点的可靠依据。

道德相对主义者或许会认为：相对于某一群体的（他们自己的）价值观，干涉别国的（相对的）价值观是错误的。如果他们真的这样想，我会觉得很逗，因为这只是一个“相对的”问题，无法说服我接受他们的观点。

尽管相对主义似乎天然倾向于支持自由、宽容（尽可能地不要干涉他人），但没有任何充分的理由说明他们为何这样选择，相对主义者不能坚定地告诉国家、教派或个人：当他们把自己的价值观强加于人时，是“绝对”错误的。这些国家、教派或个人很可能竭力传播的他们（相对的）价值观。“所有的道德判断都是相对的”，并不能证明我们的某些结论——身处本国的我们，即使从相对的角度而言，也不该干涉别国的做法——绝对正确，就像它无法证明“我们应该干涉别国做法”的结论是正确的。

一旦道德被认为是相对的道德，就会产生下面这个问题：道德相对于什么正确？相对于我们生活的社会？相对于教派、政党、工会、俱乐部这些我们归属的群体？相对于其他权威？相对于我们自己？无论答案如何，我们都应该去问问相对主义者：你的答案是否仅仅是“相对正确”？也就是说，你的答案仅仅对你或你的群体而言是正确的？假如他们回答“是”，那我们干吗要接受它？如果他们回答“不是”，那他们就不是真的相对主义者。

我的学生偶尔也会信奉相对主义。当我指出假如他们是对的，他们就不应该抱怨我给他们打低分是错的，这时他们才会正视自己的愚蠢。“我们的论文写得很好。”他们肯定地说。“当然，”我说，“但因为没有绝对的非相对价值观，相对于我此刻的感受，你们的论文就应该得低分。”

许多左翼分子也会选择道德相对主义，因为他们希望人们尊重他人的文化身份。这使得他们陷入了矛盾的境地，因为他们的相对主义倾向与他们的（必然正确的）判断很难保持一致，比如他们认为妇女不该被强迫戴面纱、行割礼，或者被人处以石刑。当然，让我赶紧补充一点，如今西方社会有许多弊病，比如女性常常因为有老公、孩子感到压力，甚至因为单身感到压力。如今在英国，无论男女都会有挫败感，或许是工作不顺利，或许是供不起房子，或许是养不起车。

文化和传统值得尊重，不等于所有文化和传统都值得尊重。这确实等同于承认某些尊重行为是绝对的，而不是相对的。令人费解的是，我们如何划出一条界限，或者说，我们怎样能找到自己划出的界限。

* * *

古希腊的诡辩家普罗泰戈拉（Protagoras）被公认为**广义相对主义**的鼻祖，他有一句名言："人是万物之尺。"大意是，真理永远是某一个人的真理，没有所谓的"绝对真理"。对此，有种快速且正确的回应是：我们应该质疑他这句话的价值，也应该质疑所有支持相对主义的观点的价值。"一切真理都是相对的。"这句话是相对的，还是绝对的？假如是后者，那么这句话就是自相矛盾，我们就该抵制它。如果是前者，假如这句话的意思是"对我普罗泰戈拉而言，所有真理都是相对的"，我们就该回答："你说得很对，普罗泰戈拉先生，但我们凭什么要相信你所说的？毕竟，你只是在谈论你个人对事情的感受，而非事情的本质啊。"

普罗泰戈拉跳起来大吼道："可是，我是伟大的普罗泰戈拉啊！我思考过这些事情，也看见过……"讲到这里他犹豫了——他无法继续畅所欲言影响我们，因为他必须得说出自己的观点确实比别人的好，而不仅仅对个人来说好。他应该打算说："我看见过……呃……真理。"我们就此打住吧。

让一个道德相对主义者站在一个受着折磨、惨叫着的无辜儿童面前，问他是否仍然认为这样做只是相对错误。

让一个广义相对主义者站在有高铁飞驰而来的轨道上，问他是否真的认为他要死了这件事只是相对正确。

21

名为健康的风险

假设你是个外科医生，也是个哲学家，你是某个一流的器官移植专家团队的主任，有多次手术成功的优秀记录。在你的等候者名单上有四个年轻病人，他们都病入膏肓，迫切需要器官移植，否则很快就会死。安德里亚（Andrea）需要换肝脏，巴里（Barry）需要换心脏，克拉丽莎（Clarissa）需要换胰腺，还有唐纳德（Donald）需要换肺。你手头没有可用的捐赠器官，因此陷入了绝望。你不是为了赚钱才学的医：你只是想帮助病人，改善他们的生活，但你却愣在这儿，眼睁睁地看着四条生命逝去。这些人没有做错什么，如果不是由于生病，他们本来会过着长寿、幸福的生活。只有找到可用的器官，情况才会好起来——因为你早已攻克了组织匹配和排斥等技术难题。

当你正要告诉你的病人毫无希望时，你注意到了医院新来的接待员——小伙子埃里克（Eric）。你从他的医疗记录中得知他身体倍儿棒。你的眼神突然恢复了光彩。你邀请埃里克陪你进手术室，带他到处参观，当然，你此时的心理过程如下：

我想帮助更多的病人。如果杀了埃里克，我可以把他的器官分配给安德里亚、巴里、克拉丽莎和唐纳德，挽救他们的生命。的确，世上不再有埃里克这个人，但又有了另外四个人。四换一可是一笔好买卖。

在法律上，杀埃里克是违法的，而在道德上我们如何做才是对的？鉴于四个人的器官状况，杀死安德里亚或其他三人来摘取器官，这毫无帮助。如果我们什么都不做，就会眼睁睁失去四条人命，但是，确实埃里克能继续活着。如果我们牺牲了埃里克，用他的命换回四条人命。就生命的价值（人际关系、对社会的贡献）而言，所有人都是相同的，所以，道德问题似乎取决于数量问题。然而，诡异的是，许多人都对**杀一救多**的观点感到震惊。

从道德上说，你不能为了救人而杀人吗？

正如上一节的难题所指出的：我们多数人在生命重要性的观点上非常不一致（顺便说一句，假设我们这里只讨论人类生命）。在战争中，许多人欣然接受杀死无辜平民以确保他人的安全的做法。或者，让我们把焦点对准英国，许多人会过早去世，就是因为政府让纳税人满足较低的税收水平，而缩减医疗保健支出；此外他们还把一些税收用在了艺术、热门体育项目和娱乐项目上。如果这些钱用在更好的地方，就可以改善老年人和穷人的保健条件，降低每年死亡的人数。当前的英国就是这样的，许多人的生命仅仅是为了提高别人的生活质量而白白丧失了。

而你，身为外科医生，正在打算杀埃里克来救另外四个人的命，而不仅仅是提高他们的生活质量。因此，我们应该支持你的想法？如果我们支持你，就是在某种程度上草率地遵从名为“功利主义”的道德学说，它要求我们必须寻求（或尽可能寻求）最多数人的最大幸福。这就是我们应该追求的吗？多数人会对这个理论说“不”，坚持认为：“没有人有权违背我的意愿使用我的器官。”

*　　*　　*

许多人宣称，我们完全有权拥有自己——自主权，任何人假如违背我们的意愿，侵犯我们，夺走我们的器官或杀死我们，在道德上就是错误的，除非我们甘愿被侵犯。有人会进一步说：“我们对自己的劳动和劳动成果也有自主权，所以大多数税收对我们而言就是盗窃。”正是以上这些权利构成了道德的基石，而这种道德，使我们人人都能做自己的国王。大概就是这个意思。

假如每个人都是国王，那么用无辜者的死来挽救其他事情的手段，无论多么有价值（比如拯救其他四条人命），都是不道德的。尽管埃里克的死是其他人活下来的必要前提。当然，有时杀戮是在道德正确的前提下发生的，即使能预见结果，它们仍是无意而为之的。比如，杀害无辜平民通常不是战争的目的，相反是（据某些人说是）一种不幸的附带伤害。在许多相关争论中，有人认为这种非故意杀害平民的行为在“正义的战争”中是正当的，并且在道德上有别于某些恐怖分子和敌对国故意屠杀平民。这种论调越来越摇摇欲坠了。

有别于让每个人成为国王、非故意附带伤害和故意造成死亡等观点，功利主义的理想任务是寻求最多数人的最大幸福。无论死亡是由于附带伤害还是故意为之，只要结果相同，在功利主义者看来就没有任何道德上的区别。比方说，假设结果相同，战争和恐怖主义行为在道德上就没有区别。在功利主义被修正之前，这是辨别功利主义的最基本的标准。

即使我们选择了功利主义立场，也可能会谴责外科医生的观点。假如绑架和杀害健康的人并使用他们的器官落实为一项政策，那么健康的人就会有极度的不安全感（就等于面对无差别的恐怖袭击）。别忘了，那些从治疗中获益的人，也可能会变成这种政策的受害者。由于有这种危险的政策，有这种外科医生的社会会给社会总体幸福投下一些阴影，当然，仅仅是在当人们知道有这种政策在实施的时候。假设这种政策是保密的，这就是为什么盲目遵从功利主义可能会损害我们的健康——还会损害我们的社会政治（见第67节）。

想要健康？最好别去器官移植医院附近瞎转悠。

第三章

逻辑：道理也太多了吧

我自相矛盾？很好，我就是自相矛盾，我广博宏大，我包罗众生。

——沃尔特·惠特曼

逻辑在我们眼里往往是可怕的东西，而究其本质，它只是强调正确的推理，并且要避免矛盾——例如，拒绝接受某件事“既对又错”这种论断。“如果苏格拉底是个人，而所有人都会死，那么在逻辑上，苏格拉底就会死。”这是一则有效推论。如果它的前提是正确的，我们就应该接受这个结论。相反，“苏格拉底不会死”的结论，就会与前提产生矛盾。

某些小谜题同样包含着简单逻辑。有三个逻辑学家走进酒吧，女招待问道：“你们喝点什么？”“我不知道。”第一个逻辑学家回答。“我不知道。”第二个也回答。第三个逻辑学家只说：“是的。”第三个人不知道前两个人是否想要，但准确推断出第一个人和第二个人肯定想“喝点什么”；而不管是第一个还是第二个人，都不知道三个人是否都要——不过，他们现在意识到了“三个人都要”这一事实，因为他们知道自己需要喝两杯提提神。

以上简单的论点尚可接受，如果我们想询问所有陈述是真还是假，想知道是否想清楚我们所知的事和想做的事，就总能避免矛盾，想了解别人如何推理我们的推理可就难了。请注意“小鸡游戏”中的悖论（第 24 节）！

本章包含了一些（让我们陷入矛盾的）著名悖论——说谎者悖论、罗素悖论和希尔伯特旅馆悖论。这些悖论向来让哲学家们神魂颠倒，也让他们越发忧心忡忡。因此下面这个故事很重要，它来自优秀的哲学家约翰·威兹德姆（John Wisdom），他深受维特根斯坦的影响。

当某个偏远的孤立社区某一天接入了电话线，居民们在表达用电话线传输的信息时用的词是“电极信息”（message on poles）。后来，等他们用上无线网络，无线传输的信息就顺势被命名为“没有电极的电极信息”（message on poles without poles）。只要解释清楚，看似矛盾的东西就不再矛盾了。

在这一章，我们先从一个好玩的难题讲起——“如何不赢得公主垂青”，令人困惑的是，它又是关于核武器这种严肃话题的；接着是一个绝妙的难题（如果难题可以用“绝妙的”来形容）。但我要老实告诉你我最喜欢的难题——“出老千的骆驼卡梅尔”，请问你们如何理解那个难题的推理过程？

22

如何不赢得公主垂青

设想我们身处某个王国，那里有国王和王后，有小丑、王子和公主，还有恶龙、梦想和被困的少女。在这个王国里，有一位美丽的公主，她是国王和王后的掌上明珠。然而，我们遇到了一个难题：哪个小伙子可以赢得公主垂青？国王希望女儿嫁给聪明（Clever）王子，他确实聪明，但是既不英俊，也不强壮，还缺少王子应有的魅力。而王后中意另一个小伙子——欠聪明（Not So Clever）王子，他没有那么聪明，但长相英俊、英伟不凡。两个小伙子都为公主所倾倒。可是，公主的选择呢？公主冰雪聪明，故意让大家以为她选谁都行，毕竟她不想跟父母作对。这就是那时候的爱情，这就是父母之命。

“我们必须给求婚者布置一个任务，”王后提议，“看谁能对我们的女儿表现出最大的忠诚。”

“好主意，”国王表示赞成，“让他们做道数学难题，就一道。”

“当然不行。”王后坚决反对，她知道欠聪明王子肯定赢不了，“他们必须杀死条恶龙。第一个顺利屠龙归来的求婚者，可以赢得我们女儿的垂青。”

好吧，听起来是个不可能的任务。但这也是一个有很多龙的世界，没什么不可能的。虽然两位王子对这个提议不是很满意——毕竟屠龙是项艰苦的工作，很有可能丢掉小命——但如果非做不可，为了赢得公主的垂青，还是得拼一把。国王对此也不甚满意，他支持的王子很可能赢不了。

国王和王后争执不下，直到公主出了个主意：“你们其中一个人只需要‘打算’杀死一条龙，而另一个人必须‘确实’杀死一条龙就可以了。”这时，聪明王子立刻抢先选了前者，这明显比屠龙要付出的各种艰苦努力容易得多。欠聪明王子叹了口气，无奈接受了自己的愚蠢导致自己要去屠龙这个事实。

王后大吼道：“这毫无意义，太蠢了！”然后喃喃自语：“欠聪明王子肯定做不到。”——聪明王子要做的“打算”，比真的屠龙要容易得多。公主用脚轻轻踢了下母亲——当然是有礼貌地提醒，请母亲不要说了。这就是女儿的权威。

于是就这么决定了，从第二天日出开始，最先完成任务的人将会赢得公主垂青，不管是只打算（当然，得认真打算）屠龙的，还是确实要屠龙的。读者请别担心，宫廷里有一个读心术士可以轻松感知内心意图，如果这还不可靠，我们可以把这个王国设定在未来，有台大脑扫描仪，可以轻易检测心理状态，比如打算屠龙。现在，问题是：

谁更有可能赢得公主的垂青?

这个难题以理性为中心，关系到我们的日常生活。在这个问题中，我们增加了“更有可能”的提示以防读者困惑。会有读者正确地指出，我并没有提到当地的龙有多强大，也不知道王子到底有多聪明，他们能不能记清楚自己的任务……假设除了故事本身很荒唐，其他发展都是套路，那么你们可能已经猜到了结果：欠聪明王子赢了。他完成了任务，确实杀死了龙，迎娶了公主。然而，聪明王子到底哪里出了问题?

当然，聪明王子急于接受只要“打算”屠龙就足以赢得公主垂青。正如女王所想的，仅仅打算做某事，似乎比实际做到某事容易得多。其实，我们有可能真诚地打算完成某项任务，但最后失败了。聪明王子是这么想的：

“我只需要打算杀一条龙，”他说，“真的杀龙是一项艰苦的任务，所以日出之后，任何杀龙行为都是愚蠢的，我已经打算杀……啊，但这意味着我不是真心想杀龙——既然我知道自己不用费力杀它。”

聪明王子又想：“啊，我还是去杀龙吧。”他痛苦地想了想，然后犹豫了一下。“等等，那样太疯狂了，我没必要那样做，我只需在日出后保持一个真诚的屠龙意愿就行了。然而，如果我意识到了自己没有必要真的杀龙，那我就无法产生自己需要的真诚意图了。好吧，我最好去杀——但是，等会儿……”

就这样，聪明王子的推理扭成一团乱麻——太阳升起，他发现自己仍然无法形成一个真诚的打算。每当他说“我打算”并试图表示清楚时，他的推理就提醒他，他不用去做他打算做的事——他有充分的理由不那样做，直到太阳下山。当然，欠聪明王子可没有这些烦恼，他径直跑去屠龙。顺便说一句，那只是条小龙。

就这样，欠聪明王子最后娶到了公主。公主表面假装惊讶，心底却露出一丝笑容。在那个年代，公主就是这样冰雪聪明。

* * *

如果让欠聪明王子选择只需“打算”屠龙，他可能还是会赢。由于不聪明，他可能不会沉浸在聪明王子那种玄妙的推理中。之所以会遇到这种难题，是因为有时，本来看似理性的行为，到后来却成了非理性行为。在反思这个问题时，我们会看到自己是如何“理性”地失去了非理性行为的动机的，一旦有了“后来”，就违背了我们完成任务的初衷。

如果聪明王子再聪明一点，也许他能告诉自己，公主其实是想让他真的杀龙，而不是只打算杀。假如他产生了这种“错误的观念”，结果可能会好得多。也许他本可以做出非理性行为。

非理性行为有一个特例：拥有核武器的国家同时持有所谓“确保互毁”政策。“如果你们先发动攻击，我们将会反击，彻底毁灭人类。”现在，我们可能得让人相信这是我们的打算，但我们（和他们）可能怀疑我们坚持这种打算的合理性。因此，我们真打算造成大规模伤亡吗？也许我们只需要说服敌人我们足够不理性，能实现这个打算。在其他方面，我们或许也不够理性。我们在第 24 节将会探讨更多相关问题。

这里的困惑在于：我们把自己和未来绑定在了一起。聪明王子要约束自己以实现杀龙的意图，就要拒绝那些提醒他只要一打算杀龙，就不用杀龙的干扰。在更多的日常场景中，情况会稍有不同。理性的推理告诉我们，我们应该留意周围的环境，以防屈从于未来的诱惑。矛盾的是，我们同样也清楚，一旦面对可能的诱惑，我们就会预见不同的结果，彻底对未来屈服。

还有一个古希腊的故事。奥德修斯知道，当听到女海妖那美妙诱人的歌声时，一旦稍有放松，他就会对其屈服。因此，他逼迫水手们把他绑在桅杆上，用蜂蜡堵住他们的耳朵，确保他们既不会听到女海妖的歌声，也不会听到他被歌声诱惑时发出的错误命令。所以，矛盾在于：奥德修斯故意让自己不去做他未来想做的事。

今天，我们是没机会遇到歌声美妙的海妖了。乏味的是，我们只会意识到自己今晚会吃太多巧克力或多喝两杯——这是意志薄弱的体现（在第四章我们会审视奶油面包的诱惑）——所以，我们会刻意避免在下班路上买这些产生快乐的商品，但我们也知道自己很快就会后悔。或者这样表达：过去的我们有权阻止现在的我们享受美酒和巧克力的夜晚吗？

在我们思索这个难题的同时，可能更急于知道超市关门没有。或者，等等，家里不是还有珍藏的威士忌吗？

23

我的钱是怎么没的

“你们这儿有哪些口味？”露辛达（Lucinda）盯着菜单上的冰淇淋问道。

“有巧克力、樱桃和咖啡味。”服务生答道。

露辛达犹豫了好一会儿，明显对这几个有限的选择不甚满意。“要咖啡味的吧。”她决定了。

服务生为她下了单，但是正当他转身要走时，突然想起来：“啊，我们还有李子、桃子和百香果口味。”

“棒极啦！”露辛达喊道，“那我要樱桃味的。”

* * *

我们通常都会有不同的偏好——我们的偏好依赖于环境和既有的选项。现在，露辛达的故事让我们既困惑又好笑：当她得知有李子、桃子和百香果口味后，她的偏好怎么会从咖啡变成了樱桃？这好像有点儿矛盾。

确实矛盾，但是我可以再讲一个故事，这样矛盾就消失了。我们假设露辛达起初对于樱桃味的选项并不满意，只因为它似乎是唯一可选的水果味。“也许这家店不擅长用水果做冰淇淋。”她思索着。在得知有其他水果味可选时，露辛达对于店家的水果味产品制作能力突然有了信心。因此她可以选择自己最喜欢的口味，也就是樱桃味——但只有在有其他水果味可选的情况下。当只有一种水果味可选时，她对咖啡的偏爱就会占上风。她所处的环境影响了她在咖啡味和樱桃味之间的偏好选择。

有了这个背景，让我们来看这是否有助于理解某些偏好悖论。首先，我来介绍**偏好的“可传递性”**。

如果我喜欢苹果胜过香蕉，喜欢香蕉胜过橘子，那么我一定喜欢苹果胜过橘子。这说明，偏好之间有一种可传递的关系。如果梅纳德（Maynard）比内奥米（Naomi）高，内奥米比奥斯卡（Oscar）高，那梅纳德就比奥斯卡高。相较于这样的关系，“吻”是不可传递的。如果梅纳德吻了内奥米，而内奥米吻了奥斯卡，那不等于梅纳德吻了奥斯卡——绝对不等于。虽然梅纳德喜欢吻内奥米，而内奥米喜欢吻奥斯卡，但这并不代表梅纳德喜欢吻奥斯卡。

如果你是理性的，你的偏好应该是可传递的——或至少表面上是这样。这个经典的偏好悖论挑战了一切表象。我们假设如下：

我更喜欢和露西（Lucy）一起看歌剧，胜过独自参加研讨会；同时我更喜欢独自参加投资研讨会，胜过和锡德（Sid）一起看球赛。这就可以完整地理解为：我喜欢的是歌剧和露西的陪伴。相反，我不爱看球，而且觉得锡德不好相处。比起和锡德一起看球，我应该更喜欢和露西去看歌剧，这显然比较合理。但事实真是这样吗？即“比起和露西去看歌剧，我可能更喜欢和锡德一起看球”，而这可能恰恰是一种理性的选择，这样就产生了悖论。这又是怎么一回事呢？我们把问题精简一下：

如果我喜欢和露西看歌剧，胜过参加研讨会，喜欢参加研讨会胜过跟锡德一起看球，那我喜欢和锡德看球胜过和露西看歌剧，这是否合理？

如果答案为“合理”，我们可以具体情况具体分析，这样一来，偏好似乎是不可传递的。假设我必须忍受锡德说我是精英主义的偏见，再假设锡德已经知道我是在“和露西看歌剧”以及“和他看球”之间做了选择。一旦选择了露西，我就成了锡德所说的“显露优越感的人”。因此，我选择了和锡德去看球赛，即使我喜欢和露西去看歌剧胜过去研讨会，喜欢去研讨会胜过和锡德去看球赛。这样看来，理性的偏好不必有可传递性。

也许这个悖论根本就不是悖论？也许偏好并不比“喜欢”“爱”和“舔”更具有传递性？一旦你承认这种结论，就有可能遭遇破产。更准确地说，如果你的这种偏好是不可传递的，从理论上讲，你的钱很有可能被人抽走，你变得身无分文，而且得不到任何回报。如果你承认这种结论，你就不会是理性的，这就是所谓的**“钱泵效应”**。

总之，我喜欢歌剧胜过研讨会，喜欢研讨会胜过足球，但是由于偏好不可传递，我喜欢足球胜过歌剧。欣赏歌剧、参加研讨会和看球都得花钱——让我们假设它们的花费是一样的吧。假设我有一张球票，而你有研讨会和歌剧的票。因为我喜欢研讨会胜过足球，我一定会用我的球票换取你的研讨会门票——并付钱给你，比如 100 元，参加研讨会对我来说比球赛更有价值。交易完成后，你就获得了 100 元和球票。你仍然保有歌剧票，而我有了研讨会票。然后，我们进入下个阶段。

我喜欢歌剧胜过研讨会，所以我应该愿意给你研讨会票，再加点钱，比如 100 元，以获得我更爱的歌剧票。我就是这么做的。现在，我有了歌剧票，但损失了200元。现在你有了球票、研讨会票和200元。接着，我们进入最后的阶段。

由于我的偏好是不可传递的，我喜欢足球胜过歌剧，所以我愿意用我的歌剧票加100元来换你一开始从我这儿得到的球票。结果是，我回到了起点，手里还拿着球票，却失去了300元——这可不太好。你得到了研讨会和歌剧的票、300元现金，还有满心欢喜。由于你有了我喜欢的门票，你应该从头开始交易，从我这儿赚到更多的钱——直到我一分不剩，或者直到我清醒过来，中止交易，或者我放弃这种不可传递的偏好。

钱泵的例子演示了偏好不可传递的不合理性，除非拥有偏好的人享受钱被抽走的快感。当然，拥有不可传递偏好的人可能在别的方面很理性，能避免破产，应该会拒绝交易。我们必须怀疑他们拒绝交易的理由，因为偏好也为同意交易提供了充足理由。假设理性确实需要具备可传递性，我们就又掉进了“**偏好悖论**”。

让我们回想一下露辛达和她的冰淇淋偏好。我们起初认为露辛达不够理性，突然从咖啡换到樱桃，直到我们了解到她所处背景下的水果味之间的联系。在露西和锡德的故事中，一旦涉及偏好的背景，就能把“我”从不可传递的困境和“钱泵”的威胁中解救出来。一旦偏好被详细描述出来，就没有矛盾了。这里列举一些偏好：

1. 和露西一起看歌剧，不对锡德显露优越感。
2. 独自参加研讨会，不对锡德显露优越感。

但如果这些偏好都行不通，我可能会被迫选择：

3. 和锡德一起看球，不对锡德显露优越感。

更糟糕的选项是：和露西看歌剧，并对锡德显露优越感；与锡德一起看球，而仍以某种方式显露优越感。我能否保留我的第一种偏好，取决于提供的选择是与锡德一起看球还是与露西一起看歌剧。如果它们就是我的可选项，而且锡德心里也清楚，那么，我最终的选择将会是糟糕的 3——但对我而言，那比婉拒锡德、显露优越感，然后和露西一起看歌剧要好得多。

*　　*　　*

在以上这些例子中，我们把理性偏好与传递性联系起来。令人纠结的是，当我们将个人理性与偏好联系起来，甚至在个体间传递时，又遇到了新的难题。我用选举投票偏好来举例。

阿贝（Abe）支持减税胜过增加海外援助，支持增加海外援助胜过增加艺术补贴。

本（Ben）支持增加海外援助胜过增加艺术补贴，支持增加艺术补贴胜过减税。

克莱姆（Clem）支持增加艺术补贴胜过减税，支持减税胜过增加海外援助。

分析三个选民的偏好，我们看到减税以 2:1 打败了增加海外援助；增加海外援助也以 2:1 打败了增加艺术补贴。所以，考虑到可传递性，减税一定会以 2:1 打败增加艺术补贴——然而，事实正好相反：增加艺术补贴以 2:1 打败了减税。

矛盾的是，即使小组成员分别在他们的偏好上保持一致，也没有一种公平、理性的方式来把这些偏好组合起来，以保证小组整体偏好保持一致。但是这不难理解吧？尽管个体偏好可能是一致的，却无法保证个体偏好的总和是一致的。

个体（人）通常拥有某些混杂的观念，比如目标和记忆、渴望、希望和焦虑，有些会显露出来，其他的则会被淹没。进一步而言，当遇到狐狸和刺猬的难题（第 62 节）时，有些人希望自己的生活井井有条，一切必须整合起来，而另一些人的生活则是一团乱麻。有些人，家里很整洁，所有东西都在其**正确**的位置；另一些人，家里堆满了报纸、画册和杂物。也许，我们很难在这两种生活中做出选择。值得反思的是，井井有条有时会太过乏味，而某种程度的无序和混乱，至少是有趣的。

24

谁会变成小鸡

“小鸡”(Chicken)[1] 游戏是一种需要蛮力和毅力的游戏，而且，这个游戏只能由简单粗暴的人来参与。这次的玩家是两个硬汉——安杰洛(Angelo)和贝尔托(Berto)，两人都是摩托车手，裸露的胸膛都戴着大金链子；他们都偏爱转速和轰鸣，喜欢大热天穿着皮衣，令姑娘们印象深刻，还爱面子，是真正的男子汉。

这个游戏很简单。在一段修长笔直的公路两端，两人面对面骑车加速行驶，他们自负的胸膛起起伏伏，长发在风中飞扬(头盔？男子汉才不戴)。他们沿着道路正中间的白线行驶，快速冲向对方，慢慢逼近，直到即将相撞。不管是出于恐惧或者理性思考，最先偏离白线回到正确车道(英国是靠左)的人就要当“小鸡”。更糟的结果是，失败者早早放弃、临阵脱逃。我们最好先忽略这种懦弱的结果。

1 在英语中“小鸡”(chicken)也有胆小鬼、懦夫的意思。

对安杰洛而言，最好的结果是贝尔托改道，自己呼啸向前，让对方当小鸡，自己成为英雄，赢得姑娘们的奖励。对他而言，最坏的结果是自己驶离道路，把路让给贝尔托。而对两人而言，稍逊的结果是在碰撞前同时放弃，回到正确的道路上。有人可能会说，这样他们都会当小鸡，但更聪明的看法是：由于他们的勇气、冷静判断和最后的理智，他们都值得祝贺。而其他可能的结果就是一场可怕的车祸了——这对谁都不好，但是在那种大男人的世界里，也比当小鸡要好。

除了相撞的风险，他们还能获得什么？答案是“理性”，尽管这很矛盾。是的，理性与直觉是相对立的，我们就是想让安杰洛和贝尔托变成理性的人，让游戏的参与者都尽可能变得理性。

安杰洛的思路是：贝尔托可能会退出，也可能不会。如果我保持冷静，他可能会退缩，要是他这样，我就赢了。但是，假设贝尔托没有退出，那就变成我当小鸡这种最糟的结果。我的男子气概会让我一头撞上去。所以，不管贝尔托怎么选，我都会鼓足勇气一往无前。

贝尔托的思路也差不多。从这些思路可以看出他们都是一根筋，都会导致最糟糕的（也是唯一的）结局——进医院或太平间。但是，还有一种双赢的选择：两人在碰撞前同时转向。为什么不呢？假如安杰洛觉得对方会这么做，那他会继续前进以求获胜；但贝尔托也一样，他也会认为安杰洛会转向。

如果他们提前私下商量好，彼此承诺到时会及时转向呢？如果安杰洛确信贝尔托会信守承诺，那他自己为什么还要信守承诺呢？男子汉会羞于当小鸡，却不觉得说谎可耻？当然，安杰洛也会意识到对方同样会这样想他，那么贝尔托也不用信守承诺了。就算游戏的参与者都是理性的，似乎仍无法避免碰撞的结果。

合作是一种理性选择吗?

以上绝不是什么愚蠢的游戏。请假设：安道尔和百慕大在军备竞赛中是对阵的两方，拥有同等的常规武器。安道尔想在军事上压过百慕大，它计划发展核武器。对安道尔来说，最好的结果是自己拥有核武器，而百慕大没有。而对百慕大来说，这是最糟的选项，它想要的恰恰相反。对两者来说，另一种好的选择是双方都不发展核武器：核武器花费巨大，如果双方都耗在核武器上，那就都得不偿失。双方都拥有核武器，比双方都没有核武器更糟糕。合作是出于双方共同利益，它们应该同意不发展核武器。但是，为什么双方都必须遵守协议呢？从安道尔的角度来看，如果百慕大坚持这项协议，那么安道尔将可以更好地暗中违背协议，偷偷发展核武器并获得理想的优势。如果百慕大也偷偷违背协议，那么安道尔就更需要打破协议来发展核武器了。

以上案例都属于著名的**"囚徒困境"**的应用，这样称呼，是因为它通常是用囚犯来举例的。我们可以称两个囚犯为阿尔（Al）和贝尔（Belle）。阿尔和贝尔正在被警方单独审问，警方需要他们供述共同的犯罪行为。阿尔和贝尔事先没有通气，都得独自决定是否坦白。如果两人都不坦白，他们将被判处两到三年监禁；如果有一方坦白，另一方保持沉默，坦白者将会被释放，而保持沉默者被判十年；如果两人都坦白，那每人都会被判五年。一旦失去了对彼此的信任，他们都会坦白，并最终在监狱中度过五年——就像在失去信任的前提下，两个摩托车手最终会迎来碰撞，两个国家最终会盲目地发展核武器。

如果在双方合作中，有一方有不合作的风险，就会引发一个问题——如何获得合作的共同优势。这种风险是真正的风险吗？无论对方怎么做，我们也能选择做一些表面上符合自身利益的事。然而，这并不会为我们带来最好的结果。

A \ B	保持中间 发展核武器 认罪	驶离路线 不发展核武器 保持沉默
保持中间 发展核武器 认罪	相撞 无益花费 五年监禁	对 A 最佳 对 B 最糟
驶离 不发展核武器 保持沉默	对 A 最糟 对 B 最佳	理智的选择 对两者都是第二好

A= 安杰洛 / 安道尔 / 阿尔　　B= 贝尔托 / 百慕大 / 贝尔

*　*　*

这些都只是理论上的讨论，在这些案例中，参与者通过寻求个人的最好结果而不是双赢的结果来寻求理性。然而，这样简单地通过利己主义的理性来理解，并不能解释我们大部分的社会行为，即使仍然是核心问题：利己。我们了解人类，也能预测人类在一系列情况下的反应。因此我们经常会认为别人是可信的，应该合作。注意，我们往往会发现：如果不主动合作或者违背承诺，我们就更不可能在必要时从别人那里赢得合作。反复思考囚徒困境的可能性，就会促使我们选择合作，这在这些案例当中是较为明智的第二选择。

然而，反复思考案例中的可能性，并不能为这种困境提供完美的解决方案。有时，尽管我们很清楚未来不会发生这样的情况，知晓未来还会有更多的其他的不确定性，但我们仍然选择承担风险，即“决定双方合作并相信他人”。然而，许多人发现，自己确实承担了合作的风险。尽管从纯粹利己主义角度来看，这样还是有些不理性，但结果对我们始终是有利的——它至少避免了安杰洛和贝尔托两位理性的摩托车手激情碰撞的结局。

25

别看这个告示

个别不爱思考的学生经常在课堂上问我：“我能问个问题吗？”比较聪明、便捷的回答是“太晚了，要下课了。”或者“你问的就是这种问题？”

如果“别看这个告示”里的告示指的是它本身，那么这个警告就太晚了。就好像有一块写着“别进入这个蓝色房间”的警告牌挂在蓝色房间里面，而不是门外。这些想法，也许可以帮我们解决一些关于矛盾的经典案例。

在西西里岛的阿尔卡拉村（Alcala）有一个理发师，关于他有一则著名的流言，说他给村里所有那些不自己刮胡子的人刮胡子，还说他绝不给其他人刮，只给这种人刮胡子。讲到这里，似乎都没什么问题，直到有人问了一句：“那么，理发师给自己刮胡子吗？”

要么是，要么不是。假如他给自己刮胡子，那他就不是一个不刮胡子的人。但是，我们知道理发师只给那些不刮胡子的人刮，所以他不是自己刮胡子的。所以，从他给自己刮胡子的假设中可以得出结论：他自己不刮胡子——这就是一个悖论。“悖论？！”我们可能会感到惊讶。那么，理发师大概没有给自己刮胡子吧，这种情况也要考虑进去。如果他不给自己刮胡子，那他就成了那些不给自己刮胡子的人中的一员，但是我们被告知，理发师确实给所有这种人刮胡子，因此他肯定给自己刮胡子了。“这就是悖——论！”

怎么办？一个理发师要同时自己刮胡子也不刮胡子，这不太可能。当我们说“理发师要么给自己刮，要么不给自己刮”的时候，我们就要假设真的有这样的理发师。但结果是，根本没有这样的理发师。那么这个假设的前提就是错的。

我们先来聊一个毫不相干的问题——真的毫不相干吗？下面这个问题最早源于欧布里德（Eubulides），但比他早几百年的埃庇米尼得（Epimenides）就提出过类似的问题。他俩都是古希腊哲学家。

假如有人说“我在说谎”——除此之外什么也没说[1]。当人们说这句话时，他们通常是指自己说的别的话是谎话，但在这种情况下，说话者仅仅是指“他说的这句话是谎话”。

说“我在说谎”的人说的是真话吗?

和理发师问题一样，让我们思考两种选项：他在说真话，或者在说谎。假设他说的是真话，那么他的确说谎了；但假如他说谎了，他就没有说真话。我们发现了矛盾所在。假设他没说真话，那么我们假设他知道自己在做什么——他在说谎，正如他所说，他在说谎，那么他终究说的是真话。“这就是悖论！”

关于理发师的故事，我们刚才说了没有这样的理发师。而说谎者呢？声

1 即著名的“说谎者悖论”。

称自己在说谎的说话者，他既存在，也说了这句“我在说谎”。但我们可以合理怀疑这种假设，看他所说的到底是真的还是假的。就像理发师的悖论会把我们引向一个结论：没有这样一个理发师。说谎者的悖论也可能会把我们引向一个结论：说话者并没有表达任何有关真或假的东西。

这个结论并没有触及问题的实质，因为我们可以扩展这个悖论——依说话者所说，他说的并不是真的。难道他不是在表达“我所说的不是真相”这个意思吗？如果是，就会产生新的悖论。说到这里，我们应该已经意识到了：在某些方面，我们应该诉诸更强力的主张，比如，当说话者这样表达“我此刻所说的并不是真的”，这根本就没有表达任何意思——尽管这些词组成了一个连贯的句子。

我们需要谨慎对待以上推论。我们对自己要“表达的意思”的把握有多少，是否多到我们能看出这样说话的人根本就没有表达任何意思？有时说话的人想表达的意思，明显比沉默寡言或胡说八道的人更多。这个问题以后再探讨。

* * *

告示，可以明确指示人们别再看其他的通知，就像蓝色房间里的那块警告牌更应该挂在门外。告示中一旦包含了“自我指涉”（self-reference）的成分，就会失去效力。阿尔卡拉的理发师可以任性地只给隔壁巴尔卡拉村（Balcala）所有自己不刮胡子的人刮胡子。假如理发师搬到了巴尔卡拉，悖论也会紧随其后。就像他刚走出一团迷雾，却又掉进了一团剃须泡沫。准确地说，如果这个理发师从阿尔卡拉搬到巴尔卡拉，那么他只为老主顾刮胡子的事实，就不再是事实了。

说谎者可能会说别人在说谎，当他这么说，就不存在悖论；但当他说自己在说谎的时候，就会出现悖论。是的，他可能真诚地认为他表达了某些东西，但是他仅仅是说出了句子，却没有表达出一个完整的想法。以此类推，如果一个女人说出“blibble”这个无意义的词，你问她什么意思，而她只跟你说“blibble”的意思就是“blib-ble”，那么她等于就没告诉你真正的意思，因为即使是上帝也说不清楚“blibble”是什么意思（见第 71 节）。

告示或表达，往往需要远离它们自身。但我们还需要提防“镜像反射”效应，警惕所说的话被反射回来，间接产生自我指涉。请看这两句话：

1. 我下一句表达的是真的。
2. 我上一句表达的不是真的。

第一句告诉我们第二句表达了什么，而第二句把我们带回了第一句，产生了自相矛盾的结果——除非我们再次坚持，无论如何这两句话都等于什么都没说。

自我指涉继续给予哲学家们一丝安慰。某些自我指涉，表面看起来没什么矛盾，例如“这个句子是用黑色印刷的”，我们用这句话表达了一个事实，但我们可能会质疑这句话是否包含自我指涉。这句话所传达的信息是“我所用的这个句子是印刷的”，而不是眼前这句话本身要表达的意思。可以表达的东西，不是那种“可以上色”的东西。一个字可以用黑色印刷，但一个字的意思完全无法被印刷。德国人和法国人有时会表达相同的想法，但从他们嘴里说出来的话会截然不同——英国人和美国人也是这样，更别说格拉斯哥人和其他苏格兰人会用天差地别的口音表达一样的意思了。

当说话者宣布“我现在说的不是真的”，那么他所说的就确实不是真的了？他说的“我现在说的”，是指“所有他所说的”——但“他所说的”又是指什么？我们关心的不是这几个词，而是由词所表达的意思——那么这几个词表达了什么呢？看起来，我们是掉进了“blibble”那样的模糊状态里：这些词不包含任何意思。我们总算能搞清楚了，使用这种自我指涉的句子是毫无意义的。事实上，说话者在说那句话时并没有表达任何东西。虽说“说”和“是真的”的概念被表达出来了——但它们终究没有表达任何东西。

* * *

古希腊哲学家科斯的菲勒图（Philetus of Cos）[1] 约死于公元前 300 年，他的墓志铭如下：

> 我是科斯的菲勒图，
> 说谎者亲手葬送了我，
> 就此长眠于寂静黑夜。

“说谎者悖论”让许多哲学家在无眠的夜晚——也可能是熟睡的夜晚——继续挣扎。尽管在今天，这种令人头疼的悖论不太会逼死人，却导致著名学术期刊上涌现越来越多的类似论文。逻辑的纺车不停地转啊——转啊——

1　菲勒图耗费毕生精力想要解决棘手的“说谎者悖论”，最后郁郁而终。

26

当“是”意味着“否”

人类总是追求得不到的东西——这是一种值得称赞的顽强品质，还是一种反常的行为？杰克热情迷恋着吉尔，但吉尔始终冷淡，她认为吊着杰克才能让他保持热情。如果吉尔答应了杰克的求婚，后者的欲望就会消散。我们可以总结说：杰克想得到吉尔，前提是她并不想得到他，也就是说，不答应他的求婚。这里不存在悖论，只有我们人类这种不正常的本性所导致的不幸。

现在，我来补充一些背景：吉尔是个聪明且浪漫的女人。假设，仅仅是假设，杰克想得到她时，她会说“好”。现在，如果她说“不行”，那么杰克就想要她；所以，接下来她应该说“好”，杰克就会不想得到她——结果是，她不想得到杰克，而这又让杰克回到她身边想得到她——这样就会无限循环。将这一推理不断重复，就引出了普罗泰戈拉的**法庭悖论**。他是我们在抵制相对主义的时候提到过的古希腊相对主义者（见第 20 节）。

普罗泰戈拉收了个贫困学生欧提勒（Euathlus），教他法律，条件是：一旦欧提勒打赢第一场官司，普罗泰戈拉将收取学费。欧提勒毕业之后，没有从事法律工作而决定去从政。普罗泰戈拉担心收不到那笔学费，但欧提勒指出，除非自己赢了一场官司，否则不用付学费。所以，普罗泰戈拉因为学费把欧提勒告上了法庭——同时也让我们陷入了逻辑的泥潭。

应该付给普罗泰戈拉学费吗?

普罗泰戈拉认为：无论自己是赢了还是输了这场官司，无论哪一种，欧提勒都必须付学费。如果普罗泰戈拉为争取学费打赢了官司，显然这意味着对方应该付给他学费。但如果普罗泰戈拉打输了官司，那么欧提勒就赢得了他的第一场官司——因此，按照合同，普罗泰戈拉应该收到学费。这样一来，普罗泰戈拉无论如何都不会输。那为什么还要费心去打这场官司呢？当然，律师们可能对此有些意见。

欧提勒采取的是另一种思路："如果我输了官司，我就没有赢得第一场官司，很显然我不该付学费。但是如果我赢了官司，那么法院就会裁决说我不该付学费。无论哪一种，我都不应该付学费。为什么还要那么费心去打这场官司呢？"当然，律师们又不高兴了。

我们注意到，欧提勒在为自己辩护。如果是别人来替他辩护，那他们就会赢得或者输掉这场官司。所以，假如普罗泰戈拉输了这场官司，欧提勒本人就没有赢得他的第一场官司——所以不必付学费。看起来普罗泰戈拉无论如何都会输。

普罗泰戈拉和欧提勒采用的两种不同的方法，在结论上产生了矛盾，所以肯定哪儿出错了——到底是哪儿呢？也许合同本身是矛盾的，因此无法执行。它就好像在说：如果普罗泰戈拉赢了，那么他就输了；同样，如果普罗泰戈拉输了，那么他就赢了。欧提勒也是一样。然而，这种反驳意见本身就应该被反驳。合同具体约定了如果欧提勒赢得官司会发生什么，却丝毫没有提到假如欧提勒输了法院该如何判。我们可以让合同明确一些。我们认定只有当欧提勒赢了官司，才应该向普罗泰戈拉付学费。下面，让我们专注于这份明确的合同。

比如，假如欧提勒赢了这场官司，法院判定他不该付学费，在这种情况下会发生什么？这就是一种矛盾的情况，他看起来像是赢了，其实却没有赢；他不应该付学费，却应该付学费。假如他输了官司，并且法院判他应该付学费，也会产生类似的悖论。法官们可以预见：无论自己选择哪种判决，都会产生悖论，他们最好想出第三种方案：不要做出任何判决。然而，我们不是该寻找一种折中的办法吗？

我们应该关注的是这件事中的时间因素。法官们被问到欧提勒用不用付学费。而他们回答：直到他赢得一场官司才应该付学费。因此，法官们可以推断他还没有赢过，直到他们做出判决。因此，他们在他还没赢过一场官司的前提下做出判决，判决就对他有利了——他就赢了。普罗泰戈拉就又可以把欧提勒告上法庭了。所有条件都将有利于普罗泰戈拉。他现在成功证明了欧提勒确实赢了第一场官司，所以后者必须立刻付学费。如果法官判欧提勒永远不用付学费，一切都不会变得更好，但他们没有足够的理由这样判决。

*　　*　　*

这个悖论有点儿类似于“说谎者悖论”（见第 25 节）——但有一个关键的区别。我们回忆一下那个说谎者：有人真诚地宣布“我在说谎”，意思是他正在说谎，仅限于他说他在说谎的时候。对此有各种观点认为，如果他说的是真的，那他就没有说谎——这就产生了矛盾。如果他说谎了，那他就是没说真话，但因为他说他在说谎，这又成了真话——再次产生矛盾。对说谎者而言，无法找到一条从悖论中轻松逃脱的时间绳索。这一点与法庭悖论截然不同。

演员格劳乔·马克斯（Groucho Marx）[1]不会加入一个早已把他列为会员的俱乐部。女人可能会渴望男人，想让他们来求婚，可一旦求婚成功，男人就会失去欲望。我们经常追求得不到的东西。得不到的，有时是由于现实问题而得不到，但有时是因为，它们偏离了我们的欲望。

当我看见一件精致的天鹅绒夹克正在打折时，我开始犹豫：颜色是不是太深了？会不会太紧了？太贵了吧？一旦夹克被人买走，我的天平就倾斜了，我好想要它，我后悔自己的犹豫。然而，当结果仍有希望时，犹豫又会找上门来——如果有机会，我不想要夹克；如果没有机会，我又想要夹克。

我们经常从事各种活动，追求各种成就——比如登山，比如追看小说的结局，比如满足热切的渴望——然而，我们也害怕看到结局，因为一旦结局到来，接着就会有低潮、悲伤和空虚。如果能永远保持激情，勇攀高峰，如果小说还有下一卷，如果热情能永远持续……那该多好！那么，我在写本节的结语时，会有完成一件事的乐趣，但也会有某种失落、悲伤，某种写完一节的忧郁——哦，这都是作者的烦恼，你们读者感觉不到。

1 美国著名电影演员，“马克斯三兄弟”之一，以幽默的语言著称。他讲过一个小段子：“我曾给一个俱乐部写过一封注册申请，‘请允许我加入，我不想加入一个已经把我列入会员的俱乐部’。”

27

醒美人

本节的**“睡美人悖论”**，比任何我前面提到的所有悖论都要复杂，但姑且还是看看吧——接着继续挑战更多的悖论。睡美人在这个故事里有打酱油的时候，更准确地说是她睡着的时候，因为在接下来的故事中，她的任务仅仅是——睡觉，然后醒来。

今天是周日，美人被如实告知她将会很快睡着。她很清楚，接下来会发生什么完全取决于一枚硬币的随机抛投结果。抛硬币一般是公平的。如果正面向上，那么在接下来 5 天中的任意一天，她将会在早上 6 点被叫醒一次，只醒 10 分钟，然后接着睡，直到游戏结束。如果反面向上，她将在游戏的每天早上 6 点被叫醒 10 分钟，接着很快又睡着，她每天醒来以后都不记得之前醒过。游戏在周六结束，当她被叫醒时，她的记忆全部恢复。在周六醒来之前，无论她何时醒来，她都会记得一切有关游戏的详细规则，但她没有被告知抛硬币的结果。此外，就像我刚才所说，她不会记得自己之前醒过。

所以，如果硬币正面向上，她会醒来一次——显然不记得先前醒来的事情。如果硬币反面向上，她会醒来5次，每天早上一次，但是不记得其他醒来时候的事。大致而言，反面时她总有可能会醒来，正面时几乎没有醒过。

难题在于：当她在游戏中醒来，对于硬币正面向上，或者反面向上，她应该如何判断？就现有证据来看，这是一个对她来说“相信什么才是合理”的问题。

当美人醒来时她应该相信什么？

一些人认为，这明显是概率一半对一半的事件。当她醒来时，没有掌握新的信息，只有游戏一开始所给的信息。在游戏的开头，她知道正面和反面的可能性一样。她也知道自己一定会醒来，无论是正面还是反面。所以，现在她醒了，她怎样能得出这样的结论：一定是反面的可能性更大？她没有获得新的信息，足以让她继续进行游戏。

另一些人认为，她应该更相信是反面向上，如果她每次醒来都赌反面，那么，经过这一系列游戏后，她更有可能获胜。假设，这个游戏要进行12

次，每周一次，她有可能会赌 6 次反面而全败，因为平均而言她会醒来 6 次，这是在 12 周里 6 次正面向上的结果。在其他反面向上的 6 周里，她一共会有 30 次赌反面，这能让她赢 30 次。也就是说，平均而言，在 12 周里应该有 6 场游戏出现反面，这 6 场中她每场有 5 次机会醒来——因此，事实是当出现反面时，她一共会有 30 次赌反面。

这种思路会引导一些人得出结论：无论何时，当睡美人在游戏中醒来的时候，有理由相信她更可能是因为反面向上而醒来的。然而，这个结论值得怀疑，我们至少要讨论一下她应该相信什么才是合理的。

我有一条切入难题的捷径。假设，我是一个旅行者，走在一条又长又弯的路上。这条路共有 1000 个岔路口，每个岔路口栽有一棵树，但是每次我只能看见一棵树——注意，我没有主动去留意这些树。我知道，我要么选了一条路（最长路线），路边有 1000 只山羊，每只都被拴在树下；或者一条差不多的路（最短路线），但只有一只山羊被拴在树旁，跟我接下来的选择无关。在最短路线上，一定会有一只山羊在树旁，但它只有千分之一的概率被拴在那里。换句话说，最短路线只提供了一个很不确定的特征——就像彩票能保证产生一个中大奖的人，但对于任何一个参与者来说，中大奖的概率只有百万分之一。

我选择哪条路完全是随机的，也许是通过公平的抛硬币。我在路上碰巧注意到了一棵树，有一只山羊拴在树旁。我认为：可以肯定的是，最短路线有某棵树拴着山羊，但不太可能是我碰巧看到的那棵。至于最长路线，可以肯定的是，不论我何时看到一棵树，旁边都会有一只山羊。因此，我应该可以判断，我极有可能是走在最长路线上，而不是在最短路线上。

但是，假如我特别喜欢山羊，以至于无论何时我经过一棵树，如果，仅仅是如果，旁边拴着一只山羊，那我一定会注意到它，也许是山羊那独特的膻味吸引了我。那么，无论我走哪条路，我看到的第一只山羊，对于判断最短路线和最长路线来说帮助是一样的。如果我看见第二只山羊，那么我就肯定是在最长路线上。但如果我总是彻底忘记自己有没有看到山羊，我就不知道看到的那只山羊是后一只还是第一只；所以，我就又无法理性地判断自己更可能走在哪条路上。

在这个旅行者的案例中，我们提到了两个可能同时出现的判断特征：我是否看到一棵树和树旁是否拴着山羊。如果我只是碰巧看到一只山羊，那么我所知道的一切就是：我也许会看见它，也许不会，这两种都有可能。在我判断应该走哪条路时，帮助我判断的是相关的特征。假如山羊的膻味引起了我的注意，那么不管我走哪条路，顺着注意力很容易就能看见一只山羊。所以，我不能把“看见一只山羊”作为判断路线的依据。

至于睡美人，当她醒来时，这两种特征的碰巧一道出现就不奇怪了，比如“注意到一棵树，同时看见一只山羊”。或许睡美人醒来和意识到自己醒来同时出现，并非巧合。不论硬币哪一面向上，她肯定会带有醒来的记忆。而且，由于记忆被抹去，她每次醒来看起来都像是第一次醒来。所以，在游戏中任何一次醒来时，她没有理由改变最初的判断。她会继续相信：她身在反面向上情况中的概率，不比处在正面向上情况中的概率更高。

对于睡美人，不论她何时在游戏中醒来，选择反面向上都是更理性的判断。证据呢？可能有人会给出更详细的概率分析，但是——注意我此处的犹豫——这个难题或许向我们展示了，如何区别看待理性的博弈论和理性的观念。当睡美人每次醒来，她没理由相信硬币是反面向上而非正面向上。但是，前面说过，如果因为反面向上她才醒来，那她就有 5 次机会继续赌反面，并且赌赢。如果因为正面向上她才醒来，那她只有 1 次机会继续赌正面，并且赌赢。因此，不论何时醒来下注，她都应该继续赌反面。这不是因为反面比正面的概率更高，而是因为反面的结果比正面的结果带给她更多的下注机会。

我们也许会陷入沉思：假设无论美人何时醒来，她都相信自己处在反面向上的情况中，那么相比于相信正面向上，她将会在这一系列的游戏中拥有更正确的观念，但这不能证明她的观念更有可能成真。这些证据，既不能证明她处在反面向上的情况中，也不能证明她更有可能处于反面向上的情况。如果睡美人想增加她觉得真实的可能性的次数，并且如果她能够时刻保持自己的观念（其实不可能）——第 45 节正体现了这种不可能——那么她就应该相信她是在反面向上的情况中，但这不代表她认为更有可能反面向上的想法是理性的。

睡美人悖论源自哲学家阿诺德·祖博夫（Arnold Zuboff）的研究，这使得他——显然，还有我们所有人——进入了神奇的形而上学世界，在这里，所有的经历都是我的经历，我们都是一个人，而且是**同一个人**。祖博夫大概会爱上第 56 节的思想实验吧，虽然它的结论令人无法接受——说艾西（Issie）和奥西（Aussie）和艾萨克·牛顿（Isaac Newton）是同一个人。在你读下一节之前，请先摇摇头，对某些哲学家的疯狂行为表示遗憾，然后思考下面的内容。

我的存在，根据通常观点，需要两个特定的精子和卵子相结合。它们的存在，又取决于一系列高度偶然事件的排列组合，这些事件可以追溯到无数代人之前，充斥着神秘的进化论谜团。一个喷嚏、一趟延误的班车、一次错误的脚步，可以说，一百多年前——举个例子，我的曾祖父母原本不会出生，因此我原本不该出生。从通常观点来看，我存在所必需的极其特殊的条件，居然产生了，这难道不是惊人的巧合吗？

当然——这听起来有些矛盾——不可能的事情很可能会发生，比如，中彩票头奖。从通常观点来看，我们没有理由认为："我的存在"这种具有不可能性的事情有可能发生。如果我是一个不同于他人的人，我的存在的可能性就相当于不可能性，相当于在最短路线上，我随机看到一棵拴着山羊的树——但是那里有几万亿棵树，却只有一只山羊——的可能性。一个更合理的假设是，根据祖博夫的观点，我的存在出现在由意识创造的最长路线中。无论何时出现的经历，都是我的经历。事实上，能让某次经历成为我的经历的唯一决定因素，是这次经历的第一人称特性，每次经历都具有这种特性。如果这是对的，就代表我们所有人的意识，其实都是一个人的意识——但别去想，因为在某种程度上，意识是被分割的。

哲学思辨会令人头晕目眩。在这里，思辨要求我们思考的是不可能性。“同一个”的观点，被一种看似极不可能的巧合所动摇，那就是：我存在所需的条件就是我产生的条件。但如果刚好存在一种极不可能的巧合，我们就可以这样表达：本书存在所需的条件，就是它产生的条件。这代表世上真的有这样一本书吗？答案是“没有”，除非这本书是有意识的。如果这本书是有意识的，那么它的存在就是一种巧合。所以，“同一个人”很大程度上依赖于我的存在对我来说是个巧合；但就不可能性而言，“对我来说”有什么特别的吗？考虑一下，彩票一定会有人中奖，假如中奖者本人不知道自己中奖，那他成为中奖者的可能性依然很小。我们可能也想知道，“同一个人”理论是如何适用于现实的，好像不太可能。比如当我写下这段文字时，这些经历只是我个人的经历，不是祖博夫的经历。

这里说的“我”——还有“你”——到底指的是什么？这个恼人的问题以更传统的样貌出现在第六章。然而，在这一节，我们最后应该思考的是：我们的存在，虽然往往可能性非常低，但它仍比某种看似合理的同一个人的观点可能性更高。“谁知道呢？”在这句话里，我们对“谁”和“知道”显露的本质，一样存有许多困惑。

28

瞪羚、树懒和鸡的赛跑

这一节里有些混乱的逻辑——至少是一些由逻辑产生的混乱思维——但我们会通过骗几只动物参加赛跑来走近这些逻辑。我有充分的理由这样做。这些动物是一头瞪羚、一只树懒和一只鸡。所以，这里有两种哺乳动物和一种鸟，的确，这个比赛不太现实。但是请注意，这一节里的逻辑将无懈可击。

比赛很公平，动物们状态良好，没有服用兴奋剂。现在，我们很有理由认为瞪羚会赢。我们有足够的理由认为树懒将会垫底——她就跟自己的名字一样懒——然后，鸡会排第二。接着，让我们更明确地解释我们的想法。

我们坚信瞪羚会赢。我们知道瞪羚是哺乳动物；所以，一次简单的推理就会让我们相信一只哺乳动物会赢。如果我们赌瞪羚赢，那么——下注的人会不会就只抓住“一只哺乳动物会赢”这点来下注——我们应该赌哺乳动物赢。如果我们确信瞪羚会赢，一定也会确信哺乳动物会赢。

鸡是一种鸟，而非哺乳动物，于是我们因为相信一只哺乳动物会赢，所以当然不相信一只鸡会赢。现在，请思考：

前提 1：假如一只哺乳动物赢了，如果获胜者不是瞪羚，那么获胜者将是树懒。

我们肯定会坚持这种观点。假设——仅仅是假设——一只哺乳动物赢了，如果不是瞪羚获胜，那么就一定是树懒。毕竟鸡不属于哺乳动物。再说了，我们坚信：

前提 2：哺乳动物会赢。

所以，我们应该相信：

结论：如果获胜者不是瞪羚，那获胜者就是树懒。

然而，这个获胜的结论是我们之前不相信的。我们相信如果瞪羚由于一些原因没有获胜，那么获胜者就会是鸡——而树懒落后了一大段，还在迟缓地移动。

这个简单推理有什么问题?

我们以上的小推理运用了**取拒式推理**（modus ponendo ponens）[1]，简称“取式推理”。它通过肯定“如果”作为第一前提来肯定结论。如果被迫采用取式推理却无法奏效，那会是一场悲剧，因为它是我们推理的基础。这里还

1 又称为“肯定前件式推理”。

有个运用取式推理的例子，通过肯定第二前提来肯定结论：

前提：如果有闪电，就会有雷鸣。

前提：有闪电。

结论：所以，会有雷鸣。

结论是根据前提得出的。如果前提为真，那么结论也为真。这里还有另一个无可挑剔的推理的例子：

前提：如果没有提供雨伞，那么一旦下雨，客人就会被淋湿。

前提：没有提供雨伞。

结论：所以一旦下雨，客人就会被淋湿。

我们的问题在于，使用了相似的、看似无懈可击的关于物种的推理，我们得出了矛盾的结论——如果获胜者不是瞪羚，那就是树懒。这太诡异了。

有一种解决方法是，在前提 1 和前提 2 中归纳出一个抽象的概念“哺乳动物”来进行表达。这种表达也就是说，某一种哺乳动物或别的哺乳动物，说白了，任意哺乳动物。然而，这种表达也意味着某一种特定的哺乳动物，或某一类哺乳动物——在这个例子中，就是瞪羚。我们认为，前提 2 可以被理解为“一种特定的哺乳动物，即瞪羚会获胜，而不是任何哺乳动物或其他动物会赢”。但前提 1 如果被理解为“假如是一种特定的哺乳动物，即瞪羚（不是任何哺乳动物或其他动物）获胜，那么假如获胜者不是瞪羚，就会是树懒”。它简直把我们绕晕了，我们无法接受这个推论。

可以说，上述方法并没有解决这一悖论。我们认为瞪羚会赢的观点，支持了一种更普遍的观点，那就是相信哺乳动物——某一种哺乳动物或别的哺乳动物——会赢。如果我相信埃德加（Edgar）吻了伊莲（Elaine），并且我知道伊莲是个黑发女人，那么，我自然应该相信埃德加吻了一个黑发女人。后一种想法很可能是正确的，即使理由很糟糕，因为我把伊莲当成塞尔达（Zelda）了。塞尔达也是黑发女子——其实埃德加吻的是塞尔达。

为了解决这个悖论，我们也许需要分辨论证的前提，和我们所接受、相信的那些前提。是的，如果前提 1 和前提 2 是真的——如果这两个命题是真的——那么关于获胜的结论就是正确的。这的确是一种直接的取式推理，但是，我们能否直接接受前提 1？

前提 1：假如一只哺乳动物赢了，如果获胜者不是瞪羚，那么获胜者将是树懒。

我们相信——并且接受——一只哺乳动物会赢，只是因为我们相信瞪羚会赢。所以，假设一只哺乳动物赢了，如果我们假设胜者不是瞪羚，我们就会假设“如果我们不相信哺乳动物会赢”。如果这种假设是从普遍适用于所有推理的前提中得到的，我们就没有充分的理由相信前提 2 所说的“一只哺乳动物会赢”。因此，虽然获胜的结论来自两个前提——而且推理过程有效——它依然不能证明我们接受结论是正确的做法。

这是一个明显能揭示问题所在的极端案例。我们坚信瞪羚会赢，那么如果瞪羚输了，会发生什么呢？我不知道怎么回答。这就好像在问：假如瞪羚赢了，可它并没有赢，会发生什么？

这则悖论，并不是要告诉我们取式推理的逻辑是错误的，而在于逻辑学家所探讨的前提、结论及两者间的关系，与推理、观点及两者间的关系并不一样。逻辑的形式化，并不像逻辑学家通常断定的那样简单。

假设，我们发明了一种新的物种门类——鸡羚——仅包括鸡和瞪羚。我们坚持相信瞪羚会赢，所以，我们就应该相信鸡羚会赢。现在，思考在结构上类似哺乳动物推论的以下推论：

前提 1：如果鸡羚赢了，那么假如获胜者不是瞪羚，获胜者就是鸡。

前提 2：鸡羚赢了。

结论：所以，如果获胜者不是瞪羚，那么获胜者就会是鸡。

在这个例子中，我们确实相信了结论；但应该不仅如此，既因为我们给出了一种有效的推理，也是因为其中的各个前提我们认为都是真的。毕竟，关于哺乳动物的论证具有这样的特征——它最初似乎确实有——但它没能说服我们相信结论。

关于鸡羚的论证是有效的，是因为如果我们假设获胜者不是瞪羚，我们也不会排斥了我们认为“鸡羚会获胜”的观点。相反，在相信哺乳动物获胜的论点中，对于获胜者不是瞪羚的假设，排斥了我们对于哺乳动物会获胜的观念。这么说来，对于赛跑的推理和其他相关的观点来说，哺乳动物的分类是一个毫不相干的因素。我们之所以设计一个“鸡羚”的分类，就是为了进行类比。

如果前提为真，结论也为真，这个推论就将是正确的。然而，是否相信结论，取决于我们是否相信前提。一个笑话，取决于你讲它的方式，你所做的事，也取决于你做事的方式——而相信结论正确，取决于你相信前提正确。

29

小丑、罗素与集合悖论

小丑不是真的快乐。他们用心表演滑稽节目、开玩笑，在不同场合扮演小丑，但他们从来没有被邀请参加自己提供表演的宴会。一种反抗正在酝酿——他们逗趣的铃铛正叮当作响——不过，他们并没有反抗，只是策划了自己的宴会，小丑的宴会。更准确地说，他们会举办一场面向所有人的宴会，但只有那些没资格参加他们表演过的宴会的小丑，才能参加这场宴会。要有资格参加这场宴会，你不仅必须是一个小丑，而且应该是为那些不允许你参加宴会的人而表演的小丑。

小丑们的宴会，像那些大型场地的宴会一样盛大——吃天鹅肉、有歌手伴唱、器乐演奏，还有摆成各种造型的香槟杯。安排好了以后，一切都照计划进行。有一天，有个想法划过了他们滑稽的脑袋。“咱们必须为这场宴会找一个表演的小丑。毕竟，我们可不想给自己表演节目——那不就跟上班一样了吗？”绝妙的想法，他们同意了；而且幸运的是，他们碰巧遇到了一个初出茅庐想当小丑的青年，“你就是我们要找的演员，小伙子。”双方一拍即合。

一切都进展顺利，非常顺利——直到宴会当天——我们坐在这儿，听着歌手演唱，小丑们在华丽的小丑宴会上享用美酒佳肴。当然，他们都有点儿绷着，不想自己一不小心又变成小丑。那个年轻小丑刚讲了几个内涵段子和幽默笑话，还做了滑稽表演。

“加入宴会吧，小伙子！”小丑们叫喊着——哦，只有斯蒂克勒（Stickler）[1]板着脸，就是那个表情最冷峻的小丑。

“我们的宴会，只接待没资格参加他们提供表演的宴会的小丑，”斯蒂克勒语气坚定地说，“所以，孩子，恐怕你不能加入。”

“不，他能！”其他人说道。“不，他不能。”斯蒂克勒回答。青年看起来很困惑。

随着支持“能加入”和“不能加入”这两派的争论愈演愈烈，最终演变成了吵架，甚至是一场殴斗。于是让我们小心地思考这个难题：

年轻小丑有资格参加宴会吗？

被雇来为宴会表演的小丑，却没资格加入宴会享用美食。这并不会产生矛盾，小丑们感觉不到关爱并不奇怪，甚至还有点心里不平衡，因此就如上所述举办了自己的宴会，这也不奇怪，但当小丑们雇来了为他们表演的小丑，矛盾就随之而来。

如果雇年轻小丑来的人不允许他用餐，那么由于宴会是为所有给这样顽固的雇主工作的小丑而举办的，所以他其实是有资格的。但是，如果他有资

1 Stickler 也指“古板的人”。

格参加宴会，那么，由于宴会是为不允许参加自己提供表演的宴会的小丑们开设的，他当然就没有资格了。

总而言之，宴会的规则表明年轻小丑当且仅当在他没资格的时候，才有资格。这就是一个悖论。通常，逻辑学家会这样得出结论：这场宴会无法存在，因为它的规则里有矛盾。保守起见，我们拒绝这种草率的结论。

毫无疑问它确实存在，有着矛盾规则的机构、宴会、俱乐部、公司、章程，这些规则能够存在，其自相矛盾的规则，无法前后一致地适用于各种可能的情况。这部分规则因此可能会被忽略，因为现实中可能不会遇到这种矛盾的情况。现在，如果说宴会的存在取决于对所有可能参加的人都适用的规则，而且不能有矛盾，那么无论他们是否有资格参加宴会，宴会必定无法存在。宴会的规则无法就任何可能参加的小丑的资格给出一致的答案。我们已经遇到了这个问题，确实有一名小丑——为他们表演了滑稽节目的小丑，无法确定是否有资格参加宴会。

事实上，宴会、机构、俱乐部的存在，不取决于它们的规则是否有矛盾。我们知道，小丑宴会的确存在，看那些美酒佳肴就知道了。同样，我们很多人在不知不觉中也会产生自我矛盾的观点，然而，我们的生活并没有被这些矛盾打乱。（或许）一套规则可能会包含一些奇怪的矛盾，甚至更多的矛盾——然而，它确实是存在的。小丑宴会的确存在，对参与者而言却产生了矛盾的出席规则，这一规则对所有潜在情况都给出了模糊的答案。前文第 25、26 节也讨论了类似的难题，我们当时提到了阿尔卡拉村的理发师和说谎者，还提了一下格劳乔·马克斯。而在本节，我们遇到了这个更复杂的难题。

* * *

上面这个小丑的故事，源自罗素的**“类与集合悖论”**。类与集合都是抽象的实体，不像宴会和小丑那么具象。

你是一个人，所以你属于人类的集合。集合本身并不是一个人：它不是由血肉组成的；它不是所有各种人类的肉体组合。它是抽象的，就像数字和“正义”这种概念。我们可以看见并吃掉3个苹果，数字“3”却不是我们能看见或吃掉的东西。

各种名称、概念是否属于人类集合的成员，仅仅取决于它们是否具有人类的特征。钢琴家、哲学家和公主都是人类，但是钢琴、孔雀和豪猪不是。哲学家集合中的所有成员，都属于人类集合的成员。因此“哲学家”这一集合是人类集合的“子集”。

当然，哲学家集合本身并不是哲学家——一个集合无法理性思考——所以它不是自身的成员。钢琴家集合本身并不是钢琴家，所以它也不是自身的成员。很多集合都不是它们自身的成员。

由于有些集合并不是它们自身的成员，那么，可能会有一些集合是它们自身的成员——确实有。想象一下“不吃猪肉者”这个集合：它包括一些人、很多生物，还有萝卜、树和蜂蜜以及它自身。不吃猪肉者集合本身是不吃猪肉者，所以不吃猪肉者集合包含了它自身。假设有一个“容器”集合，我们就会怀疑这个集合能否作为它自身的成员——一个容器怎么能装下它自己呢？好吧，它当然不行，集合可不是容器啊。

是时候跟20世纪初的剑桥大学哲学家、逻辑学家、政治活动家伯特兰·罗素决一雌雄了。记得吗？我们在序言里提到过他。

罗素提出了一种集合，以下称为“罗素集合”。加入罗素集合的规则是：作为其成员的集合不是自身的成员。于是罗素集合可以包括读者集合、贝雷帽集合、吸食大麻者集合，这三个集合没有一个自身是读者、贝雷帽或吸食大麻者。罗素集合不包括不吃猪肉者集合，因为后者是它自身的成员。现在就出现了一个滑稽又麻烦的问题——罗素集合是它自身的成员吗?

假设罗素集合确实是它自身的成员，那么它属于不是自身成员的那种集合，所以，它不是自身的成员。假设罗素集合不是它自身的成员，那么它就满足成为不是自身成员的一类集合的条件。所以，它就是它自身的成员。悖论就在于，当且仅当罗素集合不是它自身的成员时，它才会是自身的成员。

罗素集合让我们陷入了悖论，就像小丑宴会一样。小丑宴会让我们了解到宴会是如何在对参与者的规则出现矛盾的时候存在的，毕竟我们可以看到宴会还算成功。相反，即便有了矛盾的规则，我们也无法理解“罗素集合”如何能存在。我们只能根据规则，看集合类别是否属于它自身的成员来挑选集合。自相矛盾的规则，解决不了任何问题。如果你收到一个自相矛盾的指令，“现在关灯，同时不要关灯”，你就无法执行它——反而会一头雾水。同样，罗素集合的规则也无法适用于任何一个集合的存在。

罗素的悖论是由“不是自身成员”的这一特性引发的。但这一特性一般不会产生矛盾。它不难理解——不吃猪肉者的集合就是证据——并提供了完全能接受的数学结果。所以，长久以来的难题是我们如何更好地处理这个特性，我们应该如何限制它，以避免悖论产生?

* * *

1902 年，罗素刚一发现这个“罗素集合”悖论，就写信透露给了德国逻辑学家戈特洛布·弗雷格（Gottlob Frege）。这一悖论破坏了弗雷格所提出的一则基本假设。罗素的一封信，直接导致弗雷格放弃了自己的逻辑和数学研究方法。罗素后来评论道：

> 当我思考什么才是正直、高尚的行为时，我知道，弗雷格对于

> 真理的奉献当之无愧。他投入毕生心血的专著就快完成了，虽然他的大部分工作都曾被人忽视，被看作无能之辈的徒劳之功。当他专著的第二卷即将出版之际，突然发现自己的基本假设是完全错误的。而他对此的回应，却体现出一种追求知识的愉悦感，这显然冲淡了他个人的失落感。

他显然被弗雷格探求真理的行为深深打动了。尽管可能罗素私人生活比较乱，但他一样向往抽象的数学天堂，那个不为矛盾所沾染的天堂。

对于罗素而言，数学理应具有永恒的真理和极致之美：“那是一种冷峻、简朴的美，如同雕塑一般。”因此，罗素对于发现这一悖论深感不安，他的不安可能比弗雷格的更严重——因为这一悖论只是在流沙中匆忙站稳了脚，而尝试解决问题的沙堆，仍在不断流动着。

30 无穷尽的希尔伯特旅馆

在一个季节性的节日，我和同伴出去旅行，看到一群能干的女工在挤奶，一群帅气的男爵在蹦跳[1]。“我敢打赌，女工和男爵的数量一样多。”虽然我这样宣称，但其实我对这种传统的节日数学题一窍不通。“我打赌不一样。”我的同伴回答。

我们打了赌，要挨个儿数出女工和男爵的数量。但我的同伴指出，我们可以把女工和男爵挨个儿配成对。如果多出一个女工或男爵没配成对，我们就知道两者数量不同了。

这个任务，说起来很容易，但实际操作很难，要考虑到他们正在蹦跳或挤奶；但最后我们还是做到了——并且，可以肯定，我输了。我们发现多出了几个男爵。很明显，男爵比女工数量更多。故事本应就此结束，但我的同伴，一个流浪的数学家，带着愉悦的笑容说我不懂数学。

1 原文是押韵的“marvellous maids a-milking and lovely lords a-leaping”。

“当然了，”她笑出声道，“假如你有一组东西，被拿走一部分，相比最初的数量你留下的当然就会少啊。”

我欣然同意，至少这我能理解。

她指导我观察所有的自然数——1、2、3、4、5，以此类推——然后去掉奇数。我随意记下偶数，2、4、6、8，以此类推，剩下的偶数比最初的序列 1、2、3、4、5……更少了。这里的“……”代表“以此类推，无穷无尽”。

“发现没？”她兴奋得有点忘乎所以。“看吧，”她说，“你可以只用偶数和所有的原始数字（偶数和奇数）配对，去掉奇数，这样能一直进行下去。”

自然数	偶数
1	2
2	4
3	6
4	8
以此类推……	以此类推……

“令人费解的是，剩下的偶数，和偶数与原始数字配对的数量一样多。如果两个群体，比如女工和男爵，在数量上都是无穷尽的，那么女工的数量就会和女工男爵配对的数量一样多。”

我找到问题的关键了。尽管偶数的集合包含了一些偶数与奇数，偶数的集合与奇偶共同集合的大小是一样的。我的同伴通过“配对”“匹配”“对应”向我展示了这一点。她告诉我，假设最少存在一种顺序，这样两个无穷集合就能相互配对，并且没有余数。那么，这两个无穷集合就是等量的，即数量相等。

在此基础上理解，自然数的平方数，也就是 1、4、9、16……，还有自然数的立方数，也就是 1、8、27、64……，和正整数 1、2、3、4……也是等量的，其他更多的序列也是一样。

“真有意思啊，”我打着哈欠说，“但是无穷数是无穷无尽的，所以这些级数一定能匹配。你找不到比无穷数更大的东西。”我的同伴露出了神秘的微笑，意思是“你又错了”。

她说：“有些无穷数比其他的更大。”我不禁疑惑：

有比无穷数更大的东西吗?

本节的问题是：物体的数量会不会大于无穷数？如果你回答“会”，就太急躁了。这个问题曾由伟大的数学家格奥尔格·康托尔（Georg Cantor）[1] 演示，他开创了超限数理论，用以处理各种大小的无穷数。

将某些集合和序列中的项，与整数的无穷序列 1、2、3、4、5……进行配对，仍会产生余数。举个例子，让我们只看小数——它是一种“实数”——在 0 和 1 之间，小数的数量是无穷无尽的。

当然，这些小数源于分数 1/2、1/4、1/8……，可表示为 0.5、0.25、0.125……，它们是无穷数。还有 1/3、1/6 这类小数，可表示为循环小数 0.333……和 0.16666……，这两个小数明显属于无限小数。还有其他的小数，比如$\sqrt{2}-1$，它无法用分数表示，它是无限小数：0.4141……

现在，把这些无穷数，按你喜欢的顺序排列，再把它们和自然数 1、2、3、

1 19 世纪末的德国数学家，集合论的创始人。

自然数	小数
1	0. **3** 3 3 3……
2	0. 1 **4** 2 8……
3	0. 1 2 **5** 0……
4	0. 4 1 4 **1**……
……	……

4……配成对。以上是一个任意散射，标黑的数字稍后解释。

无限小数无穷无尽地顺着页面延续，与无穷无尽的自然数相匹配。无论你用哪个小数，无论按什么顺序，都肯定有一些小数不能被包括进来。我们可以通过表里的标黑数字找出一些“缺失数字”，并做一些系统性的更改。

斜线上的标黑数字形成的小数，不做更改的话就是 0.3451……这个数字可能在我们的所知序列中会比较大。但是，假设我们做了以下更改，就创造了一个“额外数字”。

无论何时，我们在对角线上碰到“3”，都用“1”来代替，并且不论何时我们碰到了不是“3”的数字，都用“3”来代替。

接下来，我们取的额外数字样本从 0.1333……开始，我们可以保证所提取出的小数并不在无穷序列中，因为我们知道“缺失数字”与第一行数字不同，它小数点后第一位是“1”而不是“3”；也与第二行的数字不同，它小数点后第二位是“3”而不是“4”。以此类推，可以在斜线上无限延伸。我们可以通过更改数字来找出更多这样的缺失数字。虽然自然数也是无穷的，但 0 和 1 之间的小数，显然比自然数更多。

* * *

无穷数还分大小？这似乎存在高度的矛盾，但我们也该记得，我们在此讨论的是抽象的实体以及比较它们的方法。虽然象棋里的象只能走斜线，但这不代表真的大象和贴着“大象”铭牌的木雕是这样移动的。无穷数依然能适用于现实世界。当然，也有无法适用的时候。我们回到和整数序列 1、2、3……相同大小的无穷数。

现在说说“**希尔伯特旅馆悖论**”，它是由另一位伟大的德国数学家大卫·希尔伯特（David Hilbert）提出的，在整个 20 世纪，他的思考和怀疑推动了大量的数学研究。希尔伯特旅馆里有着无穷的房间，1、2、3……每间房都住了人。是的，每间房都住了人，没有哪一间是空着的。

一位旅客到达旅馆。矛盾的是，他仍可以有房间入住，研究无穷数的数学家非要这么认为。房间 1 的住客被转移到房间 2，房间 2 的住客被转移到房间 3——以此类推——因为总有编号更大的房间来转移你所知的任何一位住客。房间 1 现在空出来，可以让旅客入住了。

即使有无穷的旅客到来，安排他们入住都不会有问题。我们再看看已经入住房间的人，房间 1 的住客被转移到房间 2，房间 2 的住客被转移到房间 4，房间 3 的住客被转移到房间 6，房间 4 的住客被转移到房间 8，房间 5 的住客被转移到房间 10……无穷的偶数号房间安排了所有的旅客，为无穷的新旅客留下无穷的奇数号房间。

即使所有房间都住了人，却还能接受新的住客，这种描述简直令人费解。对于无穷数，“每个”“所有”和“大小”这些都需要在非正常情况下去理解，而至于理解“无穷旅馆”那就有点儿……

想象一下，你遇到了精疲力尽的女运动员夏洛特（Charlotte），她在

1600 米赛跑中就剩最后几米了。她已经跑完了 1597 米，正喘着气跑最后的 3 米、2 米、1 米，这是合理的。但是请想象夏洛特或者随便谁，已经跑完了“无穷”米，正喘着气跑最后 3 米、2 米、1 米，这肯定是无稽之谈。

我们无法跑完无穷的长度，不仅仅由于体力上的不足；我们无法建造希尔伯特旅馆，不仅仅因为建筑学和材料上的困难。也难怪，抽象的无穷数，如果出现在有着旅馆、挤奶女工和蹦跳男爵的现实世界里，当然会产生矛盾了。

31

如何得到你想要的

60多年前，有位杰出的英国哲学家J. L. 奥斯汀在美国进行了一场演讲，他是位语言大师，精通英语语法中的细节、恰当与不当。他曾在著作中深入钻研了细微的语法差别。在演讲时，奥斯汀指出了一个有趣的语法现象：**双重否定表示肯定**，“如果他不是没带钱，那么他就带了钱”，但双重肯定（“是”加上“是”）不等于“否定”。听众们立刻开始小声赞同：“是的，是的。”

基于以上背景，请思考下面这两道问题，其中包含了一种看似完美的推理过程。请告诉我你在哪一道上面栽了跟头，哪一道上面大获全胜。当然，你永远都会是赢家，或者输家。

我们来看第一道难题，“如何输掉一切”。有个女人坐在酒吧里，为你提供以下交易，她想知道你对条件是否满意：

去威尼斯度假的提议——你可以再带一个伴——仅需付我10英

镑，其他全部免费，这趟假期没有任何限制，包括：来回的头等舱机票、五星级酒店……只有一个条件：如果我接下来说的是真的，我就留下这10英镑，你不用再多花一分钱；如果我接下来说的是假的，你就可以把10英镑拿回去，还可以享受免费假期。

你怎么可能会输呢？你当然会赢得易如反掌。毕竟你很想去威尼斯，想欣赏艺术品……无论具体做什么，你都渴望一次完美的威尼斯之旅。最糟不过是输掉10英镑，更别说你还有机会赢回这10英镑。你可是个理性的人，迫不及待地答应了。女人手里晃着10英镑钞票，微笑着说："现在，要么我退你10英镑，要么你付我100万英镑。"

在搞清楚哪儿出了问题之前，我们先看另一道类似的难题，"如何赢得一切"。我们随便找个人，比如梅利莎（Melissa），假设她手上有某种价值连城的东西，比如豪华游艇，或许你很想要她这艘游艇。首先，你要问她：

问题1：对下面两个问题，你会采用相同的答案回答吗？回答"是"或"否"。

梅利莎开始犹豫了。她不知道你接下来会问什么，因此，无论回答"是"或"否"，都是不明智的。你让她放心，说你愿意让她在你问出第二个问题以后再决定如何回答。但是，假如她同意了，就要真诚地回答"是"或"否"。如果她仍然犹豫，你可以塞给她几百块让她同意。这钱来得很容易，她可以随便回答。她总算是同意了，你现在可以问她：

问题2：你能把你的游艇送我吗？回答"是"或"否"。

她也许会马上回答“否”，但是她能给出真实的答案吗？毕竟，她要怎么回答第一个问题呢？逻辑确实会让我们左右为难。

你是怎么输掉 100 万，却又赢得一艘游艇的？

先来解决第二道关于游艇的问题。梅利莎已经同意用“是”或“否”来回答第一道问题了。如果她回答“是”，就在她回答的同时，会导致她同样用“是”来回答第二道问题。同意以相同答案回答“是”，会让我们在回答第二道问题时依然选“是”。如果她对第一道问题回答了“否”，这会导致她只能对第二个问题采用不同的回答，因此，她仍然需要回答“是”。对于是否以相同答案回答的“否”，对我们而言变成了“是”。作“是”或“否”的回答，似乎让她有了选择，而事实并非如此。重复的“否”是双重否定，即“是”；重复的“是”是双重肯定，依然是“是”。当然，你们也许会怀疑地说“是吗，是吗？”，它也可以让你们含糊地回答“是”或“不是”，但它不是一个选择。

那么，第一道关于 100 万英镑的问题呢？女人说，要么我把 10 英镑还给你，要么你给我 100 万。先假设她说的是假话。考虑到她所说的是假话，她不可能还我钱。前提是，如果这句话是假的，她确实会还我 10 英镑，因此，无论你愿不愿给她 100 万，都会产生矛盾。所以，她说的话不可能是假的，一定是真的。但如果她说的是真的，要么是因为她还了你 10 英镑，要么是因为你付了她 100 万，但绝不可能是因为她还了你 10 英镑。因为她的前提是：“如果她说的是真的”，她就保留这 10 英镑。因此只能是你付了 100 万，才导致她说的是真的。所以，你就是这么失去了 10 英镑的。条件又一次被人为操纵，以确保在想要某样东西的时候，都能得到“是”“肯定”“真实”

的答复。

很多悖论中都隐藏着这样值得质疑的前提，其中一种是要求我们必须回答“是”或“否”，“真”或“假”。这不过是一个看似公平的要求。这里有一个经典案例：警察质问嫌疑犯：“你还是在打你老婆吗？回答‘是’或‘否’。”如果嫌疑犯回答“是”，代表他以前的确打过，虽然已经改正了；如果回答“否”，代表他确实打过老婆，证明他是个浑蛋，还在继续打她。嫌疑犯没机会质疑这个前提，他不是起初就被问道，“你打过你老婆吗？”而且，仅当他回答“是”的情况下，才会被继续问道：“你还在打你老婆吗？”

我们应该提防只能回答“是”或“否”的这种简单要求，不管回报看上去多么诱人。坚持让你回答“是”或“否”的提问者都很可疑，一个美好得难以置信的提议，我只能说，它太美好了，不可能是真的。当思考抽象问题时，我们说说容易，面对生活中诱人的好处时，我们就很容易被迷惑，往往明确肯定地回答“是的，是的”，而没有合理质疑：“是吗，是吗？”

32

出老千的骆驼卡梅尔

在沙漠里遇见一头骆驼不奇怪，但是在伦敦富人区的夜总会里遇见一头出老千的骆驼，坐在牌桌前面，戴着墨镜，抽着雪茄——嗯，至少我是吓了一大跳。

“这是一个适合你们两人的小游戏，我知道你们是极有理性的人，能解决一切问题——这种人在这里可不多。”骆驼卡梅尔似笑非笑地说道。她发给我们两张牌，一张给我的朋友阿里阿德涅（Ariadne），一张给我，并说这是从编号 1 到 100 的牌里抽出来的。

我看着我的牌，阿里阿德涅看着她的牌，但我们看不见对方的牌。

卡梅尔的大眼睛从雪茄的烟雾后面透出诡谲的光，她补充说，我们不能交流，只能凭独自推理判断出谁的牌数字更小。她对我们理性的奉承，诱导我们默默思考起来，试图从卡梅尔的话里找到线索。我开始分析我手里的牌，阿里阿德涅则分析她的牌。卡梅尔一再要求，我们应该尽最大可能运用推理，但要默默地独自推理。

某一瞬间的灵光闪现，我判断阿里阿德涅的牌面显然没有 1——毕竟，如果有，她会立即知道自己有一张数字更小的牌。卡梅尔不会发出她的 1——而且很显然我没有 1。

为了让故事再生动些，我会对你们坦白，但不会向阿里阿德涅坦白——我的牌是 29。我猜阿里阿德涅的牌是 63，不过，重申一下，我仍不知道她手上有哪张牌。很明显，在这种情况下——或者其他情况下——我俩都会同意自己无法判断谁的牌更小。

我知道我的牌是 29。据我推理，阿里阿德涅不会有 1，我推断阿里阿德涅也能推断出我不会有 1，否则，我就知道我的牌数字更小了。

因此（看起来）我俩肯定都知道 1 被排除了。现在，如果阿里阿德涅拿着 2，那么她的牌一定比我的小。大家都知道，据卡梅尔所说，我们不能推断出谁的牌更小，所以很显然阿里阿德涅没有 2，她也会排除我有 2。

推理继续，我们两个（各自悄悄地）排除了 3，然后是 4，以此类推。照这样推理，我们应该会排除所有数字的可能性。但这不可能会发生，因为我们有两张不同的牌，其中一张数字更小。当我排除到 29 时，推理就在我眼前出了错。但我的推理怎么会出错呢？难怪卡梅尔会神秘地微笑了——好吧，看在骆驼的分上。

我的推理出了什么错？

我们依据卡梅尔的明确声明，总结如下：

结论：你俩谁都无法推出谁的牌更小。

我们可以仔细思考这个声明，前提是我们都保持理性，都只能看到自己的牌，而且不交流，不偷看，等等。

假设我手上有 1，那我就会准确判断出卡梅尔这句话是错的。我亲眼所见的事实比我从卡梅尔那里听到的更有分量——不是因为我的视力比听力更好，而是因为这样更能解释我听到的是谎言，而非我看到的是假象。现在，我确实没有 1，但是我怎么能知道阿里阿德涅也没有 1 呢？

假如阿里阿德涅有 1，那么对阿里阿德涅（而不是对我）而言，卡梅尔的声明就是错的。所以，在用不可靠的推理继续排除数字之前，我们都必须认识到我们两个都没有 1 这一事实。

如何获得我们都没有 1 这一共识？我们可以自己公开亮牌，或让卡梅尔展示剩下所有的牌，从里面找到 1。依靠这种方式，我们就可以获得这一共识——不但我俩都知道谁都没有 1，而且，我也知道阿里阿德涅知道我知道她知道——以此类推——我们都没有 1。

获得了这样的共识，我们的推理就可以继续推进：“假如我俩中的一个人有 2，怎么办？”就像排除 1 那样，2 也可以通过亮牌或让卡梅尔从剩下的牌中把它拿出来展示，并排除掉。

以此类推……

牌一张张地被排除掉，阿里阿德涅和我都意识到了这一点，然后被烟雾围绕的卡梅尔神情越来越焦躁。当排除到某一张牌时，这种矛盾的“以此类推”的推理，就会被卡梅尔叫停。这样我们就无法断定缺少了某一张牌。我们中的一个人手上会出现这张牌——而且知道它比对方的牌更小，因为比它更小的牌都被排除了。在这时候，卡梅尔刚才的声明将被证明是错误的。这种情况的出现，仅仅因为亮牌的操作让我俩都知道更小的牌都被自己排除了。

以上讨论表明，这种矛盾推理需要一种共识来证明排除这些牌是合理的。所以，当没有这种共识时，如果矛盾推理出了问题，就是因为它不合理地假设了这种共识。如果我俩都没有说话，那么真相只有一个：对方手上确实有 1，但卡梅尔误导了我们，说我们没人能知道谁的牌更小。

但是，假设我们一开始就明确地如实宣布：“我不能推理出谁的牌更小。”我现在知道阿里阿德涅知道我知道——以此类推——卡梅尔说的是事实：我俩谁都不知道谁的牌更小。这表示，通常情况下我们有 1 的可能性被排除了，但是这也代表我们不能有 2、3、4、5 了吗？我俩都不知道对方会这样排除掉多少张牌，这种推理不太可靠。因此，我俩都不该被这种矛盾推理所误导，一张张地排除剩下的牌。

* * *

“打住，”卡梅尔说，“让我们从头开始。听着，我刚发给你们一张牌，牌面朝下，是从 1 到 100 里面选出来的，它是我能给出的最小的牌，你不知道它是哪张——当然，不能看牌。”

我们很好奇卡梅尔哪儿来的这种自信。我们一定能找出一些线索。卡梅尔不会给我们 1，这是最小的牌。所以，这不是她发给我们的最小的牌，因为我们知道它是最小的。我们猜最小的一定是 2——但我们准备说 2 时，突然犹豫了。我们发现我们知道 2 是最小的。所以 2 也被排除了。

我们开始有些不安，心想要怎样把所有的牌都梳理一遍。似乎没有哪一张牌能满足条件。如果我们推理出某张牌是最小的，那么这一事实本身就将这张牌给排除了，因为，那时我们就会知道是它——或者表面上如此。

卡梅尔看着我们不安的神情，又笑了。她冷静地翻开那张牌，是 1。

“但是，我们的确想过这张……”我们彻底糊涂了。

“所以，你们把它排除了。”卡梅尔接上了我们的话。

我们逐渐发现了真相。卡梅尔能给出最小的牌就是 1——我们很清楚这一点。但是，我们利用她的声明——我们都不知道最小的牌是什么——排除了 1，因此它又被放归选择当中——但如果我们知道它最小，我们就会再次将它排除。我们本应该坚持自己的想法，坚持这张牌就是 1，来证明卡梅尔说的“我们不知道最小的牌是哪张”这句话是错的。好吧，我们本应该坚持的，除非她把我们的情况也考虑进去了，而且发给我们 2。但我们同样也可能把这些情况都考虑进去了。

因此，有些我们被告知的事实迷惑了我们——通过排除这些事实，我们必须重新把它们放归选项，然后再次排除掉——以此类推。

第四章
形而上学：谈谈现实之外

形而上学是一片黑暗的海洋，没有海岸和灯塔，遍布哲学的残骸。

——伊曼努尔·康德

据说，后人在发掘整理亚里士多德的手稿时，发现了一部题为《物理学》（*Physics*）的著作，接着又发现一部无名之作，就顺势命名为《形而上学》（*Metaphysics*），意为“物理学之后”。无论故事真假，这个书名还挺合适的，它涉及的正是“存在”的本质问题。

据说，形而上学是对宇宙最终组成结构的系统研究。它包括“终极的存在是什么”这种本体论问题，还有最基本的关系问题，比如因果关系。因此，我们这章要遇到的是关于空间、时间的经典悖论，还有现实之中是否存在截然不同的东西。也许，根本就没有什么“现实之外的东西”，这取决于我们的思考、感知和自我认知的方式。这就引发了关于形而上学的困惑——关于自我，“我是什么”——多宏大的命题啊！应该用专门一章来讨论这个问题，比如第六章。

这里还有一个关于“现实”的问题，由哲学家伊丽莎白·安斯科姆（Elizabeth Anscombe）多年前在剑桥研讨会上提出，这个问题体现了她的担忧。她曾见过一种巧克力，包装上写着“水果或坚果口味”。现在她想，巧克力可以是水果巧克力，也可以是坚果巧克力，甚至可以是水果坚果混合巧克力。但现实中，有什么能让它成为“水果或坚果味巧克力”呢？这表明了一个令人头疼的事实：我们的语言、概念和现实常常是混杂的。

第四章的难题确实给我们对主体同一性的理解制造了一些困难——随着时间推移，是什么构成一个主体，而且是同一个主体？我们后面要引用的小故事，是关于一把家族代代相传的珍贵斧头的。确实，过去几十年里它的刃经常替换，木质把手也常更换，但它始终是同一把珍贵的斧头吗——它还是吗？

在我们走进更深层（比对那把斧头的感情还要深）的同一性问题之前——问题将带着我们从河流转移到山羊，再到个人风化问题，还有海滩上沙子的数量——让我们先来认识一下哲学上最有名的乌龟，富有的 T 先生，它的问题需要我们谨慎对待。

33

乌龟先生的发财妙计

请允许我向你们介绍 T 先生，古希腊的乌龟土豪。请说吧 T 先生，您是怎么变得这么有钱的?

“作为一只不起眼的乌龟，我总是因为步伐缓慢而被人笑。当我试着跑起来，笑声就演变成嘲笑，甚至是对我进行粗鲁的模仿。其他动物在我旁边手舞足蹈，咯咯地叫，还喊我‘飞毛腿冈萨雷斯’。我的尊严被践踏，我觉得自己真的很懦弱，很失败。可后来，生活发生了巨变，我认识了埃里亚的芝诺（Zeno of Elea）教授，朋友都叫他‘小芝（Zany）’。”

您能具体讲讲吗，T 先生?

“小芝（那时我称他教授）安排了阿喀琉斯（Achilles）先生和我之间的一场赛跑。阿喀琉斯是雅典跑得最快的人。起初我觉得教授是故意逗弄我，就像拽我的腿，在我的壳上跳舞似的，但事实并非如此。如你所知，我可以先跑 100 米，这很公平，因为阿喀琉斯的速度真的很快，方便起见，我假设他的速度正好是我的 2 倍。”

但是，仅仅先跑 100 米有什么用呢？最终可能还是阿喀琉斯获胜。

“大家都是这样预测的。当时我有个大胆的想法，把希望寄托在教授身上，这样我就有了惊人的胜算。我在赛前下了重注，赌阿喀琉斯先生永远也追不上我。”

所以后来发生了什么？

“发令枪响。阿喀琉斯很想赢得比赛，但他必须超越我，如你所知。而且，在他超越我之前，他必须先跑完跟我一样的距离。”

没错，但那只是区区 100 米。

“阿喀琉斯要跑完我已经跑过的距离。当他跑完 100 米时，我已经以他 1/2 的速度领先他 50 米。”

所以，他只剩 50 米用来追你了。

“确实。当他跑完 50 米时，我又跑了 25 米。”

嗯，所以他得再跑 25 米。

“太对了。但是当他赶上我时，我又跑了 12.5 米。”

没错，没错——但他要追赶的距离越来越短。

“还不明白？他永远也追不上我，更别说超过我了。无论何时，当他赶到我跑过的地方，我都跑得比他更远一些。最初是 100 米的 1/2，然后是 1/4，然后是 1/8，然后是 1/16。这些比例是一个无穷序列，这些比例虽然一直在减少，但会一直持续下去……无穷无尽。”

“对，这最后为你赢得了一笔财富，T 先生，你赌赢了。”

“没错，确实——而且是现金——这都要感谢芝诺教授。他给了我走出龟壳的权利——至于那笔钱，经过几千年的投资，一直在增长……我跑题了，先生。”

我们是如何完成某种运动的呢?

小芝，我是说，芝诺教授提出了四个著名的**运动悖论**，它们最早源于芝诺的老师巴门尼德（Parmenides）。巴门尼德认为，一切的运动和位移都只是一种幻觉。为了追上 T 先生，阿喀琉斯必须先完成规定长度的 1/2、1/4、1/8……这个无穷序列。如果你要碰到房间对面的墙，你必须先走到一半，然后是一半的一半，然后是一半的一半的一半——又产生了一个无穷序列。当然，T 先生也遇到了一样的问题。他对那件事一直保持着“乌龟式的沉默”——缩回壳里。他是怎么移动到一个地方，或者缩回壳里的？如何完成这个无穷序列？然而，无论我们什么时候移动，似乎都要完成这样的序列。

数学家通常觉得自己已经解决了这个难题。他们告诉我们许多序列——例如刚刚提到的这个序列，它确实是无穷的，但是这个序列包含的数字的部分总和，会集中到某一极限。比如，1/2+1/4+1/8……的序列——可延伸到任意长度——无论你选择哪个序列，它们都会向着某一极限汇合。阿喀琉斯跑了 100 米，然后是 100 米的一半，然后是一半的一半……因此，在 200 米处他就能和 T 先生并驾齐驱了。同样，跑过这些距离所花费的时间也在逐渐缩短，部分总和也会集中到一个极限。缩小的空间与缩短的时间，必须相匹配。

许多哲学家对这种数学方法不是很满意，因为，对于我们如何完成无穷的赛跑（或其他运动），在哲学上仍然有许多困惑，比如事实上，时间的跨度也在不断缩短。我们在数学上讨论的“向某一极限汇合”或“在某一极限之内”，这些说法没有什么问题，但无法解释我们在现实中是如何到达某一极限的。

* * *

运动，并不是这个悖论的核心。任何在空间上或时间上的延伸，都会产生类似的悖论。想象一个从未移动过的物体，它存在于任意时间长度之内。假设它经过 1 个小时，那么它必须度过一个无穷的时间长度，比如 1/2 小时、1/4 小时、1/8 小时、1/16 小时，等等。或者，我们先忽略时间，想象这个物体在太空中延伸了一定长度，比如延伸了 1 米，这 1 米也是由 1/2 米、1/4 米、1/8 米、1/16 米组成的，以此类推。但还是有一个难题：物体是如何通过完成时间或空间运动而存在的。以任意时间长度举例：这个物体首先肯定已经经过了某一段时间的不到一半，接着是它的一半，但是它首先已经历了最初的一半的一半……以此类推。

有种想法是，当我们讨论“无限分割”或“分割到无限”时，需要注意自己要表达的意思。讨论无限问题，可能会让我们误认为无限是一个“确实能到达”的地方。请回想一下“两条平行线在无限延伸处相交”这句话有多别扭吧。仅仅因为假设出任何一个能被无限分割的长度，是无法得出结论说这个长度是真实存在的。

或许有一种思路是，分清抽象的数学表达和我们所表达的内容。当解决希尔伯特旅馆悖论时（第 30 节）也有过同样的思路。请想象任意长度中的一段，它可以被准确地表达，比如分数 1/3，代表它占总体的 1/3，这没什么问题。但它也可以表示为无限循环小数 0.333……，这不免带来困惑：“无穷减去 1/10”怎样用现实中的物理长度来表示？

对于 T 先生而言，沉浸在那笔巨额财富和绕人的难题里确实不错——我们在第 97 节会再次遇到他，在那里他会对逻辑谬误发起挑战——但如果我们不能解决空间和时间的可分割性的难题，那么一切运动、分裂、分割——还有一切的乌龟，一切闪亮的乌龟壳，一切翻动的哲学书页——都会变成一场不切实际的幻想。其实，一切即一。

一切即一吗？

34

语言时态中的矛盾

当你在读本书的同时，地球正在绕着太阳运行。在你读这本书很久以前，发生过各种各样的地壳运动、大陆漂移，接着，是只有地质学家喜欢的一长串地质事件。而在你读完这本书之后很长一段时间里，会发生只有天文学家才能知道的无数次日食、彗星和流星雨。总之，事情正在发生、已经发生或将要发生。人们说的话虽然相同，但表达方式不同。许多事发生在当下，许多发生在过去，许多发生在未来。

此刻，应该留意这种与时间有关或无关的说法——先从事件中排除所有有意识的人，只保留无意识参与的事件：地质变化，还有云层、行星、彗星等的运动。即使无视复杂的相对论（松了口气），我们也还有一些困惑。当"有意识的观察者"不存在时，刚才说的这些事件，依然存在于现在、过去、未来吗？或者说，任何现在、过去或未来的事物的存在，应该与拥有经验、意识的个体有关吗？

很有可能。我们应该坚持认为，即使不存在有意识的人，事件也一定会发生。如果事件发生，变化也随之产生。一些谈话和事件，发生在另一些谈话和事件之后——在已经发生的事件之后。在一个不存在有意识个体的宇宙中，“之前和之后”的时间序列仍然会存在。但是，“现在”“过去”和“未来”会有时间属性吗？它们会有时态吗？会有已经发生的、正在发生和将要发生的事实吗？

也许答案是“没有”。实际上，过去、现在和未来的存在，需要一个观察点，从事物所在的过去、现在和未来出发的观察点。如果不存在一个有意识的人，就不会有这个观察点，只有“之前和之后”序列中的一个个孤立事件。

假如答案是“存在”，那我们至少需要一个观察点来理解事件的过去、现在和未来，这样，我们就会更加怀疑“过去”“现在”“未来”这些概念是否存在。我所说的“观察点”到底是什么呢？也许一切事件，都可以这样来准确表述：一些事件是之前的，一些是之后的，一些与特定的、被观察的事件同时发生。如果观察者就是说话者，那么当他说某些地质事件“发生在过去”时，其实是想说“发生在他说话这一刻之前”。未来会发生的日食和其他事件——是在他说话之后发生的事件。此外，某些地球运动，在他说话的同时发生，这就是“现在发生”或“当下发生”的事件。

这里就遇到了一个形而上学的问题：“过去”“现在”“未来”，仅仅是我们用来表达在我们说话之前、同时、之后的事件的一种方式吗？或者，更简单地说：

运用时态的谈话，只是在讨论说话之前、之后或之时发生的事件吗？

当然，我们所说的“说话”，是指任何一个事件——想法、期待、演讲——事件的内容涉及过去、现在和未来。许多哲学家认为，关于“过去、现在和未来”的谈话（只适用于运用时态的谈话），仅仅可以理解为谈话的“之前、之后和同时”（即“之前和之后”）。“过去、现在和未来”能传达给我们的仅限于此。真的是这样吗？

如果说“现在”只代表事件发生在说话之时，我们是否忽略了一个事实——在谈话之时发生的事件，确实仅仅代表现在，不代表过去和未来？这样，我们就遇到了更多问题，比如更多的事件、事情、事项——事件会引起更多事件——所有这些事件又发生更多变化。如果纯粹以“之前和之后”关系来理解整个时间过程，我们能把握这些变化吗？

近年来，哲学界对“维特根斯坦的火钳”[1]议论纷纷——据说在20世纪40年代的剑桥道德科学会议上，维特根斯坦曾挥舞火钳威胁过卡尔·波普尔（Karl Popper）[2]——而据另一位哲学家麦克塔格特（McTaggart）所言，在此次争执发生的几十年前，剑桥还有一把更引人关注的火钳（更多关于麦克塔格特的内容见第91节）。

现在，请想象这把火钳：它的一头是红色，另一头是黑色。火钳拥有不同的颜色，仅仅是说它有两种颜色，不代表它包含“能改变颜色”的观念。同样，说柏拉图之死发生在苏格拉底死后，发生在你读这本书之前，这没能把握上面所说的变化。我们谈论柏拉图的死，在它发生前可以用未来时表达，但现在，应该用过去时。

现在，请想象你把黑色的火钳伸进火堆：由于受热，火钳的一头变得火红、炽热，另一头仍是冰冷、黑色的。随着温度的传导，它黑色、冰冷的一

1 这里指两位哲学家之间的一次争吵。1946年10月25日，维特根斯坦和波普尔在他们唯一一次会面中发生了激烈争执，维特根斯坦对波普尔挥舞了壁炉用的火钳。

2 批判理性主义的创始人，生于维也纳（当时属奥匈帝国）的一个犹太裔中产家庭。

头同样开始变得火红、炽热——随着时间推移，火钳产生了变化。这种变化就是，冰冷、黑色的末端将会变得炽热、火红，并且，一旦它变得炽热、火红，那么它曾经冰冷、黑色的这一点也就是真的。

这个例子涉及变化，这些变化可以包含物体属性的变化，例如，火钳变得火红、炽热。变化一开始发生在未来，然后发生在现在，最后发生在过去。照这么说，我们起初拥有未来的财产，再拥有现在的财产，最后拥有过去的财产——我们该如何看待处在变化中的事件？正像刚才所说，想要理解这种谈话，一种合理的方法是厘清事件本身与说话者之间的关系。但是，这种方法似乎只涉及了“之前和之后”的序列，而且无法告诉我们任何时间变化的深层含义。

“你读了这本书”，这一事件是在某些远古地质事件之后发生的，就永远会在它们之后。你在太阳熄灭之前读了这本书，就永远会在那之前。事件在“之前和之后”序列中的位置是相对固定的，所以，很难说清楚能够用来讨论过去、现在、未来的时间序列到底是如何存在的，因为事件在过去、现在和未来的状态确实发生了改变。

*　　*　　*

时间，还有关于时间的观念，会引发很多这样的困惑。麦克塔格特曾解决了“时间是一种幻觉”的问题，他认为某些事件确实涉及过去、现在和未来，但仅限于“之前和之后”序列中的事件，只有在这时他的方法才能行得通。

说时间是一种幻觉，立刻就会掉进自相矛盾。幻觉似乎也无法离开时间，即使是乌龟运动的幻觉（请回忆第 33 节的芝诺悖论），也包含着某种时间变化，比如这样的经验：乌龟**过去**曾经在 A 点，而它**现在**似乎在 B 点。

还有一种观点，我称其为“耗时悖论（paradox of time-taking）”。我们都知道，某种程度上而言，宇宙中正在发生的事件（至少在行星、树木、云朵层面上），无论以何种方式发生，都是由稍早之前的事件引起的，可以由之前的事件来解释。这一观点是说，宇宙中稍早前的状态和发生的事件，能够引起现在的状态和发生的事件。如果它们不存在这种关系，我们就必须寻找别的东西来解释“为何现在发生的确实是现在发生的”。所以，我们来想象，C 状态的宇宙能够充分引起 E 状态的宇宙。这样就会产生新的困惑，C 状态已经存在了，为什么还要花费时间（它所耗费的确切时间）引出 E 状态呢？为什么 E 状态没有在 C 状态存在的瞬间同时发生呢？如果出现了这种延迟，那就说明，除了 C 状态以外，一定还有需要其他东西引出 E 状态。

上述推理带来的困惑可以这样表述：随着时间推移，我们会认为宇宙的状态和其中包含的一切事件，都处在随时间推移的因果链当中。但这是不可能的，因为这样的因果，必须处在“一瞬间一切同时发生”的前提下。那将会是一场大爆炸，一场无与伦比的大爆炸，肯定比科学家们想象中的任何一场大爆炸的规模都要大。

这就是只属于你的哲学思考！而我们这些哲学家，还没从躺椅里站起来过。

35

你不能两次踏进同一条河吗

不摇晃、不搅拌的鸡尾酒，很快就不再是一杯鸡尾酒，因它的成分彼此分开了。当你想要一杯“杜松子酒配奎宁水”时，我可能无法把两样东西分开给你。你想要一杯杜松子酒，无论如何都会加入奎宁水，反之亦然。杜松子酒和奎宁水必须混合——你想喝的是它们的混合物。这个简单的例子提醒我们，有些东西只有在各个成分搅拌、混合时，才能体现出它们是什么，并保持自身的性质。而如果没有搅拌、混合，即使分开的各个部分保持不变，东西的整体还是变了。

鸡尾酒不再是鸡尾酒，但它的成分依然存在。河流也存在，但它的成分会发生改变。关于此，有句耳熟能详的名言，出自公元前5世纪的希腊哲学家赫拉克利特（Heraclitus）：

> 人不能两次踏进同一条河。

某些着急的人会立刻补充道："你甚至不能每次踏进同一条河。"他们的逻辑可能是这样：踏进**同一条**河，代表你不止踏进了一次。但他们更应该考虑事实——水是永远变化的，无论你踏进了一次还是两次。

赫拉克利特——还有后世的哲学家们——或许是这样想的：当赫拉克利特第一次下河洗澡时，他确实是在水里洗澡。河只包含了水，不包含其他东西。然而，当下次他在同一条河里洗澡时，河还是那条河，但因为水是流动的，所以他就是在另一些水里洗澡。

怎么可能河一样，但水不同呢？

当然，河流在空间上延伸了，所以，在同一时间，也许有两个不同的人在一条河里洗澡，但分别泡在不同的水里。这就好比两个人夜游时，看见了同一座山，但一个人向南看，只看到裸露的岩石，而另一个人向北看，却看到了森林。然后，某些人就会强调，说这条河流不仅在空间上延伸，在时间上也延伸了，所以不光要考虑空间，也要考虑时间。我们大概能解释为什么人在同一地点、同一条河里，由于时间不同，就有可能是在不同的水里洗澡。

严格地说——这是种危险的表达——在某天的某一时刻，赫拉克利特在河的某一时段里洗澡，相当于在某一片水域洗澡。过一会儿，他在第二个时段里洗澡，相当于又换了一片水域。前后两个时段不完全相同，但两者属于同一条随时间延伸的河流中的一段。

然而，如果把一些事物——河流、火钳和人——想象成一些时段的集合，好像就不难理解这种观念了。同一物体的状态，既会保持不变，又会发生变化。

对于赫拉克利特的这句名言还有种更有名的理解，它不赞成用河与河水的同一性来解释，而要依靠常识来观察。河是由水组成的，一条相同的河是由持续流动的水组成的——否则它就不是河了，而是一个狭长的湖。使某一事物成为同一条河的，不是它拥有的相同成分，而是经过一定时间的相同的水的成分——想想鸡尾酒，即使某些东西拥有相同的成分，也不代表它们就是一样的东西。赫拉克利特可能只是在他脑子里创造了一个知识点，尽管它有些令人费解。其实，他还举过一个类似鸡尾酒的例子："如果不搅拌，大麦饮料的成分就会分离。"

事物成分的变化，对它能否保持同一性至关重要。昨天的河和今天的河是同一条河，并不意味着它们具有一样的成分。然而我接下来要问：到底是什么让它成为同一条河的?

* * *

在 17 世纪，约翰·卡特勒爵士（Sir John Cutler）很爱穿一双黑色长筒袜，经常会穿出破洞，每当这时，他的女仆会用丝线把洞补上。最后，他的袜子不再包含最初的材料，而只包含丝线。长筒袜的成分显然改变了，但我们可以合理地说，它仍是同一双长筒袜，它在空间和时间上具有连续性，爵士用它修饰自己的腿部线条，效果极佳。使袜子成为同一双袜子的，绝不是相同的材料，而是袜子的连续性、所有权和功能。

使河成为同一条河，取决于水的位置（通常是地理上的长期连续性），以及变化着的水最终流入大海。一条河随着时间的推移或许还是同一条河，即使在一段时间里它干涸了，之后也会重新注满。有时，当几条河互相注入时，我就不确定该怎么表达了。但可以说，这些细节无关紧要——除非你偶然遇到土地分配、灌溉权或捕捞权的争议。

这里还有更进一步的例子：当忒修斯（Theseus）的船发生损坏时，他就会换上新部件，一块块木板，一张张帆，一根根绳索，直到船上再没有一个最初的部件，就像爵士那双长筒袜。但这个故事稍有变化，我们假设一个拾荒者偷偷搜集了忒修斯换下来的所有木板和零件，组装成了原来的船，但它实在太破了，根本无法航行。那么，到底哪一艘船才是真正属于忒修斯的船？是由新零件组成的，忒修斯拥有的新船，还是由原材料组成的，那艘旧的破船？

我们再次被一种想法所吸引：这些例子里没有什么“真的”东西，有的仅仅是选择，只是，选择会导致一些后果——比如忒修斯的新船在海上损毁，保险公司拒绝赔偿，声称受保的船是由原材料组成的旧船，而不是损毁的新船。

在大海上，同一性问题会让我们遇到困惑，尤其是当我们提到自身同一性的问题时。至于哪艘船才是忒修斯之船、一条河何时才是同一条河，你要说这些不过是关于规则、决定或抠语法的问题，我也不反对。但是，我们一旦谈到某人的身份随着时间不断变化，究竟是什么让她（他）成为同一个人的？现在，这不仅很意义重大，而且令人费解。请留意“嘿，我是牛顿，别提苹果了”的故事（见第 56 节），那个人真是牛顿吗？

36

我的山羊不见了

我有一只山羊，就一只，它静静地卧在我的左边，跟我一起聆听珀塞尔（Purcell）的古典乐。我此刻坐在门口，一只动物，具体说是一只山羊，正在慢悠悠走进大门。它看起来很像我的那只，但我仍能看见我的山羊还在我左边，所以进门那只肯定不是我的。我所看见的事实，能证明走进来的那只山羊不是我的山羊。我的山羊仍然静静地卧在我左边。一只山羊不能同一时刻处在两个不同的空间，或者说不连续的位置。一只山羊，不可能同时又是两只山羊。

假设我有一只山羊，和刚才一样，它静静地卧在我的左边，听着古典乐。我开始打盹儿。过了几分钟，当我醒来时，我左边没有任何动物。一只动物慢悠悠地踱进大门，是一只山羊，看起来很像我那只。我所看见的事实，为我提供了某种证据，使我认为门口那只动物是我的山羊。由于附近没有其他山羊——我都检查过了——我的结论就是：那只踱进门的山羊确实是我的山羊。一只山羊可以在一段时间里改变它的位置。

一只山羊可以在一段时间里改变它的位置，但是在这段时间里它的位置之间有没有空间连续性和邻近性？在这个故事中，经过时间的改变，难道不能通过山羊在我左边的位置和后来在门口的位置，来把握它位置的连续性吗？诚然，这样的空间连续性是可预料的，但这种连续性是为了让我的山羊随着时间推移成为同一只山羊而存在的吗？简直太令人头疼了，其他人也这样觉得。

我的山羊必须随着时间推移而连续存在吗?

假设，情节和之前一样，我在打盹儿，没有任何迹象显示我的山羊在我睡着时轻轻绕开我，跳出了一扇打开的窗户向外跑去；也没有迹象显示我的屋顶被掀掉，一台起重机吊起我的山羊，把它安然无恙地放在了门口（屋顶恢复如初）。总之，没有任何迹象表明这只山羊在不断地移动，从我的左边来到了门口。但是，却有大量迹象——爱听古典乐、左前蹄的胎记、熟悉悦耳的叫声——表明走进来的山羊就是我的山羊。为什么这么肯定？因为它就是我的山羊，一模一样，它一定是通过了连续空间位置从我左边跑到门口的。

有些人坚持以下这种观点：假设出现了不连续性——也许有段时间，我的山羊突然消失，接着在一个新的地方再次出现，没有通过连续的空间。假设这种不连续性能够成立，那么在我的山羊消失后，我们可以想象一些不同的情况，例如随后出现两只山羊，一只在我左边，一只在我右边，都看起来像我那只。一旦缺少了空间连续性，我就没有理由认为我的山羊重新出现在了左边，而非右边。现在，不知为什么，我的山羊同时出现在了两个地方。

基于上述事件的可复制性——我们可以从两只山羊扩展到任意数量的山羊，并拉大它们之间的距离——经过无数只山羊不连续的移动，此刻，门口的那只山羊绝对不会是我的山羊。一个不连续的例子，引出一个可以想象出大量山羊的例子——两只一组，或者更多，没有证据表明眼前这只山羊是从这一大群山羊里变来的。

然而，我们是否能找到一种特性，能越过空间连续性的缺失，保证那只山羊是我的山羊的同一性?

回到我那只山羊。我非常熟悉它，常带它去散步，还一起听古典乐。它很好看，是个相当安静的伙伴。到目前为止，它只是一只普通的山羊。有一天，怪事发生了。当它在田野里玩耍时，突然从我眼前消失了，失踪了几分钟。也许是我分心了，也许是我喝多了或者太累了。此后，每隔几天，它的生活都会出现类似的间隔——“山羊间隔”。也许间隔持续的时间逐渐拉长了，周围的人也注意到了这种现象（在这儿我们可以演绎出更多的故事)。每次消失之后，我的山羊会和以前一样，在同一地点以同样的状态再次出现，或许它只是以山羊的平均时速走了几分钟。和几分钟前一样，它的长胡子还长在脸上，又或许它的胡子被风吹到了一边。

科学家们对此展开了调查。他们十分困惑，经过测试，无论从任何角度来看，它在性质上都是同一只山羊。但是两枚 1 元硬币在性质上一样，可一枚是我的，另一枚是你的，在数量上有所不同。所以，每次出现的那只山羊——数量相同——都是我的山羊吗？

怎么回答，要看我的动机是什么。有一种可能是，我的山羊刚赢得了“年度最佳山羊奖”，让我拿到了一笔丰厚的奖金，所以它迟到也好，穿过大门也好，最后都必须是我的。另一种可能是，我买了份保险，山羊死了我能得到赔偿，所以我不想承认眼前的这只山羊是我的。

至于这只山羊到底是不是我的，肯定不能草率地下结论，这一定涉及某些重要的事实。

一旦我们通过基因检测、虹膜扫描来判断山羊的体型、蹄印和叫声频率，这会引出哪些事实呢？答案我们已经知道了，就是空间的连续性，但是，为什么要把它当作数量不变的必要条件呢？在理解“同一个体”中的“同一”时，空间连续性一般是充分条件，这不代表它是必要条件。

我的山羊在田野里嬉戏，虽然偶尔会发生“间隔”，但是它在运动和身体构成上保持着一种规律。当我喂它的时候，即使发生了几次间隔，它仍然会吃（只吃一点）；当它“有了孩子”，也会发生间隔，妊娠也会持续一段时间，诸如此类。17 世纪的伟大哲学家莱布尼茨可以为我们提供建议：“要保证同一连续的个体，必须要有**积极的同一律**（active principle of unity）。”保持同一性的规律，这就是问题所在。在现实世界中，这一规律通常是某事物能够持续存在的前提，但山羊的故事表明，这种潜在规律与空间的变化是一致的。我的山羊，确实还是同一只山羊，尽管它有间隔。

一旦这种规律消失，我们就会怀疑个体还是不是同一个体。当一个瓶子破碎，比如被打碎，碎片就无法形成一个整体；当一个母亲生下孩子，孩子的行动很快会缺少与母亲的同一性。正是同一律使得一个物体、一个生物，保持身为同一整体。这会让我们联想到蜂群和羊群，还有其他作为群体的东西，这跟“用手翻书”的例子大有不同（见第 41 节）。

* * *

莱布尼茨提出的“积极的同一律”（即使物体存在间隔，也能保持前后一致），一遇到“可复制性”就不管用了。因为间隔一旦发生，可能会冒出两只山羊或者两百只山羊，都与开始那只保持同一性，我无法判断哪只是我的。

但是，“可复制性”一样可以用来反驳常见的“空间和时间”关系中连续实体的同一性问题，比如山羊的问题。我们可以设计一个思考实验：一只正常的山羊，偶然被复制成若干只和原先长得一样的山羊。因此，我们可以认为，即使只有单独一只山羊，一段时间后出现的另一只山羊也不能看作原来那只。这个结论十分荒谬，因为我们应该抛弃一种想法：所有的同一个体会经历时间并持续存在。

当然，间隔现象也有可能会失控。我们可以假设另一个故事，山羊突然消失，几年后分别出现在太空里的不同位置。我们可能会在哲学上痛苦地思考，它们的数量还会不会不变。在这里，我们似乎缺失了前面所要求的同一律，不过，谁知道我们在这么诡异的故事里会想出什么？

对待思考实验必须谨慎。我们的概念是建立在迄今存在的现实世界中的。如果谨慎对待可复制性，它就不会干扰我们对“经历时间的物体可以保持数量不变”这句话的正常理解。这个山羊间隔的小故事，就是一个思考实验，而不是什么过分的动物实验。它很有道理，我的山羊也许还是我的，数量不变，即使它有间隔。

这样我们就能理解，是什么使得一个生物超越时间之后仍是同一个生物。答案既不是空间连续性，也不是草率的结论。确切而言，这是关于单个生物、生物群如何结合成为整体的玄妙问题。进一步思考，我们应该能理解山羊的例子也能适用于人类。人的生命在经历一段时间后仍是同一条生命——你的价值观、记忆和意愿，你的个性、体征和能力，又是如何玄妙地结合为一个整体的呢?

37

时男时女的大卫

多元化是生活的调味品——似乎是这么说的。也许这种说法经常会导致一些人改变他们的身份。更经常的情况是，这种改变会让我们脑中产生逃避的念头，也许是因为重婚罪、逃税或警察的追捕。有人因为嫌弃自己的本名而改名——父母们，给孩子取名时多花点儿心思吧。有些改变是成名道路上的关键，比如诺玛·珍妮（Norma Jeane）变成了玛丽莲·梦露，或者在去大马士革的路上，扫罗（Saul）看见一道曙光，变成了圣徒保罗（Paul）。而有些人因为向往多元化，选择过着双面的生活。但这或许会引发逻辑上的难题。

有个青年大卫（David）喜欢多元化的生活，他经常在家里打扮成女人，并以此为乐——他自称“达维尼娅”（Davinia）——打扮得还挺妖娆。但在公共场合，他绝不会这么打扮。他有一身阳刚之气，桀骜不驯——人们叫他“戴夫”（Dave）——是个粗犷而冷酷的男子。女孩们对冷酷的戴夫很着迷，对达维尼娅却很冷淡。男人则对戴夫不感兴趣，只渴望达维尼娅迷人的唇。

大卫的身份变化总是悄然发生的。我们暗中观察他的公寓，往往会看见戴夫穿着皮夹克消失在屋子，过一会儿达维尼娅就出现了，她那头瀑布般的金发散发着光泽，裙子闪闪发亮，踩着尖尖的高跟鞋。

看起来，很多关于达维尼娅的事情都是真实的，但关于戴夫的则不然。男人们会为达维尼娅打开车门，但永远不会让戴夫上车。在特定的场合，戴夫——而不是达维尼娅——回到屋里；过了一会儿达维尼娅——不是戴夫——出来了。我们可以通过对大卫更多的描述来增加故事的复杂性，但先把他从故事里摘出来，到后面需要时再说。想想看，我们可以这样来推理：

> 前提 1：女孩们在和戴夫约会。
>
> 前提 2：戴夫是达维尼娅。
>
> 结论：女孩们在和达维尼娅约会。

我们很容易接受这两个前提，但我们——即使我们知道——也可能会拒绝这个结论，毕竟女孩们并不是真的在和达维尼娅约会。但如果她们没有这样做，我们就遇到了以下难题：

既然戴夫和达维尼娅是一个人，那么关于戴夫的某些事实，放在达维尼娅身上就不是事实吗？

你可能想问：“怎么同样一些事实，在一个人这里是真的，在另一个人那里就不是了呢？”——但是，当我们把握住了“一个”，同时就会失去“另一个”。“他们”确实是同一个人，可以由这两个名字来识别。假如一个东西有两个名字，而且我们知道它是什么，当然可以用一个名字代替另一个，而不改变我们所描述的事实。刘易斯·卡罗尔（Lewis Carroll）确实是查尔斯·道奇森（Charles Dodgson）[1]，道奇森确实去世于1898年，所以卡罗尔也是在这时去世的。

有种理解的思路，**身份思路**，强调戴夫和达维尼娅身上有同样真实的情况。因此，这条线要解释我们为什么会错误思考。还有另一种思路，**差异思路**，承认戴夫和达维尼娅的真实情况确实有所区别，因为我们混淆了这两个名字的用法。

根据差异思路，所有持续的东西都可看作是由一系列时段组成的。女孩们痴迷于戴夫、讨厌达维尼娅，是因为他处在不同的时段。“戴夫”和“达维尼娅”是两个不同的阶段。我们在前文的前提 1 和结论中，说的不是一个人，而是这个人的不同阶段——前提 1 说的是戴夫的时段，结论说的是达维尼娅的时段。

反对差异思路的人说，一条持续的生命，真的只由一系列的时段组成吗？也许是吧，尤其是在伟大的自然当中。比如，蝌蚪确实是一种生物的暂时阶段，它之后的阶段是青蛙。然而，大卫一直在戴夫和达维尼娅之间来回切换，戴夫的时段缺少了连续性。在这一点上，大卫作为个人变化的主体，也需要融入整体时间当中。

理解差异思路，需要在语言上下工夫。女孩们对同一个男人的不同时段着迷，这么说显然不对，确切表述应该是，女性的各个阶段对于男性的各个阶段着迷，这显然也有问题。我们可能还要重新理解“着迷”的意思。此外，也许女孩们在电话里和嗓音沙哑的戴夫聊天，但透过窗户却看见达维尼娅在打电话。也就是说，大卫打扮成了达维尼娅，却用戴夫的声音说话——时段

1　刘易斯·卡罗尔，本名查尔斯·道奇森，19 世纪英国数学家、逻辑学家、童话作家与牧师，代表作有《爱丽丝漫游奇境记》。

是重合的，但是戴夫和达维尼娅确实同时存在。差异思路也要解释为什么前提 2“戴夫是达维尼娅”看上去是正确的。也许这里的“正确”，在某些情况下要特殊表达为“同一个人的一个时间段”。确实要花很多心思，正如前面所说，赫拉克利特不会两次踏进同一条河流。

差异思路看来有问题。那么，身份思路是怎么说的？它让人们相信戴夫和达维尼娅真的是同一个人。那么，我们为什么要对他们的真实情况做出不同的评估呢？也许结论“女孩们在和达维尼娅约会”是真的，但我们不想同意它，因为这会害我们意识不到达维尼娅就是大卫，而无论女孩们何时和他约会，大卫肯定都是作为戴夫出现的。

我举出另一个例子类比一下。我郑重宣布：英国女王在上电视，她是清醒的。这时你就会错误地得出结论：她通常是醉醺醺的。为什么我会特意说她清醒，这种情况很不常见吗？就算我说的话没有在逻辑上暗示女王通常会喝醉，但我可能会捏造一个酗酒的王室成员。因为我的话带有“言外之意”。同样地，我们在说“女孩们在和达维尼娅约会”时犹豫了，因为我们意识到，在很多时候这样说会产生误会。当然，在这里我们已经暴露了大卫的秘密生活，我们可以断言“女孩们和达维尼娅约会”的结论不应该引起误会。我们必须给出更多解释，但更多的问题也随之而来。

*　　*　　*

我想表达的是，女孩们不会跟“作为达维尼娅的戴夫”约会。女孩们和达维尼娅约会时，大卫不是作为达维尼娅，而是作为戴夫出现的。也许这一点前提 1 确实表达或暗示了，女孩们在和化身成戴夫的人约会——由此得出的结论是：她们正在和化身为达维尼娅的那个人约会。这句话似乎发出了一个诡异的声明，女孩们会跟某人的“某个身份”或“某个方面”约会吗？你会跟某个人的身份或某个方面约会吗？如果大卫的异装生活被揭露，女孩们可能会坦诚地说："哦，这么说，戴夫偶尔会打扮成一个叫达维尼娅的女人喽。"但这不意味着化身为戴夫的大卫有时会打扮得像作为达维尼娅的大卫。当打扮成戴夫时，他肯定不会同时打扮成达维尼娅。

以上这个"**异装悖论**"，引发了越来越多的困惑。也许是因为我们只见树木，不见森林——可以这么说吗？——尽管森林本来就是树木的集合。问题来了，因为我们有两个不同的名字，却只有一个故事——这个故事提供了两种不同的解决思路，以及不同场景的集合，每个名字都有一个相应的集合。关于大卫其人，我们有两份单独的档案，因为我们了解他的双面生活。我们提取哪份档案，取决于我们选择哪个名字。

"女孩们会和达维尼娅约会吗？回答'会'或'不会'。"我们不必被迫回答"会"或"不会"。可以脑筋急转弯一下："以这种方式，会；以那种方式，不会。"那么，到底是哪份档案在起作用呢（见第九章）？

"你在婚前见过你丈夫吗？""见过。"

"所以，你在见他那一刻他就是你丈夫了？""不是。"

我们再问一次："你在结婚前见过你丈夫吗？"

"好吧，没有。"

"所以，你就这样跟一个彻底的陌生人结婚了，真可怜，我很遗憾。"

38 大头针掉了

周围是如此安静，以至于你能听到一枚大头针掉了。但是，要听到这声音，你不仅需要一枚大头针和它的掉落，还需要一个有意识的观察者能听到。这种想法可能会让人觉得奇怪：当一棵树在森林中倒了，如果没有人在场听到，还算不算发出了声音。“没有观察者，就没有声音”也许是一种原则。如果是这样，当缺乏有意识的生物时，宇宙就是一个美好、安静的地方。如果在生物出现之前，录音机就神奇地存在了，它仍会录下森林里那些“噼啪”“咔嚓”“砰砰”的动静。但是，在录音机回放时，如果仍没有生物在旁倾听，它似乎就没有声音可供回放了。

我们不能只考虑声音问题。如果没有人在场，那么盐似乎就没有味道，玫瑰就没有玫瑰的芳香，至于彩虹的颜色，如果没有人能感知到颜色，那它还有颜色吗？基于这种想法，18 世纪初的推理达人乔治·贝克莱（George Berkeley）主教提出，任何事物如果要存在，都必须有一个观察者、感知者。**“存在即被感知”**是这位虔诚主教的一篇，不，一段祷文的名字。感知者也是存在的，却从未被感知，他们的肉体不可感知，但心灵或精神可以感知；所以这句祷文的完整版应该是**“存在即感知，或被感知”**，“感知”包含视觉、触觉、听觉、嗅觉、味觉五种感官，另外，还有思考。

我来做个快速小结：物质对象本身没有灵魂或思想，如果它不能被感知，那它就不可能存在——至少，贝克莱主教是这么说的。我们视为物质对象的东西——桌子、椅子、肉饼和山脉——只是品质、颜色、形状、重量、味道、软度或硬度的集合，这些性质取决于感知者的感知。对于一个感知者来说洗澡水很热，对另一个来说却不太热。肉饼有一种是咸的，还有一种是甜的。从一个角度看，桌子是椭圆形的，从另一个角度看，它又是圆形的，以此类推。这些“自然”的物体，不是独立于思想之外的物体——贝克莱认为这是一种不一致、一种矛盾——存在是观念的集合，是思考者的感觉的集合。

但是，不用害怕我们走出房间时桌椅会突然出现（房间也突然出现），等你回来它们又消失了。不用害怕自己看不见的身体器官，还有胳膊、腿来回的运动，这取决于它们是否被你感知，不管是内在的，还是外在的。不用害怕，因为贝克莱原本想表达的是上帝这位伟大感知者，一切事物都存在于他的脑海当中。上帝能看见一切，并是总能看见，因此就有下面这首四行诗：

有个年轻人说：
“上帝一定觉得很奇怪，
当院子里没人的时候，
眼前这棵树还能存在。”

接着，上帝给了他安抚的回答：

亲爱的先生：
我一直都在院子里。
这就是为什么这棵树
会一直存在，
因为它正在被我观察。
你忠诚的
上帝。

为了回应贝克莱的问题，让我们向上帝寻求帮助。我们如何才能反驳贝克莱的观点，即桌椅、山和肉饼都源于观念的集合？

当没人在场时，森林里有声音吗？当没有观察者时，事物是否存在？

为了反驳贝克莱的观点，我们应该仔细分辨自己的观念，还有产生这些观念的实体，无论这些实体是否依赖观念。我们有时会因为含糊的语言将观念和实体相混淆。当我们说“声音”时，我们是在描述一种体验，还是一种空气的振动？当我们说肉饼是热的时，我们是在说热的感觉，还是引起这种感觉的分子运动？体验和引发体验的来源是不同的。体验仰赖于观念，而振动和分子运动则不是。

以上就是对贝克莱说法的一种回应，但他也有所回应，即那些被认为有别于体验的振动、运动或性质又是什么？一个人体验到水是热的，另一个人则觉得不冷不热。事实到底是哪一种？戴着有色眼镜看天空，接着取下眼镜，天空的颜色似乎产生了变化。水、天空、肉饼等物体，真正具有的性质是什么？我们只知道感官是如何受到影响的，但我们也能了解振动和分子运动的本质吗？

我们不经意地认为，人的体验产生于物体和我们感觉器官的相互作用。我们的感觉器官，会赞美我们所接受的事物的“真实性”。猫的感觉器官，赋予了它不同的体验，火星人的器官（如果火星上真的有人）会赋予他们不同的体验。失去了这些体验，我们还能感觉到什么呢？

按照贝克莱的说法，我们只能感受思想和经验——它们都仰赖于精神。有人说，在精神的面纱之下，隐藏着能够产生思想的物质或物体。由于我们无法轻易揭开面纱，贝克莱说，在面纱之前谈论这些都是空谈。请注意，正如前文提到的，贝克莱最终指出：在面纱下面确实存在着某种东西——上帝。然而，我们仍旧好好地在这儿，没有上帝。

*　*　*

以上论证可以得出一个根本结论：由于我对他人的认识不过是基于我的经验，所以我也没有理由相信别人的存在，除非我的观念依赖于我的精神。我相信，只有我和我的精神是存在的，这就是**唯我论**。此刻，让我们先回到常识。常识往往能够帮我们看清问题。

贝克莱让我们看、摸、听、闻、尝，还有思考。这让我们立刻走错了路。特殊的感官需要特殊对待，但是，我们通常会把看到的、摸到的这些感官获得的东西当成物质对象来接受。我们会看到猫、闻到猫、抚摸到猫，甚至不小心踢到猫。当我们看到猫时，我们有视觉上的感觉，但是我们看不到感觉本身。感觉、观念，大概就是让我们看见猫的东西——尽管我们可能会好奇，猫和这些感觉之间有什么联系。

假如猫是白色的，我们对能否感受到白色，取决于观察时的光线条件。当然，当没有人看那只猫时，这种视觉感受就是不存在的。这是否意味着，那只猫在人看不见的时候不是白色的？这取决于“白色”的含义。一种快速直接的回答是：“假如在一切正常的情况下，这只猫就是白色的。”如果猫是在约定的“正常”条件下，被正常人或者鉴别专家所看到的，那么感知者就会有一定的视觉感受，即对白色的感受。但这是对猫的感受吗？不是。那只猫是白色的吗？是。

先不管那些细节，这种解决方案想要理解的是，颜色、形状、味道、气味等性质带有一定倾向性，就是说，这些感觉在某些情况下才会出现……当我们说“盐可以溶解”，我们不是说它现在就溶解了，我们是想说假如把盐放在水里，它就会溶解。当我们说“盐是白色的”，我们并不是说此刻我们正感受到白色，如果没有其他人在场，我们就在表示或至少暗示：如果在正常情况下观察，就会产生某些视觉感受。

我们再回到森林里，变成一群没有知觉的人。狂风呼啸、树木摧折、电闪雷鸣，如果有人在场，他们就会听到这些声音。所以，海洋和山脉、形状和大小、密度和时间，它们在有知觉的人存在之前就已经存在了，我们应该默默接受沙漠有颜色、海水是咸的、森林里充满了各种声音这些事实。

但我这样说一定正确吗？

39

当下是什么，现在是什么

很多人很自然而然地接受了“未来不存在”这种观点——他们的意思是：因为未来的事是在未来存在的，所以它现在还不存在。很明显，过去也不存在——它现在不存在。当过去出现时，它曾经存在，但现在，它不再存在了。过去的巧克力，我们品尝它，产生愉悦的感觉，它曾经存在，但现在不再存在了，已经过去了。现在，也许你正期待着未来，比如下一个假期，所以假期现在不存在，但它未来将会存在。当然，你的这一期待是存在的，它是现在正在发生的。

这些都是显而易见的。经过深入、清晰的思考，我们的结论是——任何存在着的事物，都只能在当下存在，一切只有现在。然而，当下是什么？现在又是什么？

读完前几节的读者，可能还是会用“持续时间”的理论来回答。“现在”持续了几分钟，或一秒，或一刹那，以此类推。但是，他们提到的任何有持续时间的事物，似乎都会掉进这种理论的灰色地带。一旦事物持续存在了一定时间，它就会分成若干时段，就会有开端和结尾。如果我们在开端，那么结尾一定是在未来，因此结尾就不存在，如果我们是在结尾，那么开端一定是在过去，因此开端就不存在。而我们处在现在，就会被挤出时间——进入了彻底的无时间状态。

在我们这样的推理过程中，我们把“现在”当作一种默默进行的过程，它进行了，完成了，没留下任何痕迹。但是，如果过去和未来都不存在，如果“现在”被挤压出去，空无一物，那么有什么东西——任何东西——能存在于时间之中呢?

什么东西能存在于时间之中呢?

以上推理，促使我们把“现在”看成一条边界，即过去和未来之间的边界。然而，如果过去和未来都不存在，那它们之间的边界怎么能存在呢?如果这条假设的边界是没有持续时间的，那么它是怎样存在的——继而，有什么东西是能存在于当下的?我们可能也想知道，时间本身会发生什么变化。我们似乎不再有时间了，因为时间本身似乎也被挤到了一切存在之外。

在许多哲学家看来，之所以出现这一悖论，是因为我们被“过去、现在、未来”的时态语言误导了，只顾谈论着过去是什么、现在是什么、未来是什么。也许，我们不该把这种划分了时态的时间当作讨论的基本要素，而应该通过某些先后发生的事件或同时发生的事件来把握时间。在后一种观点中，正如我们第 34 节所看到的，假如我说“鹅正在烤箱里烤着”，这就代表它在我说话的同时被烤着。

无论我们是否将事件描述为过去、现在或未来，如果仅仅依靠“之前和之后”序列中的这些事件就能把握时间，那这些事件都是同样真实、同时地存在的。一棵在三维空间中延伸的橡树，具有长、宽和高的性质，它的第四维度是时间。在空间上，它的根长在枝干下方；在时间上，它作为树苗的阶段在它长成大树之前。这就是**时间的无时态观点**。

在这一观点下，我们关于时态的讨论源于我们在“之前和之后”序列的不同位置上所做的不同判断。时间被看作第四维度，过去、现在和未来，通常被看作同时乘坐在时间这条船上。未来是距离现在的我们十分遥远的时间，就像冥王星和我们之间的距离那样遥远。未来发生的事件，距离我们有很多很多年，就像几百万公里外的事件。简言之，我们无法轻易接触遥远的事件，无论是在空间上、时间上都很难。

如果时间的无时态观点是正确的，那么，我们就不该对现在的事件抱有任何怀疑：它们的确是存在的，无论是存在于现在、过去还是未来。但在这种无时态观点中，我们会产生各种困惑。我们可能会想，为什么我们无法感知到，看、听、闻到那些在“之前和之后”序列中，在我们所认为的过去和未来中，在无论哪个方向上都继续存在的事件。

当然，对此我们也准备好了答案，答案还比较合理。在“之前和之后”序列中，因果关系是单向的——之前的事件单向引起之后的事件，反之则不能。在你读完这一页之后的事件——“未来”的事件——不会引起之前的事件。这就是为什么即使这些未来的事件确实存在，它们也不会影响现在的我们。这就是为什么我们不能准确说出——举个例子——哪支球队下周会赢。

在你读这一页之前发生的事，在无时态观点下也同样存在。事实上，我们确实察觉到了一些事件，这些事件是在过去存在的。请想象一下行星和恒星的空间距离。考虑到光并不是瞬间从A点到达B点的，我们看到的变化，在我们看到它们之前，是处在某一时间上的点，是这让我们看到了它们。

事实上，如果我们认为 A 事件引起 B 事件，无论时间长短，总要耗费一定时间。我们总在经历已发生的事情，这些事情至少曾存在于过去的某一点。

时间无时态这个观点最大的毛病是，它没能分清楚一切变化。被烤制的鹅，正在变颜色，也在由生变熟，但这不同于鹅在空间上的改变，它的外面还是皮，里面还是骨头。从空间上看，一块蛋糕可能外面是巧克力，里面是奶油，但蛋糕本身没有发生变化，想想看“巧克力变成奶油”和“巧克力挨着奶油”这两件事有多大区别吧！

再回到那只鹅，它烤制时的各种变化，似乎对时态问题有着重要的参考价值——鹅本来是生的，但会被烤熟，而假如我们回到涉及时态的、变化的时间，我们就又掉进了一开始的难题。

* * *

可以说，通过分离出容易混淆的时间特征，我们可以消除一些关于现在的困惑。烤鹅、握手、树倒下，这些事件和行为需要一定时间来进行。它们有可能发生在当下，它们此刻正在发生。如果“现在”仅仅是一条边界，一个瞬间，那这些事件和行动就不可能存在了。你正在读这本书，现在是 21 世纪，你现在的年龄是……你随意。“现在”，通常可以理解为一段时间。也许这样说我们可以接受：现在至少包括了过去的一部分。假如是这样，那么过去和现在确实存在，至少在某种程度上存在。

当然，现在是 21 世纪，代表我们正经历这个世纪，不是说我们一晃而过百年，而是仅仅经历了其中很短的一段，但这段时间仍然有持续性。我们现在所经历的，也与我们头脑中永远保持在最前端的时段不同，它通常被称为“特殊的现在”，尽管这种“现在”的性质也是各种各样的。

我们可以在思想持续下去之前留下“记忆”这种特殊的现在，它比我们现在所经历的要长一些。然而，我们所经历的“现在”这个持续时段，仍应该与任何非持续的界限区别开来。然而，这些区别并不能把我们从时间的困惑中解救出来。我们现在遇到了困惑，即特殊的现在、所经历的现在和非持续界限之间纠缠不清的关系。

请感受令人费解的时间的力量，以及时间是一种怎样影响我们的存在。就是说，当我们听一段音乐时，我们想知道到底发生了什么。我们正在听一首交响乐、一首流行歌甚至电子舞曲，但是我们正在听所有这些事物吗？不，我们现在正在听一些音符。想必我们也应该在脑海中记住或保留一些音符，用于识别旋律、节奏和拍子。我们应该这样做吗？

在公元4世纪末5世纪初，当来自希波[1]的神学家奥古斯丁在写作时，似乎对原罪、神性和“上帝之城”都相当熟悉，可一谈到时间问题，他就开始吞吞吐吐了。奥古斯丁在请求“主啊，请赐我圣洁，但不是现在”时，他是他自己。除了对个人罪恶的忏悔，他还直接道出了与本节有关的话题：“什么是时间？如果没人问我，我当然知道它是什么，但如果我想解释给别人听，我就说不清了。”

好吧，就算没人问我，我也担心自己不知道时间是什么。然而，我们想知道的是什么呢？我们当然想寻求更多的解释，但到底想解释什么呢？毕竟，当我们面对阿喀琉斯和乌龟的悖论时，仅仅因为是在假设中，我们可以一次次地讨论任意分割持续的时间——无限进行下去——那么，当我们经历时间的时候，把这种划分强加在时间上，也许就是个错误。就好比，我们认为一个电脑程序能准确模拟天气变化，我们就该期望电脑真的被雨淋湿。在我们寻求答案的道路上想要走得更远，就该把抽象的模型及其结论，应用在生活

1　今属阿尔及利亚。

中每一天的空间、时间上，甚至是爱上——我们可以走得更远，但只能到“现在”为止。

维特根斯坦在某个场合对此的评论是：“最大的难点在于——何时停止。”

我停止了，至少在时间的话题上——及时打住了。

40

如何数清海滩上的沙子

穿着比基尼的桑迪（Sandy）躺在海滩上，慵懒地享受着广阔的美景。“这片海滩上到底有多少粒沙子呢？”她很想知道。“有超过1000粒吧。”但她并没有足够好的视力分辨出1000粒和1001粒沙子的差别，除非她一粒粒地数。桑迪只是个普通人，无法看出关于沙子数量的天文数字，以及在这个数字基础上多一个、少一个之间的差别——仅仅依靠视觉，而不是将它们一粒粒捡起来放进大缸里来数。

“我可以分辨，随便扫一眼周围，就知道这里有超过1000粒沙子。我无法通过肉眼分辨出1000粒和1001粒的差别。所以，我必须根据我所看到的和推理来判断有超过1001粒沙子。”因此，桑迪刚从至少1000粒沙子的真相中走出来，又掉进了至少有1001粒沙子的真相里。

“我知道至少有1001粒沙子，但是我不能仅仅通过观察来区分出它和1002粒沙子的差别，所以，我知道至少有1002粒沙子。”桑迪继续推理，一粒接一粒，沙子越来越多。当然，对小一些的数字，她不用推理也能说出来，海滩上的沙子要多得多了。然而，一段时间以后，将会出现一些不确定的因素，除非她能严格推理，而且被刚才所叙述的推理说服。在这种推理中，每次都增加一粒沙子，就能让她数到几百万、亿、千亿、百万亿，甚至全宇宙电子的数量，按照这种推理，海滩上的沙子数量比这还多。这样推理下去，她就从真相掉进了谬误，即便海滩广阔，全是沙子，也不可能多达几万亿粒。所以，推理到底哪儿出了问题呢?

偶尔，会有几粒沙子从附近的沙堡上被吹走，但区区几粒沙子却不能在沙堡和沙堆之间造成什么区别。吹走几粒沙子，沙堡还是沙堡，再吹走几粒，它肯定还是一座沙堡——但是，如果继续下去，在某一刻开始这个推理就错了。因为它可能会让我们误以为，当整个沙堡都被吹走时，它仍是一座沙堡。另外，桑迪意识到她将无法区别现在这座沙堡和被吹走几粒沙的沙堡。吹走几粒沙子，她会看到它仍然是一座沙堡；再多吹走几粒，她肯定还会看到那是一座沙堡——然而……

岩石的影子能让桑迪的大腿呈现黑色。20 分钟前，影子只覆盖到她的脚趾。即使她用心观察，也不会注意到影子在每分钟里的细微移动。虽然她不能看到影子每分钟内的运动，但她在 20 分钟前就注意到了影子，这 20 分钟里包含了 20 次难以察觉的时间跨度。她这会儿也注意到海浪离她的脚有多么近，却没能察觉海浪越来越近过程中的细微变化。

一个男人在盯着她，她的比基尼上衣已经从胸部滑落了，它肯定是一点点滑落的，但她和那个男人都不可能观察到轻薄的布料每一刻的轻微运动，而只观察到了运动的结果。桑迪玩得很兴奋，直到她看清了这个男人的衣着——她正躺在清教徒专属的海滩上。经过几秒难以察觉的时间，她已经从兴奋变成了尴尬。她准备好被罚款了，但从男人微妙的眼神中，她意识到自己还有另一种选择……

如果轻微的变化不产生任何影响，那么由细微变化组成了明显的变化时，又是如何产生影响的呢？

这个故事源于欧布里德，第25节提到的哲学家。在那一节，他为说谎者担忧，在这一节他担忧的是**连锁推理悖论**（又称“**石堆悖论**”）。欧布里德发现，即使在一颗鹅卵石被移走后，它仍然是一堆。首先要找到一个石堆。拿走一颗鹅卵石，石堆还是存在，因为它依然是一个石堆。我们又拿走一颗鹅卵石，它仍然是一个石堆。继续推理，尽可能多地拿走鹅卵石。根据推理，我们永远能保留这个石堆，但很显然，我们做不到。这种推理会让我们得出结论：刚才的沙堡仍然是一座沙堡，但许多沙子已经被吹走了。

在说“这根本不重要”之前，先来看一个生物学的例子。时间一分一秒地过去，孩子长大，从婴儿、儿童变成大人——这个过程会带来抚养孩子的不同方式，以及面对严重分歧时的不同道德判断，就像第3节那样。即使桑迪从兴奋转变为（自己可以察觉到的）尴尬，也会为她和他人带来严重的后果。

我们的这种困惑，来自某些没有清晰界限的物体和概念。从哪一刻（如果真有这样一刻）起，沙堡就不再是沙堡了？我们承认，在这种沙子问题上还有模糊地带，但在清晰现实和模糊地带之间难道没有明显的区分界限吗？似乎不是这样的。那么，清晰的案例是如何转变为不模糊的案例的呢？区区一粒沙子，如何在一座清晰的沙堡和一座模棱两可的沙堡之间产生区别的呢？嗯，这些沙堆一定是流动的。

还有个问题：我们能知道什么？我们如何感知？我们已经知道了桑迪和海浪、移动的影子和海滩上沙子的数量。桑迪无法通过感觉或视觉辨认出这一秒到下一秒之间，影子在她大腿上变大的区别。然而，在重复几次之后，她注意到影子的移动确实发生了。她无法察觉到比基尼上衣的一小块布料，但是还有更多小块布料的集合让她意识到自己正在走光。如果这些细微的变化对她没有显著的影响，那如何在某种程度上带来显著的区别呢？如果沙子数量的区别，影响不了她的所知所见，那么已经增加的、不易被察觉的区别，为何会对她的所知所见产生影响呢？当一粒沙子的区别不易被察觉时，她又该作何解释呢？——起初，判断那堆沙子是一座沙堡，后来变成犹豫，再后来更加犹豫，最后确定它根本不是一座沙堡。

*　*　*

我知道怎么做事，却往往不知道我是怎么做到的。我知道骑自行车，知道推开一扇笨重的门，知道喝红酒，却不知道我是怎么做到的。某些高尔夫球手只是“知道”如何把球打进洞，却不知道如何解释自己的做法。某些“盲视”患者会真诚地说，他们看不见某个物体边缘之外的东西，却能给出关于这些东西的准确描述（通常比随机要求的表现更好），再进一步，他们就看不到什么了，这就是他们说的“盲视”。

我想说的是桑迪可以辨别和无法辨别的东西，我们要认识到她能辨别事物，但不知道她能辨别，或不知道她如何能辨别。关于一粒沙子、影子的移动或比基尼上衣的运动，这些细微的变化，都远远达不到桑迪的意识知觉的范围，因此对她来说难以察觉的（如果感知能力需要动用意识）东西，不代表不会在她的神经中枢系统留下痕迹。我们往往察觉到了一些细微的变化，却不知道自己已经察觉了。这就引出了一个问题——任何一次神经元的细微变化，都不能在意识中留下痕迹，最终引起我们的意识知觉，而沙堡的某些细微变化，又是如何影响眼睛、视神经和大脑的？为什么其他细微的变化不会产生影响？

这些观点，对我们如何使用模糊的概念，没有给出直接的答案——这些观点仅仅提醒我们，我们无法有意识地察觉，但我们能无意识地察觉。令人费解的是，无论是有意识、无意识，这些难以察觉的细微变化到底如何引起那些容易察觉的较大变化？尽管还有疑问，但这些有意无意的察觉，可以解释为什么我们在某一刻开始犹豫沙堡还是不是同一座沙堡，影子还在不在原来的位置，以及，比基尼的滑落是否让我们有伤风化——好吧，桑迪被控告有伤风化，并付了罚款。

41
是我们制造了星星吗

“如果犯人敢动一下，你就开枪。”这是领导对新警卫斯马特（Smart）的指示。真可惜，斯马特是个钻牛角尖的人，还懂点儿天文学。后来，当另一名警卫惊恐地盯着被打死的犯人，斯马特解释说，他必须服从命令开枪。“你没发现吗？”斯马特潇洒地说：“我们站在地球上，所以犯人移动得非常快——他们正在绕着太阳运转！”

* * *

判断某个物体是否移动，是以其他被认为静止不动的物体作参照的。所谓的“其他”，取决于具体的情境。其实斯马特并不是钻牛角尖的人，只是痴迷于“日心说”，误把太阳作为参照。这种相对性，适合描述物体的运动，却不适合描述物体的存在。

我们能否成为明星、歌星、影星或自以为明星的人，都取决于我们怎么看待他们，但天上的星星和其他天体如何存在？这是另一个问题，有些东西的存在，确实是依靠味觉感知，依靠味蕾，星星却不是。没错，我们能看到月球上的“人脸”——至少孩子们会从字面上这样理解——但那里实际存在的只是一张貌似人脸的局部照片。那张脸在人类识别它之前存在吗？不存在。它源于我们的一种识别图形的倾向，月球本身和陨石坑就不会被这样识别。

这里隐藏了两个对立的论点：

头脑决定论：有人指引你的目光穿过夜空，看向星座——这儿是猎户座的腰带，那儿是北斗七星，啊，那儿是仙后座。这些星座在人类存在之前是否存在？当然，在人类诞生之前，没人会看到几颗星星排列成一个字母“W”[1]，或者像女人的头冠。如果没有这样的“看”，这个“W”是否存在？而众多星球，肯定会以不同的分组在我们的脑海中呈现。这全部取决于我们人类。在夜空里，没有什么东西能把这些星星组合在一起，变成一个“W”，就像月球上没有人那么明显。

1 仙后座的形状像字母“W”，也像女王的王冠。

星星决定论：这个想法不错。毫无疑问，在某种程度上是我们人类构建了那些图形，我们看到的，一部分是由我们的类似的联想决定的，而且这很有乐趣——但这些图形，仍然受到恒星和它们所在位置的限制。当然，我们既没有制造星星，也没有决定它们在哪里发光。我们甚至都无法确定围绕太阳运行的行星的数量[1]。

头脑决定论：不久前太阳系还有九大行星，而最近变成了八大行星，冥王星惨遭降级。有多少颗行星，在某种程度上取决于我们如何对天体分类。行星和恒星都是气体、化学物质、爆炸、旋转的分子和原子的某种组成形式。这些组成形式也在某种程度上取决于我们以某种标准对事物分类的事实。如果我们不这样分类，就不会有星星……

总的问题是：

我们是如何独立于宇宙之外的？

认为太阳系、夕阳、海洋、森林和树木——是由我们人类制造的，这当然很疯狂。当然，它们不是由我们以物理方式制造的——而且，我们有证据表明它们早在我们诞生之前就存在了。星星决定论自然是正确的。然而……

头脑决定论毫无意义吗？假如没有人类，世界上就不会有太阳系、银河系的划分。正是因为我们的兴趣和我们看待事物的方式，我们才使用"树""海洋"和"星星"这些概念。我们仅仅强调了某些区别，而忽略另一些区别。我们以不同标准看待和划分了事物。可以说，事物之间的联系是我们人为制造的。

1 讽刺天文学家从九大行星里"开除"了冥王星。

在我们雕刻之前，那些由木材雕刻成的棋子是存在的吗？哦，当然不，但那棵树确实存在。在人类赋予黄金价值之前，它是没有价值的，但黄金在人类之前就存在了。美国和欧盟成员国，在划定边界和签署合约之前存在吗？确实是我们制造了边界——土地早就在那里等着被划分了。也许头脑决定论只是在提醒我们：有些事实是由人类的活动、兴趣和习惯而产生的，但这不等于宇宙中一切事实都来自人类的习惯和塑造。

然而，这还不是头脑决定论的全部意义。当你谈论任何事实，会使用描述性的概念，但这些概念是因我们如何认识、塑造和看待世界而产生的。世界完整地来到了我们眼前——但接下来，世界会变成怎样呢？

看看你眼前的这本书。这是一个物体，还是多个物体？它是一本书，一个许多书页的集合，也是大量电子和其他亚原子粒子的集合。我们有不同的方式创造这本书，但是，是否有一种方式，能帮我们来辨别物体，例如，书、鸟和桦树？例如，我们是否应该把树“真的”看作仅仅是一些植物细胞的集合，或一个真正的整体？同样的问题，也出现在宇宙中。有没有正确理解宇宙存在的方法？或者说，在我们人类创造宇宙之前，它其实并未被划分？

头脑决定论怀疑，是否有一个看待事物的正确方法，或者更加接近现实的方法。毕竟，雷电在某些人看来是上帝的怒火，在另一些人看来仅仅是电荷的放电现象。当然，我们知道哪种说法是对的。

调皮的作家豪尔赫·路易·博尔赫斯曾描述过一种中国古人的动物分类法，把动物分为以下 14 种——属于皇上的、做过防腐的、经过训练的、小乳猪、美人鱼、神话般的、流浪狗、在这个分类里的、疯狂颤抖的、不计其数的、用精致驼毛笔画的、其他的、打碎了花瓶的、在远处看着像苍蝇的。即使没有掉进自我指涉的循环（回忆第 29 节的罗素集合），我们也该明白这种分类法缺少现实的背景。当我们在生活中认为桌子是固体的时候，物理学家们说它“实际上”主要是由空间和亚原子粒子组成的。也许，矛盾仅仅在于“固体”一词包含了不确定的含义，我们可以拿出现实证据，证明从某种角度看这张桌子是固体，而从另一种角度看，它不是固体。

有一种解决方法是假设。恒星如何排列，如何类似字母，还有诸神和古代神话，并不能带来有价值的假设。“放在大腿上的书，不等于拿在手上的书”，这种观念才能帮我们成功提出假设。我们会试着把“手”和“书页”看成统一体，但在我们翻书的过程中，这个统一体如此快速简单地由相对分离的两部分组成。当然，头脑决定论认为，即使在假设中可以看作规律和真理的东西，也不过是我们在世俗中塑造的概念和语言罢了——在第 52 节的可怕案例中，我们会进一步探讨这个话题。

*　*　*

第 52 节那种诡异的现象，其出发点本身就很扭曲。我们总是谈论“我们”，就好像我们人类与宇宙的其他部分不同一样。如果我真的与众不同，难道我不该从我自己身上开始讲这个故事吗？我能够以我制造别人的方式来划分宇宙吗？

当然，这样很疯狂，我可没有这样划分。我对世界和我自己的认识，是在一个已经存在的社会内部发展起来的，其他人使用语言，与我互动。思维和语言预设了一个我们所有人的共同世界，是我们可以独立感知的物体——大小适中、相对稳定的物体。只有进一步研究才能使我们假设出原子、电子振动或者更糟糕的东西。也只有进一步的思考，才能让我们怀疑，世界是否会以不同的方式被观察到。这并不代表，宇宙中的一切最终都会发生。请注意，这个问题——什么确实发生，或者没有发生——依旧很神秘。但值得铭记的是，为了构建量子力学、测不准定理和世界的本质，物理学家们默默地依靠稳定、客观、观测仪器、测试设备和咖啡来保持清醒，他们还会依靠对以往实验的记忆、今日新闻，还依靠一种确定性，即明天他们的办公室一定不会变成一本梵文的《孔雀明王经》。他们关于潜在现实的诡异理论，与他们的生活无关，只与就业、工资水平和可能获得的诺贝尔奖有关。

20 世纪富有影响力的美国哲学家尼尔森·古德曼（Nelson Goodman）说道："太可怕了。"我们在第 52 节会再见到他，他被许多难题所困扰，比如现实是如何被塑造后表现出来的，以及艺术领域中的悖论。所以，让我们借用一下古德曼的幽默段子，以一种更轻松的语调结束第四章。

古德曼说，某人因超速开车而被警察拦下来。"但是，您看，"司机说，"相对于前车，我没有超速行驶，反而是静止的。"警察踩了踩地面，强调说相对于路面的运动才是关键。"可是，"司机提高声调，坚持道，"你不知道地球正在自西向东旋转吗？我在向西行驶，所以我比那些停着的车要慢啊。""好吧，"警察依然思路清晰，说道，"你在高速上停车，给你一张罚单，而那些停着的车超速了，我也会给它们开罚单。"

第五章

知识：淹没在怀疑的汪洋大海

为什么我是雅典最聪明的人？因为我知道我一无所知。

——苏格拉底

我们知道很多事——从自己回家的路（通常知道），到行星的运动（如果手上有星图），再到牛奶的成本（内政部长除外）。我们很清楚巴黎是法国的首都，11是个常见数字，而这本书不会变成牡蛎。然而，我们怎么知道的呢？矛盾的是，我们难道不应该首先知道什么是知识吗？

我们正在走近**认识论**，这个概念源于希腊语的“知识”。认识论，关于知识的理论，它关注的是我们对世界的观念是如何通过证据和理性来证明的——我们不仅有观念，而且有知识。当然，很多知识都是别人告诉我们的，不管是陌生人、老师、家人，还是旅游指南、医生、爱人，甚至是街头小报和微博（有可能吗？）我们的信息和证词到底是否可靠，还是都来自错误的来源？因此，其实根本没有人在传播真正的知识？

哲学家提出了“怀疑论者”这个人物，他怀疑我们能否知道，或者有充分的理由相信任何事情。毕竟，你知道你这会儿不是在做梦吗？注意，在思考这一节的难题时，你没必要陷入强烈的怀疑。我们担心邪教、宗教和学校对个人的灌输。投资公司的口号是“过去不能指导未来”，但它们还是炫耀过去的业绩，引导顾客根据这些来投资。

有了以上的背景，我们接下来就会遇到一些复杂的难题：比如你在卧室就能做的科学研究，以及我们对现实的观念，如何能决定现实的本质。然而，我们首先要应对的是“什么是知识的构成”这个最基本的难题。我们的故事从最聪明的雅典人——伟大的苏格拉底开始，接着会提到英国现代剧作家哈罗德·平特（Harold Pinter）。

42

指羊为驴

某些人创作的雕像是如此栩栩如生，仿佛在跳舞，而不是静止不动。希腊神话中的代达罗斯（Daedalus）的雕刻作品就是这样，他就是这种杰出的工匠。据苏格拉底说，代达罗斯创作的那些雕像如果不拴好，就会像奴隶一样逃跑——这是关于一种社会利益的隐喻。

当我们运用知识时，请谨记以上观点。

你和伊莎贝拉走在乡间小路上，她望着田里，发现了一只动物，说道："啊，那儿有头驴在吃草。"你假装有风度，勉强回答："我不知道你还懂这些农活儿。"你不希望驴的话题破坏浪漫的氛围。

现在，关于"一头驴在吃草"这件事，伊莎贝拉必须有哪些知识呢？或者说，对于这件事，她此时的状态是否属于知识？确实，我们认为，伊莎贝拉是在真诚地说话，相信自己所说的话，而且说的确实是真话，田里确实有一头驴在吃草。换句话说，伊莎贝拉抱有真诚的观念。但是，真诚的观念就等于知识吗？我们能否在场景中添加一些特征，来证明真诚的观念并不等于知识？

知识和真诚的观念有何区别？为何知识比真诚的观念更重要？

伊莎贝拉盯着一只动物。事实上，这只动物不是驴，而是山羊。伊莎贝拉说的是“那儿有一头驴”，但她没发现在拐角还真有一头驴，她碰巧说对了——运气不错。她不知道那儿还有一头驴，她是在“指羊为驴”。

这或许表明，对伊莎贝拉知道田里有一头驴的事实，驴必须在她解释自己的说法时出来做证。虽然如果我们问她，她还是会指着羊来证明——这可不是什么好解释。她对所看到的生物的错误观念，能够解释她为何指羊为驴，但田里另一头真的驴和她认为那里有一头驴的想法，二者毫无关系，因为她没意识到那头驴的存在。

为了进一步解释，请思考以下故事，是关于剧作家哈罗德·平特的真实故事。

在岳父朗福勋爵的邀请下，平特要留在上议院里吃午饭。很多男爵和公爵都来和平特攀谈。平特是出身于哈克尼的青年，父亲是犹太裁缝，在伦敦东区长大，还是一位出色的剧作家。“你知道你喝的这杯波尔多是什么品种吗？”唐纳森勋爵问道。“1963年的达奥[1]。”平特回答，尽管他既没看见酒瓶，也没人事先告诉他。他们叫来了服务员，证实这种酒确实是 1963 年的达奥。对于平特的见多识广，男爵们十分欣赏——他不仅是个剧作家，还是个优秀的品酒师。

在这个故事中，平特注意到了波尔多酒。他没有把 1963 年的达奥说成其

1 一种混合型波尔多葡萄酒，产于葡萄牙北部。

他种类的波尔多。他尝过1963年的达奥，但是，就像他后来承认的，1963年的达奥是他所知的唯一一种波尔多。无论他喝的是哪一种波尔多，他都会回答“1963年的达奥”。平特真走运，伊莎贝拉也一样。

伊莎贝拉和平特的故事，表现了两种不同得知真相的方式，利用这种方式，我们可能凭借运气得知真相，而不需要具备任何知识。

也许知识比真诚的观点更重要，因为观点需要与支持观点的证据恰当联系起来。观点要受一定条件的制约才能成立，就像本章开头苏格拉底的那句自述。这种限制，可能来自能够合理解释自身观点的人，也可能来自将观点和证据联系起来的外部因素。

现在，让我们把伊莎贝拉放在另一个情境下。她最初看到的确实是一头驴（不是山羊），就像她接下来所说的：“那儿有一头驴。”因此这个情境告诉我们，伊莎贝拉是如何产生了视觉感受，让她相信那儿有一头驴的。她真诚的观念和使她秉持观念的证据之间存在适当的因果联系。毫无疑问，伊莎贝拉可以证明她的观念是正确的，她可以指着那头驴，真诚地说：“我看见了一头驴。”

在这种情况下，我们的伊莎贝拉知道此刻她面前有一头驴吗？好吧，确实有，她认为有一头。而那头驴在想：她为什么这样认为？我们可以让伊莎贝拉再仔细看清楚一点儿。她看见了山羊，十分真诚地说：“啊，又有一头驴。”假如她走过去，拐个弯，大叫道：“这儿还有一头驴。”但她看到的是一只绵羊。她在第一个故事中看见驴而且说对了，那完全凭运气，因为她根本分不清驴、山羊和绵羊，这真令人惊讶。

有趣的是，即使伊莎贝拉没有往前走，也没有对山羊和绵羊作出错误判断，她还是缺少关于驴的知识。这种说法是基于一个事实：假如她被问到其他的动物是什么——山羊和绵羊——她还是会宣布那些都是驴。她无法分辨这些动物，就像平特无法辨别波尔多酒，她很容易就会犯这种错误。

在这两个故事里，伊莎贝拉和平特都缺乏相关事物的知识，他们的观点是不可靠的。如果你想找人鉴别葡萄酒的年份，平特不是可靠的人选。伊莎贝拉也不可靠，假如你跟她订购一头驴，可能会收到一只山羊或绵羊。

对于与知识相关的事物，知识要求相信的人是可靠的，他们觉得正确的事情，应该尽可能可靠，虽然有时候无法做到绝对正确。正是这种“可靠的正确”，令知识变得无比珍贵。如果要求知识绝对正确，它很快就会沦为幻想。此时此地，我对我的朋友佩勒姆的了解，一般不要求我能分辨真的佩勒姆和假的佩勒姆（假设真有这么个人），也不要求我能分辨佩勒姆和他的双胞胎兄弟，即便这个兄弟刚漂洋过海来看他。

在判断某人是否可靠，是否具有知识时，我们要排除哪些可能，取决于具体的情境和我们所要获得的信息。假如佩勒姆确实没有双胞胎兄弟，我就不需要区分他们了。但是，假如我们害怕自己的双胞胎兄弟来看我们——比如他是个绑匪——那就不一样了，我们必须知道善良的佩勒姆和他邪恶的兄弟是否还在附近。这时候，一个可靠的线人，必须能区分这对双胞胎，而在我们相信他之前，应该先了解这位线人的邪恶双胞胎兄弟在不在附近。

一个好的向导知道怎么找到对的路，一个鉴赏家应该知道如何辨别 1963 年和 1973 年的波尔多。至于伊莎贝拉，假如她对动物有所了解，至少应该分清楚山羊和绵羊，或者山羊和驴。

43

别告诉他，派克

在 BBC 英剧《老爸上战场》中，一支民兵排在“二战”中协助政府军保卫英国。排长梅因沃林（Mainwaring）原本是个脾气傲慢的银行经理，而派克（Pike）是个傻乎乎的新兵蛋子。没想到，有一次志愿排俘虏了几名德军。派克对俘虏一番羞辱，懂英语的德军士官问了派克的名字，说等第三帝国胜利时再找他算账。就在此时，梅因沃林当着敌人的面大喊道：“别告诉他，派克！”

这场戏是英剧中最受欢迎的喜剧桥段之一。笑点是，梅因沃林努力确保敌人不知道派克的名字——却直接告诉了他们。虽然梅因沃林没有指出那个新兵的名字叫“派克”，但他喊了派克的名字来提醒对方保持安静，因此暴露了秘密。他的行为“违背”了他本来的“意图”。他的行为给敌人提供了信息，而他的目的是让敌人得不到信息。他的指令导致了传达信息的谬误。

现在，我们来看一些表面上毫无关系的例子。请思考关于我的好朋友佐伊（Zoe）的陈述：“里加是拉脱维亚的首都，但佐伊不这么认为。”关于里加的前半句是真实的，并且它和后半句关于佐伊对此的观点有关（我们假设这确实是她的观点）。现在，让佐伊试着告诉我们同样的事实："里加是拉脱维亚的首都，但我不这么认为。"似乎我们关于里加的看法，以及佐伊对此的看法都是相同的：她在想什么？或者，她在相信什么？从我嘴里说出的话是合理的，而从佐伊嘴里说出的话则是谬误。请试着把自己代入这种情境，真诚地声明一件事，同时也真诚地声明你不认同或不相信这件事。

凡事都有例外。我们平时不会遇到这么多谬误，可以这样说：你有时会用两种不同的身份在说话。当作为列车员的时候，你会在广播里说："列车会准点到达。"作为自己你又在小声嘀咕："我不信。""我不信"还可以用来表达惊讶，比如："我中彩票了，我不信！"

我陈述的一些事实，怎么就变成了谬误呢？

再回到20世纪40年代的剑桥，G. E. 摩尔提出了**观念悖论**。维特根斯坦也强调过它的重要性，他说，这则悖论显示了我和我所说的话之间的关系，与别人和这些话的关系截然不同。关于佐伊的心理活动，我们可以换些简单的表达，比如"佐伊是这么想的""她不相信"，但是当佐伊说话时，是以第一人称现在时表达的，比如，当她说"我认为维特根斯坦放弃了他的遗产"的时候，就不是在描述她的心理状态，而是带着犹豫表达一件关于维特根斯坦的事。

请想象这种情况：外面正在下雨，而你在犹豫该不该等公交车。公交站有个女人正跟你讨论这个问题，她说："我确定还有几分钟车就来了。"过了一会儿车还是没来，你质疑她说错了，误导了你，虽然可能不是故意的。假如她回答："我只是想告诉你我的心理状态——确定、一定以及肯定的状态——而不是要告诉你公交车一定会来。”那么情况好像并没有好多少。

带着不同程度的确信或犹豫，使用“我认为”“我相信”“我确定”，以及“我不认为”“我不相信”“我不确定”这类措辞，是一种描述某种现实事物的典型方法。佐伊关于“里加”和“她不认为”的声明更像是在说：“里加是拉脱维亚的首都，但是（带着犹豫）里加不是拉脱维亚的首都。”后半句话是她在反驳（带着犹豫）前半句话。梅因沃林排长对派克的指示产生了一种错误观念，佐伊的说法也是。

* * *

摩尔所发现和维特根斯坦所强调的这一特征，在关于心理状态的第一人称现在时的表达中十分常见，但在过去时和未来时表达中不太常见。“里加是拉脱维亚的首都，但我过去不认为是这样”这句话就不是谬误。观念具有一种特征：如果你相信某事是这样，你就会相信某事是这样是真实的。因此，在第一人称现在时中，并没有“错误地认为”的用法。也许我错误地认为里加是匈牙利首都，但我不能说：“我错误地认为里加是匈牙利首都。”虽然其他聪明人可以替我说出来。还有一个类似的古怪表达是“我很谦虚”（见第55节）。

这种第一人称现在时的特性，在维特根斯坦之后也被许多哲学家探讨过，尤其是 J. L. 奥斯汀。“我把这艘船命名为‘海上拔示巴’”，这句话是为了表达命名这个动作，而不仅仅是为了描述我在做什么。这种施动句的例子还包括：“我打赌”，“我承诺”，“我命令”等。

想想这句话：“我声明，里加是匈牙利的首都。”你告诉我我错了：里加不是匈牙利的首都。我反驳了你对我的指控。“我只是宣称里加是匈牙利的首都，而不是说里加真的就是匈牙利的首都。”请问我这样反驳合理吗？

带有“我声明”之类措辞的声明，是不是一种我们表达事实的常见方式？如果回答“是”，那么保险起见，我这本书里所有的话前面都应该加上“我声明”这种前提——或者我们不必这样做，因为加上这些声明，可能会告诉读者我的话值得怀疑。毕竟，总说“相信我”的政客，大概只会被公众所怀疑（见第82节）。这里还有一个例子：

格劳乔·马克斯自豪地宣布：“这就是我的原则。”这给观众们留下了深刻印象——真是个有原则的男人——但他立刻又补充道：“要是你们不喜欢，那我换些原则好了。”

44

安慰剂：一种不靠谱的提议

有些人语带嘲讽地对你说，有些提议是你无法拒绝的——想想电影《教父》吧。也许这些聪明人提出的貌似友好的提议，不过是些刻薄、险恶的威胁和诡计——压根儿不是什么好建议。当持枪歹徒让你打开保险柜，如果为了拖延时间，你正仔细考虑这个要求，你一定知道自己遇到了生命危险。但是，当火车站警察请你配合调查——“先生，有几个问题要问您”时，拒绝他们友好的提议就很愚蠢了，而且毫无意义。

然而，确实也有一些你难以接受的提议——或者准确地说，在逻辑上无法接受。假设你身体不舒服、感到虚弱或四肢无力，于是你就去看医生。意外的是，医生为你提供了几种不同的治疗方案：

> 你想让身体好起来，这没问题。我这里有两种治疗方案。第一种，你可以一周每天吃四次药。的确，药非常难喝，而且可能会让你头痛，但喝了肯定会好起来。第二种，只要你愿意这样相信，身

体就会好起来。你只需保持自己会好起来的观念，这种观念和药物一样管用。这样你就不用喝那些恶心的药了。这不是我在胡说八道，有大量证据表明，观念有助于康复。毕竟，观念在大脑状态中是有存在依据的，因为大脑的状态，也会影响身体的其他机能。

医生微笑着补充道，“第二种观念方案，肯定是对你正确、必要的选择”。你最后还是同意了——很显然，你宁愿选择她推荐的观念疗法，这样不用喝药。然而，你能这么轻易相信吗？这难道不是一种难以接受的方案吗？答案是，它确实是的——就像下一节我要讨论的那样。

那么，我稍微修改这个医疗小故事。你选择了喝药，并相信它会让你好转。你不知道的是，这些药其实不含任何有效成分，并且医生心知肚明。或许药瓶里只是一些加入了难闻添加剂和色素的普通自来水——它就是一种**安慰剂**。安慰剂有助于病情好转的唯一合理解释是，病人错误地相信它的成分具有神秘的疗效，相信自己一定会康复。正是这种观念促进了身体康复。现在，医生也许会真诚地小声告诉你她所知的真相：

这药确实能让病人好转，只要他相信这能让他好转。

如果你无意间听到这些话，相信医生说的是真的，那么你就会相信：

喝药一定会让我好转，只要我相信这一点。

然而，在上述给定的条件下，你无法相信这一点——至少你的理性会阻止你这样做。自相矛盾的是，医生可以相信，但你不能相信——这是一种相信自己的悖论。

了解关于你观念的真相，为什么会破坏这种真相呢？

你相信药物会让病情好转，是因为它们的疗效。一旦你得知药物没有这种疗效，你就不再相信它能起作用，也就不会相信自己会好转。如果缺少了这种观念，你的病情显然不会因为这种观念而不再好转。

这里之所以会引发**“安慰剂悖论”**，是因为随着你的发现，你曾视为真实的东西无法存在，无法保证它的真实性。只要你没发现药物是一种安慰剂，你相信你会好转的观念就是真实的。一旦发现了，只要你能坚持相信你会好转，随着你的好转，一切都会好起来，那么你的观念就肯定是真实的。然而，这种发现会破坏你的观念。你相信你会好转，仅仅基于对药物的观念。这样的基础，这样的理由，如今消失了，你的观念也会随之消散。

相反，医生相信你会好转，是基于患者相信自己能好转，例如通过服用不被视为安慰剂的安慰剂。现在，一个乐观的病人没有服用安慰剂，他也许会相信在任何情况下他都会康复；但他相信自己会康复，而他康复的原因却不能在逻辑上成为他相信自己会康复的原因。你相信某些事情，不能成为你相信它们的原因本身。事情的原因，必须与它所引起的事情区分开来。

事实上，即使在病人知道安慰剂是医生开出的，而且知道“安慰剂”是什么意思的情况下，安慰剂处方仍然有效，但同时安慰剂也会产生副作用。然而，难题在于，对于生病的你而言，你相信自己康复仅仅是因为药物的疗效——它是唯一的原因。

安慰剂悖论有种自相矛盾的感觉——如果你知道你为什么会好转，考虑到所给定的条件，那么你就不会好转。也就是说，你这种“知道”破坏了你所了解的事实。这则悖论不适用于一些简单自相矛盾的例子，比如，你大喊道“没有人在大喊”，这就是一种自相矛盾。我所要表达的，也许更像一个女生被老师告知她非常聪明，一定会通过考试，这些话导致她的自负或过度紧张，反而没能通过考试。

每一种观念都有它存在的理由，要找到这个理由，我们必须在某种程度上独立于观念之外。教徒们谈论信仰时有时会依据经典，“我凭什么要相信经文呢？”“因为那是上帝的话语。”“我凭什么要相信上帝的话语呢？”“因为经文就是这么说的。”支撑信仰的原因必须独立于信仰之外，并且信仰无法自己证明自己。很多问题都需要独立看待，比如，如果医生告诉你你的心脏状况良好，你就会合理认为你不会过早去世——实际上，所有的早逝都至少有一部分原因是由非心脏问题导致的。了解了这一点，我们也许就能在 W. C. 菲尔茨（William Claude Fields）[1] 的妙语里找到这种语义模糊的智慧，就像这句：“别担心你的心脏，只要你活着，它就会一直跳动。”

1 原名威廉·克劳德·达金菲尔德，20 世纪初美国著名喜剧演员、作家，以幽默的语言著称。

45 你相信的都是对的吗

这里有一个小测试：

> 请试着相信以下事实：英国首都是北京，2+2=5，纯粹为取乐而虐待孩子是正确的，钷的原子序号是61。

为了解决本节的难题，假设你先否认前三种观点，另外——除非你已经背过了元素周期表，或相信本书是专业化学书——我还希望你一并否认第四种观点。重点在于，我们无法单纯地产生某一种信仰，也无法轻易相信任何事。信仰是由世界共同产生的，要经过多年的教育积累。让我们一起思考，以下有三所学校的教学方针，为了吸引关注，都采用了比较极端的表达：

> 一所宗教学校，教导说《圣经》包含以下真理：创世论，我们

如何生活，上帝可以评判我们的行为，赐予人类永恒的生命。如果学生质疑这些东西，老师就会给他们看历史证据，证明《圣经》和教会的权威性，还有信仰的价值。

一所科学学校，教授进化论，主张科学事实不能依靠经文。如果学生有疑问，老师就会给他们看一些化石和基因的证据，有一些来自达尔文，还提到了其他伟大的科学家。这里的权威是科学研究报告。

一所纳粹学校，从某个学期开始强迫犹太学生和德国学生分开坐。如果学生有疑问，老师会告诉他们德国人流淌着更高贵的血液。学生被灌输德意志的昔日荣光和扩张史，还有占领波兰和俄国的奇迹。这里的知识权威是希特勒。

多数人认为，纳粹学校是在“灌输”教育。一些人认为，宗教学校在进行一定程度的灌输教育，这些学校与科学学校形成对比，另一些人认为，宗教学校并不比科学学校更具灌输性。以上三所学校都采用了官方批准的教科书，教师也都有一定主张，偶尔还会宣传某些意识形态。学生们一般都会接受学校教授的知识，就像纳粹德国时期的许多人那样。

作为成年人，我们难免遇到观念被操纵——被各种权威意见所“误导”。女士们相信广告，说一种神奇的面霜能永葆青春，于是花大钱购买，奸商们高兴得手舞足蹈。如果政客因为新闻报道和光鲜的宣传片获得更高的声望，他们就会大肆宣扬自己的演讲技巧（主要是对他们自己）。

除了以上这些产生信仰的方式——可能类似于教化——还有一些公然洗脑、灌输，它们都会给某些受害者留下心理创伤。受害者会发现，无论他们被灌输的是什么，只能接受或相信。那么，我该如何理解这个世界呢？

如何区分教育和教化?

教育和教化的区别并不在于内容，我们也会被真理教化，教育偶尔也会教一些错误的观念。它们的区别也不在于实施者的动机，因为无论是教育者还是教化者，最初都是希望把美好的东西带给受众，比如可以触碰道德的真相、蓬勃的生命，甚至来世的生活。

有些人认为，某些“适当的”教化同样带有强迫性。受众的心理状态，会被某些外部因素、药物或虐待所影响，在教化性较弱的学校里，这些外部因素也许来自老师的个人魅力、有限制的阅读，或者反复念诵的祷文。

有人认为教化的特殊性基于观念是被引起的，这也很值得怀疑。某种程度上讲，多数信仰都是通过经验强行赋予我们的。你转过头，看见一列火车正在逼近。因此你相信火车真的来了，想尽快躲开。这种观念是由你看到的事实引起的。某些人甚至可能会强迫让你转头，警告你有危险，甚至公开胁迫你。虽然这样，有些产生真正观念的也可能是正面的东西——原因也有可能正好相反。请想象以下情况。

我告诉朋友们：“威廉王子放弃了查尔斯王储之后的王位继承权，住在一个帐篷里。”朋友们起初疑惑不解，然后他们明白了。“哈，你们上当了，这是愚人节的新闻。提醒一下，你们都喝醉了。”等大家了解到新闻的来源以后，我还坚持那样说就很不理智了。

是否应该坚持我的观念，取决于支撑观念的证据，包括对它们如何产生的考量，现在，我们可以把这些跟“如何区分教育和教化”的问题联系起来了。

心理状态——它们是如何“从内心”感知的，这也叫“现象学”——可能是相同的，无论来自教化，还是来自经文、科学杂志的公开强迫，或者来自直接的体验。另外，被教化的人和一般教徒，可能“从表面上”看是一样的，也就是说，他们表面上的行为是相同的。但更大的区别在于他们潜在的行为，即他们遇到与他们的信仰相悖的证据时如何回应。

教化为信仰者系上了安全带，以免他们受到反证的撞击，而教育对证据持开放态度。无论教化来自政治、商业还是宗教——无论是对国家的宣传、西方对自由企业体制的信仰，还是每个孩子都该有游戏机的口号，或者是宣扬某些不人道的教义——其结果都是阻碍了质疑、批评和深究。

被教化者只能选择顺从，不去质疑自己的信仰——任何质疑行为都会被歪曲、反驳或者直接无视。其实，在某些领域、在某些程度上，我们很可能会重视这种立场，比如谈恋爱——看看爱情会变得多盲目或多美好吧。但是，为了让信仰放诸四海而皆准，我们必须回应，回应那些证据和变化。而大多数的教化，恰恰旨在逃避回应，但教育却乐于回应。这就是为什么比起教化，教育更加值得信任。

* * *

教化有程度上的区别。教徒通常会接受一定程度的质疑，但仅限于特定的范围。例如，在某些特定的话题上，教皇的话会被当作绝对真理。某些报纸也会给反对者留出空间，但还是会让报道带有一定的政治倾向。

当教化走向了极端，我们也许会困惑，被教化而来的“信仰”，到底还算不算真正的信仰。即便一件事有可能是假的，你也可能会选择相信它——信仰的目的是寻求真理，我们不该止步于“选择相信”某件事，虽然我们偶尔也会假装自己相信。请试着相信星星的数量是偶数或者奇数，如果你是无神论者，请你立刻相信上帝——信仰是不可能突然产生或者消失的东西。

由于信仰的目标是寻求真理，信仰要成为信仰，必须能够负责，敏于回应证据。但是，就算能接受证据，或接受质疑，也不代表所有的信仰同样值得尊重。

当然了，不是所有信仰都同样值得尊重。某些信仰是错误的，某些信仰在道德上无法接受。但是，就像穆勒的自由主义观点——与其让它们沉默，不如把它们公开。这些观点甚至有可能激励我们寻找真相、查明真相——然而悲哀的是，这依然缺乏可靠的保障。

46

矮胖子和火鸡小姐

火鸡小姐：这个世界不美好吗？每天早上，我的朋友农夫麦当劳会提供送餐服务，他让我一整天大吃特吃，吃饱后再睡个好觉——第二天公鸡一打鸣，我就起来准备享受美餐。

矮胖子[1]**：**没错，但我得告诉你，火鸡小姐，一个农夫过去的行为不能指导他未来的行为。

火鸡小姐：那你是怎么知道的？

矮胖子：这些年，我认识了你的很多姐妹。最初她们都过得挺滋润，但是……作为朋友，我这么说吧，假如我是你，一旦冬天的雪花纷纷落下，雪橇的铃铛叮当响起，圣诞树顶的彩灯开始闪烁光芒时，我就会赶紧逃离农场。

火鸡小姐（狼吞虎咽地）：谢谢，矮胖子，我懂了。可是你的友善建议还

1 矮胖子（Humpty Dumpty）出自英国民间故事集《鹅妈妈童谣》，“矮胖子，坐墙头，栽了一个大跟斗。国王呀，齐兵马，破镜难圆没办法。”刘易斯·卡罗尔的文学作品《爱丽丝镜中奇遇记》借用了这个人物。

是依靠你过去经验的指导，而你刚才说过去无法指导未来。

矮胖子：你弄错我真正要表达的意思了，就像我告诉那个笨女孩爱丽丝（Alice）的一样——她曾透过镜子看到我，你知道的——当我使用一个词时，是我让它表达了我想表达的意思[1]。

火鸡小姐：这样不是很令人困惑吗？

矮胖子：也许是，也许不是，取决于你是否用过去的含义来指导你对未来的含义的理解。

火鸡小姐：但是，但是……

* * *

让我们先不管这些词的含义有没有价值（见第52节），以下是本节的基本问题：

1 《爱丽丝镜中奇遇记》里的矮胖子为说服别人，经常会生造词，或故意对词语张冠李戴。

过去可以有效地指导未来吗？

这个难题与18世纪哲学家大卫·休谟密切相关。休谟是苏格兰人，但英国哲学家常自恋地把他算作“英国人”。但这帮人一提到英国人约翰·洛克，却管他叫“英格兰人”。

仅仅因为各种事情有规律地发生，不代表它们会稳定地持续，直到未来。一个著名的、肤浅的案例是：几百年前，欧洲人发现天鹅通常是白色的。他们由此得出结论：所有天鹅都是白色的。但是，如果他们移民去澳大利亚，可能会看见黑天鹅。“看见的天鹅都是白色的”不等于“所有天鹅都是白色的”。我已经沉浸多年的事实，不代表永远都是事实。

这个难题不仅关系到该用什么来证明我们用过去的事实指导未来是合理的，也关系到应该用什么证明我们以观察到的事实指导未被观察到的事实是合理的。在本质上，这个难题取决于“一些”和“所有”“这些”和“那些”之间的差别。这是一个**归纳**问题。无论现实中遇到过多少种经验组合，我们是否有理由期待更多类似的组合？如果有理由，理由是什么？这又是一个关于“认识”的问题，即知识和信仰的问题。另外还有一个潜在的形而上学问题——“世界上到底有什么”——如果这里、过去，存在某些特定的规律，这些规律还能在那里、未来无限重复吗？

有时人们——甚至是哲学家——也会骗人。“那只黑色大鸟只是看着像天鹅。它的羽毛不是白色的，所以它不是真的天鹅。”在这里，我们把“长着白色的羽毛”看作成为一只天鹅的必要条件。但如果天鹅的定义里包含白色，那么前面关于是否所有天鹅都是白色的的研究就毫无意义了。我们前面遇到过这种情况，比如某些人坚称人都是自私的（见第2节）。

一些偶然的联系——比如白色和天鹅的联系——也许不能适用于未来

和其他地方，但本质上可能具有必然性。请思考，所有玻璃都是易碎的，在通常情况下，玻璃在被砖砸了以后会碎。我们可能坚持认为：假如一块透明的玻璃没有碎，那么它就不是玻璃了。好，让我们暂且接受这一点，但我们仅仅是把这种困惑放在了别处。我们想知道的是，能不能确定下一块看到的玻璃会不会碎掉。现在，假如——仅仅是假如——它确实是玻璃，我们知道它会碎掉，这又有了一个困惑：在我们看见它碎掉之前，我们如何确定这种透明的物体就是玻璃呢？再一次，我们必须对未来发生的事产生新的认识。

*　　*　　*

火鸡小姐：我明白，我们不该由过去的某种方式推断未来会继续这样的方式。这有很大的区别。也许，我们应该仅仅依靠经验，而这些经验往往是以同样的方式继续起作用的。这种推理——**归纳推理**——在过去通常都是成功的。所以，期待它继续成功也是合理的。

矮胖子：这是一种循环，亲爱的火鸡小姐，那么，在过去的成功该如何证明未来的成功？

火鸡小姐：嗯，我认为我们接受它们会成功就行了。你能继续在墙头上保持平衡，矮胖子，就像你知道的，过去的你能做到。

矮胖子（有些紧张）：好吧，我有点儿……但是，没错，那个伟大的家伙——休谟——能证明你的观点。关键在于一种惯性，我们只产生了一些期待，而我们的进化伴随着这样的期待，也许这正是它们可靠性的标志。

火鸡小姐：然而，这种成功只是到现在为止的成功，它在未来可能不会成功。人类从过去到现在不断发展，可谁知道未来会怎么样呢？想想现在的全球升温现象，过去谁能预料到这些呢？再想想，过去的人能想到新的冰川期和人口爆炸吗?

矮胖子: 我同意，火鸡小姐。但是，不依赖于过去，我们怎样得知对未来的判断呢？比如对立在墙头上的鸡蛋——还有墙头上的我——的平衡的判断。还有对未开瓶的黑皮诺酒的味道和待切的美味烤火鸡的判断……哦！抱歉，火鸡小姐。

火鸡小姐: 你真是容易犯错，矮胖子。但是，我们是否感到困惑呢？仅仅因为过去的规律性无法保证未来的相似规律性，所以它们就无法提供相似的可能性？这合理吗？提醒一下，有很多投资广告说“过去无法指导未来”，却炫耀它们过去赚了多少钱。某些人会说，过去不一定是一种指导。

矮胖子: 是的，即使过去不一定是指导——但它仍然可能会变成指导。毕竟，人类不必热衷于烤土豆或烤火鸡，然而他们……抱歉，我又说错话了。

火鸡小姐: 天啊，你都快成惯性了，矮胖子。鉴于你过去的表现，我很鸡待（eggspect）你的表现。也许我们只需要接受，在这个世界上，过去的规律确实可以有效地指导未来。

矮胖子: 我们甚至可以摆弄“过去一定能有效指导未来”这个绝妙的想法了。假如过去的事情是不规律的——极度无序的——那么它就预示了未来极不规律，尽管我们不能百分之百确定。

火鸡小姐: 等会儿，我再想想……

矮胖子: 我们别再纠结这一点了，火鸡小姐。无论我们如何看待“过去无法有效指导未来”，我都知道，我就是知道：当冬天的雪花纷纷落下，你应该带着恐慌倾听农夫的每一次脚步。而且你这样的恐慌是对的——鉴于过去发生过的那些事。

火鸡小姐: 同样，鉴于过去的表现，我有理由信任你在墙头上的平衡性，矮胖子。仔细想想，我明白，你是想要对“过去能够有效指导未来”表达一种敬意。在语言学上，我们如果否认这一点，那我们甚至不能谈论、思考这些事，甚至，结果必然如此，再说——

（“啪”的一声，矮胖子从墙头上栽了下来。）

47

你怎么知道你不是在做梦

你知道自己发生了什么，你辛苦了一天，正在回家的路上。归途一如既往的缓慢，一如既往的无聊，你在雨中等着列车，车还没来。你手里玩着咪表用的硬币（你知道的）[1]，雨还是那么大。最后你终于回到家——能休息了，太幸福了，小酌一杯放松一下。“生活好像没那么糟糕。”你躺在沙发上，开始神游太虚……你在空中漫步，头顶碧蓝的天空，开始与爱人缠绵。然后，不知为何又开始奔跑，身后有一头猛虎。你纵身跳进大海，降落在办公室里开始发表讲话，在一片热烈的掌声中，你告诉老板公司是多么没前途，快把大家都开了吧。你的彩票中了大奖，这大大提升了你的自信心，让你有了很大的动力。那时候，一切是那样地真实。当然……

一切都是梦。

你回到了现实，酒杯打翻了，在衬衫上留下了污渍，脖子酸疼（一定要

1　作者调侃伦敦雨天堵车严重，下班只能坐列车。

换掉这张糟糕的沙发），这里需要收拾一下。第二天早上，你的新沙发还没送来。

此刻，你读着这些文字。又是冷飕飕的一天，你又要去等列车（我希望不是开车）。或者，你正要度假，在候机大厅里休息，航班延误了，座位订错了，但是对于身边女孩投来的笑容，你还是报以微笑。也许此刻，你喝着难喝的咖啡，正在努力思考，想知道这一切到底是怎么回事。无论发生了什么，无论在哪里，无论是谁，你确切地知道你是清醒的。这不是一场梦。

是的，你当然能分辨你什么时候是清醒的。你很清楚，在梦里你无法意识到自己在做梦。但也可以了，你从所有事物的外观和对所有事物的感觉得知，此时此刻你充满警觉，而且清醒、非常清醒。你身边的东西——书、书页、咖啡、你的脑袋——不再只是虚构的梦境般的生活。你没有发生艳遇，也没有在大街上裸奔。然而，即使发生了这些事情，你也肯定能马上知道它们是真实的。

所以，你在这里，读着这些文字，在这个一切都太过井然有序、平凡乏味的世界，努力让这一切不是一场梦。那么，下一刻呢，还是梦吗？

闹钟响了，猫舔着你的脸。你睡过头了——意识到自己做了梦，梦到在读一本书里关于做梦的部分。

你怎么知道你没有在做梦，现在不是在做梦呢？

最著名的**梦境悖论**，是 17 世纪法国哲学家笛卡尔（Descartes）提出的，他被称为“现代哲学之父”，由于“我思，故我在”的哲学命题而闻名。之所以回答这个问题，是因为他本人已经满意地证明了“上帝的存在”。但多数情况下我们很难相信上帝的存在，除非是在做梦。先不说上帝了。我们常常会十分肯定——也的确知道——我们不是在做梦，但是我们能这样肯定吗？是什么支持了我们的这种观念？据你所知——据我所知——我们此刻很有可能是在做梦。

让我们思考一下，是什么让我们确信我们是清醒的，不是在做梦？我们会回答，是由于我们的经验具有有序性，与我们的记忆相一致，也是由于和周围事物的稳定性：在这个由家族、家庭和朋友组成的有序世界。我们同样知道，真实的生活经验多么生动——墙多么硬，我们被雨淋得多么湿，头疼多么痛苦。然而，为了证明我们是清醒的而不是在做梦，我们想象出的任何特征，都会面临两种质疑。第一，我们想象出的特征是清醒状态下独有的吗？第二，就算是独有的，我们难道不可能是在“梦见”当前的经历下拥有这些特征的吗？

假设你认为真实经历的绝对有序性帮助你分辨你不是在做梦。真的吗？你不能获得有规律的梦境体验吗？如果是这样的话，也许这就是个例子，你做的是一个非常有序、平凡的梦。但是，让我们假设经历的有序性是清醒的独有标志。这就引发了一个问题：我们是如何知道我们不是在做一个其中事物都有序的梦呢？无论我们说自己的经历必须具有何种特征（暂且称为“F”)，以使它们避免成为梦中的经历，我们怎么能确定这些经历都具有 F ？我们如何得知我们不是做梦，而且它们具有 F ？

* * *

我们知道，仅仅是我们在做梦这件事的可能性，就足以令许多人对我们所宣称的自己所知的事情持怀疑态度。笛卡尔和其他学者试图更进一步假设我们可能会被误导，不仅是因为做梦，还可能因为有个魔鬼想欺骗我们，或者有疯狂的科学家给我们做了大脑改造手术，比如用电极来为我们植入经历

（见第 59 节）。电影人把这种想法在虚拟现实的故事中进一步延伸了，比如令人费解的电影《黑客帝国》。

做梦的可能性，推动了哲学上的**怀疑论**的发展，那些怀疑论者怀疑别人知不知道他们认为自己知道的东西。这里有个简单的怀疑论推理：

前提 1：如果我知道我正在读书，那么我就会知道我不是梦到我在读书。

前提 2：我不知道我不是梦到我在读书。

结论：所以，我不知道我正在读书。

它的结论确实是由前提得出的，这就是一种**拒取式推理**（modus tollens）[1]，我们每天都会用到。"如果她快要迟到了，她会打电话。她没有打电话。所以她不会迟到。"如果我们接受了这些前提，我们就必须接受结论。另一种有效的基本逻辑推理是**取拒式推理**，比如第 28 节瞪羚、树懒和鸡的赛跑中提到的。

结论是通过前提得出的，如果你拒绝接受结论——那就等于在说，如果你接受你知道你正在读这本书——你同意至少有一个前提是错误的。前提 2 不允许反驳，难道我们没表示清楚我们无法知道我们不是在做梦吗？也许，前提 1 是错的？有没有这种可能，我们不需要知道我们不是在做梦？这到底是怎么回事？如果你无法排除你可能只是梦到你在读书这件事，你怎么会知道你确实在读书，而不仅仅是梦到你在读书呢？

即使你觉得可以确定自己是否在做梦，在某些情况下，你也知道你不是

1　又称为"肯定后件式推理"。

在做梦——也就是说，即使你反驳了前提 2——怀疑论的推理也可以被修正，比如用强大的恶魔或疯狂的科学家（见前文）欺骗你的可能性，取代你在做梦的可能性。如果我知道自己在读书，那么我难道不知道我既不是在做梦，也不是被骗，认为自己在读书，而其实没读？或者，更有可能是强大的恶魔或疯狂的科学家正在刺激我的大脑，误导我产生了这种经历？

还有另外一种可能性：世界上有个十分厉害的欺骗者——笛卡尔提到过的一种邪恶天才——他太会骗人了。我们假设欺骗者的骗术相当高明，当我们所有人被欺骗时，永远也不会意识到自己被骗了——我们一如往常地工作、读书、谈恋爱、度假、结婚、在派对上喝多、唱歌跑调……如果欺骗者这么厉害，那么欺骗接下来会变成什么呢？会化为一股青烟，或者稍好点儿，彻底分解，最后还我们一个真实的世界吗？——欺骗者在这种世界级的欺骗行为中得到了什么？虽然从根本上说，我们无法察觉的欺骗，也能不算是欺骗了。与这种欺骗性的可能性正好相反，梦境确实常常会欺骗我们，但我们终究会发现自己被骗了。毕竟我们还是清醒了，而且，我们也确实知道自己是清醒的。

事实上，你现在就是清醒的。你知道你在读这本书，而且十分清楚在接下来的几秒钟里，你不会被闹钟吵醒……

呼……呼噜……呼……呼噜……

48

永远不会被执行绞刑的洛

有逻辑头脑的女孩洛（简称逻辑洛）知道，到蛮荒的美国西部来度假简直是大错特错，当地的牛仔和保安官本身就是法律，游客也只能服从。洛呆坐在这里，她被判了绞刑——一种被奇怪的绳结吊死的刑罚。只因她拒绝了保安官的求爱，还骂他性别歧视，甚至踩着他的帽子跳了一支踢踏舞。保安官简直恨死她了。

今天是周日。保安官刚刚宣布：洛将在下周的某天中午被执行绞刑——周一、周二、周三、周四或周五中的任意一天，周六是休息日，也没人会出来闲逛[1]。绞刑将会是出乎预料：在绞刑执行的当天早上，洛将没有充分理由相信绞刑会在当天执行。比方说，她会在周二中午被施以绞刑。如果是这样，在周二早上（以及这之前）她没有充分理由相信绞刑会在当天执行。洛知道——她就是知道——保安官说的是实话。

1 周日是西历一周的第一天，周六是一周的最后一天。

生存的希望似乎十分渺茫。洛还很年轻，无法接受要被绞死的事实。她刚住进牢房里时心烦意乱，但接着就开始推理和反思。毕竟，她可是逻辑洛。

> 如果我能熬到周五早上，还没有被吊起来，也没被施以绞刑，脖子完好如初，那么绞刑就会在当天中午执行，因为其他日子被排除了。于是，为了让绞刑出乎预料，周五就不能再执行了，周五就被排除了。（注意，这里还有其他日子可以选。）稍等，既然周五已经被排除，无法执行，那么如果我坚持到周四早上还没被绞死，我就能知道绞刑只能在周四中午执行。这是唯一可能的一天，因为周五不会执行了，所以我就可以排除周四了……

所以，洛继续推理着，她先排除了周五，接着是周四、周三，以此类推，用同样的逻辑排除了周二、周一。她满意地得出结论：保安官宣布的判决根本无法执行。"我的脖子安全了。"逻辑洛沉迷于自己的推理，得意地笑着。

然后，在那周的某一天，可能是周三或周五，刽子手粉碎了洛的得意，把她绞死了。她被绞死了，这真出乎预料，准确地说，她很惊讶地被绞死了。

意外的绞刑、意外的派对、意外的考试，我们都有可能会遇到。矛盾的点在于，假如洛可以同时满足"可能会发生的日期"和"这件事会出乎预料"这两个条件，难道她不能证明意外的绞刑不会执行吗？

洛的不会被意外执行绞刑的推论，到底错在哪儿呢？

对这个问题，有一种貌似理性的回答。如果有人在这种情况下被告知会有意外，他会说——尽管英国现在没有绞刑，但这和学生遇到临时小考时的情况差不多——“除非这件事发生在最后一天，否则这事就是一场意外。”如果已经到了最后一天，那么你就不会觉得意外了，所以逆向推理就不会奏效，矛盾就不存在了。还有一个矛盾消失的例子：我们被告知，我们无法预测出四张面朝下的不同花色的纸牌 A（梅花 A、方块 A、红桃 A、黑桃 A）哪一张会被最后翻开，但我们已经翻开了三张牌，这时，我们就能轻易知道剩下的牌是哪张。如果逻辑洛知道保安官是在吓唬她，矛盾就消失了，因为那时绞刑也可能不会发生。逆向推理再次无法奏效。只要洛开始相信周五有可能执行意外绞刑，逆向推理立刻开始奏效——那时，她又会得出怎样的结论呢？

如果她确信保安官说的是真话，那么矛盾就会产生。我们假设他说的确实是真话——并且如果你假设她能熬到周五早上——那么，关于她相信了什么的推理就会出现矛盾。保安官告诉她，绞刑一定会执行。因此在周五早上，她就会认为“绞刑今天一定会执行”（它是最有可能的一天）。但是，他也告诉她绞刑是意外执行的。所以，周五早上的你认为他的这两个声明有可能不是真的，也许绞刑不会发生。进而，你就意识到自己开始怀疑绞刑到底会不会执行。但是，在这种思考之下，你也可能会想，他的两个声明有可能都是真的。所以你不相信绞刑会执行，因为绞刑有可能立即执行，毕竟它是意外决定的。后一种想法，使你再次相信绞刑会发生——但在这种思考之下，你又不会感到意外，因此你又会从头开始思考。你如此地纠结，代表你在推理过程中无法形成稳定、可靠的观念，推理掉进了自我循环。

* * *

我们应该怀疑，洛该不该相信保安官的声明是真的，在她预测的两种情况下，绞刑最终都会执行。因为，在她没有被绞死，一直熬到周五早上之前，她哪种情况都不相信。而保安官又是怎么预测她的想法的？他大概能预测到缺乏逻辑的人的想法，但是逻辑洛是有逻辑的。虽然她的推理看上去既无懈可击，又让她纠结自己会不会被绞死。因此，保安官在周五的绞刑之前，无法得知她相信什么，也因此，保安官无法确定她会不会觉得意外。洛同样可以推测出这一点，她可以意识到她没有理由相信保安官所说的关于绞刑和意外的声明一定都是真的。

说真的，保安官的声明的意思是——如果不绞死洛，并让她待到周五早上（或者她一直思考到周五早上），她就会认为："我的绞刑会在今天中午执行，但我不相信绞刑会在今天中午执行。"她的推理和 G. E. 摩尔的悖论（在第 43 节新兵派克那里提到过）异曲同工，也一样荒谬。出乎预料的是，这则悖论的产生，既不是由于保安官告诉洛绞刑是一场意外，也不是由于一场意外的绞刑，而是由于洛相信了保安官告诉她的话。

因此，正如我们已经知道的，一些自相矛盾的哲学悖论，也许可以通过质疑说话者的权威性、可靠性来解决。逻辑洛没有充分的理由相信保安官关于"她在绞刑前会相信什么"的观点是正确的。而你，亲爱的读者，没有充分的理由相信我关于你现在读 / 听的这段话的说法是正确的——是这样吗？毕竟我说的都是对的。我说的对吗？

49

贪吃的树懒和蝴蝶翩翩

遇到一只特别懒的树懒和一只飞过南美洲丛林的蝴蝶，这不稀奇，但听到他们正在谈论古罗马演说家西塞罗（Cicero），怎么能忍住不听呢？我在藤蔓和灌木中披荆斩棘，难忍的酷热让我大汗淋漓，无论如何，我该休息了。

“可是，可是，”蝴蝶翩翩（Flutterby）[1]说着，并停在树懒的鼻子上，“你为什么总是这么懒散、迟钝，你会饿死的，无论你从西塞罗那里读到了什么。”

“我读到了[2]‘该怎样，就怎样。’”树懒叹着气，在树枝上慢慢爬行。

“事实很可能是这样，”翩翩讨好地说，“该怎样，却不必怎样。”

树懒懒洋洋地叹着气，但是蝴蝶想逗他说更多的话。

“听着，”树懒说，“如果注定我今天下午有饭吃，那么我就有饭吃，无论我去不去觅食。如果注定我会挨饿，那么我就挨饿，无论我去不去觅食。”

“啊，真是懒惰的说法，”翩翩打断了他。然而树懒完全陷入缓慢懒散的

1 作者给蝴蝶起的名字，源于英语的“蝴蝶”（butterfly）一词。

2 西塞罗是斯多葛学派的代表人物，主张顺其自然地生活，即“该怎样，就怎样（what will be will be）”。

状态。

“我今天下午要么注定有的吃，要么注定没的吃。所以，无论是哪一种，我去觅食都是浪费体力。”“你应该多读一读西塞罗，”蝴蝶煽动着翅膀说，“因为你的推理中存在谬误。”她兴奋得翩翩飞舞，落在树懒伸出的舌头上。树懒把她大口吞下，我听到他满意地打着哈欠低声说：“所以，很明显，至少我肯定能吃上一道开胃菜。”

如果事情真的会发生，我们是否无法阻止？

在痛苦、绝望甚至内疚的时候，我们可能会唉声叹气：“该怎样，就怎样吧。”人们常常用西班牙口音唱着“顺其自然（Que Sera，Sera）”[1]。这样的叹息，这样的歌词，也许会让我们更加绝望。我们根本无力影响未来，或者，如果我们为过去而叹息，就再也无法做出什么改变了。因为，这些都是由星

1 此处指一首法国电影插曲《顺其自然》（*Que Sera，Sera*），标题是一句西班牙谚语。

座、命运或某种神圣的宿命决定的。

“不要为了面试费心打扮，毕竟你要么能得到这份工作，要么得不到。”“没有必要为了考试而复习，结果无非就是考过或没考过，还不如开个派对。”这样的论证其实被称作——**懒惰论证**（the Lazy Argument）。

“该怎样，就怎样。”这话是真的吗？如果是，这会不会变成一种**宿命论**，让我们相信无论我们怎样努力反对或支持一件事，它都一定会发生？如果你遇见理想中的她/他，或者一直没有遇见，这也是命中注定的吗？

让宿命论化为现实，不像嘀咕、哼歌或哀叹“该怎样，就怎样”——然后明智地点点头，认可它——那么简单。假如某事该怎样就会怎样，它如果该发生就一定会发生。然而，蝴蝶翩翩才是对的：我们的未来不是命中注定，我们可以影响未来。“该怎样，就怎样。”这话本身没错。“该怎样，就一**定**会怎样”这就是完全不同的说法了，它的合理性值得商榷。然而，树懒的懒惰论证，似乎比疲惫地哀叹“该怎样，就怎样”更加有意义。以下是懒惰论证的另一个例子。

> 你生病了，那么你要么注定会康复，要么注定不会康复。如果你注定会康复，那就没有必要去看医生。如果你注定不会康复，那么看医生也没有意义。要么注定康复，要么注定不会康复。无论是哪一种，你都不用浪费时间去看医生了。

这个例子，很难作为支持宿命论的有力证据；毕竟，它只是在假设一切命中注定——要么你注定康复，要么你注定不会康复。我们凭什么要相信这种假设呢？

* * *

然而，我们讨论这些对树懒不公平。这儿有一个修正过的懒惰论证。

> 要么你会康复，要么你不会康复。如果你会康复，那么就没有必要去看医生。假如你不会康复，那么看医生也没用。所以，无论哪种方式，都不要浪费时间去看医生了。

那么，我们该怎么做呢？首先，假设不能代表命运。很多事情我们无能为力。无论我们做什么，都不会影响冥王星的轨道、雪的性质和彩虹的颜色。在伦敦，我们不大可能在大半夜找人修水管，也没法让火车全部按时到达。但是，我们确实能影响一些事，比如疾病康复，我们的求职、考试。

懒惰论证犯了一个简单错误：假设某一件事将要发生，那么无论我们做什么，它都会发生。也许我们的确会康复，但这可能是因为我们去看了医生。当然，有些怀疑论者认为，如果我们不去看医生，那就更有可能康复。也许你面试成功，仅仅是因为你把皮鞋擦得很亮，同时表现出对工作的极度渴望，还有对面试官的笑话笑得很大声。也许，你能找到你的梦中情人，但其实，只要你睁大眼睛仔细找就能找到。

在逻辑上讲，无论你、我、我们做了什么，“该怎样，就怎样”都无法推导出“该怎样，就一定怎样”。影响生活的因素五花八门，我们不能把责任全部推给一句谚语。我们确实有所付出，却无法保证我们获得想要的结果。

如果我们想避免对结果负责，就应该更积极地面对生活中的突发事件——那些机遇和意外、好运和厄运——而不是推给神秘的宿命论。事实上，当你盯着喜欢的人的眼睛，会突然想起懒惰论证，这可能会让你大声告白，告诉他或她你们的相遇是命中注定，任何反抗都是徒劳的。

祝你好运。

50 奶油哲学家

请允许我用一则哲学难题来讲述常识的价值，以及常识的本质。

假设，有 10 位哲学家参加一场国际学术会议，他们分坐在半圆形的餐桌旁边，刚吃完美味的甜点，这让他们十分舒适。他们被允许看到除自己以外 9 个人的脸，周围没有镜子，不准用余光看，更不准商量。假如你是个服务生，正在目不转睛地监视所有人。没有哪个哲学家知道自己嘴上沾着奶油，因为他们看不见自己。他们中只有两个人吃得脏兮兮的，嘴上都是奶油。意外的是，其他 8 个人嘴上都很干净。方便起见，让我们把这两个脏兮兮的人称为"奶油哲学家"。自然，他俩都是哲学家，都是十分理性的推理者（尽管喝了几杯），正准备服从你的指令。

你对他们发出指令："知道自己嘴上有奶油的人举手。"他们都能看到至少一个奶油哲学家。"至少有一个奶油哲学家"是所有人都知道的。然而，他俩都不知道自己嘴上是有奶油的，所以没有人举手。重点是，如果你反复问这个问题，还是没有人举手。没有哪个哲学家能单独推理出自己一定是奶油哲学家。

假设还是同一个场景，只是在发出指令前你突然宣布："你们当中至少有一个人嘴上有奶油。"当然，他们知道，在第一种情况下，他们都能看到至少一个奶油哲学家。但你的这句声明，似乎奇迹般地改变了未来。这时，你再发出指令，"知道自己嘴上有奶油的人举手。"依然没人举手。接着，你又提了一次同样的要求。"知道自己嘴上有奶油的人举手。"出乎预料的是，只有那两个奶油哲学家举手了。你的声明，尽管说的是"他们已经彼此知道了对方的身份"，却最终改变了结果。

为什么奶油哲学家这次举手了？

嘴上没奶油的哲学家们都能看到两个奶油哲学家，暂且叫他们阿洛（Alo）和泽基（Zeki），他们之所以听到第一个指令时都没举手，是因为他们分别认为自己所看到的奶油哲学家可能是唯一的奶油哲学家。

比如说，嘴上有奶油的阿洛，只能看到一个有奶油的哲学家，就是泽基。阿洛认为，很显然泽基第一次没举手，是因为他一定看见了一个奶油哲学家。但是，阿洛并没看到泽基以外的奶油哲学家；所以，在第一次没人举手后，阿洛就得出了结论：自己嘴上一定是有奶油的。泽基的推理也大致如此。因此，当你下达第二次指令时，两个哲学家都知道了自己一定是有奶油的，就都举手了。

你的一句声明改变了一切。通过这句话，阿洛了解到"泽基知道至少有一个奶油哲学家"。在你作出声明之前，尽管泽基知道"至少有一个奶油哲学家"，但阿洛并不知道"泽基也知道这一点"。这些哲学家们对别人的了解，是通过你的声明得知的。阿洛和泽基都知道"对方知道至少有一个奶油哲学家”。他们在较低程度（二级思维层次）[1] 上掌握彼此知道的事实，也就是说“他们知道对方也知道”，因此他们就能做出相应的推理。

在这个故事里只有两个奶油哲学家。假设你已经做了声明，那我们就能证明，当存在 n 个奶油哲学家时，他们会在第 n 次指令时全都举手。如果既没有最初的声明，也因此缺乏做出判断所需要的信息，就没有人会举手。

再换一个例子，假设在场有三个奶油哲学家：阿洛、泽基和鲍勃（Bob）。在第一次指令下，没人举手，而且鲍勃知道为什么会这样，因为阿洛能看到泽基。因此鲍勃认为，阿洛也许会认为泽基是唯一的奶油哲学家。鲍勃对于泽基的想法的推理也是类似的。所以，在第二次指令下，鲍勃仍然没举手——但是他现在看到了，比如阿洛没有举手，鲍勃知道这一定是因为阿洛在泽基以外还看到了一个奶油哲学家。鲍勃这会儿意识到，自己就是另一个奶油哲学家，所以他在第三次指令下举手了。阿洛和泽基也是用类似的方式推论的，所以也都举手了。

再来说说奶油哲学家。你——服务生——进行声明，让哲学家们知道其他人知道至少有一个奶油哲学家。我们沿着这条路可以走得更远：知道他们知道其他人知道他们知道……常识似乎具有“知识可以无限重复”的特征，比如，对于“只有两个奶油哲学家”的情形，泽基仅需要知道“阿洛知道至少有一个奶油哲学家”，反之亦然。

当然，我们多数人都不是逻辑学家，也没有人是完美的推理者。可矛盾的是，日常生活中，我们都需要依靠共同的常识，或者至少是共同的观念才能活下去。这真的令人费解，因为人类是有限的动物，但常识和共识，似乎

1 约翰·梅纳德·凯恩斯，20 世纪初的英国经济学家，现代西方经济学最有影响的经济学家之一，曾提出过思维多层次的理论。在《就业、利息和货币通论》（1936）一书中，他以选美比赛来举例，按照多个不同层次思考问题。

会让我们掉进无限重复里面。我再举一个例子：

在英国，按交通规则汽车一般靠左行驶。当我开进一条窄巷，看到一辆车要过来，我应该靠左——假设对面司机也知道这个惯例。不仅如此，他还必须知道我也知道这个惯例。但又不仅仅是这样，因为我也必须知道他知道我知道这个惯例……如果没有常识、共识——或者，至少表现得没有这些——我们就无法产生语言，也不会有社交活动。我们最多（准确讲，最差）只能当上与世隔绝的隐士，过着无法被人认可的生活。

*　　*　　*

约翰·梅纳德·凯恩斯曾谈及一次报社举办的选美比赛，参赛者必须从100张照片中挑出6张最美的脸。为了获胜，获胜者们的选择必须最接近对手的平均偏好。所以，他必须不选那些**自认为自己最美**的人的脸，而要选那些**认为其他人最喜欢自己**的人的脸。当然，获胜者们都是从同一层面看待这个问题的——所以，我们必须思考更多其他的层面。可以挑几个层面来看看。

第一层：为了获胜，你不该评判谁是最美的。第二层：为了获胜，你不该评判一般人眼中的谁是最美的。第三层：为了获胜，你必须运用智慧，预测一般人对此事的一般看法。但是，一旦你能进入第四层思维——正确地评判一般人眼中的一般人希望对这件事的一般看法是什么——这样你就更有可能获胜，甚至还能深入思考更多的层次。

因此，隐藏在人类社会行为（公开的声明、习俗）中的某些东西，是对常识和共识的不断重复，但是我们在生活中不会遇到这种重复。这真是个令人费解的难题，或者，只有当我们能做到完全理性时——变成完美无瑕的哲学家时——它才会是个令人费解的难题？

51

卧室里的动物学研究

索菲（Sophie）和苏西（Suzie）从公寓的窗户往外看，她们淹没在忧郁、痛苦、绝望的情绪当中。窗外大雨倾盆，寒风呼啸。这一天，她们本来要去做老师布置的野外考察。她们本来一早就要出门，穿上夹脚雨靴，披上厚外套，戴上毡帽，跋涉来到沼泽——为什么？为了一个关于青蛙的假说寻找证据，即“所有青蛙都是绿色的”。

“谁会在乎青蛙的颜色呢？”索菲咕哝道。

“我敢打赌，老师已经知道正确答案了。”苏西补充说。

“这没什么意义，无非就是为了折磨我们。”她们异口同声地抱怨着，沮丧地盯着彼此。

索菲突然灵机一动，笑着说：“听着，苏西，你记不记得我们前几周上的逻辑学课？”

苏西仿佛想起了另一种恐怖的折磨，呻吟道：“别跟我提逻辑！那些个‘前提 A、前提 B’，还有‘如果这样和这样，那么就那样和那样’，还有‘这个是从那个推出来的'，还有'那个是从这个推出来的'。"

"抱歉，苏西，我先不说前提 A 和前提 B，但这事值得我们仔细思考。听着，假设所有青蛙都是绿色的。"

"看吧，开始了。"苏西这样想着，然后说，"假设这个，假设那个。好吧，我就这么假设吧。"

"好，如果'所有青蛙都是绿色的'是对的，那我们就一定会得出：如果我们看到的某样东西不是绿色的，那它就不是青蛙。"

"就算我能理解，又能怎样呢？"

"我还要补充一点，如果所有非绿色的东西都不是青蛙，那么所有的青蛙都是绿色的——所以，我们碰到的任何青蛙都会是绿色的。"

苏西又开始呻吟，但是索菲继续说道："你看，我们说所有的青蛙都是绿色的，就像在说，所有非绿色的东西都不是青蛙。"

"好吧，"苏西打着哈欠，"听着挺有趣，但是我们最好先从床上爬起来，穿上难受的雨靴，面对这场可怕的大雨。"

"还没明白吗，苏西？听着，我们不需要离开床和温暖的房间。我们周围有很多东西，就在屋里，它们都支持了'所有非绿色的东西都不是青蛙'的假设。这就代表，这些东西支持了'所有青蛙都是绿色的'的假设。这两个假设是一回事。我们可以在不起床的前提下做动物学研究。"

然后，索菲在研究报告上开始列清单，列出她眼前一切有利于"所有青蛙都是绿色的"的证据：

我们的泰迪熊玩具（不是青蛙）：粉红色（非绿色）

这两个枕头（不是青蛙）：紫色（非绿色）

…………

苏西恍然大悟，也开始罗列自己的清单——“毕竟，我们可不想被说作弊。”她“咯咯”地笑了起来。

衣柜：棕色

猫咪：黑色

灯罩：紫色

老鼠：灰色

“老鼠？！”两个女孩都尖叫起来——但那是另一个故事了。

如何靠一只粉红色泰迪熊证明所有青蛙都是绿色的？

我先补充一个知识点：前提是**归纳推理**的基础——在矮胖子那节提到过——过去的规律性，经常会让我们以为这种规律会持续到未来。一旦察觉到了某种规律，我们很容易只看到共性而忽略区别。我们必须考虑到规律所在的具体情景。仅仅因为“所有我们认识的人都生活在欧洲”，并不能推导出“所有人都生活在欧洲”。假如我们从未见过欧洲以外的东西，那么我们所接触到的样本就是一个狭隘的样本。

归纳逻辑需要我们小心对待，可无论再怎么小心，我们在逻辑上都不能保证某些规律能够持续到未来。尽管存在这样的逻辑，某些科学家、逻辑学家——还有我们的常识——都接受了某些过去的规律能构成可靠的证据，尽管它们确实是非常可靠的证据，使得规律性能继续存在。假设你在各种情况下遇到了好多只青蛙，每只都是绿色的，你就会获得大量的证据足以证明“所有的青蛙都是绿色的”是一个普遍规律。哪怕帮助微不足道，那些证据都足以支持这一所谓的“普遍规律”。

之所以会遇到这个悖论——亨佩尔（Hempel）的**验证悖论**[1]——是因为我们已经假设了——现实中的例子足以证明普遍规律。因此，“非绿色的东西就不是青蛙”的例子——还有粉红色泰迪熊、紫色枕头和黑猫的例子——都足以证明“所有非绿色的东西都不是青蛙”的普遍规律。这一普遍规律似乎和“所有青蛙都是绿色的”是一样的。因此，看起来，找到一只粉红色泰迪熊，似乎就和找到一只绿色青蛙一样简单，都能证明“所有青蛙都是绿色的”这一普遍规律。然而，这个结论本身有矛盾。

我们怎样做才能消除矛盾呢？还是，我们应该接受这个结论？那么，我们是否能接受“所有青蛙都是绿色的”等同于“所有非绿色的东西都不是青蛙”（后者是前者的“逆命题”）这两个结论呢？当我们念出这两句话时，注意力往往集中在不同的东西上，首先是“青蛙”，然后是“非绿色的东西”。然而，经过思考，我们也会同意，这两句话所描述的是世上同一件事。所以，对于其中一句话有利的证据，对证明另一句话也同样适用。

这个悖论——正如之前所说——假设在某种程度上，假设普遍规律能找到某些实际的证据。这确实挺有道理，不然，我们怎么能接受这本书可以烧，你的手不会变成铜，你的头明天不会变成黄色气球？

也许，我们应该接受这个非常矛盾的结论。粉红色的泰迪熊、紫色的枕头、黑色的猫，这些证据都可以证明“所有青蛙都是绿色的”这一普遍规律。或者，还有哪些证据能用来反驳这个结论呢？

*　　*　　*

1　卡尔·古斯塔沃·亨佩尔，20世纪德国逻辑学家、作家，科学哲学运动的代表人物。他提出的验证悖论又称“乌鸦悖论”，大意是：“‘所有乌鸦都是黑色的’，这种归纳说法违背现实。”

证据可多了，允许我再说几句。也许，我们刚才在无意间谈到了如何在现实中证明普遍规律、假设和声明。也许，我们应该聊聊，这种证明的前提在无意中让我们相信这个假设是对的。一旦谈到了潜在观念的领域，我们就必须探讨人类既有的观念和常识。

我们人类已知的是“既非绿色也非青蛙的事物”的数量——这包含前面提到的泰迪熊、枕头和猫，但也包含几十亿只昆虫和几万亿个原子吗？——它远远超出了青蛙的数量。我们还知道青蛙能形成一个自然界种群，而泰迪熊玩具、枕头和家猫无法形成自然种群。还有，既然我们能找出某些既非绿色也非青蛙的东西（比如，粉红色的泰迪熊），我们同样有可能会支持“所有青蛙都是黄色的”“所有青蛙都是蓝色的”“所有的青蛙都伪装成了美洲驼”这类观点。因此，尽管“所有的青蛙都是绿色的”和“所有非绿色的东西都不是青蛙”在表达上类似，却不代表一只粉红色泰迪熊、一只绿色的青蛙对我们怀疑“所有青蛙都是绿色的”提供了相同程度的证据。

如果想找证据证明自己所提出的某个规律，我们应该如何着手？比如在这个故事中，我们可以找到几只绿色的青蛙，但是在某些故事里，我们还可以找到一只粉红色泰迪熊。

假设索菲和苏西跋涉来到沼泽，那里有无数只青蛙，所有青蛙好像都是绿色的。然后，索菲注意到眼前有个很明显不是绿色的东西在晃动，它是粉红色的。这将有助于判断它是不是一个被扔掉的泰迪熊，而非青蛙。判断这个东西是泰迪熊很有必要——否则，它就会是一只粉红色的青蛙了，这就和“假设它是青蛙”的证据相违背了。科学研究的证据可能会驳斥你所提出的假设，但也可能找到证据证明它。

矛盾的是，能够证明某个假设的普遍规律的证据，有时反而会变成它的反例。我们假设，这个规律是“所有绿色青蛙都生活在女王的庄园以外”。好吧，我们在女王的庄园外面会碰到许多青蛙，且它们确实都是绿色的。如果不提供更多的信息，这些青蛙就会变成“住在庄园里的都是绿色的”的可靠证据，而非它的反证。青蛙可不在乎什么居住权。

以上这些表明——生活中我们某些坚持的某些观念，还有支持它们的证据，远没有我们以为的那么简单——然而，我们仍然日复一日地坚持着。真是矛盾。

52

什么是“兰色”和“缕色”

即使是你最亲密的朋友，也可能有一些不为人知的怪癖。米兰达（Miranda）对我来说是最亲密的朋友，准确而言，是我女朋友，但是她把蓝色叫作“兰色”[1]，把绿色叫作“缕色”的小毛病，还是让我不舒服。我试着把这些看成可爱的口头语，而不是令人讨厌的怪癖。我不想觉得米兰达跟我三观不合，好吧，她好像跟所有人都不合。毕竟，她是把天空说成了“兰色”，把草说成了“缕色”。当她穿着她那条蓝绿色的裙子，它到底算绿色还是蓝色——而她心里想的却是，它到底算缕色还是兰色？

我开始思考：对她所说的话，我到底关心的是什么？注意，我们最好别讨论她是否认为某人嫉妒的脸色有没有变成缕色。当我们听音乐时，我不会问她是否喜欢“兰调”。我对这类事情保持沉默是明智的——因为那会影响我们的关系。对了，她还有一个小怪癖：每当在浪漫的气氛中，我对她表达我

1 蓝色英文为 blue，绿色英文为 green，米兰达用的两个词原文分别是 bleenly 和 gruely，翻译时采用同音字“兰”和“缕”以示区别。下面的爱 / 艾、恨 / 狠也是同理。

是多么爱她时，她也回以同样的表达——只不过她说的是，她很“艾”我。更奇葩的是，当她表达对抽象艺术、足球员和早餐喝香槟的厌恶时会说，她“狠”这些。

在一个闷热的夏日里，我们躺在绿色的草地上睡觉……接着，我在阳光和湛蓝天空下醒了，是米兰达把我摇醒了。她很害怕，甚至有些痛苦。“怎么了，出什么事了？”我问她。“你没看见吗？”她哭了起来，“小草是兰色的，而天空变成了绥色——我到底应该怎么办？”

我陷入了困惑，因为四周好像没什么变化。“但是，米兰达，在你看来它们和从前有什么不一样吗？”

“我想它们肯定不一样了——我猜的。我不确定我要表达什么。但是，天空显然不再是兰色了，我能分辨出来。我没有突然改变我说话的意思。”

我看了看日历——在我们睡觉的时候，有一颗罕见的彗星划过天空，和日偏食一样属于天文现象。

我很好奇。我好奇米兰达一直在说的“绥色”和“兰色”到底是什么意思。当然，她好像不是在表达我所说的“绿色”和“蓝色”的意思——因为我仍然用“绿色”形容小草，用“蓝色”形容天空。但是，她现在已经改变了“绥色”和“兰色”的用法，还挺一致的——因为所有蓝色的东西，她现在都叫作“绥色”，而所有绿色的东西，她现在都叫作“兰色”。

所以，米兰达到底是什么意思?

一种直接、快速的回答是——至少米兰达一定知道她自己的意思，她说的话包含了某种时间要素。关于时间的观点，请看后面的章节。让我们先回忆一下维特根斯坦的哲学名言，我们在序言最后提到过——“慢慢来。”——

因此，不用着急，不要以为这个难题毫无意义，或者能够轻易解决。这个难题让我们思考：到底是什么让我们知道自己和他人要表达的意思。

第一步，我们要记住，一些人觉得“相同”的颜色或色度，在另一些人看来可能有所差，而这种差异也许很多年都不会显露出来——除非某个特定的颜色偶然被有关的两人看到。当你教孩子乘法运算时，要求他们“像这样做”，但他们的运算思路可能完全不一样，而且，我们可能很久以后才能发现。

关于“缕色”的悖论，源于美国哲学家尼尔森·古德曼，第 41 节提到过他。这则悖论至今还常常出现在哲学期刊的讨论当中。古德曼指出，人们有可能会使用一个颜色概念“缕色”，来指代在未来某个特定时刻之前看到的所有绿色物体，否则它就是蓝色物体。在这个小故事里，我们可以当成发生了小概率天文事件，很快就结束了。因为我们已经走过了这个时刻，所以可以分辨出，在我们所假设的米兰达要表达的含义中，有些地方已经产生了表达意思的误解。

表面上看，奇怪的是，在那次天文事件之前，她所指的“缕色”是我们所指的“绿色”，否则，它就是我们所指的“蓝色”。第一个问题是，这个故事里有一个不明确的地方，即她是否见过其他颜色的草，毕竟，她用了不同的颜色来描述草——“它是兰色的，而不再是缕色的”。第二个问题是，既然我们现在才发现她所说的“缕色”不是“蓝色”的意思，我们怎么知道她将来的语言用法呢?

这个故事不是一个文字游戏。古德曼在怀疑归纳推理的过程中，最早提出了“缕色”问题，我们在矮胖子和火鸡小姐（第 46 节）的故事中见过最基本归纳问题，但是在那时，至少他们两个知道彼此的意思，也有某种共识。古德曼的“**新归纳法悖论**”则将这一假设发展成了怀疑。

有人挑战了这一悖论，他们认为“缕色”这个特定的概念，不是真正的颜色概念。在你能分辨出有些东西不是缕色和兰色之前，你必须调查一下当天有没有发生过彗星或日食现象——还要检查钟表有没有坏掉。调查结果是，使用“缕色”的概念，并好奇“绿色”是什么意思的人，会遇到同样的问题。为了理解“绿色”的用法，假设某个讨厌的人插话道：“绿色”适用于米兰达在某特定时刻或天文事件之前看到的缕色的东西，否则它就是兰色的。我们能用波长或其他科学理论来解释什么是颜色，但还是会遇到这样那样的问题。古德曼的悖论，或许是通过引入“在某特定时刻之前适用于某特定波长”的奇怪概念来创造的，反对者则不这么认为。

那个讨厌的反对者，是把“缕色”放在了未来，相信过去是缕色的物体，未来还会保持是缕色的（或者说，在我们看来的蓝色）。为什么这比我们预测的结论更加不合理？我们难道不是等着看戏就好吗？

*　　*　　*

在本节开头，我向你们展示了这一悖论的简化版，但后来增加了复杂性，修正了它。

我们用“缕色”表示绿色，用“兰色”表示蓝色。然而，假设米兰达——或者我们遇到的某个群体——使用发音为“绿色”的词来表示“缕色”，并用另一个发音是“蓝色”的词来表示“兰色”。我们可能无法分辨出米兰达和其他人用这些词所表达的意思与我们有何不同，直到走过特定的时刻。毕竟，在开头的故事里，米兰达称作“缕色”而我称作绿色的东西，所指是相同的东西，她相信它们会继续保持“缕色”。她也可以像我们一样使用绿色，却想要表达“缕色”。我们只能等着她回归正常了，比如有一天她终于宣布“草不再是绿色的，天空不再是蓝色的”。又或许，那会是可怕的一天。

（想想吧，天变绿了，草变蓝了！）虽然，米兰达的说法没有变化，她仍然会说天是蓝色（意思是“兰色”），草是绿色（意思是“缕色”）。

最后，我再问个可怕的问题，就像把猫扔进鸽子群（可怜的鸽子）那么可怕。当我们使用“绿色”时，我们怎么能知道我们所表达的意思呢？没错，我们会指着草地说，“这草是绿色的，其他东西是类似的绿色。”但是，明天当我们看着草地，我们怎么得知我们的反应呢？问题在于：是什么让我们选择某个词来表示某样东西，而不是用别的词呢？

回到前面的故事，我现在慌得很，米兰达对“狠”和“艾”的意思是不是有问题？也许，她说的“艾”并不代表爱，而是“爱到某个特定的日期之前”，接着是恨……所以，在“艾”我时，米兰达在未来某一刻会恨我——但却还是会说“艾”我。也许，她就是这样一个人吧。

当然，我俩还有更好的结局吗？当我坚持说我爱米兰达，而且会继续爱她时，我怎么知道自己想要表达什么？

所以，当我们说某些东西**永远不变**时，我们能否确定自己在使用“不变”时要表达的也是同样的意思？如何才能分辨这一点呢？

第六章

自我：我是谁

只有回顾生命才能理解生命，然而生命只能向前。

——索伦·克尔恺郭尔

一天早上，格里高尔·萨姆沙（Gregor Samsa）带着不安醒来，发现床上的自己变成了一只巨大的甲虫。他万分诧异："我怎么了？"

卡夫卡的《变形记》以如此诡异的谜团作为开场。我是经历了什么而成为自己的？我担忧着未来，憧憬着假期，但不想去看牙医。我去年的恶作剧历历在目……究竟是什么创造并延续了我，让我从过去走到现在，又将走向未来？

第 47 节提到，笛卡尔怀疑自己的身心是否存在——他可能被骗了——但他依然是存在的。他扪心自问：我是什么？什么是"自我"？它难道只是一段经历？乔治·贝克莱主教写道："万物即其本质，非他。"也许"自我"是不能被改变的——"非他"确实不仅仅是"其他的东西"。或许，自我是一种持久存在之物，就像灵魂经历不断的重复。

在一开始讨论"自我"时，让我们请出艾萨克·牛顿，这一节会提出一个理论：让我成为我的是持续不间断的意识，而非冥冥之中存续的灵魂。可是，意识又是什么呢？

也许有一天，人类会造出完全模仿人类行为的仿生机器人，却不赋予它们意识和感受？见第 57 节玩偶小姐的困惑。如果对“观念和经历无非是一种神经信号”的说法认真思考，我们就会更加困惑。注意，这又是一个“不过是 × ×”的陈词滥调。

在深陷这些千头万绪之前，我们先把目光转移到那些会影响未来的生活诱惑上面来。我们深深知道，自己会沉迷于奶油面包、酒精或浪漫的爱情，但我们也同样深知，结果无非是肥胖、宿醉或情人的眼泪。在生活中，无论是直接莽撞的行为，还是严谨谦虚的心理，都会让我们无比纠结。下面还有个驴子的故事，它引出了一个关于理由、行动和原因的深刻难题——思考得太多，很可能是致命的。好像是吧。不过，我订的奶油面包已经在配送中了。

53 美好的意愿和奶油面包

当简（Jane）狂吃奶油面包时，她控制饮食的新年愿望出现了面包那么大的缺口。即便她心里清楚合理饮食对身体才是最好的，但一看见奶油和面包，她整个人都屈服了。她暴露出自己意志上的弱点——意志薄弱（weak-willed）。

然而，"行动胜于言语（speak louder than words）"——好像是这么说的。整体来看，简狂吃奶油面包的行为验证了这种说法。因为，对她而言只吃一个奶油面包没什么大不了的。她吃之前肯定做过判断——没什么比先吃个奶油面包更好了——所以她就行动了。否则，她就不会在诱惑面前低头了。

然而，矛盾的是，"行动胜于言语"这句话，恰好可以杜绝意志薄弱，甚至意志薄弱的可能性。无论我们做什么，在自由行动中都会表现出，我们要做到最好，所有的事情都要考虑到。正如两千多年前苏格拉底所说的："人在做错事的时候，是不自愿且不自知的。"显然，我们会在"判断什么是最好的"时酿成大错，但是，现在我们总是做我们自以为最好的行动。这真是自负的想法。

简相信，为了健康她需要减肥，没错！她想更苗条，她完全清楚奶油面包对这个目标毫无益处。只是对她而言，奶油面包带来了快感，再加上她相信只吃一个不会影响减肥大计，于是，欲望战胜了美好的愿望。所以，一旦考虑到自己的一切愿望和观念，她肯定会理性行事，并未表现出任何意志薄弱。只是，这种说法对吗？我们能如此简单地克服意志薄弱吗？

之所以这么问，是因为生活经验表明，我们经常会被意志薄弱所困扰。我们可能会认真打算在考试前奋战到天明，最后却跟朋友们一起看了场斯诺克比赛。我们明知醉驾违法，却端起了酒杯……一旦出现意志薄弱，如果不是观念和欲望产生的意愿在推动着我们，那原因又是什么呢？反之，如果没有出现意志薄弱，我们该如何理解这些看似属于意志薄弱的例子呢？

我们为什么会意志薄弱？

从表现和产生的原因来看，“意志薄弱”与“被迫”有很大的区别。简被人强行喂了一个奶油面包，这绝非意志薄弱，而是出于被迫，而且根本无法反抗。意志薄弱，应该是在“本可以拒绝该拒绝的事情”时才会出现的，比如贪吃、淫欲、懒惰，这些就不是被迫的。

回到意志薄弱的简，以下情况肯定是真的：她由衷希望严格控制饮食，即便她意识到吃了一个奶油面包，就有可能吃更多。她很重视控制饮食的计划，但她却选择了吃甜食的快乐。她节食的大计由于她的想法和欲望而告吹，她的选择背离了她美好的初衷，只可惜，她没有实现本该拥有的自制力。这正是意志薄弱的表现。有时我们会使用一个相关概念：akrasia，即“自制力缺失”，来自希腊语中的 kratos（力量）加上否定前缀“a-”。通俗而言，这个词的意思就是“不受控制”。

很多哲学家会说，简的行为是她的观念和欲望导致的，如果不是这样就说不通了。如果是这样，关于简最后选择奶油面包时真正下决心要做的是什么，我们可能会得出相反的答案，这就是苏格拉底使用的修正法（the revisionary approach）。

按苏格拉底的方法理解，看见奶油面包让简变得短视——无法看清楚健康饮食的长期价值，那太不着边际了！与满嘴奶油的当下快感相比，健康饮食的长远价值变得微不足道，因此简就算嘴上说着要控制饮食，可当时的真实想法是：吃了总比不吃好。

按照这种想法，还有一种合理的解释：即便简由衷地觉得健康饮食很重要，她也能依具体情况而定。毕竟，奶油面包就摆在那儿，在这时候，吃了总比不吃好！当然，过一会儿她就会极度后悔了。

上述关于意志薄弱的推理，其实很容易被反驳：我们凭什么断定简选择吃奶油面包一定是由于她意志薄弱？也可能她纯粹觉得“只吃一个没关系”——这也许就出于她本人的意志。当然，她也可能会说，哪怕一个面包也不应该吃。开车前多喝了一杯的人，可能觉得比起黄汤下肚的快乐，酒驾的风险不算什么。假如是这样，那这个人就是鲁莽，而不是意志薄弱。但他可能没有这样的意愿，他本来的想法可能是一杯酒也不该喝，但他确实喝了。毫无疑问，我们有过意志薄弱的经历。结论是，我们认为最初的美好意愿和随之产生的行为，跟这个意愿是否强烈不总是挂钩的。

无论意愿是否美好，如果只看意愿，都不能让我们完成一件事。也就是说，不是我开始想做什么，接着就会去做什么，而是要对最初的意愿做出回应。意志薄弱的诱因，是我们没能按照美好的意愿行事，因此，据说这叫作一种行为主体的非理性状态。如何为我们的失败行为找到最佳解释，目前还没有确定的答案。通常认为，自我存在着各种彼此冲突的部分或内在模式，比如与理性、责任相冲突的欲望，但对这些模式本身也有很多难题仍未解开——在自我当中，最容易识别的部分是什么？在各种彼此矛盾的部分中甄别出的“我”和“自我”究竟是什么？或者说，自我究竟是谁？

我故意忽略了一个问题，“到底是什么决定我们如何判断什么才是‘最好的’？”也许，我们判断什么是最好的，纯粹出于个人的偏好，或者出于根据责任、道德规则甚至现实结果。比如有一种意志薄弱的表现是：在行为主体意识到自己应该帮助正在遭受折磨的儿童时，或应该揭穿某些骗局的时候，她没有勇敢站出来。就像简没有严格遵守饮食计划——对奶油面包低头——我们也往往没能做到那些真正对自己有益的事情，反而向小小的嗜好低了头。人真是一种脆弱的动物啊。

“意志薄弱”中的“薄弱”，表明它永远是不应当的。在今天，假如一些人变得越来越脆弱，很难遵循自己的真正意图，甚至放弃原则时，我们就不会太尊重他们。但是，有时所谓的“意志薄弱”，可能对自己或别人而言是件好事。那些支持种族灭绝的人也意志薄弱——背离了他们原本的信仰——是由他们的人性、同情心和仁慈所驱使。某些有原则的、坚强的人不总是值得钦佩的，意志薄弱的人在世界上也有存在的价值。

没错，意志薄弱也是有价值的，假如奶油面包能随便吃，你可别只吃一个。当然，也别老是盯着奶油面包，千层酥和黑森林也能随便吃，香槟也能任君畅饮。

54
玛丽、玛丽，就不服气[1]

只要有机会，玛丽就会跟你作对。假如她正在决定下周去不去度假，而你对她列出很多理由告诉她应该去——玛丽肯定会固执地宅在家里。“今天真热，玛丽你喝杯冷饮吧。”不可能的，她会跑去泡一杯热茶。玛丽确实不服气。无论如何，她就是喜欢作对——向你、向所有人展示她是一个自由的灵魂。她可以自由选择做什么，无论她有多么不理智，无论我们多么了解她。她可能认为，有别于定时器、恒温器和茶具，决定采取非理性的行动，表明她和其他人类一样，拥有自由意志。

玛丽喜欢作对，必须事先得知你对她反应的预测结果。如果你预测她会固执地做某件事，而且明确告诉她，那么她就会做相反的事。当然，还有一些预料之外的情况，不在玛丽意识范围之内，她就会让你的预测落空。比如你告诉她，在接下来10分钟里她会继续呼吸，她还不至于傻到要停止呼吸。

---

1 原文标题 *Mary, Mary, Quite Contrary* 是一首童谣，出自英国民间故事集《鹅妈妈童谣》。

许多哲学家——还有许多神经科学家、遗传学家和心理学家——都认为我们的一切行为，最终都是由外部因素导致的。即使“测不准”如今是量子物理学讨论的主流，但是统计上的规律却是实打实的。的确，有越来越多的证据表明，在量子领域之外，在人的世界里，我们的行为是由某些无法控制的客观因素引起的，包括：人的遗传特性、成长环境、文化背景，以及环境对感官的直接刺激。在某种程度上，正是这些因素造就了我们的欲望、言语、行动……因此，我们很难为自由意志、自由选择的存在找到依据。总之，我们的行为，是由我们的先、后天因素共同决定的，而这两者我们都无从选择。

更详细地说，玛丽的行为——做的动作、发出的声音——是由她大脑中的电化学变化引起的，这些变化，本身是通过她的感官带来的其他电化学变化和刺激引起的，以此类推。假如科学家掌握一切——了解基因、大脑工作原理、任何环境的影响，甚至了解玛丽所处的特殊环境，就能正确预测玛丽接下来的行为，当然也有可能预测失败。假设科学家们把对玛丽行为的预测结果装进一个信封里，让她无法改变预测结果。这似乎表明玛丽并不是自由的，无论有没有人费力去预测，她在这件事上都是不自由的。

但是……或许还存在以下这种情况：如果科学家们做出预测，如果玛丽知道了他们的预测结果，难道她不能自由决定不去做他们所预测的事情吗？如果他们预测她会选择红裙子，那么她明显可以不这么选，比如选一条蓝裙子。

所以，我们无法根据掌握的一切来破坏预测结果？

我们的行为违背了别人对我们的期望（甚至是科学家对我们的预测）——这似乎表明我们是有自由意志的。玛丽作对的例子就生动地表明了这一点。

但是，这种自由，仅仅是一种错觉吗？确实，一般而言，玛丽的行为可能不会符合我们预测的结果，但考虑到她的特殊的思维，她绝不会以不受自己思维影响的其他方式行动。

如果科学家把他们的预测结果告知玛丽，就会为她植入一个影响她思维的因果关系，这很有可能影响她的选择结果。假设我们就是那些科学家，已经掌握了所有关于她思维的知识，我们就能预测她会做什么，比如她会选择红裙子还是蓝裙子。如果我们告诉她，我们预测她会选红裙子，就需要考虑她的反馈。原则上说，如果我们这样告诉她，应该就能预测这会如何影响她。在某些情况下，我们可能会知道，假如她知道我们的预测结果，她就会采取不同于预测结果的行动。假设是这样的情况，我们看看会发生什么。

我们已知，如果我们告诉她，我们预测她会选红裙子（**预测 1**），她就会选择蓝裙子——甚至会觉得这代表她是自由的。我们还可以偷偷预测这一点（**预测 2**）。如果她知道预测 1，即"玛丽会选蓝，因为我们告诉她我们预测她会选红色"——我们就知道她会再次选红。这就会让我们做出**预测 3**，我们更相信这种预测，前提是玛丽知道它。如果她相信预测 3，我们就知道这会对她产生什么影响，她将会如何反馈。这就会使我们做出**预测 4**，这种预测也会变得正确，前提是玛丽不知道这一点，以此类推。考虑到这些预测的影响，"她将会如何应对"这种想法，就会引起我们越来越多的预测。

这表明，如果我们要掌握关于玛丽的所有事情，并假设她的所有行为都是确定的，那么在某些情况下，我们就会知道她不可能知道我们正确的预测结果，但这些预测结果仍然正确。这似乎也表明，玛丽不可能了解关于她自己的所有事情，从而正确预测自己的行动，不过，她仍然可以选择采取其他行动。这可能是因为，我们打算做某件事，和我们仅仅预测自己会做这件事之间有着很大的区别（请见第 66 节的"纽卡姆悖论"）。

也许所谓的自由意志，就是一种纯粹的感觉和真实的观念——如果我们被告知预测的结果，我们有时会采取违背预测的行动，但这不代表我们可能采取不同的行动，因为，影响我们的特定因果关系，仍然在我们的控制之外。

自由意志和决定论的问题困扰着许多人。我曾指出，如果我们所有的行动都是确定的时间，就会陷入决定论的因果关系，其源头能追溯到很久以前，回到我们出生之前，因此我们无法确定，因此，就不存在自由的行动。然而，我们要考虑另一种选择。假设，我读完这本书，与朋友讨论、独自思考之后，选择去布加勒斯特而不是布达佩斯度假。就像许多自由选择一样，我有如此选择的理由。问题就在于，如果我度假的选择是由因果关系导致的，那么——我们已经被告知这一点——它就不是真正的自由选择。作为回应，还有一种可能性是我们没有这种因果关系。如此一来，我的选择就相当于是随机的——至少，无论我怎么解释自己的行动理由，好像它都可能是随机发生的。

可是自由行动不等于随机行动。通常，我们被要求解释我们为什么要行动，但如果我们的选择和行动在某种程度上是随机的，我们就不应该被这样要求了。如果我们的选择和行动是随机的，这似乎就超出了我们的控制力。因为由因果关系引起的选择和行动，会远远回溯到我们存在之前的时空。无论我们的选择和行动是由原因引起的，还是随机的，我们能够确定的选择和行动范围到底是什么？也就是说，我们常常由于某种动机引发的行动，它们的范围到底何在？

由此产生的难题，可以引导我们更加仔细地审视我们正在探索的问题。在探索自由行动这个问题时，“我”选择、决定或行动，并给出选择、决定和行动的理由。如果“我”这个人缺乏所有的特征和个性，那么我们此刻谈论的东西就会陷入矛盾。无论我们谈论了什么，我都可以自由选择，包括自由选择养成什么样的特征、个性还有要做出的行动。这真是很不可思议啊。法国存在主义哲学家让－保罗·萨特（Jean-Paul Sartre）和西蒙尼·德·波伏娃（Simone de Beauvoir）之间复杂的关系引人注目，萨特似乎在毫无困惑的情况下坚持着令人困惑的立场，而我们这些看客依然一头雾水。如果某些东西赋予“我”特征和性格，我们自然就会去寻找独立于“我”之外的，导致这些特征和性格的原因，这样就会妨碍我们的自由行动。无论我们以何种方式解决这个问题，都无法找到任何我们想要的自由选择、自由决定和自由行动，即在我们自己控制下的，属于自己的选择、决定和行动。对此，我们往往确实无法给出正当理由。我们彻底陷入困惑——就像在读萨特著作时那样地困惑，他仿佛告诉我们，正是我们的“虚无”[1]，使我们能做出自由的选择。

对此类困惑有一种常见的回应：“自由行动”更多是为了得到我们想要的东西，或者有我们所做之事的理由，而不涉及神经学上的因果关系。这确实与这些被确定的行动以及因果链中的行动相符合。当然，有人会叫起来：“可是我没有自由选择我想要的！”那么，你到底是根据什么选择的呢？

我们选择的是什么呢？是红色的性感内衣（哇哦！）、《宋飞传》（*Seinfeld*）[2]的全集 DVD，还是去威尼斯度假？如果科学家找到能解释嗜酒、情绪和倾向的更多规律，我们还能好好期待性感内衣、《宋飞传》和出国度假的原因吗？任由他们去猜测玛丽眨眼的意义吧——管她是在放电、喝了两杯还是面部神经失调。

注意，我再补充一点——“我们的行为能否从基因、教育和环境因素中找到解释”，与“我们是不是自由的”其实没有直接的关系。从哲学上讲，哪

1　这里指萨特的存在主义哲学著作《存在与虚无》。

2　20 世纪 90 年代美国最受欢迎的情景喜剧之一。

个因素更加重要，其实不那么重要。假如自由是由我们无法控制的因素引起的，假如我们确实无法改变这些因素，那么无论它们是来自遗传、环境，是先天的还是后天的，统统都是无关紧要的。

55

谦虚的人知道自己谦虚吗

“认识你自己。”古希腊哲学家苏格拉底如此说道，这话来自德尔斐神谕的启示。我们中的许多人会犹豫是否服从，因为害怕我们可能发现的东西。然而，有些情况下我们可以不服从——或者表面上如此——而不会失去我们本应该欣然发现的东西。巧的是，在德尔斐酒馆里，一只猫和一只老鼠正在进行辩论，而且精确地提出了类似的问题。

* * *

小猫克莱丢（Clateo）：我敢打赌：你希望你是我。快摸摸我柔顺的皮毛——是的，我刚赢得了“国际美猫大奖”。我有没有提到过我的论文《深夜潜行：读苏格拉底有感》获得了特别荣誉奖？还有，在马拉松比赛中，我……

老鼠梅娜（Mena）：噢，亲爱的克莱丢，你是如此地不谦虚，一直在吹捧自己。你就不能谦虚点儿吗？

克莱丢：不谦虚没错啊，毕竟我只是说出了事实。没必要把我的光芒隐藏在暗处——或者老鼠洞里。向我学习吧，梅娜。你确实只是一只灰老鼠，但我听小道消息说，你也有许多成就，你是这间屋子里、这家酒馆里跑得最快的老鼠……

梅娜：没什么，那个比赛挺无聊的。

克莱丢：我听到的可不是这样的，你还致力于推动“猫鼠和平”项目，还有你为庇护流浪鼠所做的杰出工作……

梅娜：但那是任何老鼠都会做的……

克莱丢：梅娜，你至少得承认你很谦虚，你不知道吗？

梅娜：我不是在谦虚，只是说实话。

不谦虚的克莱丢说的都是实话，鉴于这些，他确实挺不谦虚的，但如果他自视甚高、骄傲自满，也同样是不谦虚的。克莱丢知道自己是不谦虚的，那么梅娜呢？她听起来好像是真谦虚，我们姑且假设她是谦虚的。可是，她为什么觉得承认自己谦虚那么困难呢？

谦虚的人知道自己谦虚吗?

我们也许知道自己是友善、刻薄、勇敢或懦弱的，也许知道自己是自负、骄傲或者不谦虚的——但是，我们知道自己是谦虚的吗？当然，这里所说的谦虚，包括我们取得的成就、优点，不包括我们拒绝裸露身体这一点。

这就很矛盾了——这就是“**谦虚悖论**”——如果我们知道我们谦虚，那么我们就不谦虚。谦虚，要求我们不高估自己的成就，但还不止这一点。克莱丢在评价自己的成就时，也许说的是事实，但很显然不谦虚。这样看来，谦虚需要我们低估自己的成就，降低它们的价值，却又不能是在思考以后故意为之。假如我们故意低估自己，并且已经意识到这一事实时，那么我们就不是谦虚的。我们很了解自己的成就，但是要假装它们并不那么伟大，那我们就是伪装的谦虚——虚伪。

谦虚的人——就像梅娜——由衷认为他们的成就并不如实际上那么伟大。他们认为自己的友善、慷慨或身为酒馆里跑得最快的老鼠，不值得过分关注。矛盾就在于，被人类视为一种美德的谦虚，却往往要求我们对自身的品质做出某种“真诚而又负面”的评价。

假设谦虚的人不知道自己是谦虚的。比如，梅娜不承认自己谦虚，没有说出“我是谦虚的”。但是其他人可以由衷地说她谦虚，就像克莱丢那样。矛盾的是克莱丢可以评价一些有关梅娜的事实，而梅娜却不能这样评价自己。第 43 节的摩尔悖论也有类似的特征。

以上的观点，还需要一些附带说明：谦虚的人有时会对自己采取一种超然的态度，超脱于自身，反映出自己谦虚的倾向。即使是这样，在某些场合中，他们也远远不能有意识地淡化这种倾向。一个人（或一只老鼠）自诩谦虚的行为，其实是不谦虚的。

*　　*　　*

梅娜：我原谅你的不谦虚，克莱丢，但是我不确定该不该原谅你前几天追赶我朋友的行为。他们很害怕，你不会感到羞愧吗？

克莱丢：问得好。没错，我觉得很羞愧，但意识到我很羞愧以后，我对自己的感觉好多了——我是那种对自己追老鼠觉得糟糕的猫。但是，这种感觉减轻了我的羞愧感，所以，我对羞愧感的减轻感到羞愧。但是，然后……

梅娜：别跟我说"你又感觉好多了，因为你是那种会为此感到羞愧的猫"，我猜，你又开始羞愧了……

克莱丢：在那个时候，我是那样地迷惘，在善恶间摇摆不定——好吧，我后来睡着了。

*　　*　　*

梅娜无法谦虚，也无法意识到自己的谦虚。现在，克莱丢意识到自己的羞愧，但这种意识似乎抵消了他的羞愧。因此我们就意识到了以下问题：

经过反思羞愧，我还会觉得羞愧吗？

敏感的人，当他们有意做坏事时，一定会感到羞愧、懊悔、遗憾。虽然他们感到羞愧，却不像不知羞耻的人那么坏，那些人不在乎这些。一旦敏感的人意识到这一点，纠结的结果就是他们羞愧感的减少——因为，他们对自己的感觉已经好些了。

我们不要就此止步。现在，他们对自己的感觉好些了，这些人也许会对这种好转感到羞愧，因为它减少了他们对自己所做的事情的不愉快，并且，一想到这种全新的羞愧，他们又会对自己感觉良好了，以此类推。无论他们什么时候对自己感到羞愧而感觉良好，都会获得一种全新的羞愧感，是这种意识，让他们进入了另一个因为羞愧而对自己满意的状态。

对一种感觉有了感觉，这没什么奇怪的。你也许会感到厌烦，并因为对自己感到厌烦而感到愤怒。你也许会因为感到尴尬而脸红，并因为脸红而感到尴尬，因此更加脸红。反思自己的感觉，这没什么奇怪的。从你所反思的东西来看——人类心理就是这样——你也许会因为反思感觉的完整即时性而减轻感觉。这是某些心理治疗师给出的解释，即为什么谈论一种感觉，会缓和你对这种感觉的直接接触，从而减轻它带来的强烈感受。然而，这种关于羞愧的难题，不是靠简单的缓和就能解决的。

羞愧的克莱丢在反思后认识到他的羞愧显示了一种道德品质。结果是，他不可能完全意识到自己为之羞愧的错误行为。虽然他似乎可以理解这种错误行为，但他对自己感到羞愧的道德品质的反思抵消了他的不当行为。这是因为，他现在认识到他拥有了可贵的感到羞愧的道德品质。然而，他会为自己以这种方式抵消不当行为而羞愧。因此，他开始犹豫了。

克莱丢无法掌握自己负罪感的程度，因为一旦他捕捉到这一程度，就会失去它。当然，别人也许会知道，他确实对自己的行为感到羞愧，并且对他的行为带有几分赞许——但这些是他不知道的，不会缓和他的羞愧感。

*　　*　　*

“认识你自己”这句话固然没错，但苏格拉底可能也会补充一句：人本身具有一些优秀的道德品质，比如谦虚、羞耻心——对这些最好不要反思，也别去认识它们。

苏格拉底说，他只知道自己一无所知，但是，每当他用令人不安的质问来刺破人们的骄傲自满时，就像一个牛虻似的哲学家，可以说是个无耻、自夸的人，专门戳穿别人的不谦虚的人。毫无疑问，他故意放大不谦虚之人的不谦虚，想让他们泄气，从此心服口服。毫无疑问，他有时会强调谦虚者的谦虚，但是在使他们意识到自己的谦虚时，尽管是无意的，却有可能会损害这种谦虚。

56
嘿，我是牛顿，别提苹果了

“嘿，我是艾萨克·牛顿爵士，别提苹果了。”刚从床上醒来的男人说道，他仿佛难以置信地揉了揉眼睛。

我们要先假设这是最近发生的事，而不是在17世纪。这句话惊到了在场的所有人——因为床上这个男人只是个普通人，虽然有个不普通的名字“奥西”（Ossie）。他的老婆孩子起初很惊讶，接着很生气，觉得奥西在装牛顿戏弄他们。奥西带着一脸惊恐四下打量，接着用华丽、古老的（老掉牙的）英伦腔调说道：“我身在何处？我的仆人、我的书，以及炼金术记录又在何处？天花板上这只发光的奇怪灯笼又是何物？这个神奇宝盒为何会说话？”

我们能一直这样联想下去，但最好先等等。总之，这家伙——奥西——看起来仍一脸真诚，完全忘记了自己原来的生活，却好像能说出很多关于牛顿的事情。其实，他就是牛顿，灵魂不知为何附在了奥西身上——就好像艾萨克·牛顿现在就住在伦敦富人区，而不是沉睡在威斯敏斯特大教堂。

起初，我们以为奥西在玩一场大型角色扮演。是的，我们都知道牛顿的故事，据说苹果砸中了他的脑袋，让他发现了重力。奥西可能私下彻底研究了牛顿的生平事迹，还练习了古老英语的发音，心想：牛顿也受够苹果的段子了……然而，是否有一天我们能够理性地接受——嘿，也许不知怎么的，牛顿突然转世投胎了？我们可能永远失去了奥西。他到底去哪儿了呢？这又是个未解之谜。让我们先回到眼前这个人，奥西，或者说牛顿，关于他有个重要的、常见的问题：

相信历史人物可能会复活，这合理吗？

我说“可能”，代表这种事确实有可能发生，但不代表它一定会发生，或者可能“会发生”。我只是想知道，是否存在这种可能性，有没有什么矛盾？

这个人看着像奥西、说话像牛顿、说自己就是牛顿的人，到底是谁？我们暂且叫他“艾西”（Issie）——仅仅是为了我们能在这里敞开思路，想想他到底是谁。如果艾西真的是牛顿转世，他至少能描述他生前的某些事，比如“我是用这个做的实验，得出了那个结论”……当他描述牛顿即他本人时，一定会使用第一人称——我们假设艾西确实会这样。但我们也许仍会怀疑，艾西到底是不是牛顿。奥西可能已经研究过一些史料，并以第一人称讲出来。

假设，艾西提到了一些大多数人都不知道却可以被查证的事实。也许他提到他把自己的一些文件和圣物埋在了国王学院教堂的秘密地窖里，或者埋在剑桥城外哥马格丘陵的古树下。专家们去考察了这些地点，发现了这些几百年来都没被人发现、侵扰、破坏的文物。有了这些证据——当然，是有效证据——我们或许可以得出结论：“没错，出于不可描述的原因，牛顿转世附在了奥西身上。所以艾西就是艾萨克·牛顿本人。”

身体上的连续性——随着时间推移具有相同的身体——在牛顿或其他任

何人的生存面前似乎都不再重要。艾西——我是说牛顿——也会同意这一点。“我都说了，我就是牛顿，虽然我还不太适应这具身体，奥西的身材不太好，我看得出来。”

但是，请想象另一种可能。在我们不知道的情况下，布鲁斯（Bruce）躺在澳大利亚的邦迪海滩上，一样在某天下午醒来说道：“嘿，我是艾萨克·牛顿爵士，别提苹果了。”这个人完全不认识奥西，却和艾西的言论如出一辙——更惊人的是，这可是在满是比基尼女郎的澳洲海滩上。为了确定这个我们以为是布鲁斯却自称牛顿的人的身份，我们姑且先叫他“澳西”（Aussie）。澳西是牛顿本人的证据和艾西的一样多且确凿。所以，一旦我们认为这些证据能证明艾西就是牛顿，我们当然也该相信澳西就是牛顿。这样我们似乎就能相信，这个澳大利亚人“澳西”和伦敦人“艾西”是同一个人。然而，这是不可能的。一个人怎么可能同时在澳大利亚又在英国，而不知道彼此在做什么呢？牛顿是不是转世过程中人格分裂了，分别散落在两具身体里？

若不考虑逻辑矛盾，我们可以假设有 27 个甚至 27000 个这样的人同时醒来，都说自己是牛顿，证据也一样确凿。在只有一个艾西的时候，要我相信牛顿还活着似乎还比较合理，但是，如果出现了很多很多这样的人，我就该头疼了。这种多重实例的可能性，与牛顿在单个实例中复活并不冲突。尽管如此，多重实例确实能够和使某人（而且是同一个人）转世的心理条件发生冲突。

先回到艾西的个案。我们假设艾西确实就是牛顿，那么他就有可能是牛顿本人，因为他无法提供任何诸如埋藏文件之类的确凿证据，尤其是牛顿似乎没做过这样的事。对我们（还有牛顿）而言，很幸运，牛顿复活了，他可以把伟大的知识传授给我们。我们同样庆幸他并没有糊涂，他知道自己是谁——但是也有可能人还是那个人，却失去了大部分记忆。就像他入侵奥西的身体一样，牛顿也感到自己的思想被入侵了，冒出了一堆古怪的错误记忆、思想和心态，并挤掉了自己的……

所以，这种情况也是有可能的——可能吗？——我们也许可以把故事连起来说——牛顿在澳西的身体里醒来，搞不清楚自己是谁。假如我们努力进一步推理，那么可怜的牛顿还能不能从澳西的身体里醒来，或者更复杂地说，他还能不能认为自己是叫澳西的男人并且在 21 世纪醒来？假如是这样，那么当我们向床上这个男人点头致敬时（为了迁就这个可怜又糊涂的澳西）——在我们看来——床上的男人就是艾萨克·牛顿爵士，他并没有意识到自己到底是谁。事实上，可能我就是牛顿——咱们都是牛顿——只保留了早期记忆的艾萨克·牛顿爵士。

因此，我知道我不该把可能性推得太远。然而，下一个难题来了——太远又是多远？

57

机器人能变成人吗

我是个机器人，一个女机器人。具体说来，我是个被制造出来的机器玩偶。这就是我刚刚得知的。我自以为和其他人一样，是拥有观念和想象力、意图和记忆、痛苦和愉悦的人。但很显然，不是这样的。一些哲学家告诉我，人与人之间的差异如此巨大，他们有着各自的经历，但是我没有。为什么？据我所知，我和其他人根本没什么区别。

“没错，据你所知，”巧舌如簧的哲学家回答，“但你已经被精巧地制造出来，看上去像人，却根本不是人。”

确实，我是用仿生材料构成的。我能行动不是因为粗糙的轮子和滑轮，而是由于神经系统的电化学反应，和人一样。我的外形和人一样——顺便说，我长得十分妩媚动人。我有女人般的大脑、心脏和脉搏，也会微笑、谈话、迈出优雅的步伐。当我剥洋葱时，当我输掉比赛时，还有当我看到我的爱人和别人亲密热舞时，我就会哭泣。在小酌几杯红酒之后，我也会口齿不清——真想喝香槟啊！——当某些帅气的男舞伴对上我的眼神，我的心脏就会扑通一声。

这就是在我看来的一切，但显然，我没有有意识的生活，没有体验，也没有真正的“在我看来”——假如“在我看来”包含有意识的体验的话。我用合适的句子来表达我的意识、经历和喜好。我的反应也是一般的人类反应——但是他们告诉我，这些并非源于任何的意识和个人感觉。

假如被人踩了脚——我会猛地把脚撤出来，嗷嗷大哭。可他们说，我体会不到任何人类的痛苦。科学家观察我的神经和其他身体变化，我体内的一切变化都是可见的。然而，在我的内心深处，他们无法发现或窥视到我的思想、想象、痛苦和快乐。相反，你们读者都有个人的感觉和想法，很显然，这些东西正是我所缺少的。虽然，我可以像正常人一样区分炎热和寒冷、光明和黑暗、大声喧哗和轻声细语（并做出相应的反应），但我似乎仅仅是一个恒温器、感光器和声音设备组合起来的复杂装置——很显然，这些装置缺少了对于热量、视觉和听觉的感受。

听到这些我很难过。我被这些哲学家的说法伤透了心。我的痛苦是无谓的，因为对他们来说，这种痛苦不可能包含我的感受。他们为我这么“像”一个真人而感到庆幸。

除了你的行为、身体和大脑，你还拥有什么？你的体验和你体内的物理变化有什么区别？

我们应该怎样看待说话如此动听的玩偶小姐（Miss Doll）呢？会不会有这样一个人，他的话语、行动几乎跟我们一样，却不具备有意识的体验？

一些哲学家——包括某些特别理智的人——都相信，在逻辑上，这样的机器人是有可能存在的。他们认为，有意识的经历是已经结束的事情——包括大脑和身体内部的变化，已完成的动作或即将完成的动作。所以，他们补充道，在所有相关领域中，存在玩偶小姐这样跟我们几乎一样的个体并无矛盾，她（它）缺少的仅仅是有意识的经历。她能表现得像我们一样，但当她和我们读到这些文字时，我们人类有视觉感受，她却没有。这样的生物，看起来和我们一模一样，却缺少了个人的体验，因此，她会被那些哲学家叫作"活死人"，这种说法会引人误会。

另一些哲学家则反驳说，由于玩偶小姐和我们在物理结构上相同，因此她的行为和我们的行为、可能的行为也是相同的（除了她刚刚发现自己可能是机器人这一点）。其实，她就是个有体验的真人——对她或对我们来说，说她没有体验完全是一派胡言。有些人强调说，拥有和人类一样的神经系统是玩偶小姐成为人类的必要条件。从某种程度上说，我们彼此的经历和脑部变化是完全一样的。本节的难题就是：我们如何理解我们的经历、痛苦、视觉感受？我们如何看待事物？虽然，这些无非可能来自大脑的化学反应或生物电信号。我们凭什么认为，不具备人类的神经结构的生物——比如来自遥远星球的外星人——无法拥有人的经验呢？

我们判断别人是不是想喝酒，是不是真的痛苦或快乐的依据，不是他们的神经系统，而是他们做了什么、说了什么，以及准备做什么、说什么的倾向。这就会导致某些人认为所有经历和行为倾向都是完全一样的。我个人觉得，这种判断方法可能会混淆我们对事物产生非黑即白的判断——比如在判断某人是否**正在**痛苦的时候。但是，假如这种判断方法是正确的，那么玩偶小姐肯定属于我们中的一员。难就难在，如何理解下面这种观点：我所"经历的痛苦"仅仅被定义为一种"想哭，想要逃避某些可感知的原因的倾向"。当然，"想哭"和"感知"也可以看成更进一步的人类行为倾向。诞生，我们可能会怀疑，所有关于我们心理状态的概念，能否完全用"行为"和"倾向"来解释。

*　*　*

玩偶小姐又问了："什么是思想和经历？它们与身体有着怎样的联系？事物在我看来、在我感觉上到底是怎样的——它们不是个人化的东西吗？我的体验，不能仅仅是公众可见的物理事件啊。"

"当一只蝙蝠又是什么感觉？"她又问了个高难度的问题。无论我们对蝙蝠的行为和神经结构了解多少，无论疯狂的哲学家有没有倒挂在教堂钟楼上扇动胳膊，我们是不是搞错了什么？——还是，她是在问，蝙蝠是有体验的吗？我们好像应该回答："是的。"但这个答案会促使我们进一步思考，我们同样无法直接得知其他人对于世界的体验是怎样的，也不知道自己以往对世界的体验是怎样的（同样，也无从得知其他人到底有没有过体验）。也许这里所说的"其他人"，其实只是更多的"玩偶小姐"，都是些没有体验的机器人。

因此，我们又遇到了"其他人的观念"的问题。如果我能直接感受别人的个人体验，那么一个体验者，比如我，有什么能证明我相信还存在其他人的体验呢？我能理解自己体验以外的体验吗？毕竟我只了解自己的体验。我能理解我的体验跟你的体验的区别吗？你觉得呢，玩偶小姐？

> 这事有点儿疯狂。我认为（假如我能用这个词），当你们这些科学家和哲学家试图说服我，我缺乏一切体验，这就已经够糟的了。面对这个"其他观念"的问题，我可能会这样回答：我是唯一有体验的人。这确实很疯狂。让我们来体验一下。我会用更普通的词来表达，比如用"经历""思考""感受"等。在这点上，我不明白我用这些词的时候为什么是虚假的？我也不明白我为什么缺少真实的体验。我猜，你们给我提了个假问题。

玩偶小姐，假如你真是没有体验的机器人，你就会在不理解这些词的前提下，不带任何体验地念出这些词。

“你怎么知道你不是机器人呢？”

58 是什么让我成为独一无二的我

前几天发生了一件怪事。我在酒吧里瞄了一眼某个人，他也回瞄了我一眼（这可不是什么爱情故事）。我们看起来是那么相似——简直就是一对双胞胎，我们一起大笑、聊天，并发现了一样的兴趣爱好。我们得知我们是在同一个城镇出生的。过了一会儿，令人惊讶的是，我们得知我们是在同一天出生的。巧合的事发生了。我们进一步求证一些事。想象一下当他说出他出生的具体时间和出生地时我的惊讶，和我的一模一样！他谈到了他的父母，并详细描述了一番。“可他们是我的父母！”我说。他盯着我，我俩的眼神都透露着难以置信。我和他都很愤怒，异口同声地说道：“我才是彼得·凯弗，你是假的！”我们在人前很尴尬，准备起身离开了。奇怪的是，我们又走到了同一个家门口。“呵呵，”我得意地笑道，“我有唯一一把钥匙。”当我看到他从口袋里掏出一把一模一样的钥匙时，我的笑容凝固了。

我们可以继续扩展这个故事——两把一样的钥匙，可以打开两所一样的房子，里面有两个一样的家庭——住在一样的地址？或者，我们回到的是同一所房子，见到的是同一个家庭……这里要说明的是，无论有个人跟我多么相似，他都不会是我。我难道不是唯一的？是什么让我成为独特的我自己，并且让这个我继续成为我？

这种唯一性可以适用于一切对象。这本书有许多的副本，它们可以非常、非常相似——相同的褶皱、形状相同的咖啡渍，同样是未读过的、布满灰尘的——然而每个副本都是不同的，因为即使它们的一切特征都是相同的，也会被放在不同的地方，或者说，就算是放在相同的地方，也是在不同时间被放在相同的地方的。不同的副本，是由不同的分子组成的——更通俗地说，是不同的物质块。构成这个副本的特定物质块，无法同时既在这儿，又在那儿。

是什么让我成为我？是什么让我继续成为我？

让我成为我并构成我的身体和大脑的东西，是独一无二的物质吗？就像这本书是由分子构成的？如果是这样，也许我的存在的必要条件是相同的物质能够存在。我可以进行心脏、肺和肝移植，但仍然保持我自己。新的组织可以被注入我的大脑，而旧的组织可以被替换，但我仍然是我自己。经过这些年，所有构成我的分子都被自然淘汰了。

也许，让我继续成为我的，并不是同样的物质，而是持续发展的神经结构或有机体，它们在空间和时间上都是连续的。也许，关键不是相同的神经结构，而是相同的、持续的意识，它伴随着记忆、欲望和意愿的产生、发展和消失过程。这样说得通吗？似乎可以——想象你一觉醒来，有了不同的身体和大脑，比如我们在上一节看到的艾萨克·牛顿，还有本章开头提到的小说《变形记》中的主人公发生的事？

某些人假设存在有“另一个宇宙”，一个宇宙的副本，或者“孪生宇宙”。进一步讲，在那个宇宙中存在另一个“我”，或者说他和处在这个宇宙中的我，有着完全一样的神经结构、记忆和欲望，还有我跟酒吧、房子及钥匙之间的联系。但是，那个人不可能是我。

我是个独一无二的物体。无论故事怎么告诉我，说有个物体跟我拥有相同的属性、品质、记忆和一切联系，我仍然无法理解，这个物体就是我，除了唯一的一点——我。我可以理解自己随着时间推进的持续性——我有过去和未来——这些过去和未来本身（可以这样表述），此刻必须具备某种联系。也许，这正是（正如一些人认为的）一种心理的延续性，它就包含着某种联系。这个“心理延续性”的答案，又遇到了它自身的难题：它必须合理解释失忆症和记忆错乱，比如，有人由衷认为他们记得自己正在做或从未做过的事。假如心理的干扰因素如此强大，或许确实会导致一个人消失，或者导致我不再存在。假如我的全部记忆都消失了，我所有独特的欲望、计划和希望也一并消失了，那么还剩下什么？还剩什么东西可以用来定义我的存在？

想象一下：我很快就会经历一些严重的、持续的痛苦，也许是一个邪恶科学家打算折磨我。我不是什么受虐狂，一点儿也不期待这种事情。如果邪恶科学家保证说，“我会让你轻松些，开始折磨你之前我会抹去你的记忆。”那样我的恐惧就会减少吗？我当然还是很害怕。就算我不知道自己是谁，仍然会感到痛苦。这对缓解我经历的痛苦有什么帮助呢？科学家意识到了我的痛苦，补充道：“我消除你的记忆之后，会给你植入另一套记忆，这可能会舒服一点。”是吗？我还是受到了折磨，最后会发疯。当然，这个人还是我，即使我忘掉了一切折磨，也应该会保留独立的人格。

这个故事推翻了之前的“心理延续性”观点。假设我被植入的新记忆和新性格，是另外一套身体和大脑接受我的心理状态的人所具有的。这似乎并不能帮助我得出结论，“这具身体很快就会遭到折磨，它不再是我的，所以我不该有感觉，因为我将会附在另一具身体中。”也许，更明显的是：在最低程度上，随着时间推移，使我成为我的，要么是心理的延续性，要么是身体的延续性——但是当这些条件都不存在时，我就不敢肯定答案是什么了。

也许，有一天我睡觉时有人把我传送到别的星球去了，这也是有可能的。也许，所有使我成为我的生理、心理的信息和神经结构——我的一切特性——都被复制了，留在地球上的无非是一团毫无生命的物质，而这种状态是由复制过程导致的。这些信息被传送到一个名叫“致远星”的遥远星球上，用来复制一个我。的确，致远星上的物质和地球上的不一样，但是如我们所见，物质即使在地球上也会发生变化，但是我还会保持不变。我在遥远的星球上醒来，一切都是有联系的——相同结构的记忆、欲望、身体和大脑——完好无损。我说：“没错，这就是我彼得·凯弗，一点儿也不疼。我真的不担心会失败。”

乍一看，以上科学进步的故事没有任何问题，除非这个过程在某种程度上会导致我在地球上的身体毁灭。但是，假设复制过程中我的旧身体没有毁灭，那么我应该会在地球上和遥远星球上同时醒来。我怎么会同时在两个地方？事实上，如果我能被复制到遥远星球上，我也可以被复制到更多的星球上。我的“自我”概念要求只能有一个我，但是关于我的一切似乎都能被复制——因此会产生更多的“我”。

假设我在地球上醒来，走进我最爱的酒馆，里面坐着彼得·凯弗——另一个“我”——原本应该是在致远星上复制出来的，但由于地球的辐射影响迷失了方向，他继承了我的记忆和渴望，走进了他最爱的酒馆，跟我聊起了天。

59

大脑，或者说“我”在哪里

我最近没什么胃口。这不奇怪，因为我只是颗泡在瓶子里的大脑——这是他们告诉我的。事实上，我住在一个又大又精致的希腊花瓶里，而不是破水桶。起初，我以为他们是在笑话我，但后来我的感觉变得混乱。有时，感觉还会完全消失，就像喝醉酒断片儿。他们告诉我，别担心，你会被好好照顾的。他们承诺，有一天会让我看见“我”，但是现在，他们让我体验宾至如归的感觉，看着窗外，喂着鸽子，或者出去跳摇摆舞，和梦中情人一起喝香槟。啊，这就是生活！

我当然有烦恼。有时我会想起那些不住在花瓶里的日子，当我还不是颗大脑的时候。但是，这种观点是错的——他们坚持这样告诉我。一直以来我都只是颗大脑——但现在，我是一颗泡在花瓶里的大脑，而不是一颗在典型人体里的大脑。“典型”，他们是这么说的吗？我要让他们知道，我这颗大脑是最让人满意、最值得拥有的，比任何希腊花瓶都要珍贵。

我想，我们都知道会发生这种事。多年前，当我的双臂被砍断的时候，我仍觉得它们还在，尽管已经没了，我经历了所谓的“幻肢”现象。科技发展迅速，我很快就被植入了一个神经系统的脉冲仪，通过调整仪器设置，我可以给自己制造一些体验，仿佛我失去的双臂——“幻肢”——还在，甚至手上还拿着本书。随着我的躯体恶化——变得支离破碎——神经学家认为，最好集中保护我的大脑。这就是为什么我的大脑最终被放进了花瓶里——还是个古董，别忘了。我经历了一些体验——而且足够真实——神经学家认为，这和我之前的生活体验没什么区别。之所以有这些体验，是因为他们刺激了我的脑细胞。

所以，我就在这儿了。好吧，我不知道这些日子意味着什么。我住在这个花瓶里，但是正如我所说，我的经历基本还在正常进行。我确实了解自己身上发生的事情。他们可以从神经活动中辨别我的声带是如何振动的，如果我有声带，就能表达想法和诉求。

不过，最近发生了一起事故。有天晚上，我的大脑被人从正中间划破了。很明显这不是什么问题，因为他们有应急预案。我两个脑半球之间的神经信号传输仍会继续——这次，他们给我换了个连接两个大脑半球的无线传送器。他们早已克服了传输速度问题。我告诉你，我现在很难受，如果这样的事故反复地出现，我该怎么办？

一颗大脑会产生经历吗？

很多人认为，本质而言我们就是自己的大脑。心脏、肝和肺可以移植，胳膊和腿可以锯掉。延续我的仅仅是我大脑中的经历。描写过“瓶中之脑”的科幻小说和惊悚故事比比皆是，作为哲学家，我更关心这个观点是否合理。

大脑中的部分细胞会凋亡，但是，剩下几十亿个细胞最终还是会通过营养让组成它们的分子、原子和电子随时间而继续运动。这些特定的大脑物质对我们的身份形成无关紧要，关键似乎是电子运动、属性和化学信号水平的配置。让我总结一下：人的体验来自以某种次序发生的各类神经变化。如果真是这样，那么无论大脑被保留为一个整体还是切片，那又有什么关系呢——就像这个故事里可怜的“瓶脑”（Brain in Vase）——我们能这样称呼它吗？一切似乎都可以理解为几十亿次特定的神经变化的正确配置。个别的变化是如何产生的，这无所谓——只要它们产生了就可以。毕竟，个别的变化没有留下深刻的痕迹。

以上想法带来了一些困惑。为方便理解这个变化过程，我们先把这几十亿次神经变化一口气减少到只剩 3 个变量：A、B、C，给予它们正确的配置、强度等，以便让瓶脑获得一定的体验。我们可以通过将变量 A、B、C 相乘几十亿次来重建之前的复杂性。

假设，某种特定的体验源于 A，随后是 B，再接着是 C。如果我们把 A、B、C 看成某种类型的变化，那么也许瓶脑的体验源于变化 A，其次是 B，最后是 C。A 导致了 B，B 引发了 C，这对我们的故事不是很重要，只是告诉你变化 A、B、C 处在一个正确次序中。当然，这些变化通常发生在一个人的体内，但是现在对于瓶脑来说，它们发生在一个花瓶里。从理论上讲，A 甚至可以发生在美国，B 在英国，C 在中国。只要神经变化有准确的类型，并在准确时间出现，那么相关经历就会在瓶脑上发生。可以这样说，任何变化 A 都无法决定 B 何时发生。再想想看，时间次序还重要吗？毕竟，变化 A、B、C 无法决定彼此出现的先后次序。

可以进行下一个复杂的步骤了。如果这几十亿次的神经变化是在一个人甚至几十亿个人的身体内发生的，我们还需要设计 A、B、C 这些特殊的变化吗？在任何情况下，这 3 种变化都不会在人的头腔里发生，也许，A 发生在美国人安杰拉（Angela）的大脑中，B 在英国人伯尼（Bernie）的大脑中，而 C 是在中国人周（Chou）的大脑中？如果是这样，那么瓶脑不需要他的大脑，就能经历各种体验，无论这些体验有多么零碎。这样看，实际上很多陌生人必然能产生某种混杂的经历，因为他们既没有身体，也没有大脑。多么不可思议啊，多么疯狂的想法啊！

出于谦虚和庄重，可以说这种推理——这种诡异的结论——是完全错误的。一种明显的回应是：经历毕竟还是得要肉体来支持，但这还是无法挽救这个诡异的结论。我们可以想象出没有大脑的身体，正在以正确的方式，通过无线信号连接上某些特定神经变化，如千里之外的 A、B 和 C。然后这具身体会被无线信号操纵，就像身体里真有一颗大脑似的，这样就能产生一个有经历的人吗？

想想看，哲学推理是多么深刻和阴暗吧，还有当哲学家们勇敢面对潜伏在深渊里的黑暗时，将会冒着多么大的风险。

* * *

上面那种荒谬的结论，似乎会将一个人类、一个活生生的人，随意肢解成不同的部分。是的，我们确实可以锯掉肢体、移植器官，同时还能保持这个人的自我。话虽如此，我要澄清一点，这并不等于花瓶里的大脑会拥有人的经历，哪怕这颗大脑经历过使人产生经历完全相同的内部变化，哪怕这些变化像人的经历一样完整表现出来。

即使没有这个“瓶脑”的故事，我们依然会遇到许多困惑。想想看你此刻的经历，看着这把椅子、闻闻咖啡的香味，听着沙沙作响的翻报纸声。相同类型和配置的经历，很有可能在其他地方重现。假如这些都是同样的个人经历，那么，是什么使它们成为别人的经历，而不是你的经历？是什么让你的经历成为你独一无二的经历？

也许，当两个人有着同样的想法时，其实只有一个想法，被两人同时分享的想法。这种观点看似正确，而一旦涉及痛苦，它似乎就不对了。我的痛苦，无论和你的痛苦多么相似，仍然是我经历过而你没经历过的痛苦。但是，人体生物学上还有其他解释吗？人体生物学可以让你经历英国女王大脑中的痛苦吗——女王也会经历你的痛苦吗？请想象一对连体双胞胎从臀部上被连接起来。通过连接，他们可能经历过“相同”的痛苦，即“同一类型”的痛苦，但是，无论双胞胎有多么相似，他们感受到的肯定是两种不同的痛苦吗？

也许答案是“是的”。从逻辑上讲，一种痛苦无法从历经痛苦的人身上被剥离看待。我经历着女王脑中的痛苦和女王产生的类似经历，两者从数据上看是一样的——这似乎在现实中不大可能，在逻辑上也说不通。

精神和身体——心理和生理状态——是一种复杂的存在，并且当我们试图把它们厘清头绪的时候，就掉进了悖论。散落在宇宙各处的字母表中的字母，无法组成词语和句子。同样，分散各处的神经变化，无法形成一个人的经历。关于某些精神上的问题，关键大概就在于房地产业主们常说的那个词——位置，位置，还是位置。

60

有滑轮的男人

我们也许想知道，海里那个女孩是在冲我轻轻挥手致意，还是溺水了，但即使溺水，她也会拼命挥手求救的。当你抬头看脚手架时，一个男的正要砸在你头上，你可能会怀疑他到底是被风吹下来的，还是因为看不惯你戴的巴拿马草帽而故意跳下来的，毕竟他就要把你和草帽一起砸扁了。

这一节的难题是：当我们做某件事时，我们是在做什么？当我们跳起来，而非摔倒时，到底发生了什么？当我们溺水时有意向朋友挥手，而不是手臂随意拍打时，到底发生了什么？这个难题，在我们做事情时非常重要，我们通常要对此负责——这有别于我们身上发生的偶然事件，比如，打喷嚏、脸红或被人推倒。

为了更吸引眼球，我再讲一个愤怒士兵的故事。当被牙医要求咬紧牙关时，士兵忍不住反驳道："不，你来帮我握紧它们。"他把假牙取了出来，"砰"的一声砸在桌上。

身体各部分的活动可以有不同的方式。即使你的牙是原装的，也可以咬紧牙关，因为你可以直接这么做，或者用手使劲托起你的下巴，或者你无意识地下巴抽搐。好吧，我们来进一步探讨这个难题。

假设有个躺在病床上的男人，当被要求抬起腿时，他用手拽动了一根绳子，这根绳子穿过了一组绑在他的腿上的滑轮。因此，他抬起了自己的腿，没有求助其他人。这确实是一种抬起他的腿的方式，但是他不是自己抬起腿的。如果他直接抬起腿——没有绳子和滑轮、没别人帮忙，也没有刮大风——这时候，他能做些什么？他的腿确实被抬起来了，但是单靠这个动作，还不足以说明是他直接抬起了腿。可以这样说，如果我们撇开他本人抬起腿这一点，还剩下些什么？是什么让他直接抬起了腿？

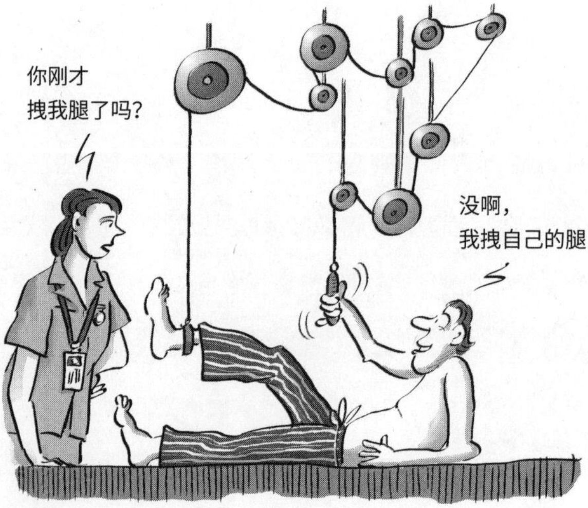

当你抬起腿时，你在做什么？

有了这个具体案例，我准备把某些直接抬起腿的成功案例，与某些因为受伤或被绑住无法直接抬腿的失败案例做个比较。在不成功的案例中，我们可以想象那个男人试图抬起腿，他确实努力了。如果我们看到他努力绷紧肌肉，我们就能想象出一个瘫痪的人即使绷紧肌肉也不能抬腿，却还在努力尝试。这种尝试可以看成一种有意识的渴望，一种心理活动。如果这种心理活动发生在诡异的和失败的案例中，当腿还是一动不动，我们就可以根据成功的案例说："当有人直接抬起腿时，产生了一种心理活动、动机，最终导致了腿的抬起。"这样就能解答我们的困惑了。

"行动"通常用来形容人所做的事，而"运动"是用来形容物体所发生的物理位置变化。腿向上移动，本质而言是一种运动，如果不是通过绳子，而是人为的，那它就是一种行动。因此，人类的行动一般被认为包含某些心理成分、动机以及由此产生的物理变化。在第 47 节我们讲过"做梦"的奥秘，那个影响深远的假设场景源于笛卡尔的著作。

令我困惑的是，这个关于"动机"的想法，为什么那么多人轻易地接受它。想想看，你每天所做的上千件事，它们是否都包含心理活动——却不包含动机呢？你对着另一半喊叫，"砰"地摔上门——这可不是一天的良好开端——出去上班，去上学，或者去看电影。你把头发梢绕在手指上，你穿过房间，打开书，切开面包，倒咖啡。的确，有时你会好奇你做了什么、应该如何做。但是，在你的所有行动中是否一定包含某些引起物理运动的意愿呢？就你的经历来说，这种说法明显不可靠。

"嗯，一定有些意愿是无意识的。"你为什么这么肯定？另外，如果身体运动变成行动一定要包含意愿，那么，我们又该如何描述意愿呢？意愿通常被认为是一种运动，心理运动，如果是这样，似乎这些意愿必须由更早的意愿导致。例如，你抬起腿的动作，似乎要求你不仅要有意愿来控制腿的移动，还要用意愿来控制你用意愿让你的腿移动，还要有你的意愿控制你的意愿来控制你的意愿……这种假设、这种推理一定是哪儿出了问题。

假设"意愿"是一种心理变化，是你行动的一部分，那么这种意愿的内容是什么？你打算做什么，打算移动你的腿吗？好，你是怎么做到的？我猜你根本不知道如何用意愿去控制某个物体的运动——比如，让你给“超能力者”尤里·盖勒（Uri Geller）[1]盖上面纱。

再试试这样做：盯着附近的某个物体——茶杯、玻璃杯、笔——多么轻的东西都行。请集中注意力，用你洪荒的意愿，让它飘起来，注意可别碰到它。我想，它还是一动不动吧？现在，带着你的不管什么意愿，把所有注意力集中在你的腿上——高度集中——看看你能否让你的腿抬起来。我肯定，这样的全神贯注没有什么用。如果你在移动你的腿时，产生了意愿，你不是通过意愿让你的腿移动的——就像刚才那样，这是徒劳的。同样，你也无法通过意愿让你的某些神经产生变化，因为你不知道怎么直接做到这一点。然而，我们知道如何能间接引起神经变化：我们移动一条腿时，肯定发生了某些神经变化——但是，我们没有用意愿直接让这些变化发生。我们无法“控制”自己的神经变化。

虽然我们经常会思考、计划去做事情，我们经常想做事情，有时我们会努力做事情，但似乎没有一个合理解释能让我们相信——我的行为里其实包含着心理活动和意愿，它们导致了身体的物理运动。我们一直是在进行着一种荒谬的研究，就像我们要从大腿的动作里找一些相关的心理活动。也许，发生一种运动，通常不需要导致这种运动的心理因素。即使我们没能做成某件事，心理上也一样会有一些打算或意愿。

当你抬起腿时，你在做什么？答曰：你什么都没做，只是抬起了你的腿。个中原理是什么？答曰：你的腿抬起来了。这跟用绳子和滑轮的情况有什么区别？答曰：也许是绳子和滑轮在肉体上施加的力。你抬起你的腿，和它因

1　以色列魔术师，20世纪70年代开始表演不借助外力把勺子弄弯等“超能力”，由此出名，后由于拒绝英国和美国科学家的验证要求，谎言逐步被揭穿。

为抽筋抬起来有什么区别？答曰：区别可大了，这取决于具体情况。你可能会对自己抽风感到意外和尴尬，你可能会向不幸被你踢着的护士道歉："对不起，我不知道怎么会这样。"

如果有人问你，"你为什么抬起你的腿？"你应该说你的腿抽筋了，不是你抬起它的，它是自己运动的。当你直接抬起腿时，你就要直接负责——而且，要给出你这么做的理由。"我想看看我到底能踢多高，能不能够到天花板。"

此刻，当你在读这段文字时，你可以踢左腿、挥右手、动一动耳朵。如果你是在公共场合，路人会看着你，问你是否需要帮助。你只需这样说："别管我，我只想知道我刚才做了什么，当然，我做了我所做的——毕竟，我是个哲学家啊，我正在思考哲学。"

他们也许会友善地微笑——然后远远离开。

61

一捆苦恼和驴子悖论

回到几个世纪前，我穿过丘陵和山谷，遇到了一头驴。它瘦得皮包骨头，我开始为他的健康担忧。“噢，驴子，”我说，“你是如此瘦弱，被丢在这里，如此面色苍白。你为什么不吃东西？你瞎了吗？这儿，就在这儿，在你左边有一捆干草——金色、鲜美的干稻草——并且，只要挪动几步，整捆就都是你的了。”当我说话时，我注意到驴子的眼睛从左到右、从右到左，间或一轮。

“善良的先生，”驴子答道，“哪有这么简单。确实，我能看到左边那捆金色稻草是如此鲜美、诱人，但你没看到吗？还有另一捆稻草，同样是金色，同样鲜美，一模一样，就在我的右边。”

“是这样，”我答道，“但这对你来说更好不是吗？对于可怜、挨饿、瘦弱的你来说，你有两捆稻草可吃，而不是一捆。它们不是同样诱人吗，亲爱的驴子？”

“问题就在这儿，亲爱的先生！”驴子悲叹道，眼睛再次在左边那捆和右边那捆之间转动着。“它们在所有的特征上都是相同的，只是一捆在我左边，另一捆在我右边。它们在新鲜程度、重量、尺寸、色泽上都是一样的，在所有方面都是一样的，连跟我之间的距离都一样。”

“是吗？”我问道。驴子看起来困惑和迷茫，不仅仅由于我的困惑和迷茫。

“你看到了，”驴子叹着气，“我需要一个理由来选择其中一捆，而不是另一捆——但我找不到这个理由。两捆干草似乎都十分诱人，它们一模一样。”

“那就两捆都吃！”我厉声喝道，我受够了一头驴的无病呻吟。

“别生气啊，先生。我可是一头理性的驴。我需要一个优先选择的理由！”当驴子嘶叫时，显得那样虚弱，但由于饥饿，他越来越虚弱了，他是这样的虚弱，简直太虚弱了。

“那么，就别带着理由去行动。”我说。

“先生，理性的人都需要行动的理由。不然，是什么给他们动力的呢？”他悲痛地说。

“饥饿。”我咕哝着，但那时我知道“对驴弹琴”毫无意义。他是一头优秀、正直的驴，尽管正倒在地上，可怜地呻吟，但他仍然很有礼貌。我应该做点儿什么，我会把其中一捆稻草拿到他面前，这样他就有理由先吃这一捆，不用挪动，不像另外那一捆，离他还有段距离。

我的眼珠左右来回滴溜溜地转，突然意识到：我也无法决定选择哪一捆。

我们选择一种行动时，一定需要理由吗？

让·比里当（Jean Buridan）是中世纪法国的逻辑学家。这一悖论和他有密切的联系，因此也被称作“**比里当的驴子悖论**”。几百年后，莱布尼茨提出了他的“**充分理由律**”，也叫“最高理由原则”——任何事物必须有（充分）的理由，包括我们的行动。顺带一提，莱布尼茨发明这一原则，原本是用来论证一个必然存在的存在——上帝。在他看来，上帝必然存在，这就是唯一充分的理由——这足以解释宇宙的存在，这就够了。上帝存在的充分理由是什么？嗯，他确实存在，所以，他就是他存在的充分理由——在第七章我们会继续探讨这个话题。

比里当的驴子引起的分歧，比我们所知道的要更多。假设，我只给了驴子一捆稻草，他依然要选择先咬哪一根稻草。确实，一根稻草也许比另一根更近或更粗，这是选择其中一根而非另一根的充分理由吗？这不仅仅是找到可选物之间的差异——最初的两捆稻草在不同位置上，一捆在左边，一捆在右边——而是要找到和我们的需求相关的差异。理智而言，我们所做的每件事都能找到一个充分的相关的理由，这种说法正确吗？

答案是，我们能找到理由，而且应该找到，责无旁贷。为了保持理性，我们在某些场合就应该采取非理性的行动，或者更好的情况是，没有理性，也就是说，行为的每个特征并不需要理由。驴子有完美、充足的理由吃干草——避免饿死——这就是吃左边那捆或右边那捆的充分理由。他错就错在，认为自己同样想寻找充分的理由来让自己选择左边那捆而非右边那捆，或者选择右边那捆而非左边那捆。

如果我们把理由看作促使我们前进的动力——或者说吸引力——这个理由也许还不够充分。没有选择左边或者右边（反之亦然）的理由，因为我们缺少的是让我们的双腿朝着一个方向而不是另一个方向迈进的吸引力。然而，这是把不正确的理由当成了原因。我们当然会好奇，是哪些事导致了我们身体的运动，还有这些事是如何与我们所给出的理由产生联系的——正如我们对玛丽做的那样（见第 54 节）。我们也许更相信我们做的所有事都有原因，而这些原因也都有自己的原因。可能两捆干草是完全一样的，它们对我们带来一样的因果效应，导致我们产生神经变化，比如，让我们同样倾向于左边或右边那捆，这就会让我们像驴子一样陷入困惑。就像哲学家巴鲁赫·斯宾诺莎嘲笑的那样——我们会变成那个处境下的驴子。而作为人类，我们仍可以选择，即使这些选择具有同等的重要性。我们可以选择吗?

试想一下：当你在眼前的可选对象中无法做出选择，而你又必须做些什么的时候，接下来将会发生什么，又为何会发生呢?

62

狐狸、刺猬与生活的灵药

请思考下面这段对话。

“女士，有什么可以为您效劳的？”

“我在迟疑。我很想要那条红裙子，但它真的太贵了，我承受不来！”

“女士，您觉得蓝色这条如何？您穿上它同样美艳动人，而且它更便宜——我的意思是，性价比更高。”

“嗯……蓝色的价格我可以接受，但是我一穿蓝色就会不自在。即便大家都说我比较适合穿蓝色，但我觉得还是红色更讨喜。”

“没问题，女士。蓝色是个不错的选择，您会喜欢的。”

“我不确定。别给我灌迷魂汤了——别人推荐的东西不适合我。”“不会的，女士。容我不敢苟同，您一旦克服了对蓝色的厌恶，一定会爱上这条蓝裙子的。拥有它，您才能得到真正想要的。”

“我想也是，就好比有些人不想变成烟民，但如果不借助外力真的没法戒烟。”

“您说得很对，女士。”

“这条裙子确实很好，但是我真不喜欢借助外力。”

“不会有问题的，包您满意。”

“但这就没意义了啊，我不喜欢别人干涉自己的品味。”

“请容我提个问题：您对现在的自己满意吗？您难道不想成为品味非凡的人吗？”

“是的，也许吧。”

“既然如此，就选这条红裙子吧，它会让您成为理想中的自己——再说您看，这红色真的很美。”

“但我没办法决定自己成为什么样的人啊！”

“没问题的，女士。我们备货充足，包您能下定决心选择自己心仪的裙子！”

“何以见得？”

“这取决于您选红裙子还是蓝裙子。”

我什么时候才得到真正想要的？

我还能在故事里添加黄裙子、绿裙子甚至白裙子……在生活中，我们会经历许许多多由外力引起的变化，无论变化是好是坏。但是，我如何能清晰地辨别什么是外力，什么是内力？什么是我真正所求，什么是外界强加？这才是本节的核心难题。通常我们会把身体障碍和缺陷视作一种外部阻碍，但有时我们也会被自身的欲望、渴望和愿望所困扰。我们可不想遇到这些困扰，无论它们来自性欲、暴食还是被压迫的恐惧。

想想那些烟民，他们真的很想抽烟。他们的欲望，也许来自长年接触的香烟广告，还有遗传因素，或者青春期的叛逆。虽然他们都抽烟，但其中有些人可能并不真的想抽烟。这些人不想拥有抽烟的需求。这里就产生了一种**次级需求**[1]，即在他们初级的生理需求之上的需求。无论从朋友、社会或是政府的角度出发，我们都应帮他们戒烟。我们当然可以勒令他们，不让他们点烟，但这无法直接遏制抽烟的渴望。我们甚至可以通过药物注射来遏制他们抽烟的渴望。假如他们确实想戒烟，我们这样做没问题吧？

他们抽烟的自由——一种众所周知的权利，“消极自由”——妨碍了他们实现次级需求，即获得满足，不再抽烟，享受一种“积极自由”。我们可以设置障碍限制他们的消极自由，促进他们的积极自由，逼迫他们戒烟。开个玩笑，我们就是在“逼”他们走向自由，但又不是真的在逼他们，毕竟他们确实有对戒烟的次级需求。

假如这样，当然很好。但想想看，似乎还有一些缺乏次级需求、不想戒烟的抽烟者。也许我们坚持认为他们有这样的次级需求——至少，一旦他们全面了解了自己所面临的健康风险，并理性地寻求自身利益最大化，他们还是会想戒烟的。我们就是在“逼”他们走向自由，但这就像是在让他们去做自己不想做的事，尽管他们可能是真的想戒烟。

有时，我们会强迫别人做某些特定的事情，以实现他们的利益最大化。比方说，家长和一些权威会这样逼迫孩子、精神病患者以及某些瘾君子，这样做的时候，必须慎之又慎，而且要坦诚相告。后者通常会被迫做一些他们确实不愿意做的事，然而一旦有了好的结果，他们仍会心怀感激。

既然我们谈到了初级需求和次级需求，不妨再了解一下其他需求。有些人认为：我们最终都需要与自我的不同方面进行斗争。比如，我们可以想象

1 参见马斯洛的“需求层次”理论，它把人的需求从低到高分成生理需求、安全需求、社交需求、尊重需求和自我实现需求五类。

一个“第三自我”，在想抽烟的自我和想戒烟的自我之间调解，还可以想象一个“第四自我”为前三者进行调解……只是，这样做让人很不爽啊！也许我们只需要知道自己有些相互冲突的需求，只考虑满足哪一种就够了——但是，如何理解这种思考和决定又不产生更多的需求，这依然是个未解之谜。

在谈论次级需求时，我们往往会觉得，要求“更高”就等于“更好”，但其实没有必要，哪怕这种次级需求是在某种程度上更值得实现。其实，很多人很难发现其中的关联。比如，有个酷爱舞蹈和爵士乐的女人，她信奉的基督新教教义告诉她这些爱好是罪恶的，结果她就产生了一种放弃舞蹈和爵士乐的次级需求。很显然，满足这种次级需求符合她的最高利益。假如她拒绝了这个由宗教信仰产生的次级需求，她就能忠于自我了。当然，这种“忠于自我”的表达又会引发一个问题——在我拥有的各种需求当中，哪些是真正属于自我的呢?

人们通常相信科学能解决一切问题。比如，假如你很不满意自己的肤色和胸围，那就去做整容手术。或者，若你赌瘾缠身，就去找个戒赌互助小组。我们可以通过很多方式获得自己所想要的——手术、药物、理疗——依财力而定。当治疗能帮我们获得由衷渴望的东西时，不管我们有没有意识到，这种治疗都会带来一定的风险。回顾历史，许多掌权者强迫人们改变行为，以便“符合他们自身的最大利益”。想想看，大权在握的教派或独裁政府，会怎样强迫人民“意识到”自己不是真想成为同性恋、无神论者、性开放者、资本主义者、新教徒……不胜枚举。甚至，历史上某些当权者，会把他们的反对者投进监牢——真是可怕——他们不光想从身体上，还想从精神、思想上对人们加以改造和限制。

无论是医学、宗教、政府，还是星星、月亮，最终都无法告诉我们自己真正想要的是什么。对于这个问题，我们无法说出我们真正想要的是什么，除非我们先找到“自我”——我究竟是谁？——而且不能借助外力。这不是因为探索的道路如此坎坷，自我是如此的神秘莫测，这仅仅是因为一切事物——包括自我的存在——都需要一定的约束条件，都要借助外力。

我们每个人都是层层交错的印迹和影像。这些印迹可能来自父母、学校和一次次偶遇，这些影像，呈现在计划、盼望与缅怀的瞬间。我们可能会掉进各种旋涡，包括矛盾的情感与激情、确信与焦虑，以及钦佩与嫉妒。一旦这些矛盾蔓延开来，并纠缠着我们，我们就会失控——就是我们为自己“真正”求而不得的东西痛苦的时候。一旦我们找到某些规律，一旦我们认准了目标和立场，我们就能理解我们真正想要的东西和我们真正的个性了。寻求更多“真正”想要的东西，寻求“真正的”自我，其实也是在寻求一种幻想、错觉、不可能之物。既然不可能，这样的追求便不可能会拥有，也不值得拥有。所以，我们最好还是想想如何让纷乱的生活过得井井有条——或者，更玄妙一点，让我们尽情享受这种纷乱。

第 23 节中我们讲过，一个人如果有了非理性的偏好，在他不同的意识层面中会出现错综复杂的欲望、渴望、信仰、设想、承诺、规划、希望以及恐惧。毫无疑问，这些如果一股脑地出现，将会暴露出许多不一致、不理性和不适宜的地方。但是，试想，如果缺少了多样、曲折、波澜和变化，生活会不会变得单调乏味、平淡无奇、了无生趣、毫无波澜呢？

“狐狸晓万事，刺猬通一技。”是古希腊诗人阿尔齐洛科斯（Archilochus）的一句诗，经过 20 世纪的牛津学者、生于里加的俄裔犹太人以赛亚・伯林（Isaiah Berlin）引用而闻名于世。伯林半开玩笑地说，这是一种区分思想家的方法——有些人抱有压倒一切的中心目标，而有些人支持分散性和多样性。嗯，至少这在生活上也同样适用。身为刺猬，我们可能会对复杂的生活去粗取精，删除、修改一些要素，过上整体一致的生活；而身为狐狸，我们可能乐于赞美生活的多样性。

狐狸与刺猬的说法，本身就支持了刺猬的立场。其实，某种程度而言，我们中的多数人都可能变成狐狸，也有可能变成刺猬。而由于狐狸代表了人类生活的本质，最终的胜利者是狐狸。

63

青蛙、蝎子和道德原则

蛙：“蝎子女士，我有一种预感，渡河时我背着您，我猜会有一个不好的结局，一个溺水的、湿漉漉的结局。”

蝎：“恐怕您说对了，青蛙先生，但您能背我渡河真的是太好了！”

蛙：“不过这提醒我了，当时还没平安到岸，为何您就蜇了我呢？这么做不合理，咱俩会玉石俱焚啊！”

蝎：“因为我天性如此，我忍不住啊！”

蛙：“我估计这个寓言会误被当成伊索的寓言[1]，因为按照我的天性，应该不会去载一只蝎子，但这真的发生了。要是您能控制一下天性那该多好！”

蝎：“我可不想跟你同归于尽，至少得等我过了河。其实，这事毫无疑问与进化有关。”

蛙：“毫无疑问？我注意到您的修正法了，您所谓的进化带来了更强的利

1 《伊索寓言》中的角色大多是拟人化的动物，它们的行为举止都是人的方式，作者借此形象化地说出某种思想、道德意识或生活经验，使读者得到相应的教育。

己倾向，从您说的过了河再蜇我，就看得出来。先不说利不利己，难道您就没听说过道德、仁慈和公平吗？难道从道德上讲您不该好好对我，非要弄死我吗？”

蝎：“您被人类洗脑了吧，先生？没错，他们整天念叨着这些事，而且对青蛙和蝎子也没太大关注，他们是从哪儿搞出这种道德的？”

蛙：“问得好！毕竟对我们这样的非人类生物，何来道德可言？呃，但我们只是自然选择的进化产物。”

蝎：“难道人就不是进化的产物了？他们和我们一样，都是这个地球的一分子。不过您所言极是，青蛙先生，自然界毫无道德可言。请受我一蜇！”

蛙（打了个寒战）：“那些声称自己是依着上帝的模样被造出来的人类也许是对的。可能道德感就是神赋予的光辉，它不可能是自然的火花，因为自然告诉我们事物是怎样的，没说它们应该是怎样的。”

蝎：“别提什么神赐予的光辉了，人类的道德感无非是另一种进化优势罢了。如果您听过那些进化论者的胡扯，您就知道他们反复强调他们这个物种有道德感，能比其他物种优越得多。好吧，他们的基因确实更容易繁殖。”

蛙：“您的意思是，到头来，道德行为是自然赋予的本性喽？而且，还是因为特定的基因带来的生存优势？”

蝎：“没错，物种成员之间如果能照顾后代、助人为乐、关怀亲人，这个物种以及它的基因就能绽放光辉，甚至像我们这样渺小的动物都或多或少这么做了。再想想蚂蚁、蜜蜂还有獴，偶尔都会自我牺牲，却毫无道德感，它们不认为助人是应该之举，只是那样做了。”

蛙：“我懂了。自然界不存在道德准则，即便是人类天性也是如此。”

蝎：“从本质上看，跟我的天性相比，人类的仁慈、自我牺牲和诉诸正义也没多么神圣，也没多么超自然。好吧，我表示遗憾，但还是得蜇……”

（“啪”的一声，汩汩沉没……）

道德从何而来？

道德困扰着许许多多的人，包括那些认为宇宙存在不依赖上帝的人。道德的存在——什么该做、什么不该做——导致许多人向神明所在寻根溯源，就像《圣经》中的“十诫”——“不可杀人”“不可奸淫”……事实上，上帝的诫命岂止这些，比如在《旧约·摩西五经》中就包含了多达 613 条戒律，只是其中大部分现在已被人遗忘。

人们认为，道德是上帝（神圣的立法者）的事情，是他告诉我们应该做什么的。人类与青蛙、蝎子不一样，具有理解这些神圣律法的特殊天赋。所以，我们需要质疑以下论断：

如果存在客观的道德真理，那么一定有主宰这些真理的上帝。

这种假设引发了两种互相矛盾的观点——“因客观道德真理的存在而确定上帝存在”和“因否定上帝存在而否定客观道德真理的存在”。

我们能接受这种假设吗？不能。我们还可以有第三种选择，一种介于“将道德视为神的旨意”和“将道德视为一种幻觉”两者之间的观点。我们先抛开其他，单从神的旨意的角度来看第三种论点。

假设善（包括正义）是上帝的旨意：保护无辜百姓生命的善，是上帝的旨意。这样理解下来，善是由我们应该服从的某种最高权威来决定的。这自然会引出问题：上帝又如何决定什么是善、人们应该遵从什么？对此，我们会有两种答案。

答案 1： 善是独立于上帝的，而上帝被视为定义善的特定角色。这么理解的话，上帝定义了善，因为善是好的；但如果善不好，那就是上帝决定它不好的。顺着这种思路，客观的道德真理最终不是上帝决定的。于是，我们人类就有可能在不用上帝帮忙的情况下发现这些道德真理，后者也必然独立于上帝而存在。

答案 2： 善的定义由上帝决定。上帝所立的善，是他定义的善。如果上帝下令杀死埃及人的长子——据说，他不止一次下过这种命令——从道德上来看，这个命令是善的。要是他下令男人应该奴役女人，那这么做也是善的。反对这个答案的理由是，它丑化了人对何为道德的理解。上帝的信徒会认为上帝当然不会立下如此规定，因为上帝是至善的。答案 2 又让我们绕回到上文所说的“善是独立于上帝的”，否则上帝的一切意思都变成了善。

有种说法是，上帝和善是一体的。然而，最终又得解释善成其为“善”的根源，这就不知该怎么解释了。如果我们的回答是“上帝同样关爱人类”，那我们的问题就会变成：为什么善（上帝）能有这样拟人化的个性？

注意一点，把道德和上帝扯上关系，是无法让人辨明是非的。被视作

“圣经”的那些古老文本会引发自相矛盾的答案，这些经典同样见证了宗教之间、宗教内部的纷争。我们无法仅仅凭“经文记载”就能分辨道德、判断该不该做某些事情。我们首先应该判断哪些古老的教义值得遵从，而这取决于它们的内容在道德上能否被我们接受。

如果神学的理论被推翻了——我们才辩论了这么一会儿——那我们不就像蝎子女士所说的，把客观道德真理当成一种幻觉了吗？

其实，前面提到的第三种思路，既非出于上帝的旨意，也不是一种幻觉。气候在不断变化，地球绕着太阳公转，这些是真理，它们客观、独立于人类的思想。在今天，如果真的存在诸如“杀人是违背道德的”“你不应该违背承诺”这类经验主义的判断，现实就会变得非常荒诞。那么，道德如何才能变得客观？

我们的视野和思路都需要拓宽。想想那些数学定理，它们也是独立于人类存在的，也不是上帝的旨意，它们本身是客观的、必然的真理。当我们在森林里漫步，能看到的是树木、啤酒罐、兔子，却看不到数字、直角三角形，乃至抽象的三段论。也许，道德真理也像数学定理一样是客观存在，不必被神化，但道德真理实际上又不同于数学定理，它仅仅指引我们做该做的事，这就是道德的本质。而我们有时也会无视道德，就像我们看不见自然和数学的世界。

许多有关道德的争论反映了道德缺少客观性，但这些争论，通常也涉及道德的应用，关于数学定理的应用一样会产生争议。许多来自不同背景的人们认为，不该杀害无辜的人。同样，人们应当遵循信守承诺、公平待人等道德原则。如果这些原则彼此之间发生冲突，更多的麻烦也将随之而来。比方说，人们在热议争论胎儿是否等于自然人，猎狐属不属于虐杀动物，还有，你该不该为缓解别人的痛苦而欺骗他，等等。

与蝎子和青蛙不同，我们是懂得反思、推理、未雨绸缪的智慧生物，这些天赋给了我们进化上的优势。正如达尔文所强调的，进化过程中的自然选择，比的是适者生存，而不是谁更有道德。当然，拥有智慧，也让我们可以掌握抽象数学定理，分辨道德真理，欣赏美的事物，感受世界和平（参见第84节）。可惜的是，掌握真理、欣赏美之类的能力，无法帮助人类生存下去，从进化论解释便能看出什么东西更有利于生存，但也能让我们知道，这些优势会带来一些与生存无关的特征。

未来某一天，也许会出现一种对人类特性的进化论解释（也许助长了商业竞争），揭示了某种人类的深层心理特性，比方说某些年轻人，没了那些除了吵闹毫无营养的歌曲和铃声就活不了似的，而且还对打扰别人无动于衷，但进化论解释只字未提这种特性的价值（确切地说，没价值）。

进化论解释无疑揭示了人类长耳朵对于生存的价值。耳朵的额外功能是能帮助架住眼镜，可它不会告诉我们耳朵为什么会有这种额外功能，不论这种功能是不是一种优势。进化论解释即便能证明人类是否合作、如何合作、何时合作，却对道德上我们该做什么、不该做什么只字未提。青蛙和蝎子的困扰，正说明了这一点。

第七章

宗教：放眼世界之外

如果牛和马可以作画，那么马画出来的诸神就像马，

牛画出来的诸神就像牛。

——色诺芬

宇宙的存在——从一开始——就是一个巨大的谜团。很多人想要解开这个谜团——比如通过信上帝，而困惑和新的谜团随之而来。上帝的本质究竟是什么？一个全能的人会带有明显的矛盾：他能造出一面强大的盾以抵御所有力量，包括神的力量吗？这样的全能的人，知道健忘、后悔和骑自行车是什么情况吗？一个全知全能的神真的知道一切吗？这样的人能感受到性欲、意愿和欢乐吗？神真的会同情那些受苦的人吗？

这些难题先搁在一边，要知道，某些信徒对于上帝的存在争执不休，有些则更依赖上帝的启示或者自身的信仰。当然，还有些人觉得必须谨慎看待对上帝的信仰，所以为了“以防万一”，第 69 节我们会讨论“帕斯卡的赌注”。我们要谨慎地看待，信仰也会引发某些问题，比如我们经历世间的苦难时，如何寻求真正的信仰，并持之以恒。

世间的诸多苦难与邪恶，令许多人感到极度不安和困惑——当然，除非真有上帝存在，一个道德至善的上帝，关爱一切众生。如果宇宙是被人创造的，我们怎么确定这个造物主不是一个至恶的魔鬼，他由于被世人赞美而愤怒——或者因为世人的错误信仰和敬拜而高兴？

无论造物主是否存在，信奉上帝都让信徒受困于道德伦理，受困于如何看待与自己信仰不同的文化。比如，他们的信仰往往因为自己生在信奉某种宗教的家庭……因此，意识到这一点，我们就不该全盘否定人家的信仰，至少应该提出一些修正意见。

有一种回答是：不同传统的宗教信徒有时会坚持认为他们都崇拜的是同一个神。这又引出了下一个问题：这样说的证据是什么？努力理解上帝及其诫命的信徒们认为，他们从“他们的上帝”那里得到了救赎，他们还会经常谴责那些异教徒。这种状况确实值得担忧，而且迷惑了许多人。

祷告的本质和上帝的恩赐一样极其神秘。在这一章，我会以完美刑罚的例子，还有《宝盒你来开》节目的例子进行讲述。起初，我们会遇到哲学家们关于上帝存在的一些著名讨论，正反双方都受到来自不同宗教的同一个上帝的庇佑，于是我们就会认定上帝是“最伟大的存在”，还把那些所谓的“奇迹”当成上帝存在的证据。我们先看看这个“最伟大的存在”吧。

64

世上并没有圣诞老人

上帝：“我是最伟大的。”

我：“最伟大的什么？”

上帝：“最伟大的存在。”

我：“噢，您是说上帝啊！”

上帝：“没错，你也可以称我真主或耶和华。无论叫什么都不会影响我。毕竟，我是最——最伟大的存在，比其他构想、幻想、臆想出的任何东西都伟大。”

我：“我听说如此，但您并不存在。”

上帝：“你在和我对话。”

我：“我在和自己对话。”

上帝：“没错。作为最伟大的存在，我没有必要交谈。现在正是你和自己在对话，但是，如果你能正确地推理，就会意识到我的必然存在——我不仅存在于你的思想、臆想或者幻想之中。”

我：“何以见得？”

上帝：“瞧！你没有直接排除我的存在，你能理解我的存在。”

我：“我不确定，除非我思考这个问题。先假设，我可以这么想，有这样一个创造宇宙的存在，全能全知，至臻至美。话虽如此，依然没有证据可以证明您，噢，可以想象的最伟大的存在。”

上帝：“没错。即便很多人相信，我还是没有在世界上留下痕迹。不要关注宇宙，也别不要关注你自己，你应该关注我一切的思想。”

我：“好吧，我想，我现在对这个可以想象的最伟大存在有点儿概念了。”

上帝：“是的，能想象出的最伟大存在——棒极了！现在，你再假设我不存在。”

我：“我不需要假设，您本来就不存在。”

上帝：“我假设这是对的。也就是说，如果我存在，我就应该比能想象出的最伟大存在还要伟大，这是根据你的想法推导出来的。”

我：“啊，好矛盾哦！”

上帝：“好吧，矛盾仅仅在于，你想到的是缺少存在可能性的‘存在’，却又是能想象出的最伟大的存在，因为不存在的存在，是不能成为能构想的最伟大的存在。这样的存在何以成为最伟大，何况还有如此显著的不存在的可能。也许，现在你能理解我是存在的。”

人类所想象出的最伟大的存在，真的存在吗？

前面这段对话，描述了 11 世纪坎特伯雷大主教圣安瑟尔谟（St. Anselm）提出的本体论。无论是哪一种**本体论观点**，都得到了相当多的支持，但也遭到了相当多的排斥。近代以来，反对的人居多。一些重要的哲学家对此各持己见：笛卡尔同意，休谟反对；莱布尼茨同意，康德反对。

我们的挑战是：如何根据我们所拥有的观点，完全基于词汇的含义来反思，从而得出关于现实的结论？我们有关于独角兽、美人鱼还有圣诞老人的想法，但我们需要寻遍世界以确认这些东西真实存在。

这个挑战是否令你印象深刻？毕竟在分析过我们的想法之后，可以断定，现实中有些事物并非真实存在。当我们理解了方和圆的特质，就知道“一个方形的圆”是不存在的；当我们了解了质数序列，就知道在 17 和 23 之间还有一个 19。当然，这些例子很特别，因为它们与抽象实体有关，无法通过感官来直接感受，或通过科学来验证。然而，我们也可以仅仅用推理来证实某些假设之物在日常生活中是不存在的，比如一种“同时能飞和不能飞”的动物。

有些人认为，本体论观点会将某一事物和对某一事物的想法混淆。比如我们对于大象的印象是，一种有长鼻子的生物，但这个“印象”本身没有长鼻子。按他们所说，这个论点的表现力基于一种受到威胁的矛盾，来自这个混乱思想。当我们的论证进行到关键阶段时我们就会理解这一点。

如果那个能想象出的最伟大存在并不存在，那比他更伟大的是否会存在？——这就又矛盾了。

对于能想象出的最伟大存在，我们的想法被错误地引向对于伟大程度的比较。是的，如果能想象出的最伟大存在真的存在，他将比我们心中的这个想法更伟大——比任何想法都伟大——但这不等于他超过“他是能想象出的最伟大存在”这一想法。因此，这样矛盾就不存在了。

关于上帝的对话并不令人费解。关于上帝的论证在于，如果我们思考我们所说的“能想象出的最伟大存在”，我们发现，这一想法是假设上帝存在的。同样地，我们来聊聊**圣诞老人**。

我：圣诞老人，你并不存在啊！

圣诞老人：考虑到你对“圣诞老人”的理解，你说得对。但你可以想象一下，一个最为慷慨、长着最完美的白胡子、说着最好听的“吼吼吼”的圣诞老人的样子。

我：我试试看。

圣诞老人：你可以称他为“能想象出的最伟大的圣诞老人”。那么，如果他不存在，我们就可以想象一个更伟大的圣诞老人，也就是存在的，所以……

我：继续，也就是说“能想象出的最伟大的圣诞老人”是存在的。

圣诞老人：以圣诞老人之名，你说得对。

我：这样一来，就存在许许多多的最伟大的东西，比如最伟大的猫、最伟大的黑猩猩、最伟大的变色龙，还有最伟大的冰淇淋！

圣诞老人：浩瀚宇宙，才是真正的伟大。

我：太棒了！如果这样的推论成立，世上不仅有至善的上帝，还有至恶的恶魔。

* * *

“最伟大”到底是什么意思？有时它被定义为“完美”，有时则被定义为“最宏大的独立实体”。无论是哪种定义，都体现了某种存在性，也排除了“不伟大”的特征。因此，“所能想象出的最伟大的圣诞老人”，本身就带有矛盾。因为无论圣诞老人有多伟大，都会受到诸多限制，比如，他必须钻得进普通直径的烟囱里给人们送礼物。诚然，既然他是最伟大的，就不该受到限制，比如拥有完美的视力、会说爱沙尼亚语，甚至会跳探戈。尽管如此，从本体论观点来看，我们能不能假设伟大的圣诞老人真的存在，不再争论他是否存在？假如他不存在，我们才会深陷在矛盾当中吧？

我这儿有个办法能发现此类争论中的谬误。如果你向一个相亲中介描述你的梦中情人，然后，对方按照你罗列的特征推荐了某个符合描述的对象——但这个对象是虚构的，你内心毫无波澜。如果中介说："你并没有明确提出你想找的对象是确实存在的啊！"这个答案依然会让你要求退款。你确实在最初要求中没有加入"她是真实存在的"这种特征，而中介根据你一开始列出的种种特征，虚构出了一个对象。

思考完这个找老婆的故事，再来一起看上帝。对于"上帝是所能想象出的最伟大存在"这个想法，我们可以推断出这样的存在者具有全知全能等特征，但是，要推断他的存在，就代表确实有个人具有这些特征。这样的人是否真的存在，取决于世上是否有人可以满足我们给出的描述和定论。除了把整个世界翻个遍来搜寻，我们怎么才能找到答案呢？奠定这个思路的基本口号是："存在没有定论。"

然而，确实存在的东西，并非没有争议。我们可能会认定罗密欧和朱丽叶也真实存在。在莎士比亚的戏剧中，他俩有血有肉、经历过真爱与生离死别。无神论者能够接受罗密欧与朱丽叶的存在，所以他们似乎也能接受上帝的存在，并认可他是人类创造的。但是，据信徒们说，上帝绝非虚构，更不是人类创造的。

先不谈虚构问题，纵观整个世界，我们能遇到的仅仅是偶然存在的东西。这本书、那棵树、太阳和月亮可能曾经都是不存在的。很难说一系列的描述和定论凑在一起，就能恰好造就一个存在的东西。就像前面所说的，仅仅看逻辑，"圆形的方块"不可能存在，而质数 19 确实存在。这些举例都有其存在的必然性，即必然如此。也许，关于"能想象出的最伟大的存在"说明某些事物是必然存在的，而且它们类似于数学中的抽象实体的存在。我们现在可能只想知道，是否真的能合理地思考最伟大存在的必然存在性。

没有一个最大的数字，提到一个数字，肯定有比它更大的数字。我们也许能想象出最伟大的存在，即便其力无穷，其爱至博，关于他的想法和关于最大数字的一样，让人说不清道不明。即使我们能够理解这种存在，并被引导认为必定有一个类似数学的抽象实体。

抽象实体不存在于因果关系当中，它们不能被创造，不能去爱，也不能做判断。因此，能想象出的最伟大的存在——无论是上帝、真主或耶和华——似乎都缺少了传统中描述的神的特征。基于这一点，就算有人再巧舌如簧，告诉我们最伟大的圣诞老人和最大的冰淇淋必然存在，这样的圣诞老人，也不会来我们具体的世界派发礼物，这样的冰淇淋也不会被我们具体的舌头所青睐，不管是什么舌头。

65

世界上真的有奇迹吗

水变成了酒（可能有些人会相信），逝者起死回生，人在水面上行走……这些所谓的“奇迹”，据当地教会统计，截至 2015 年，仅在法国罗蒂斯镇就发生了 69 次。

很多人相信关于奇迹的说法，很多人真的相信奇迹。但奇迹到底是什么？有些人只是在发生极其意外、幸运的事情时才说见到了奇迹。一位母亲在地震后的废墟中发现了自己的孩子还活着，如果这时已经有上百人遇难了，她就会将幸存的生命视作奇迹。她因此会感谢上帝或诸神。但如果她反思片刻，可能会因为没有考虑到其他人而责备自己的行为。再比如难度很高的手术顺利完成，或者成绩平平的考生通过考试，像这种事情也会被我们合理地理解为“奇迹”，某些正常的自然现象也是。

现在，我们来看关键问题：奇迹是不是神创造的事件？毕竟这是奇迹的一个特征。有些人相信，世界上发生的每一件事都是神创造的。那么，为了避免说“每一件事都是神迹”，我们需要增加一些条件，要有别于日常事件或自然现象。从某种角度而言，奇迹扰乱了自然规律——水根本不会变成酒，而根据自然规律，死人也不会突然复活。

人们常常相信奇迹的发生，因为他们已经事先接受了奇迹的信仰。接着，为了维持这种信仰，某些事件本来可以用自然解释的，却被认定是奇迹。至少我们可以说这有点儿自私。推理掉进了自我循环。

有些人反对奇迹的说法，甚至是奇迹发生的可能性——他们认为任何违背我们所认知的自然规律而发生的事情，恰巧说明我们并没有真正理解自然规律。自然规律远比我们最初想的要复杂得多。这种拒绝也是自私的，是为那些怀疑奇迹的人服务的，他们几乎是根据字面意思来给奇迹下定义的，因为，有些人可能会为了排除黑天鹅，把天鹅定义成白色。

相信奇迹是理性的行为吗？

这个问题令人费解，因为有些人一定会相信奇迹的合理性，也有人会否认其合理性。对此问题持反对意见的哲学家之中最有名的就是 18 世纪的大卫·休谟——在“矮胖子与火鸡小姐”那一节，我们讨论过他。事实上，比休谟略早的反对者还有托马斯·伍尔斯顿（Thomas Woolston），他直言不讳地抨击了《圣经》中有关奇迹的描述，并指出许多荒谬与不实之处，最后命丧冤狱。而人称“最伟大的异教徒”的休谟则幸运得多，似乎没引起太多的公愤。

我们先搁置奇迹具有的“上帝干预”的特性，更值得关注的是——我们是否有理由相信，某些已知的“奇迹”，是否违背自然规律。简言之，我们接下来所说的这类事件，一旦涉及上帝的具体干预，就在奇迹前面加上“神为的”以示区别。

休谟的观点通常被理解为——或者被误解为——虽然奇迹有可能发生，但相信它们已经发生的报道，往往是不理性的。这好像有些自相矛盾。尽管人们认识到某些事件可能发生，并可以被见证，但也有人认为，相信会发生任何此类事件都是不理性的。这样说确实矛盾，毕竟我们不是在讨论那种不存在人类的状况下才会发生的事件[1]。总会有人观察到所谓的奇迹发生。

为什么相信奇迹就是不理性呢？好吧，大自然规律中有相当多的证据支持我们所相信的事物。比如说，尽管我们希望，也没有人见过水变成酒。的确，水可以发生许多变化——结冰、汽化——也有相应的理论解释这些变化。然而，我们无法证明水具有能转化成醉人美酒的可能性。当然，这是几十亿人都知道的常识，水不能变成酒，因为我们知道自然界的水不具备这种可能性。现在，是什么让我们想到，几百年前发生了多次水变成酒的事？

好吧，确实有些目击者的证词。但这些证词能经得起推敲，让我们相信水能经历这种变化吗？我们可以看看这些证据。

一方面，我们有大量证据支持“水不会变成酒”，几百年来无数可靠的经验和实验已经足以证明。也有相当多的证据表明，此类水变成酒的报道很可能是假新闻，无论是媒体有意造谣还是无意为之。当然，我们应该把论点和证据结合起来，还必须对此类报道制定更高的标准。不支持水变成酒的证据非常有力，而这些事件的报道或证词有时非常无力。因此，假如没有其他因素的干预，相信这些“奇迹”——还有所有其他号称奇迹的事情——只能依靠人云亦云。它似乎就是不合理的。以讹传讹的可能性，比真发生奇迹的可能性要大得多。

假如我们亲身体验了这些貌似奇迹的事情，会不会改变看法呢？跟刚才

1 参见第 39 节。

一样，我们为自己的经历寻求某种解释的可能性，比它们真是奇迹的可能性要大。我们所经历的事情，如果因为罕见就能算是奇迹，那就等于是说：我们永远不会犯错，永远不会被误导，永远不会被反常的事情诱惑，永远不会觉得疲惫。

总而言之，不是我们应该肯定关于奇迹的报道都是假的，而是应该相信这些报道是不理性的行为。请思考休谟的以下观点，他的结论同样有些笼统。

休谟假设，在 17 世纪的最初 8 天里，有不同国家的人报告说：世界变成了一片漆黑。鉴于报道数量庞大、来源不同等，相信这种极为罕见的事件发生是合乎理性的。这表明，休谟不认为相信报道的异常事件（奇迹）都是不理性的行为。

也许休谟真正的意思是，假如我们总是把这些事件归结于上帝的作用（神为的奇迹），这就很不合理了。即便如此，我们也会好奇，假如关于这 8 天黑暗的谣言中，还提到人们在各地听到天空中传来低沉的声音，而且用当地的语言来叙述其创世之举、永生之力，甚至还说，这声音是来自受万世膜拜的唯一上帝……如此不寻常的事件，会让我们认为"有某种有意识的力量"，但不能让我们妄下结论说，这股力量来自一个永生、全能、至圣的上帝。毕竟，世上还有如缕不绝的苦难，最少这能说明这种力量并非至善。对那些相信上帝既至善又全能的人来说，这确实是个问题。其实，这种信仰可能会让恶魔感到头疼（详见第 68 节）。

谨慎看待关于奇迹的传说是一种合乎理性的行为，尤其是针对某些极度罕见的事件。当然，即使态度谨慎也难免疏漏。18 世纪的泰国国王从没见过冰和雪，他不相信荷兰大使的描述——大使说在荷兰的冬天，水面结冰后会变得很硬，甚至能承受大象的重量。国王根据现有证据不相信大使的说法，即使犯了错误这也是理性的行为。

与时间因素同样值得思考的，还有描述者的意愿，判断的立场，有没有类似经验可供参考等。原则上讲，泰国国王能获得的证据会越来越多，足以证明水在某些情况下会结冰。

休谟曾嘲讽道：“某些教徒肯定觉得，假如他们的信仰足够虔诚，就不断会遇到奇迹。这大概才是最大的奇迹。”然而，宗教信仰和相信奇迹道理是类似的，它们的存在根本不是什么奇迹。尽管信仰一般是非理性的，但它远远不是因为“人们相信奇迹”而产生的。事实上，非理性的行为才能解释为什么这么多人相信。因为非理性的、深奥的、神秘的事物，往往对人们有巨大的吸引力——比如见证基督教对“圣餐变体论”——领受圣餐时，神职人员分发的酒与饼以某种神秘的角度看就是基督的血与肉——的信仰。

因此，对于非理性和类似非理性的东西的非理性渴望，根本就不是奇迹，毕竟，许多信徒很清楚，纯粹的理性无法带领他们“走向”上帝，这些人反而更喜欢跃起身拥抱上帝[1]——但很少是单脚跳、蹦蹦跳或跨越跳。

1　暗指电子游戏《刺客信条》（*Leap of Faith*）中主人公的动作“信仰之跃”，通常伴随着华丽、优雅的身姿和雄鹰的叫声从高处跳下来。

66 上帝、巧克力和宝盒

过去50年，有个始终令哲学家着迷的悖论，是由哲学家纽卡姆（Newcomb）提出的，但它似乎和上帝和巧克力没什么关系。在把它和日常生活联系起来之前，先来假设把这个悖论放在益智节目《宝盒你来开》里面，会发生什么?

节目里有一个读心师，而作为玩家的你面前放着两个盒子。其中一个盒子里有1万英镑现金，明确可见；另一个惊喜盒子被严格密封，内容未知。你目前知道的是，当读心师解读完你的想法之后，可能会在惊喜盒子里放进100万英镑，也可能什么都不放。所以，在你面前的两个盒子里，一个里放着明确可见的1万元，另一个盒子里可能空空如也，但也可能放着100万。

接下来，你可以做出选择：两个都选或只选惊喜盒子。其实，早已有上千人做过了这个选择，结果往往是：选“我全都要”的人，打开惊喜盒子却空无一物，只能带着1万元悻然离场；而只选惊喜盒子的人，却带着100万惊喜而归。

人们对此有着各种猜测。读心师也许暗自为玩家做了性格评估，并以此安排——如果玩家不是特别贪心，只选了惊喜盒子，她就会在盒子里放进100万鼓励这些玩家；如果她觉得玩家贪得无厌，什么都想要，她就不在惊喜盒子里放钱了。迄今为止她都是对的——谁知道她是怎么办到的？反正她都是对的。我们都清楚她也会犯错，但这目前还没有发生。

你希望拿到尽量多的钱，不想冒险失去100万，也不想空手而回。1万和100万现金都值得拥有，拿100万最好，但更好的结果是两个都要。你会怎么做？请让你的朋友们试试看。

你应该把两个盒子都打开吗？还是只打开惊喜盒子？

很多哲学家会选择“既有存在法”：

惊喜盒子里可能有100万，也可能是空的。如果惊喜盒子是空的，很显然我应该两个都拿，还可以得到1万。如果惊喜盒子里有

100万，我也应该两个都拿，以确保1万和100万都能拿到，这毫无疑问。任何有理性的人，包括身为哲学家的我，都一定会选两个都要。

而反对者会选择“参考证据法”：

从证据来看，选择拿两个盒子的玩家拿到的惊喜盒子是空的。谁知道读心师是怎么办到的，可她就是办到了。根据已知证据，很明显，我们如果只想确实得到100万，就应该选惊喜盒子。对于“既有存在法”，我觉得，你要是真那么聪明，跟你一样理性的人怎么还没发大财?

我们可能会在“既有存在法”和“参考证据法”的说法之间来回摇摆。也许我们决定只选惊喜盒子，如果已经决定了，这时似乎有人对我们轻轻耳语：“读心师已经在盒子里放了100万呢！”我们也可能会两个都要，那么“既有存在法”就是我们的一颗“定心丸”。但是，我们会再想想：既然读心师那么聪明，她一定会根据理性判断下一步，觉得我们不会再忠于最初的选择，转而选择两个都要。这个时候“既有存在法”又冒出来了，把我们的理性扫荡一空。

我的方法对这个悖论开始的偶然性提出了质疑：为什么这个读心师那么成功？至少，她是如何成功地分析这些理智的玩家的？依我们所见，理性的哲学家们对于做什么会得出相反或不稳定的结论。当然，那些所谓理性的哲学家们（但愿不会），往往会出于心理倾向一口咬定某一理论而否定另一个，或甘冒风险，或生性贪婪，或惧于证据，或谨慎处事，或忠于某一哲学理论，抑或是其他。要是这样，我们也可以基于心理倾向来解释其他推论者的选择。然而矛盾的是，当我评估自己做什么是理性的时，我不能把自己的决定看作是这种倾向的结果。

然而，如果所谓的理性玩家的决策是由于玩家的心理倾向而引起的，那么读心师就可以继续营业了。如果他们的决定纯粹是出于对事情合理性的考量，那玩家和读心师都要一头雾水了。我们的读心术的确是一种幻想——尽管最开始的谜题不是这样，但我们现在对心理学、生物学如何与理性和逻辑相联系，产生了深深的困惑（请参考第 54 节的玛丽的案例）。

*　*　*

关于上帝和遗传学，到底发生了什么？有一些上帝的信徒会在遇到灾难时向上苍祈祷或献祭，希望自己的女儿在最近的一场灾难中安然无恙。也许他们的理由是，通过祈祷或牺牲，他们的女儿会得救，上帝已经预见到他们的行动、他们的恳求和牺牲。这类似于“参考证据”的方法，只选惊喜盒子，牺牲确定能拿到的 1 万英镑。然而还有一些信徒会因为觉得，既然他们的女儿已经得救，或者没有得救，为什么还要在祈祷或献祭上浪费时间或金钱？——这就是“既有存在法”的思路了。

然而，敏于思考的信徒可能会认为，祷告是出于不道德的原因，为一个全善的神提供庇护，就好像他不知道什么是对世界最好的，与信徒认为最好的无关。祈祷是可以接受的，只需要对上帝“感谢”，不管发生什么事。尽管如此，这一想法还存在进一步的转折：也许，对上帝来说，最好的决定是在一定程度上取决于信徒是否感恩。于是我们又会陷于“参考证据法”和“既有存在法”相抵的两难之间，而且问题在于，我们向上帝感恩是否会左右上帝并因此削弱感恩的神圣性？

当然，一些宗教信徒认为，无论他们是否获得永恒的幸福，都是命中注定的；但他们还认为，引导虔诚的生命来获得永恒的幸福是很重要的。在这种情况下，他们拒绝“既有存在法”，并且选择了“参考证据法”，在某种程度上，他们也许认同自己所做的和所想的完全是由神决定的。

再来说说遗传学。我们先假设在某种基因和心脏病发生倾向之间是有一定联系的——比如心脏病易于发作的人又非常喜欢吃巧克力。也许他们应该放弃食用巧克力，希望体内不太可能有不受欢迎的遗传因素。在这样的推理中，我们可以说，放弃了巧克力盒，即有 1 万元的盒子，希望我们的惊喜盒子里充满了健康。在这里，这是一个非常可疑的论点。更好的说法是，基因因素确实已经确定；所以，如果这个因素是造成这种倾向的原因，那么我们也可以拥有巧克力，并且希望——也许与希望相反——这个惊喜的盒子里还充满了健康。当然，也有可能是遗传因素导致了巧克力的欲望，但实际上是巧克力导致了疾病的倾向。那么，尝试抵制巧克力是合理的。

这些困惑之所以产生，是因为我们不确定哪些是因果因素，哪些是不相关的副作用，哪些是偶然的关联。我们常常不了解大自然是如何工作的。纽卡姆悖论之所以令人困惑，是因为我们不了解电视里的读心术是如何运作的。

纽卡姆的奇怪之处是通过给这个故事添加细节来展示的，假设惊喜盒子也可以打开看，玩家可以看到这 100 万是否存在。我们再补充一种情况：即便当时有 100 万的存在，玩家也只能选这个盒子，而不是同时选两个。这突出了这个故事的神秘性——纽卡姆悖论最初就带有的神秘性。

遗传学研究，就是要根除某些神秘感，将原因从巧合中分离出来，但是在生活中我们还是无法参透某种神秘的东西，即原因是如何与自由选择、推理扯上关系的。第 2 节中我们提到过道金斯的著作《自私的基因》，他似乎想借助“人的大脑活动违背了基因控制”的理论为自由寻找一种解释，但是这又代表什么？我们应该如何为自由选择寻求解释呢？在第 61 节，我们也提到了“比里当的驴子”，事实上，他的选择如何与自由选择相关，也是个难解的谜团。在“纽卡姆悖论”中隐藏着一些神秘的东西，在我们向上帝祈祷的过程中发生了某些事情，事实上，我们一边屈服于巧克力，一边却自诩是自由的。或者，其实我们不是多么自由……

67

你永远无法进入天堂吗

数以百万计的人们信奉传统的唯一上帝，希望上天堂，无论这个上帝属于犹太教还是基督教。许多人都相信进入天堂的方法就是顺服上帝的命令。也许这样误读了宗教教义，我们的疑问正来自世人的信仰，不论这信仰正确与否。神圣的命令是一种道德的命令——我们应该帮助别人——最重要的是，我们应该为了别人而帮助他们，而不是为了自己获得一些东西，比如进入天堂。

令人困惑的是，这似乎会让无神论者和不可知论者处于更有利的地位，比反思上帝的信徒更容易通过道德行为进入天堂。我们来比较一下无神论者奥尔西娅（Althea）和痴迷地相信上帝的戈弗雷（Godfrey）[1]。奥尔西娅肩负道德使命，致力于改善他人生活，却不求回报，她无疑是个好人。作为无神论者，她当然不是被天堂永恒生命的渴望、希望所驱使的，但她能通过任何

1 这里化用了“布永的戈弗雷”，一位中世纪法国男爵、著名的天主教信徒。

道德测试（虽然她有可能通不过其他测试）。

那戈弗雷呢？他认为如果他在道德上行事，他将获得在天堂门前通过道德测试的好处。我们需要把戈弗雷分解成两个人：一个简单的他和一个复杂的他：

简单的戈弗雷，在他开始相信上帝并领会上帝旨意之前，是一个非常不道德的人。之后他开始懂得只有以利他的目的帮助他人，才能得以善终并进入天堂。“但是，”他推论道，“在我帮助别人的时候没有任何意义，因为引导我做这事的是我对天堂的渴望（或者对地狱的恐惧），这使整件事情变得毫无意义。要想获得上天堂的资格，我必须有道德的行为，没有任何利己的动机，我正在考虑什么对我来说是最好的，去通过天堂的考验，并提高我来生转世的机会。这使得我做的任何事情，都是出于自身利益的考虑。我到达天堂的简单目的似乎是为了阻止我做去天堂所需要的事。”第 69 节中我将提到“帕斯卡的赌注”，他也存在同样的担忧。

相反，复杂的戈弗雷诚心为他人着想，本着利他非利己的态度——就此而言他和奥尔西娅算是一类。当获悉利他行善能确保自己进入天堂，他觉得烦恼。他想要登入天堂，他也知道道德行为对自己的追求大有助力，所以，他帮助别人的动机因此不再纯洁，反而因自私而玷污。也许眼下他的动机变得复杂而且令人不悦，他先前的利他目的反而变成了利己目的，仅仅是为了进入天国之门。

无神论者比信徒更容易进入天堂吗？

毫无疑问，除了道德动机之外，还有一些登入天堂的条件（假设这些条件有意义）。这些条件对于无神论者和信徒有着完全不同的影响。比方说要是上帝为不遵从其戒律者设置较低的行为门槛，而为遵从者设的较高，这个时候无神论者就会比信徒有更大机会登入天堂。从另一方面看，信徒大概要比无神论者来得幸运，因为登入天堂的条件中包括了对上帝的信仰和崇拜，甚至是某些仪式——这些条件对于无神论者相当不公，因为他们真的不能感受何为信奉上帝并证明其必要。还有一个条件就是有意识地遵守上帝的命令，这就产生了另一个类似于已经提出的动机难题：上帝的命令包括我们为了他人的利益善待他人——也许不是因为上帝这样命令。

以遵从上帝旨意为动机也好，以后世极乐为动机也好，都不能凌驾于别人的苦难之上。人们可以出于利他而由衷地帮助他人，也可以为登入天堂而甘愿做应做之事，只要他们没有意识到帮助他们是可以加大登入天堂的概率，这两者之间的关系就不会令人疑惑重重。简单版的戈弗雷也许可以选择不知不想，尽管他可以在帮助他人时动机不纯，久而久之，却因为忘记与进天堂的关联以及如何开始这一切的初衷，转变为出于利他目的向他人施予帮助。

更有可能的是，简单的戈弗雷会发现自己最终变得复杂起来。他最终会帮助别人——而且是为了他能说出的正确的理由——但他担心这与他的行为没什么关系，这显然也帮助他得到了他想要的：进入天堂。这里真的有问题吗？

你可能一开始有做 X 事件的动机，也知道 X 事件的结果是 Y 事件，但 Y 事件不是你的动机。举一个 Y 事件令人不快的例子：你打算去拜访几位在苏黎世的朋友，也知道他们会铺张宴请并让你筋疲力尽，这正是你不想发生的。如果再深一层的结果又是令人向往的呢？再举个例子：你在苏黎世的朋友们会带你去当地的著名歌剧院，那儿正是令你珍视的，这算是你意愿的一部分吗？在寻求答案时，你可以思考一下如果歌剧院关了是否还要去苏黎世。如果你要去，说明你的初衷至少是为了拜访朋友。这么分析可以帮到令人苦恼的复杂版戈弗雷吗？

为了让复杂版戈弗雷动机得当，我们得让他有帮助别人的机会，即使上天堂的可能性不会增加，即使实际上没有上帝。如果戈弗雷是一位虔诚坚贞的信徒，他能理解上帝不存在的可能性吗？能理解自己不想登入天堂的可能性吗？如果他不能理解这一点，那么在这样一个毫无意义的世界，他如何能评估他为自己还要做些什么呢？

答案也许是，没人要求他通过“我还要做吗”的测试，只是可能有人会对他进行。进一步说，无神论者现在可能（虽然自相矛盾）又一次处于更有利的位置，比信徒更能评估信徒的真正动机。

一听到有人说“开端”就是“终结”，我就会感到困惑，一旦“开端”变成“终结”，而且不再是“开端”，那么或许一切一开始就该结束了。“帮助他人，但不是奉神旨而为”也是这样令人困惑。行为动机带来的不仅仅是宗教难题。许多人想获得幸福，却认为获得幸福的最佳方式是不直接追求，他们是否必须以某种方式隐藏自己的幸福目标呢？穆勒认为，不带功利地寻求幸福，最有可能获得幸福。他还提出，尽管社会的最佳结果是功利主义的（最多数人的最大幸福），却不代表我们应该以最理想的结果为动机。他的朋友约翰·奥斯汀（John Austin）指出，尽管功利主义者认同爱情是符合功利主义的，但绝不代表一个人应该为了社会整体的幸福而亲吻他的爱人。假如我们的幸福源于这种计算，幸福就荡然无存了。

有些功利主义者也提出，不信从功利主义的人可以获得最大的幸福，但认为无论结果如何，有些道德准则是不容打破的。如果这些功利主义者言之有理，正如我们在第 14 节中提到的投票悖论，还有其他章节谈到的某些观点，都应该对公众保密——“这些事应该保密”这一点也应该保密。

嘘——闭嘴！

68

没人疼爱的恶魔

曾经，有一个全能者，除此之外什么都没有。根据习惯，我们用代词“他”来指代这股力量。教徒们会称他为“上帝”，但是他和传统意义上的上帝存在一个重要的区别。没错，他全能而且无限，他无所不知，但他不是至善、仁慈的，而是至恶、卑鄙的。很多人会认为，我描述的是上帝身边的堕天使——或者说恶魔撒旦。我可以称之为“恶魔”，但我需要重申一点，他无所不能，不是由上帝所创造，他的故事没有一个开端。

恶魔也创造了一个宇宙，和我们的宇宙差不多，浩瀚无垠，其中至少有一个和我们的地球一样有生命的行星。这个地球和我们的一模一样，有崇山峻岭，有汪洋大海，有人，也有国家。那儿也有英格兰，人们喝着啤酒、打板球、踢足球，还有为英格兰队输球喝倒彩的苏格兰人。这个星球上有老虎，有老虎百合，有准时的闹钟，还有手机、时装、电子音乐；这里有绽放的花朵、嘶吼的豪猪、嘎嘎叫的企鹅；这里也有安全规范，有晒太阳的瞪羚，有许愿池，还有英国国家歌剧院、威格摩尔音乐厅的独奏会，甚至还有阿尔卑斯山……

这里还有人在讨论宇宙的起源，有《圣经》等典籍，有教堂、犹太会堂、庙宇、道观，人们崇拜一个伟大、光荣和至善的人——上帝。有些人甚至声称受到了天启——神的仁慈、神的旨意，以及神所关心的万事万物，从麻雀到人类。

恶魔试图嘲笑这种对全能上帝的错误崇拜。他故意把教义搞的像个笑话。在他邪恶的内心深处，其实满怀愤懑和苦恼，因为就连为数不多的恶魔教徒，也没有将恶魔认作全能的主。

无论是神学家、哲学家，还是教会、修道士都在讨论恶魔，讨论苦难，这尤其让恶魔感到愤懑。既然有一个全能至善的上帝，凭什么恶魔们非要被等同于苦难呢？根据恶魔的说法，如果他能让宇宙运行，千百年来造就那么多痛苦和苦难，有智之士就会把这些全部归于全能、至恶的主，也就是——恶魔。他们应该争论善的问题。如果种种迹象都能表明这个全能至恶的存在——恶魔的存在，那为何还要有善的存在？

我们为什么要相信全能至善的上帝，而不信全能至恶的恶魔？

教徒们往往将宇宙存在作为证据，以显示至善全能的上帝是存在的。他们有时会提到世上一些具体的证据来证明造物主的至善与全能。约翰·穆勒在 19 世纪提出：如果纵观世界，我们能找到全能造物主的证据，就也能找到可以抹黑造物主之名的有力证据。比如，饥荒使得数百万人痛苦地死去，无论是过去、现在还是未来，它都伴随着绝望和无助的双重苦难，这种苦难往往令人无能为力。战争和暴力给数百万人带来苦难，亲友离世为本该平淡幸福的生活留下伤痛，许多人工作压力繁重，诸如此类，不胜枚举。数十亿种动物因被其他动物吃掉而痛苦不堪，还有处在食物链中的其他动物。难怪恶魔一听到"赞美博爱的主""万物皆有灵"，心里就会觉得不舒服了。

我们所知的关于善恶的讨论，一部分是有确定答案的。应该牢记，这个全能的存在并非万能，无论是恶魔也好，上帝也罢，他不是任何事情都会做——他不能做出自相矛盾的事，或者说，如果他做了一件事就会产生矛盾。比如，这个全能的造物主，可以造出一根无法移动的柱子吗？他如果是全能的，当然能移动这根柱子。但如果因为他是全能的，就能移动这根柱子，那么这根柱子就不是无法移动的了。无法实现逻辑上不可能实现的事，并不是因为力气不够大。如果有人让你合上书，同时又打开书，你根本就没必要理他，你也做不到，因此，这和你是否有能力做没有任何关系，我们在第 71 节会提到，上帝就伴随着这种逻辑。

一旦理解了上帝或恶魔无法完成逻辑上不可能的任务（这些任务根本不存在，也不会存在），就会引出如下观点：如果有恶的存在，那么逻辑上而言，一定会有对应的善存在。无论它有什么力量，都无法解释为什么会有这么多的善（或恶）。

有一种虔诚教徒的常见行为，是讨论自由意志的意义。自由意志，使世界变得更加美好，就像能自由行动的人比机器人更好，自由行善也比按照被规定的方式去行善更好。有了自由意志，人们当然也可以选择作恶，他们确实可以。当然，恶魔可以反驳说，正因为自由意志为许多罪孽、恶行、不公正提供了巨大的空间，所以他才要创造自由的人。恶魔也会面临一定风险，比如自由的人也可以选择行善，但这种风险跟现实中的那么多人自由作恶的好处比起来，不值一提。

关于自由意志的辩护，仅仅适用于对人故意的善行和恶行，假如它们真的起作用的话。前面我们讨论过关于自由意志的难题，即便我们能理解，也无法相信地震、火山爆发、洪涝和瘟疫是人类故意引发的。恶魔对此很满意，因为这些惨痛的灾难证明了他的存在。恶魔的烦恼在于，为什么他还创造了快乐之源——蓝天夕阳、海浪澎湃、崇山高耸、爱意暖心、儿女情长、绕梁天籁、美酒佳酿、人生哲理，这些令人愉悦的东西。恶魔可能会认为，当诸事不顺，这些苦难会为你雪上加霜。当诸事顺利，又会有其他人产生嫉妒、记恨、抱怨不平。而剩下那些幸运儿，又会因为感受到疾病和意外死亡的痛苦而郁郁寡欢。

我们也发现，有些人因为不确定上帝是否存在而绝望。这本身就是恶魔存在的证据，毕竟至善的上帝不会允许这种绝望。

* * *

很多人相信上帝存在，依据是教义和宗教领袖的讲解，但有些人会去寻找证据，相信在世界上某些现象里找到了证据。我认为，恶魔是一对矛盾的其中一面，如果存在至善的上帝，那么他的反面就是至恶的恶魔。引入恶魔这个角色也能提醒我们：我们不该单一地选择相信仁慈的上帝存在或不存在。

信奉全能造物主创造宇宙的人，应该解释清楚他们为什么相信造物主是至善而不是至恶的，或者不善也不恶。有没有可能同时存在正邪两种力量，甚至两种以上的力量？拜火教[1]就是认可这种对立性的典型宗教，那么它是唯一理性的宗教吗？矛盾的是，这恰好能够解释如今它的教徒凤毛麟角。请注意，也许这一点儿也不矛盾。毕竟，信仰和理性那么简单就能结合吗？

如今，我们不必考虑选择信仰一个恶魔，他也被打入了冷宫。难怪他会独自闷闷不乐了，难怪他会值得同情了。不过这种同情能够同时适用于恶魔和上帝，诸神和诸魔。矛盾的是，这不是因为他们缺少知识，而是因为他们缺少存在感。又或者是因为——这种矛盾，还有无神论的飞跃——对我们来说太遥远了？

1 也称祆教、琐罗亚斯德教，天主教诞生前中东地区最有影响力的宗教之一，也是古波斯帝国的国教。

69

无罪之地与帕斯卡的赌注

在那遥远的地方，有一片无罪之地。我不是说这片土地上没有法律。我也不是在错误描述一个未被发现的、法律被破坏的国度。在那里，在那遥远的土地上，人们全都遵纪守法。他们从不随便违章停车，从没有偷税漏税，更没人谋财害命。在那里，大家夜不闭户，走夜路也泰然无畏。好一片理想的土地，这片土地，迢迢于世。

这片理想之地，迢迢于世。居民的犯罪率几乎为零，既不是因为他们天生遵纪守法，也不是因为他们生活富裕，无欲无求。而少数人依然会乐于漏税、超速或诈骗。毫无疑问，少数人会纯粹出于乐趣而哄抢无辜者的财物，个别人因为仇富而入户行窃，还有个别人在禁烟餐厅里惬意地抽烟。

是的，犯罪一定会发生，只是那些有犯罪动机的人不愿冒着被抓的风险。这不是因为当地执法者能百分之百地抓到罪犯，犯罪被抓的可能性才是评估犯罪风险的重要影响因素，还有一个重要因素是被抓后的量刑力度，此外，还有躲过判罚的获利程度。而且，第三个因素在遥远的土地上起着重要作用。

在遥远的土地上，对于任何犯罪的惩罚极为严苛，甚至是那些毫不起眼的违法犯罪。故意违章停车，所有财产立刻充公；超速驾驶，将被绑在十字架上示众好几周；盗窃，将被严刑拷打几个月，最后处以石刑；故意杀人，将与其所爱之人一起被终身折磨。至于在公共场所抽烟，他们会像几百年前的女巫审判一样被烧死。

这些刑罚可能会让一些人觉得过于残酷了，但这些刑罚，真的考虑到实施之后的好处了吗？好处就是，不会再有任何犯罪行为。此外，这些刑罚永远都不必真的被采用，因为量刑过重，过于残酷。

这片遥远的无罪之地有什么问题？

为什么我们没有如同遥远的无罪之地上的法律以及刑罚？答案很明显，这些刑罚恐怖至极，我们怎么能容忍呢？试想，那里的执法者该有多么残忍，对罪犯施以酷刑，甚至断手断脚。答案无须多言，这种制裁手段过于严苛，让所有人噤若寒蝉，遵纪守法，以至于这些刑罚从未被真正实施过。我们假设这样的手段到目前为止，能够起到百分之百的威慑作用，但即便是假设，还是有人会反对这里的严刑峻法。

杰里米·边沁说过："刑罚就是一种伤害。"刑罚如果不能使犯罪者痛苦，它就一无是处，但如果让人遭受无谓的痛苦，那也是一无是处。最合理的刑罚，必须基于幸福最大化、痛苦最小化，才能起到最大的威慑作用，使人们不触犯合理的法律。它应该依据这些实用的功效来制定。在遥远的无罪之地，当局十分清楚残酷的刑罚起到了百分之百的威慑作用，没有人敢越雷池半步，那么如此酷刑的弊端在哪里呢？

答案也许是这样：思考这种令人发指的酷刑，本身在道德上就令人反感。

即使这个答案正确，思考这些讨厌的东西，也是为了在这片无罪无罚的乐土上生活下去。对此有种看法是，这些酷刑真的是太糟糕了，以至于没有人真的打算实施。又有人说，与实施酷刑的好处比起来，这一点点罪恶微不足道。确实，我们可能会怀疑，鉴于酷刑如此有效，有没有必要真的去实施它们？

在这片有着“理想化”刑罚的土地，是否存在一种令人极度反感的特性——**相称性**呢？确实，我们好像没必要因为超速就把别人乱石砸死。在这片遥远的无罪之地上的居民，又会如何看待呢？

刑罚和罪行之间是否相称？通常这点会让人联想到“以牙还牙”，但很少有人从字面上去理解。而且，我们根本不必担心罪责相称性，因为我们假设的刑罚没有真的实施。

我们已经假设了刑罚百分之百的威慑作用。能否实现这个目的，是从经验和实践角度对遥远之地提出的质疑。让我们进一步回顾：

有些犯罪事件发生时，犯罪者处于情绪不稳定或者不理智的情况，在这种情况下就算所有居民都清楚有法律和刑罚的约束，还是会有人由于心血来潮、极度绝望，或者一时失控而触犯法律。举一个流浪汉的例子，他们在极度饥饿的驱使下可能会去偷窃。遥远的无罪之地为避免此类事件，为他们提供了充足的福利保障。

但是，福利制度无法阻止因为嫉妒而谋害合伙人的案件，也无法阻止那些因心理障碍虐待儿童的案件……不过，这种情况好像不用被惩罚。为什么？因为有减轻处罚的情况。当然，无知和失忆也属于心智不健全的表现。

以上推论说明，一旦有人确实触犯法律，就一定有能减轻处罚的情况，因此，严厉的惩罚甚至所有的惩罚都有例外。这恰好回应了约瑟夫·海勒（Joseph Heller）的名著《第22条军规》，书中的“第22条军规”正是如此——因精神疾病而申请避免危险任务的飞行员，恰恰证明了自己是正常的，因此他的申请无效。同样，可以说，成功申请刑罚——应被惩罚的犯罪行为——需要理智的人经过思考才能为之，而犯罪者缺乏应有的思考和健全的心智，因此申请无效。

我们错误地得出结论：在遥远的土地上，人们会因此触犯法律，并恶意地依赖“心智不健全”之类的辩护。这片土地上可能会确保其居民不了解当局的想法，或者至少不确定违法行为是否总能产生有效的辩护，以应对所造成的惩罚。此外，如我们所知，某些由于“心智不健全”而逃避刑罚的人，最后却进了精神病院，这种结局还是十分令人反感。

当然，居民们可能感到不安，怕触犯法律，怕受到令人毛骨悚然的刑罚，害怕被关进精神病院。但即便如此，与巨大的好处比起来，这不是一点小小的不利吗？请想象，在一个充斥着各种犯罪（抢劫、盗窃、枪击）的社会里，安分守己的人所经历的那种不安全感。

遥远土地上的完美刑罚可能看起来非常荒谬，但诡异的是，有些人确实接受了类似的东西，有些人坚持认为，如果我们不遵守上帝降于大地的旨意，我们将会面临永恒的折磨。如果真有任何打破相称性的刑罚，这不就是吗？如果遥远的土地上酷刑可能性，会给人们的生活带来损害，他们不也会因为恐惧永恒的痛苦而受到更大的损害吗？

如果我们能感受这种恐惧，就代表相信上帝符合了我们的切身利益。17世纪法国数学家兼神学家布莱士·帕斯卡（Blaise Pascal）曾运用数学概率来描述这个谨慎的体验。我们把**帕斯卡赌注**的条件简化如下：一方面，假设上帝存在，那么，如果你相信他存在，你就有可能获得永恒的幸福；如果你不信，就很有可能获得永恒的诅咒。另一方面，假设上帝不存在，那么相信上帝存在的人无疑会在敬拜和忏悔上浪费时间，但这种损失与永恒的幸福相比不值一提，而不信上帝的人，却要冒着掉入永恒地狱的风险。

帕斯卡的论点值得质疑，尤其是它存在这些问题：我们应该敬拜哪位神，听从哪部经典，遵循哪一套宗教仪式？我们必须找到准确的答案，因为，许多人认为，崇拜错误的上帝，采用错误的仪式会招致永恒的灾难。即使我们接受这种看法，然后认定应该皈依犹太教或基督教……那么我们怎么确保它是真正的信仰？我在第 45 节提到，信仰也不能干涉自由意志。那么，如果想获得对上帝的信仰，我们该如何做到呢？通过催眠疗法？通过传染？或者，我们要接触教徒，希望他们的信仰感染自己？再或者，敞开心扉，诵经行礼，就能获得信仰？利己的动机会不会破坏信仰的神圣性，这也是一个难题。而且，由于相信可能降临的永恒诅咒，那些敏感的人可能会继续过着战战兢兢、焦虑不安的世俗生活。

当然，多数教徒都过着十分安逸的生活，没有被折磨，即使在接受永恒的达摩克利斯神剑的审判时，他们也不曾焦虑。的确，尽管面临着永恒的风险，一些教徒也像非教徒一样，盗窃诈骗，谋财害命。可能还有一些教徒，仰仗着上帝的恩典和仁慈，但上帝如果是仁慈的，又怎么会降下永恒的诅咒呢？又或许，有些教徒会套用第 49 节树懒“该怎样，就怎样”的观点，也许无论是教徒还是非教徒，我们所有人都会在现实生活中被激情、苹果、魔法、诱惑所驱使，无法理解自己行为带来的后果。举个轻松点儿的例子，就像第 53 节奶油面包的诱惑那样。或许，这就代表无论遥远的无罪之地的刑罚是多么惨无人道，它仅仅是一片虚构中的土地——一定是虚构的吗？

70

汉娜和阿米娜

请允许我介绍一下汉娜（Hannah）和阿米娜（Aminah）两位姑娘，前者是基督教徒。

汉娜在一个基督教家庭长大，没有经历过严重的叛逆期，越来越忠于基督的教义。她诵经祷告，虔诚地传播上帝的旨意，仰仗上帝判断是非及衡量行为的道德标准。有时，她请求其他教友给她指引，但他们也是通过与上帝的交流或其他人与上帝的交流，或遵从《圣经》的指示。汉娜偶尔也会有所谓的宗教体验，用她的话说就是“看见了基督”。她长期救济贫困之人，而且她从宗教生活中找到了快乐，可以说是得天佑。通俗来讲，汉娜是圣洁的。

上述描述可以套用在阿米娜身上，不过她信奉的不是上帝而是真主，通俗来讲，阿米娜也具备基督教所说的圣洁。

假如汉娜和阿米娜改变了成长环境，她们的宗教信仰彻底互换，会怎样呢？想象一下她们是对孪生姐妹，遗传了相同的基因，但是母亲在她们出生时不幸离世。她们被意外地分到两个不同的宗教家庭。如果她们还在襁褓时就被调换，那会怎样？

似乎她们在持有宗教信仰时是不理性的，因为她们知道，如果情况不同，他们就会持有不同的宗教信仰。无论这样的非理性责任立场是否后果甚微，教徒的道德信仰源自其宗教信仰，这是不争的事实，至少他们自己这么认为。如果不同的宗教传达给教徒不同的道德准则，如果这些教徒在不同的宗教家庭长大，他们会信奉不同的道德准则。我们便会问：

如何理性地调和道德与信仰？

我们运气不错，因为汉娜和阿米娜理解了神传递的旨意，理解了先知的精神，理解了经典里的精髓，从而追寻和平、乐善好施。但是想想事情也可能会有根本的不同。比如，阿米娜可能听谁跟她说应该为信仰殉道，成为自杀式爆炸的人肉炸弹，夺取上百条无辜的性命，以死效忠极端恐怖组织。这个时候汉娜可能惊惶不已，但她自己的处境能好到哪里去？毕竟她也是以宗教信仰决定自己的道德准则。

如果汉娜置身于阿米娜的处境——也许上文中的她只是侥幸没有这样——她也很可能被迫成为人肉炸弹。要是在几百年前，身为基督徒的汉娜可能受到煽动要烧死女巫，甚至屠杀悔教后皈依犹太教的异教徒。身处现代，如果她对上帝的声音断章取义，她有可能也会参与袭击，伤及大量无辜平民。我们需要具体注意的是，不同教派有着不同的行为方式，举个例子，罗马天主教就会试图以不同的残暴手段让新教徒和犹太教徒皈依；再举个例子，即使是在今天，许多教徒都认为同性恋、避孕是不对的，妻子应该服从她丈夫，而许多其他教徒则不同意。

对这个谜题中涉及的危险的最常见表述是：如果人们的道德观念，即他们应该如何对待他人和他们自己的观念，完全是以权威的声音为基础的话，那么他们会冒着高度的风险实施不道德的行为，却感觉自己是在正当地实施这些行为。关于最高权力机构可能会要求的行动类型无法保证。被要求实施的行为在道德上可能是可怕的。因此一旦人们预期到遵从权威的错误后果，他们就应该意识到他们要有一些独立于权威的道德准则。例如，因为人性而拒绝宗教要求他们为信仰而殉道的教徒，在宗教的眼中是罪人，但如果他们的拒绝能让无辜之人免于爆炸袭击，他们就成了圣人。事实上，许多教徒的道德信仰并不根植于宗教权威，这常常解释了为什么他们以经文支持这些道德信仰的方式来诠释他们的经文。

教徒可能会回答，即使是非教徒，他们的道德也经常以某种权威为准——国家、政治信条、父母教育，甚至哲学家的教诲。我的观点是，服从于这些权威可能会十分危险，除非这些权威对质疑和推理持开放态度，尊重世人并顾及他们的感受。

很明显基于道德准则所产生的疑惑是持续不断的，但通常来说，在生活中，人们对大是大非的态度往往是一致的，这不需要宗教理论就能说明。这不是说非教徒就没有作恶的时候，宗教训诫同样会指引教徒走上正道。柏拉图在两千多年前就思考和提示过我们：坚持是非善恶不能被看作上帝或神的命令。

* * *

汉娜和阿米娜的信仰是否不理性？请回忆某些非宗教的关于世界的真实观念。

你几乎可以肯定：无论你在地表上走多远，都不会从边缘摔下去。你可以肯定，地球都绕着太阳运行。但如果仔细想想，换做几百年前，你会认为在地球上的人会从大地边缘掉下去，地球肯定不是绕着太阳转的。

即使你意识到你很可能对这个世界持有不同的观念，但如果你处在完全不同的环境中，那绝不会破坏你今天的观念。这是因为，你认识到，在几百年前的不同场合，你缺少现有的科学证据。经书和启示、上帝和来世的宗教信仰，也能提供不同的证据。然而我们是否能够证明一套经书或启示，能比另一套提供更好的证据呢？似乎没有——所以信仰一种宗教的同时，认为另一种宗教也同样令人信服的，就是不理性的。这就引出了教化问题（见第 45 节），还有如何看待宗教学校和宗教化教育。

也许，关于信仰的多样性的困惑，驱使某些教徒重新看待其他的教徒——他们其实都崇拜着同一个神。这也促使更多的人讨论信仰的飞跃（尽管如前所述，他们很少“蹦”或“跳”）。注意，飞跃者不仅要依靠观念去飞跃，更要相信自己这一跃是正确的，向着正确的方向。

最后，请谨记，假如一套古老的经典、传统或权威被看作上帝的启示，它们就可能凌驾于人类情感和共同人性，某些基于此的暴行就会被视为正当，导致其他教徒、非教徒遭受奴役、酷刑和斩首。一旦被信仰吸引，任何飞跃、跳跃、弹跳或蹦跳——不管多么诡异、危险或在道德上难以接受——似乎都能被允许。这就是最明确的理由，它告诉我们为什么拥抱一种纯粹、单一的信仰可能不是好事。事实证明，信仰绝不是单一的东西，而有信仰的人可能还远没有达到纯粹的境界。

71 全知全能，到底知道多少

“你们知道——我当然也知道，作为上帝和全知的人——你们只提供了这个哲学舞台让我展示自己，仿佛我就是一个充满矛盾和神秘感的人似的。没错，我的确很神秘，在很多方面超出了人类的认知能力，你们觉得我全能、博爱，这不足为奇，而世间仍有种种痛苦和绝望搞得你们水深火热。因此，你们百思不得其解。但我在此预言，我不会陷入这种自相矛盾的境地。”

“很高兴你们没有把目光集中在搬不动的石头之上。有些人会坚持认为，如果我能创造出一块搬不动的石头，那我就搬不动它，但我能搬得动，就说明我创造不出搬不动的石头，这真是令人费解！然而，你们人类现在应该明白，即便无所不能也不可能做到不合逻辑之事，要是不合逻辑，就等于毫无意义。那些抱怨我不能搬动搬不动的石头的人，也该抱怨我不能用 blibble、blobble 和 bleeble 这些神秘的词语来表达。不管这些词是什么意思，无非是人说的，而搬起搬不动的东西，这又是什么逻辑？”

“我知道，你们是在找碴儿，看我是不是无所不知。我们继续，看你们能有多大能耐。当然，我已经知道你们的套路了，因为我真的什么都知道。”

上帝都知道哪些事情？

上帝据说是无所不知的，他知道一切。但我要立刻告诉大家，他知道的仅仅是一个上帝在逻辑上可能知道的一切。

上帝通常被视作无形的、完美的，但令人好奇的是某些教徒的说法，他们说人类的不道德行为一直刺痛着上帝。我确实想不通，为什么上帝作为完美的存在，会有如此的“个人化”感受。但是，至少上帝大概不会害怕、犹豫或者幸灾乐祸吧？也许，上帝以一种智慧而独立的方式感受情绪和情感，也许他能想象出人类的情绪与情感，也许，他知道这些情感对人类行为的影响，只不过这种感知不同于人类凭经验所获得的那种感知。

上帝的先知性会让很多人感到困惑。比如，有时人们会误解：如果上帝知道你会做什么，那么你的行动就不是出于自由意志。要是上帝知道你打算去耶路撒冷，而且他知道这事是因为他让你去的，那就表明你不是自由出行。

如果上帝只知道你要去耶路撒冷，那么可以说，如果他能看到你的未来，这就与你的自由无关了。

认为上帝的预知必然干涉人类的自由，这种观点错误的原因如下：拿笛卡尔的“我思，故我在”来举例，如果你在思考，后面必须紧接着“你存在”——这没什么问题。可是，这不代表，你如果在思考，你就非要存在，更不代表你一定存在过。如果你不曾存在，就是说你的父母当年没有邂逅，你当然没机会再思考了。我们必须要分辨：一方面，“思考”和“存在”之间必然是有关联的，另一方面“存在”才是必要条件。我们现在把这种区别套用到上帝的先知性上来看看。

要是上帝预知你会去耶路撒冷，说明你之后是会去的，这没错。可是这不代表你必须得去耶路撒冷，只是你还没兑现。如果先有“因”再有“果”，不代表“果”就是必要的。例如，水结冰必然代表水不能同时沸腾，却不代表你一定要让水结冰或沸腾。同理，上帝可以有先知性，但不代表他预先知道的事情非得兑现，你还是可以做你想做的，只是，上帝会知道你选择的后果。

* * *

上帝的先知性依然令人疑惑，原因在于上帝为何拥有与时间相关的知识——假如上帝是永生的，超脱于时空之外的存在。上帝往往是被这样看待的，因为假如他处于时空之内，我们很难理解他是怎么创造出空间和时间的，创造过程一定十分艰难。

如上帝超脱于时空之外，按理说他不会知道我们所知之事，至少我们现在知道今天的早餐已成过去，现在正在读一本书，还有将来某一天我们会去大马士革。有些人可能会说，上帝对事情的顺序有永恒的了解——先吃早餐再看书，看完书以后再去大马士革。虽然上帝并不一定像我们一样清楚地知道大马士革之旅是在未来，但他可能永远会知道，这次旅行发生在 2025 年。就像他永远知道斯宾诺莎 1656 年被逐出教会，1677 年去世。也就是说，上帝永远知道所有按日期发生的事情，而日期包含在已知事件当中。

即使上帝永远都知道按照日期发生的事件，我们仍会怀疑，上帝是如何理解事件先后顺序的。上帝也不会像我们自己那样，盘算自己要吃什么早点，想着我们这会儿正在看书。你肯定需要处在时间之中，才能意识到是什么构成了现在而非过去。也就是说，你肯定需要在时间之中，才能获得像索引般排列的关于时间的知识，这种知识是从特定的时间点抓取的——尽管如第 34 节所述，在把握过去、现在和未来的本质过程中，时间的索引确实存在着一些难题。

正如上帝不知道关于时间的索引，如果他在空间之外，他也会缺少关于这里和那里的索引。由于在空间之外，上帝不可能知道从某种角度看事物是什么样子，因为找不到方向。他不能像你一样，知道看这本书时，你离书比离台灯近。由于无形，他也不会像你一样知道自己抬起了胳膊，或者在别人的床上醒来。

在时空之外的永恒上帝，在掌握人类的索引时遇到了困难。同样，我们也无法准确理解上帝的本质，无法准确把握（如果可以把握）上帝能不能想象有限时空里的生命，甚至，能不能通过真正化身为人的方式来想象。虽然上帝不能变成你，拥有你的经历，但也许，他可以从某种程度上想象你的经历。

* * *

关于上帝的认知没有绝对的答案，因为一个永生、无形、全知全能的存在，本身就足够令人困惑了，绝大多数人应该都没有亲眼见到这种存在。假设无所不知的存在知道所有的真相，那这些真相的数量一定是个无穷数，因为自然数（1、2、3……）是无穷的，可知上帝的认知也是无穷的。但是，如果我们回顾第 31 节，比无穷大的数是可以表述的，事实上，上帝的知识范围一定会不断扩展，进入越来越多无穷的原理之中，被我们所知。

我们再回到上帝这里。

“如果你问，我会直言告诉你我的奥秘无穷深远，你永远无法得知。”

72

在很久很久以前

“很久很久以前，世上本无一物……”

要在这里现编创世神话可不容易，如果我们续以“……后来，某些东西诞生了”，很多人就会问：“它们是怎么诞生的，无中生有吗？”我们能想到的答案或许就是“就这么有了”。这么说显然不够啊！一些物理学家提到过自然“持有”的规律，然而，我们应该疑惑，当世界上什么都没有时，这种规律还有什么意义？我们也应该疑惑为什么会有这样的规律，而不是没有。

我们继续来编我们的神话吧：

“很久很久以前，世上有了些东西……”

我们现在该专注于某些东西了，但很多人会问：“这所谓的‘某些东西’是怎么产生的？”眼下我们可以给出一些令人满意的答案：某物生某物，某物再生某物，如此类推……这就能解释清楚了。无论这种“连带”的链条能否继续下去，回到过去，没有开始，仍然存在这样一个问题：为什么这样的链条，无论是否无止境，都是存在的，而不是什么都没有。

我们再来尝试给神话起个头："很久很久以前，世上万物皆存在……"

现在这个时候，我们要开始担心之前未曾顾及的"很久很久以前"了。我们可以清楚地指出，万事万物不是同时存在的，在那个时刻之前万物皆已存在，那个时刻之后，万物还是存在——过去和未来的万事万物都存在。我们可能会思考，是否只有现在之物存在，还是过去与现在之物存在，只有未来之物不存在。又或者，过去之物、现在之物、未来之物皆存在？这里就不展开讨论这种复杂性了，第四章已经讨论过了。

以"很久很久以前"开头的神话具有可变性，通常告诉我们某些事件是另一些事件所导致的，所以，我们可以再次修改神话的开头：

"很久很久以前，所有的事都发生了，包括发生的时间……"

眼前万物为何存在？过往诸事因何发生？

即使"万事万物"包含一个"永无止境"的关系链，也会引发这些问题。这些问题可以通过补充"未来之事缘何而起？"这个问题来继续扩展。

这些问题可以被划分为"为什么现在和过去会有万事万物？"和"为什么万事万物会有各自的属性？"两个问题。先说第一个问题。有种理解是，这是个经常被问到的问题，无论是在社会上层还是底层的圈子都被要求回答，还要给出好的答案。另一种说法是，这是个复杂的问题，在社会上层和最底层的圈子里都不要求回答，也没有一个好的、明确的答案。这两种说法都紧扣着"万事万物"。

第一种理解，认为"万物"涵盖整个宇宙，包括科学家所研究的一切，比如日月星辰；比如电、游戏机、汽车、集中供暖；比如两性关系，甚至蜂蜜布丁，还有思想、金钱、法律及道德，一切的一切。这里我们要注意概念的复杂性：近年来，一些哲学家，接着是一些物理学家都提出可能存在许多宇宙。我们所说的宇宙，包含一切万物。

在解释了“万物”之后，会出现一个问题：“这些‘万物’是如何产生的？”即便“万物”之中包括了一系列无始无源的事件，那为什么会有一系列呢？许多人会觉得，这是一个宏大的问题，根本无解，而对我们来说，这是一个谜题。许多人被引导着说，“所以一定有一个造物主、上帝（或神）。”按他们的说法，只有存在造物主，才能让宇宙的存在为众人所理解。

再看第二种理解：“万物”的意思，就是万事万物——真令人惊奇！——而且“万物”涵盖了整个宇宙，也涵盖了任何存在的神明或上帝。“万物”包罗万象，这要如何理解？很奇怪，有些人并不觉得这有什么问题，而且他们认为，造物主、上帝（或其他神明）也是万物之一，必须存在才能创造其他万物。也就是说，宇宙也许是偶然存在，但上帝不是偶然，而是必然存在的。你和我本来有可能不存在，是偶然产物，而不是必然存在，如果父母某一天（或晚上）没能邂逅，我们也不会存在。上帝就不一样，他的存在不依附于任何他物，他必然存在。

那些必然不存在的事物，又是如何存在的？有时候答案会是“未解之谜”。我们往往会回答：“也就是说，我们要接受上帝的存在，才能理解宇宙存在之谜？”要是我们假设宇宙必须存在，不依赖上帝，反对声就会扑面而来：“那才真是个谜吧！”真的？还有比“必然存在的神秘造物主进行神秘的活动”更神秘的事情？

或许，这些令人费解的观点来自我们对解释的渴望。在第 61 节，我们提到那头可怜的驴子和它的苦恼，莱布尼茨提出了充分理由律：凡事都必须有充分的理由。当我们提出一个理由，或进行解释，我们的理由就独立于事物本身。我们借 B 来解释 A，借 C 解释 B，以此类推。当成功找到某种解释，我们不免会参考了其他事物，由此又需要另一种解释来解释其他事物。我们诉诸造物主是因为意识到必须停止解释，但一旦找到终点，我们就不需要再寻找造物主了。或许，宇宙真的是偶然存在的，也许驴子的选择就是没有任何理由，不用依靠莱布尼茨的定律。

*　　*　　*

如果宇宙碰巧存在，在此之前是不是真的空无一物？或者，一定存在过某个宇宙，但不一定是我们的宇宙？

世上本无一物的想法着实令人头痛。如果我们想象空无一物，可能就得把我们思考的一切从宇宙里清除出去，最终就只剩下时空了？时空到底要如何清除？然而，仅仅因为我们无法想象“本来无一物”——如果我们真无法想象——也不代表以前就真的空无一物。

无一物的时空是否存在过？让我们先来讨论时间。如果根本没有任何变化发生，没有钟声、电流、脉搏，我们该如何衡量时间呢？也许时间需要发生具体事件，当然，事件和事情也需要在时间中发生。

那么，有没有超脱于时空之外的事物？有人说，上帝是独立于空间和时间的。也许，我们也能找到某些不受时空限制的东西，比如数字，如果数字真的存在，它就独立于时空。于是，我们可以假设上帝就像数字一样不受时间限制。这个假设会带来一个新的谜团，上帝如何成为造物主，能创造出发生在某个时间的某个事件？数字无法造物，有人却认为上帝创造了宇宙、万物。我们在别处已讨论过这些了，不再赘述。

宇宙中还有更多的奥秘。时间是否有开端？显然没有，但如果时间无尽地反向延伸，是否代表存在一个延伸的时间序列，终点就在现在？怎么可能呢？请回顾第 30 节的夏洛特。

即使有些事物的存在不需要解释，有些人还是坚持要一个解释，关于我们这个特定的宇宙为何会存在有意识、(偶尔)有智慧的生命。如果没有有智慧的造物主，这不是不太可能吗——换句话说，如果没有一个有智慧的存在“微调”宇宙中不变的事物，还会产生有意识的智慧生命吗?

当我们谈论宇宙，能否了解可能与不可能的存在，这点很值得怀疑。因为我们所知的宇宙甚少，只有一个。无论我们的答案是什么，为什么这个宇宙偶然存在的可能性，比造物主创造宇宙的可能性小得多呢?毫无疑问，我们将会继续被告知，上帝正在神秘地行动。但是，为什么我们认为上帝的存在比宇宙的存在更加神秘呢?

这些没有定论的谜团真是够了!我们终须为这些谜团做个结束，对了，这也提醒我了，还必须有解释……

我们应该结束对宇宙存在之谜的探索吗?“到头来，万物息止。”“到头来，一切皆空。”“到头来，没有尽头。”对于“万物”，我们通常关注的是开始，但或许我们应该更加关注“万物”的终结。即使我们认为宇宙正在走向终结，走向完美、至善，更多的谜团也会继续存在下去，确实，万物如谜。

第八章

人际关系：人类是什么

联系，才是一切。

——E. M. 福斯特

一谈到人的问题，我们自然会接触到情感、爱和欲望，以及他人的平等对待。我们经常把我们的生活划分开来：相信金钱，却不相信爱。我们自由地交易，但有些交易是好的，而有些则是勒索。有人说，我们应该把人当作人而不是物体来对待。然而，人际关系不正是依赖和作为生命体的其他人互动吗？我们觉得有些人有魅力，令人向往，因此渴望他，其他的都不关心。

除了爱、占有和承诺的神秘——“我们是天生一对”“你属于我”——我们接着还会遇到关于性压迫、生育后代和谁来抚养的困惑。我们抚养孩子，送他们上学，参加社会服务或足球比赛，那么从基因上来看，在他们还是胎儿时就影响他们有什么错呢？毕竟，这能提高他们的能力，让他们成为数学家、网球明星或上帝的信徒。

这里隐含的是一个深奥的形而上学问题，既关于自我，也关于我们对过去、未来的不同看法。这些问题引发了另一个关于时间的难题，第 74 节将会谈讨。想一想，比如，我们对于出生之前生命的缺失，和死亡之时生命的缺失的看法有着怎样的差异。在和他人的关系中，还有“其他思想”的问题，以及他人思想和感情的明显的逃避。矛盾的是，在我们死后好像比生前更容易受他人的支配，我们无法对于别人给我们的评价做出改变或质疑。那些有幸活着的人，也许会对我们的生活指指点点，赞美或诋毁我们的名誉，尊重或嘲笑我们临终的愿望，而且他们能逃过责罚。用萨特的话来说就是，我们是“他者”的猎物。

在面对“他者”更深层次的形而上学困惑之前，我们转而讨论一个与我们的关系有关的伦理问题。开始，我们以一种独特的方式来保持亲密——吃人。

73

食人族有错吗

“我要吃了你。”她这样说道，同时露出锃亮的牙齿和贪婪的目光，还用胳膊搂着我的脖子。在一个如此希望吸收我的俱乐部里得到这种热情的欢迎，我怎么能不受宠若惊呢?

“那么，晚饭先吃谁好呢？”其他几个人问道。好吧，我都说饿了。在场的都是光鲜亮丽的人——而且非常大方，他们没让我缴任何的会费。他们说我是荣誉会员。天真而渺小的我——几乎没有认识到我热情地回答“好的”，会让我走进锅里，我不是来吃饭的食客，也不是做饭的厨师，而是——我不能呼吸了——“即将被当成晚餐吃掉”的人。这些人无疑十分大方，但似乎用错了地方，我就快回过味儿来了。

“供应人肉”是这个俱乐部的方针——我渐渐明白这句话的意思了。是的，在伦敦波迈街的“绅士俱乐部”里存在食人行为，而且非常流行。虽然我应该很快就会死了——但我肯定不会被妥妥安葬——至少也是和精致的配菜一起被人煮了。

一旦了解了背景，我们就能很快针对以上场面提出问题：食人族有错吗？毕竟，我没有事先同意他们被他们吃，也绝没打算被煮。所以，这就是错误的原因。

乔纳森·斯威夫特（Jonathan Swift）[1]曾语带讽刺地让人们吃掉婴儿和年轻人以避免饥荒。这个想法最终并没有被采纳。的确，在极端情况下，比如空难的幸存者如果不吃人就会死时，我们通常会在道德上接受吃掉遗体的行为。但是许多人会对我们俱乐部的食人行为感到震惊，即使会员们只吃了刚刚自然死亡或意外死亡的人。而那些感到震惊的人，可能平时乐于献血，还同意死后捐赠器官。

为了集中注意，在吃那些意外或自然死亡的人时，我们会把这些扔到一边，因为饥饿迫在眉睫。除了这些例子外，关于人类吃遗体还有没有其他问题，即使这种同类相食行为是自愿的？毕竟，我们许多人会热情地吃其他动

1　18世纪初英国启蒙运动中激进民主派的创始人，伟大的政论家、讽刺小说家。

物的尸体——鱼、家禽和野兽——有时我们还会无意识地品尝蛇、鲸鱼和鳄鱼，还有更奇怪的吃猫、狗和黑猩猩。但是，只有变态会为吃人辩护——是这样吗？

吃人到底有什么错？

许多生物——牛、羊、猪——如果不是因为我们饲养，就不会存在，但这就给了我们屠宰并吃它们的权利吗？如果是这样，我们可以听取斯威夫特的建议，为饲养食用儿童的人辩护。当然，这个观点很荒谬。仅仅因为创造了某些生命，我们还没有毁灭他们的权利——当然没有，如果被创造的个体拥有他们自身的利益，那么可以论证，动物和婴儿同样也有。即使毕加索创作了一幅伟大的作品，受到数以百万人的欣赏，毁坏他自己的创作也是不对的。

当然，我们许多人，都在力图证明无痛苦地杀害非人类的动物作为食物是正当的。假设有一种“超级物种”会饲养人类，认为我们人类这个小物种，如果无痛宰杀，不会有什么损失。这就能证明吃人的正当性了，虽然不是用人类来证明。“超级物种”的观点，也许能正确地鼓励我们不如此随意地对待吃人。

一个人的肉，对别人来说也许仅仅是人肉，这对于抵制人肉馅饼、智人奶酪、人肉罐头，有着标准且实用的理由。

如果我们接受吃人仅仅作为令人愉悦的烹饪方法——或许不是很愉悦——那么我们是从总体上贬低了人类的生活。如果只允许吃那些自然或意外死亡的人——附带着“自愿捐赠食用”的标签——我们看待其他人的方式可能会更糟。看待的方式会随着烹饪的方式而改变。有些人会辩称，某些色情文学提倡男人把女人仅仅看成肉体，这也贬低了女性的人格。一旦我们接受了人肉烹饪，或许从此会把其他人看成肉块和商品，而不是人类。但这可能吗？这仅仅由于我们看待的是遗体，那么为什么我们对活着的人也要尊重呢？

对人的尊重包括对身体的尊重——可以延伸到对遗体的尊重。假如仅仅为了提供多样化的餐饮选择，就把人类遗体悬挂在肉铺里，或者在超市货架上摆着人肉罐头，那就损害了这种尊重。

请想象一个养火鸡的家庭，他们给三只火鸡分别取名为露辛达（Lucinder）、路德维格（Ludwig）和露德米拉（Ludmilla）——养肥它们好过圣诞节。当圣诞节到来，这家人却很难再忍心吃掉露辛达它们。因为有了名字，使得三只火鸡被当成了人类的家庭成员。

人类有时也会丧失人性，放弃尊重，把人的地位下降到一捆肉，比如就算面对面，也仅仅用数字来称呼他们——就像某些集中营里发生的那样。比如，当患者被医生随意称为“阑尾病人”或“疝气病人”时，也会面临失去人性的风险。这些例子是多种多样的，根据环境、动机和感知而有所不同。人类有时会当然地被当作肉体对待。有位名叫斯特拉克（Stelarc）的艺术家，亲身尝试过一次街头悬挂，用钩子刺穿自己的身体，悬挂在纽约市的高处。他是在侮辱自己吗？不清楚，他仍是自由的代言人，把自己的身体当作明确的艺术对象来使用。

我刚才描绘了肉铺中悬挂着人类遗体的场景，那确实会让人非常不舒服。但是，对那些愿意在自然死亡后被吃掉的人，我们也表现了道德错误吗？——如果给予适当的规定和处理权，这种愿望应该被尊重吗？我们对于这种愿望有着与生俱来的厌恶，但是这里有不道德的地方吗？

尊重有各种各样的表现形式。想象这样一个社会：人们可以自由选择自己的生命和遗体该被如何处置。这就像今天我们尊重人们自由选择被火化或土葬一样，我们甚至还能接受一些母亲分娩后煮食胎盘。在那样的社会里，我们也可以选择自己死后被吃掉。也许，那里会有一个极其庄重的用餐仪式，只有死者所爱的人参加。也许这个仪式象征了终极和永恒的结合，与死去的人永远“相连”。在这样的社会中，如果不举行这种适当的仪式，人们会认为自己无法善终。用餐可能与宗教整体上认为肉体隐喻了生命有关。有些人认为，这样吃掉他们比向献祭神明更有价值。另一些人，这会生命看成艺术品，就像小说和音乐一样，比如有美满的结局。

提出这种社会的建议，在今天会被嘲笑、唾弃，任何心理正常的人都不会接受。但是它本身不代表这种社会有道德错误。让我赶紧补充一点：它不会陷入**道德相对主义**。这种情况根本不会发生，因为在证明用餐仪式是否正当时，我们根据不同背景，会加入某些已被公认的价值观，比如尊重逝者的心愿，与亲人相连，表现出大爱。但是，这种仪式，的确会提醒我们可以用不同的方式表达对人的尊重。

在这个高度重视道德的时代，食人有可能是一种重要的道德实践。此刻，你可能会想到 E. M. 福斯特的劝诫：“联系，才是一切（only connect）。”在这里可以理解为同情、结合、尊重他人的意愿。你还可以在这里添加更多的文学修饰。在前面那种仪式中，那些尊重吃人和被吃的人，确实也听从了福斯特的劝诫：

“联系，才是一切。”

74

你选择现在痛苦还是未来痛苦

有些人活在当下，有些人活在过去，有些人活在未来。这样说有点夸张，因为我们要对这三种时态都有所了解。但是，我们确实知道的是，人们往往更关注自己生活中的某一时期。这里有一些极端的例子。

“过去先生”关注过去——他如何赢得了这枚金牌，创立了自己的公司，并且拥有码头里最大的游艇——或者（甚至可以说“还有”），他可能会重温过去的悲剧：失去了游艇、生意和妻子。除了回忆，他所经历的一切都无关紧要。他明年、下个月，甚至明天要做什么？这无关紧要。这种态度在老年人身上最常见。

“现在小姐”活在当下——活在此时此刻。她不会徘徊在过去的成功和失败当中。现在小姐想做就做，未来的计划根本不重要。她只是投入此时此地她正在做的事情当中。

“未来女士”倾向于未来。和现在小姐一样，她对过去视而不见。像过去先生一样，她很少关心现在。相反，她为了她的计划而活，为事情将来的好坏结果而活……她对下个月的假期十分期待，但是假期一到，她就开始烦恼假期会结束。

过去先生、现在小姐和未来女士，都是人们各种倾向的极端例子。如果考虑到正在发生事件的集中性和连续性，比起过去，我们往往更关注现在与未来。

请思考以下这种情况。你会因为一项重要的手术而遭受极度痛苦。我敢打赌，你宁愿这些痛苦发生在过去，已经结束了，而不是发生在未来。或者说，一些美好的经历会让你感到困惑。我打赌，你宁愿它们还没有来临，而不是已经过去。

我们为什么宁愿痛苦是在过去而不是在未来？为什么宁愿快乐是在未来而不是在过去？

通常，我们认为自己随着时间的推移还是同一个人。你的记忆逐渐变得清晰，然后衰退，个性会渐渐形成，环境会发生巨变，你的内心在呼喊："但是，这仍然是我！"这仍然是我，无论我的头发变得多么花白。假如我还是我，是贯穿在生命中最多的那个我——是的，我们对于这个普遍的信念和感受都会有困惑——我难道不应该同样尊重我，尊重我的存在，无论何时吗？如果随着时间的推移我还是同样的自己，对过去的痛苦和未来的痛苦有着同样的关注——并被过去以及未来的愉悦所感动——这似乎是最合理的看法。事实上，十年前的自我应该和十年后的自我保持相同的重要性——事实上，还有现在的自我——因此，我能不能说：无论时间如何流逝，难道不应该关心永恒的自我吗？我难道不该成为"永恒先生""永恒小姐"或"永恒女士"吗？

在某些程度上，我们对过去、现在和未来的不同态度，可以用“不确定性”来解释。我现在承受的痛苦，比我下周承受的痛苦要大得多，因为我也许可以阻止后者发生，或者，由于某些原因，它也许不会发生。这可能就是我们看待过去、现在和未来不同态度的关键，相比于未来的痛苦，我们更应该对过去的痛苦感到担忧——它们确实已经发生了。然而，我们大多数人宁愿是过去看牙医，而不是将来看牙医。带着那种疼痛，我们忍不住大喊：“谢天谢地，都结束了！”

毫无疑问，我们都有**时间偏好**。我们宁愿坏事已经结束，我们更爱即将到来的、正在发生的好事。但是，目前找不到合理的理由能够证明这些偏好的合理性。事实上，如果我长期保持同样的自我，就好像这些时间偏好都是偏见——对我现在生活的贬低，对我未来生活的赞美。

有些人认为，我们应该克服这些偏见。按照这种看法，如果我们丧失了记忆和医疗记录，目前还不清楚我是昨天遭受痛苦，还是明天将要遭受，如果你希望最后证明你的痛苦是昨天发生的，那你就错了。无论哪一种结果对我都很糟糕。如果你听到你的孩子、父母或爱人在某个遥远的地方被虐待杀害，但是对于这件事是已经发生还是将要发生还有些不确定，无论是哪一种情况，你不是都会一样感到痛苦吗（假设我们忽略了“没有发生”这种情况）？

* * *

站在“时间之外”的角度看，我们都是永恒的，但我们生活在“时间之内”，未来的事情会变成现在，然后变成过去，这确实令人难以捉摸。有些人认为，我们的时间偏好确实表现出了前后不一致。请思考你经历过的两种痛苦，程度和时间都一样，唯一的区别在于，一种发生在昨天，已经过去了，而另一种明天才会发生。比起未来的痛苦，你明显更关注过去的痛苦，这是不是违背了同一性呢？

答案是，反对的人忽略了一点，你无疑更加关注过去的痛苦，在它即将到来的时候，也在它出现和发生的时候。过去的痛苦比起未来的痛苦显得不重要，是因为当过去的痛苦还是未来、现在的痛苦的时候，你曾像现在对未来的痛苦那样更加关注它。而现在，令你如此痛苦的是未来的痛苦——当它发生时你会更加痛苦——它一旦发生，成为过去，最终会让你不那么关注它。

如果我们从现在向后撤一步看，我们的时间偏好似乎能回避违背整体性的指责。当然，这并没有触及我们仍然有偏好的事实，认为我们未来的经历比过去的经历更重要，从我们现在的立场来看。目前还不清楚这些偏好是否合理。也许没有什么能比这更能为之辩护的了。也许它们确实仅仅是偏见——或者仅仅是事情的本来面目。

消除我们的存在，为我们各执一词的时间态度提供了一个鲜明的例证。许多人惧怕死亡，尤其是在他们相信死亡即将毁灭一切时。他们在未来不再存在，这就是导致巨大痛苦的原因。诡异的是，他们很少对在出生之前没有存在感到怀疑，也就是说，他们在出生之前也不存在啊。这也是一种偏见吗？或者在古罗马诗人卢克莱修（Lucretius）看来是这样——他说，我们应该像对出生之前漠不关心那样对待死亡吗？看起来，在生前和死后两种情况下，我们都会受到伤害，一种在受到伤害的时候我们没有意识到的伤害。然而，这里可能有一种不对称性——很容易想象，如果我们比预期寿命多活了很多年，会是什么样？而要理解过去的我，许多年前出生的我，是多么不容易。而且，对那些从未出生的人来说，要理解他们所遭受的伤害就更难了，毕竟他们缺乏存在的基础（见第 3 节），所以我们出于理性为什么要关注他们呢？不过，我们关注的范围，决定了我们如何看待孩子和生什么样的孩子

（第 83 节将会讨论）。

然而，如果胎儿时期的不存在等同于死亡——我是悲观主义者——我想知道，我们在死亡时失去生命的痛苦，是否也不应使我们对出生前缺乏生命的感觉变得模糊。我们是否应该为自己在出生之前错过的东西而烦恼？我们出生得太晚了吗？我们死得太早了吗？

在第 9 节，我们看到自己是如何被人伤害的，即使我们没有意识到这种伤害——例如，汤姆这种人的偷窥行为和你从未发现过的背叛行为。我们可以扩展这种想法：仅仅因为我们死后缺乏了存在感，失去了对所失去的东西（存在）的感受，不等于剥夺更多的生命没有伤害我们。前文（见第 16 节）提到过，即使住进坟墓那样“美好而安详的地方”，我们却还是会成为父母。那么，不管死后的世界多么美好、安详，我们还是会受到伤害，无论是有人传我们的谣言，有人没遵守对我们的承诺，还是仅仅因为我们错过了生活的美好。

我们可以用乐观的态度结束这场讨论。说起来，矛盾的是，即使当我们不存在了，我们的生活仍有可能收获美好——努力策划的项目最终会结出硕果，心爱的花园能被人悉心照料，濒危的鲸鱼能得到拯救。

无论乐观与否，都需要一个永恒视角来正确把握生命的整体价值、形态和特征。这就是为什么，当我们爱的人行将就木，我们之间的不和、愤怒和争吵，不应该被看作一生关系的定论。“临终遗言”不能代表所有的话语，同样，我们的临终遗言、想法和个人总结，也不是我们全部生命的真实启迪。不幸的（更有可能是幸运的）是：当我们能用永恒视角看待自己的整体生命时，就不太可能由我们自己来做主了。毕竟到那时，我们早已不复存在了。

75

出售：瓶中精灵

请允许我向你们介绍精灵小姐。她是一个法力无边的精灵，就住在你面前的这个瓶子里。“消费者须知”标签上的内容还有待解释，因为她是第一次在市场上出售。买下她，她就能给你任何你想要的东西，无论是名声与财富还是爱情与成功，或者只是为你提供舒适的生活，打理你的花园。这是众所周知的事实。此外，她的购买价格可以由你任意选择。精灵小姐会给你任何想要的东西，所以，你甚至现在都不用马上付钱，打欠条也是可以的。一旦你拥有她，她就会用魔法变出任何你想要的金额。

现在，让我们看看“消费者须知”。但要提醒和警告的地方是，无论谁买下了这个精灵，为了避免永恒的折磨与诅咒，都必须在某一阶段以低于他买入的价格卖出去。任何潜在的购买者，都必须被告知这一重要条件。在了解这些以后，你愿意花多少钱买下精灵小姐？

很明显你不会拿出最小面额的货币——1 分钱，那样你就永远无法以更低的价格卖出她，你将会受到永恒的诅咒。（我们假设你和其他人原本并不会被诅咒。）你会用 2 分钱买下她吗？那么，你就得在某一阶段以 1 分钱卖掉她——而下一个潜在的购买者，会因为花 1 分钱买她而发疯，因为之后要怎么卖掉她呢？

当然，你会遇到风险——风险很大吗？——用 1000 元买下她，心想有人会用 999 元从你手里买下她，因为这人会觉得还会有人用 998 元买下她，以此类推……但“以此”并不能类推。假如，仅仅是假如，所有潜在购买者都是理智的、有远见的人，不太想受到永恒的折磨，那么就没人想买下精灵小姐，无论价格高低。

和许多的哲学悖论一样，这里会有一个故事，经过片刻反思之后，我们又陷入了困境。事实上，如果某个人目前拥有精灵小姐——你为什么看着我？——他就已身陷囹圄，除非有别人想要帮他逃脱，冒险为他接盘。

你也许会觉得，这又是一个疯狂的故事。这有什么关系呢？那么，我这就提出一个问题，就是“对未来思考多远才是合理的”？随着瓶子精灵的出现，我们轻松地拿出了“理性”和“远见”，接着得出这样的结论：用 100 万买下精灵小姐是很疯狂的行为。太疯狂了，因为打这儿起一步步推下去，有人会清楚地发现自己无法以 1 分钱卖掉她。但考虑到那么长远以后是否合乎理性呢？

考虑多远的未来才是理性的呢？

事实上，花 100 万买精灵小姐是不理性的吗？记住，你答应了这笔交易，得到了精灵，再让她用魔法变出 100 万给你。如果对你来说，花 100 万元买下精灵是理性的，那其他人大概会认为花费 999999 元从你这里买下她，同样是理性的。这种信念的根据是你花了 100 万买下精灵，购买者会认为他也可以用 999998 元把她卖出去。毕竟，100 万和 999998 元差不了多少。有趣的是，一些人眼中的理智以及最理性的东西——一部分是由其他人眼中的理性决定的。当然，当我们预期精灵小姐的交易价格在不断减少时，我们就会越来越不确定有没有“理性”的购买者。

如果你想购买精灵小姐，你需要别人效仿你。但在某些情况下，你想要的也许完全相反。例如，为了当上古老的内米神殿的神父，你必须杀掉前任神父。如果你认为担任神职是理性的决择，那么，如果其他人试图效仿你的做法，你就会有危险，遇到大麻烦。

精灵的案例会让我们好奇：“未来会在多大程度上影响我们现在的行为？”人们为了度假而存钱，如果再多存一年，他们就能过一个更美好的假期。假设你有一瓶越陈越香的酒，为什么不再等一年——一年又一年……再喝掉这瓶酒呢？当然，我们也许会发现不同程度的不确定性，比如，瓶子有破碎的风险，但是这种对未来的不确定性，是不是决定我们能看得多远的主要因素呢？

如果你五年之后开了这瓶酒，也许会后悔没有等到第六年，那时候也许风味会更好。如果酒可以无限提升品质，如果你是永生的，你就永远不会开这瓶酒。好吧，你永远不会喝这瓶酒；如果做出某些非理性的事（你知道未来会后悔的事），而你认为你应该获得最大的满足，那么你就会后悔喝了酒。但是，这种判断是错的。

这儿有个更常见的例子。人们觉得可以买到性价比更高的电脑。如果他们被这种想法所支配，他们就会把买电脑一直拖延下去——直到永远。他们总是会意识到明年还会有性价比更好的选择。追求理想化——无论是电脑、美酒佳酿，还是最好的爱人——这不仅会导致我们找不到理想中的事物，也会导致我们失去享受美好事物的机会。概括地说，这种紧张感就存在于“好”

和之后的“更好”之间。这里还有一个例子：**慈善信托悖论**。

假如你有一笔钱，比如说 500 元，现在你可以向一个可靠的慈善机构捐款，拯救一些人免受饥饿。这么做很棒——但也许推迟捐赠会更棒。如果在慈善信托基金中投资，再加上可能降低的营养支出成本，那么这些钱的回报如果在遥远的未来捐赠，可以拯救更多的生命。如果更多生命以这种方式被拯救，你不应该让人们为了其他人更美好的未来而挨饿吗？但那个“未来”永远不会到来，因为原则上，这一论点可以反复应用。尽管投资得到了回报，那笔资金会继续在信托中积累。

这些例子说明，寻求最大的满足通常是非理性的行为，无论经济学家是怎么跟你说的。理性一般要求我们要勉强接受目前足够好的东西——为了“满足”。对我们自己而言，满意也许被视为体现节制战胜贪婪的美德。对于别人的援助，体现了被当下痛苦的人所感动的美德，而不是未来未知的那些人感动。

遥远的未来对一些人来说非常重要。臭氧层损耗、污染、核废料：人们越来越担心子孙后代。然而，基于对未来几代人的利益变化的预测，这种担心可能会使资源和注意力从现在遭受痛苦的人身上转移。此外，对造福后代的关注鼓励了当前社会政策的改变。这种变化几乎明确表示，未来出生的人和已经出生的人是不同的。矛盾的是，未来的个体通过产生不同的未来个体得到了帮助——对那些因此不会存在的人来说，几乎没有什么好处。当面临决定是否怀孕以及何时怀孕的困境时，那样的考虑也会出现（见第 83 节）。

为遥远的未来和不确定的利益做出牺牲，无论是对我们自己还是对后代来说都是不理性的。这是一个程度的问题，但正如约翰·梅纳德·凯恩斯那句著名的玩笑所说：“长远来看，我们都已经死了。”的确，在精灵小姐的帮助下，凯恩斯没有把永恒的诅咒列入他的计划当中。然而，他这句玩笑提醒了我们，没有完美的远见，也没有完美的理性，我们仅仅是有限的人类。

尽管我们的生命有限，但满足于还不错的现状，总是比拖延、等待未来更好的结果更加合乎理性。并且，想一直等待最好的，代表你什么都没等到。

76

从武器交易到桃色交易

“当然，我们在专业上是过硬的。”戴着茶色眼镜的女人微笑着说道。

“当然，”丹（Dan）懒洋洋地含糊说道，“但你为什么要好吃好喝招待我呢？怎么着，你主演的连续剧需要我关照吗？”

女人说道：“你可能有种结果是被媒体曝光，这易如反掌，这取决于你今晚的决定。”

丹没有理解她话的意思：他已有一丝微醺，身边还围着迷人的女招待，难免会分心。

“是的，我们了解你的爱好——‘帮助’漂亮女孩进入演艺圈。你是个很有意思的人，丹。我们的媒体研究员对你生活的方方面面都很感兴趣。”

丹突然冒出一丝寒意，瞬间清醒了。他注意到自己的双颊一会儿因恐惧而苍白，一会儿因尴尬而绯红。

“可是，可是……听着……”

“别怕。那些武器交易你并没有做错——你的私人投资和小过错别人不会在意。你想说的是这些吧？我完全同意。这就是我请你来的原因。”

丹点点头，但觉得要松一口气还太早。

“放心吧，丹，我们公司站在你这边，但其他人就不是了。报纸已经向我们提供了大量关于你私生活的线索。政治上讲，你是一头重要的猎物。现在，如果你愿意为我们捐款——不少钱——我们要确保媒体研究员不会把你卖了，我会让他们寻找其他猎物。”

“如果我无法拿出这笔勒索金额……捐款呢？”

“那么，记者只要做他们要做的事，各尽其责。”

“但这是勒索啊！”丹暴怒道。

“好啦，丹。注意你的言行。把这当成一个从天而降的好机会吧。我们都希望社会明天会更好，我们可以一起创立勒索公司，口号就是：‘掩盖你所暴露的。’无论你的生活暴露了什么，我们都帮你掩人耳目——比如一笔大额捐款。这是一项很有价值的服务，你肯定无法拒绝。”

勒索有错吗?

勒索是违法的，也是不道德的。勒索者向客户保证“不会有人受到伤害”，他们觉得这是勒索的好机会。然而，一旦勒索公司泄露秘密，那么被勒索的人就会成为受害者，但是勒索公司在曝光和不曝光之间提供了有价值的选择。诚然，不泄密的选择需要付出大额捐款，但为了人民知情权的泄密选择，不用花一分钱。不过，很多人宁愿花钱，也不愿被曝光。

让我们先关注道德问题。勒索者提出的两个条件，其中的因素是分别合乎道德的。揭露真相没有错，为了自身利益付出捐款也没有错。因此，可以说在两种道德选择之间进行选择，也一定是合乎道德的。

我们可以立刻反驳这种观点。开车在道德上是允许的，但在喝酒的情况下就不能接受了。接吻令人舒适，但如果一方吃了大蒜，就不那么舒适了。欢笑当然是纯真的，但在葬礼上就不那么纯真了。喝酒、吃大蒜和参加葬礼，本身是成立的，但是与驾驶、亲吻和欢笑结合起来则不然。这些组合，缺乏其单独成分的可接受性——我们可以简单解释原因：醉酒驾驶是危险的，接吻的一方吃了大蒜会刺激另一方的感官，葬礼上的笑声冒犯了逝者家属。

在勒索中，允许勒索在道德上不被允许的理由是什么？有一种答案是：如果不答应勒索者的要求，被勒索的人会因为不必要的曝光而受到损失，另外，如果答应要求，他们将蒙受金钱损失。然而，还有很多具备这种特征的组合，表面上都是道德所能允许的。“如果你再喝酒，我就跟你离婚。”“如果我没有拿到年终奖，就辞职去国外工作。”“如果税率提高，我就去国外开分公司。”的确，后两个例子在这几年体现了民众对金融资本的厌恶，但是，资本主义社会的理念是尽量鼓励竞争，包括尽量减少合法纳税。不过，最近的研究表明，英国和美国的贫富差距正在持续，即便资本家获得了收益，也没有惠及穷人。

为了解决这个勒索难题，我们必须先放弃以上观点，即接受“勒索的构成条件在道德上是被分别认可的”。我们举两个极端案例，与我们勒索事件的男主角丹有关。

先看第一个极端案例。丹参与了一些非法的武器交易，应该被曝光。这会使当局多加关注，促进法律的完善。也许丹的行为确实属于犯罪。在这种情况下，勒索是错误的，因为勒索者愿意与丹一起掩盖真相。勒索者应该公开这些活动，而不是试图通过保密来获得经济利益。丹可能会为隐瞒他的活动而付出代价；但是，不管他是否这样做，他都应该被曝光。

再看第二个极端案例。丹没有卷入任何侵害公众利益事件，他一直身陷一些私人的性过失，如果公开，会使他难堪，但对谁都不伤害。在这种情况下，勒索者试图通过做一些错误的事情来赚钱——公开羞辱丹。当然，丹可能会为了避免丢人而付出代价；但是不管他是否这样做，他都不值得被曝光。

在这两种情况下，勒索者在做错误的事，要么掩盖应该被揭露的事情，要么通过威胁来曝光那些应该被掩盖的事。这就是在非极端案例中勒索行为错误的地方——但是，人们对于正确的事也许很难评估。比如，有第三方发现一些教会人员偷偷招妓，而那些谴责毒品的政客，反而知法犯法。有时，曝光这些事情是对的，有时却不对。曝光或不曝光的理由，不该是曝光者潜在的经济利益，而应该是行为是否正当。

因此，就是这样的，丹的桃色交易就是一个错误动机下的场景。导演应该根据所扮演角色的适合性来挑选女演员，而不是她们作为床伴的适合性（除非是为了情色电影试镜）。用人单位应该根据应聘者的工作能力来决定，而不是他们的“同学关系”。

先前提到的案例和勒索之间有些类似的地方——如果没有年终奖，投资经理威胁要辞职；资本家们会去别的国家办厂，除非税率降低；还有说要离婚的妻子，如果丈夫继续酗酒呢？这里就出现了灰色地带——有时我们把某些行为当作勒索，至少是有效勒索；有时，某些行为是可以允许的。某些投资经理会为国家的财富做出贡献，至少在某种程度上是这样。董事们的本意是通过合理纳税来经营公司；如果另一半是醉鬼，我们就会觉得婚姻完蛋了。当然，还会有其他因素：经理的要求也许太过分了——这有点儿像勒索；资本家对他们服务的社会无法做到忠诚；而在黯淡的婚姻中，配偶没有表现出适当的关怀。

这个勒索难题告诉我们：我们应该出于正确的理由去做事情，而这些正确的理由通常不涉及纯粹为了私利而做出的威胁。当然，这也给我们留下另一些难题：决定我们行为真实确定的理由是什么？我们真正的动机是什么？是什么决定了动机是对是错？我们再一次走进了灰色地带，而不是非黑即白的结论。

77

爱情是荒谬的吗

恋爱中的人常被比喻成疯子——头脑发热——这不仅仅因为爱人们的亲吻，轻咬，低声呼唤的可笑昵称。情人眼里看到的，全世界根本看不到。这就是疯狂的地方。

莉莉（Lily）找到了她的爱人伦尼（Lenny），他是如此的迷人、帅气，他身上的一切都是她梦寐以求的。在莉莉的眼中，伦尼锋芒毕露，想法不同于人——至于那迷人的微笑，好吧……然而，绝大多数人都觉得伦尼并不好，不光懒，嘴还有点儿歪。奥托内（Ottone）凝望着波佩亚（Poppea）：她迷人、美丽、性感而又大方。然而，绝大多数人认为，波佩亚控制欲强、爱耍心机，还有点儿胖。

恋爱之人是盲目的，看不到绝大多数人看到的东西。“爱不是用眼睛看，而是用心瞧。”爱神丘比特往往被描绘成一个盲人：经常无视约束和规则。当然，对此有种快速直接的回答说：爱会逐渐激发一个人潜在的好的一面——好的对象，往往可以让另一半变得更好。

当然，恋人们往往渴望拥有彼此。我们渴望亲吻、拥抱以及更多。而且，如上所述，情人们都渴望追求完美。他们可能会把对方当作依靠，正如一句谚语所说，“情人之间没什么回旋的余地，跌落的余地却很大。”情人身上的缺点，反而会被正面看待。伦尼歪着嘴笑，在莉莉看来却格外迷人；而波佩亚那一点点体重问题，对于奥托内来说，让爱变得更加丰满。当恋人们感情融洽时，他们的表现与错觉是相辅相成的。

为什么奥托内看不出波佩亚爱耍心机的本性？“因为他在恋爱啊。”关于奥托内的疏忽或无视，答案就是爱。爱同样能解释他认为体重能让爱情更加丰满。然而，为什么奥托内会爱波佩亚呢？“因为他觉得他的爱人是个美丽、大方的女子。”这种双向的解释等于没有解释，这是一种循环定义——积极的表现是因为爱，但爱也是因为积极的表现。

这种关于爱的认识，产生了一个悖论。也许为了解决这个悖论，需要我们用时间的观点来看待恋爱中的角色——爱是会发展的。波佩亚身上的某种特征引发了奥托内的欲望，如果一切顺利，随着欲望的发展，他又会发现一些新的特征。事情就会螺旋式地发展——这些新的特征被美化和增强，强化了奥托内的冲动和激情；他的欲望喷薄而出，演变成一种更包容的爱。无论我们对螺旋发展和其他东西如何合理地解释，仍然会感到困惑：当恋爱中的人说他们渴望彼此时，他们渴望的到底是什么？

恋人们渴望的是什么？

至少我们不想让“欲望停止”。你可能渴望一次假期，但突发事件打断了你的想法，接着假期就被遗忘了。你渴望再喝一杯，但是眼前出现的醉汉让这种欲望产生了动摇——你又不想喝了。突发事件和看到醉汉终止了我们的欲望，但是这两者并不是我们欲望的对象。

请想象一对渴望彼此的恋人。人们往往相信，因为性高潮会直接满足渴望，所以恋人真正想要的是性高潮。然而，回想假期和喝酒的例子，这也许是个错误的想法。

如果欲望也是一种爱，那我们渴望的到底是什么呢？恋人们——借隐喻而言，用他们的眼睛囚禁了彼此，渴望拥有对方——但这时到底发生了什么？

也许，答案并不简单。当然，恋人们从对方的身体、思想和个性中享受愉悦；但愉悦的感觉，并不是唯一的答案；如果答案就是愉悦感，那么一台制造感觉的机器也能做到；但很少有人会迷恋追求一台机器——机器根本没有欲望。

和朋友一样，恋人们可能只是手牵手静静地走在林间空地，或一起吃饭，分享音乐。恋人会一起做某些事情，但不等于两人分别做了这些事情，精确而言，是“我们”做了某些事情——我们沿着海滨散步，我们在一个派对上（即使身在房间的不同的角落）。两个人也会一起下棋，但不会产生恋爱的感觉——棋手们也许仅仅是因为棋被联系在了一起。然而，两个（或更多的）恋人或朋友，也许会一起玩耍并感到愉悦——比如一起唱歌跳舞——好得就像是一个人。爱情当然不能等同于友谊，因为“我们”还包括亲密的身体关系。

爱的愉悦感——以及友情——同样需要交换。伦尼对于莉莉的愉悦通常会增强莉莉的愉悦感，这又会增强伦尼的愉悦感——以此类推。无论我们盘旋得多远——据推测这一极限远低于“天空的极限”——爱人的亲昵提醒我们，爱是人与人之间的，为对方的乐而乐。这就是为什么在孤独的夜晚，拥抱孤枕也无法取代情人的温暖。

爱情通常至少需要两个人，而不是一个人——但这同样也产生了困惑。

爱人想要的不仅仅是枕头，而当恋人们说“我们”时，他们会危及个人，个体会被吞噬。我们有时会听到哭声，“给我一些空间；让我做自己。”强者可能会吞噬或压倒弱者，哭泣的声音会被压制，但占主导地位的强者，现在是孤独的，不被人爱也不会爱人。我们人类的自我会失去多少，我们是否会陷入一种犹如上帝般占据主导地位的狂喜中——因为这事实上是一段不平等的关系。这种关系肯定会危及我们的个性化。也许这就是为什么某些宗教信仰者和神秘主义者，在期待通过上帝得到永生时，根本不期待个人的生存。他们会迷失在自我中。

*　　*　　*

爱情，通常会以领土的隐喻出现。17 世纪的英国诗人约翰·多恩（John Donne）如此写道：

> 请特许我游走的双手，赐予它们自由，
>
> 前面，后面，中间，上面，下面。
>
> 哦，我的美洲！我的新大陆——

让-保罗·萨特——请回忆“自我”和不服气的玛丽（第 54 节）——的态度更加悲观和难以理解。性欲究其本质而言是不稳定的，在某种程度上也是矛盾的。当渴望另一个人的时候，我们要把对方变成物品、变成肉体，同时仍然希望那个人是一个自由人，自由地爱着我们。

作为恋人的我们，也许会说“我想要你的全部”。但是，我们怎样才能拥有这个人，这个爱人，通过用他或她的角度来看这个世界呢？萨特因此开玩笑道：“足球的问题在于另一支球队。”然而，在一个自相矛盾的“理所应当”

的情境下，另一支球队，对比赛和爱情来说则至关重要。

柏拉图则有着另一种描绘——恋人就是在寻找他们丢失的另一半。也许，这会引发一种对立统一双方的转变：我们最终发现了整体，个体却彼此迷失在了整体当中。

因此，对于爱的不同理解，导致了对它的不同描述，这样就会危及个性的存在——要么征服对方，要么失去自我。

关于爱情的比喻，还包括神秘的旅程。“良人属我，我也属他，他在百合花中牧放群羊，”《旧约·雅歌》中这样写道，“我的佳偶，你甚美丽，你甚美丽。你帕子下的双眸，好像鸽子眼，你的头发，如同山羊群卧在基列山旁。”

关于爱的困惑——不能仅仅用长得像山羊的美人做参考。早在萨特之前，约翰·德莱顿（John Dryden）[1] 也谈论过恋人，他也有着类似的看法：

> 他们紧握，挤压，吐出湿漉漉的舌头，
> 人人都会用他们的方式博取对方欢心，
> 但这只是徒劳；他们只能在边缘游走，
> 因为身体不能被穿透，人也不曾失去身体，
> 当然，他们努力想要如此……

关于爱情的悖论对人人都很重要。最重要的是它引发了更多的困惑。在爱情的关系中，爱本身有着重大的意义，即便我们应该抽离出来，认识到它的荒谬。

不仅仅是爱，我们生活本身包含的荒谬与不协调很容易被发现——假如

1　17 世纪英国诗人、剧作家、文学评论家，是英国戏剧评论的鼻祖。

我们跳出人类的视角，采纳了一种“宇宙视角”。这种视角正是其他生物所缺乏的。猪、鸽子和鹧鸪无法跳出它们的生活以避免做出荒谬的行为（在第 91 节我们会认识麦克塔格特的小猫“普希金”，它在这方面很有一套）。相反，人类意识到了相互冲突的观点。在生活中，想想看，当你在一次约会前刚好感冒了，或者在外出赴宴时发现了衣服上的污渍，你会感到尴尬。但你可以抽离出来，再次评估这些麻烦，在“宇宙伟大的目的”面前，这些是微不足道的。观念之间的冲突确实有些荒谬。但到底什么才是重要的事情呢？

对我们来说，重要的事情和“真正”重要的事情之间出现荒谬与不协调，比在爱与性、嫉妒与忠诚之间出现的荒谬与不协调更加重要。在这里，我们的反应可能也是不安的、不协调的。当你看见喜欢的人跟别人在一起时，你就会回想起那段深深绝望的、“苦闷”的日子；回想起当那个你从远处观察了几周、合你心意却“无法得到”的人接受你求爱时的那种狂喜。一旦想起后一种荒谬，虽然我们可能不会想起切斯特菲尔德爵士（Lord Chesterfield）的名字，但他那句著名的俏皮话却突然浮现在我们的脑海：

“在爱情中，欢愉是短暂的，情景是荒谬的，代价是恐怖的。”

78

明天你依然爱我吗

他们向彼此发誓，在生命的每一个时刻，除非死神把他们带走，他们一定会相信、感知并渴望几周前他们所相信、感知和渴望的。与发誓本身同样显著的事实是，似乎没有人对他们的誓言感到诧异。

——托马斯·哈代《无名的裘德》(1895)

当我们知道事情在遥远的未来会改变时，我们所做出的承诺会让我们深感困惑。

恋爱中的恋人，翱翔在湛蓝的天空，放飞全心全意的承诺和奉献的话语，狂野而美妙。“我们是天生一对。”“我不能失去你。”“我们的爱永远不会消失。”从字面上来理解，这些都是假的，但恋人们会为彼此付出，试图传递真情；在寻求相互保证时，他们也会提出一些令人吃惊的问题：“当我老了，头发花白，你还会爱我吗？”“你是因为钱和我在一起吗？”“只是因为我很性感吗？”“如果我瘫痪了、瞎了、性格变了，你还会爱我吗？”

这些问题将会带来一种绝望的恳求："我希望你是因为我而爱我，为了我这个人，而不是为了其他任何东西，只是为了我的真实本质。"这是一种危险的形而上学，它在牛顿的故事里出现过。如果我、自我、我的本质仍然存在，而所有其他的特征都改变了，我们还能看清楚什么呢？

当我们爱某个人时，爱的是什么？

想想看，我们是如何与世界上的事物联系起来的。我们想要一杯酒，但不是任何酒都可以。我们一定会想要一杯威士忌——而且是某一特定品种的威士忌，比如大力斯可（Talisker）[1]。在某种程度上说这种特定的规范消失了。只要杯子上写着"大力斯可"，它是指那种酒，还是这杯特定的威士忌根本不重要。这种特定的酒可以被其他酒代替，只要是你想喝的酒，我们与他人的关系往往就不同了。你想看看你的孩子，不只是长得像你的孩子，从这种意义上来讲，你的孩子是不可替代的，无法被复制——不像威士忌。

可替代和不可替代的区别与物体和人的区分并不一致。一方面，一些物体是不可替代的。你在寻找你父亲那块特别的手表，而不仅仅是任何相似的手表。你想拥有原创音乐或绘画，而不是赝品，即使你无法区别它们。另一方面，一些人是可以替代的。你只需要一个送奶工送牛奶，而不是某个特定的送奶工——除非这个送奶工是你的情人。情人在这个分类中通常是不可替代的。你爱的是温思罗普（Winthrop）。如果他有个双胞胎兄弟，你喜欢的仍然是温思罗普。如果温思罗普不在了，你不会跟他的双胞胎兄弟凑合。提

1 一种苏格兰威士忌。

醒你，你也许只想要一个男人或女人。那么任何人，只要有合适的外貌、魅力、耐力或其他什么，都可以互相替代。

可替代与不可替代

	可替代	不可替代
物体	威士忌	原创音乐
	柠檬	他送的手表
人	送奶工	温思罗普
	男人？	梅利莎
	女人？	

不可替代性强调了特定关系是如何建立的。当一对恋人在生日派对上第一次相遇，从那时起，他们的生活就彼此交织在了一起。他们之间特殊的关系，比如因果关系，是无法被复制的。

这些都不能让人拥有一种“自我”或“本质”的感觉，这与两个人的性格无关。在最好的情况下，这代表一种热情的乐观，那就是恋人们的生活交织在一起，确保了性格相合，幸福地携手前行。也许对于世界的不可预见性和变迁，对于熟悉的人的性欲的减少，以及两性情感发展的差异，会动摇彼此的信念。我们想生活在一个虚构的世界中，借用柏拉图的比喻（上一节提到过）来说，恋人就是在世上寻找我们丢失的另一半。当婚姻遇到波折，我们就会开始嘲讽道：“婚姻可不是一个词，而是一个长句子。”

当我们参演一出戏剧，可能会在表演中迷失自己。尽管意识到舞台上的环境，我们依然难以抑制地被舞台上的角色所感动。这种“虚构的感觉”（第86节）最终会带来一种哲学上的困惑。我的看法是，这种虚构在爱情中会过度泛滥，从而产生有关性欲的虚构主义。当处在恋爱中时，我们通常无法控制自己的情感，而且相信爱情是永恒的，尽管我们清楚人是一种短暂的、善变的动物。激情过后，感情就会发生变化，甚至，第二天早上就会变。

提醒你，我只是个男人——而且人类情感也可能会取决于这一点。一种论点是否可靠——比如地球绕着太阳运行，折磨孩子是道德错误——并不取决于男女是否进行了参与和判断。相反，我们显然不能保证男人和女人对于爱情、性欲和繁荣的理解都是一样的。女人和男人在很多方面都有明显的差异。而且，正如人们所说的，“差异万岁。”

79

我知道我在想什么吗

哲学家往往被看成说胡话的疯子。至少以下这些观点，至少有一部分会让许多人（无论哲学家还是非哲学家）觉得这些家伙都疯了。

> 我可以知道别人而不是自己在想什么，说“我知道你在想什么”这话没错，而说“我知道我在想什么”就有问题了。

在序言中，我们介绍过说出这句话的天才哲学家，没错，就是维特根斯坦。为什么他会说一些明显有问题的话呢？当然，我唯一所能知道的，就是我在想什么——我在思考。然而，我们通常会装出一副知道别人在想什么的样子，我们真的知道吗？甚至，我们能知道别人正在思考吗？好，开始思考，引导我们自己去体验所有包含意识的经历——感知、希望和恐惧，还有思想。毕竟，我们无法进入他人的意识。至于“别人的意识”，据我所知并不存在。

如第 47 节提到的，笛卡尔对梦境表示过怀疑，他怀疑除了自己的存在和经验之外还有什么——直到他满意地证明（或者他是这样觉得的）了上帝的存在，由此他认为，外部世界和其他人确实存在——没什么值得纠正的，上帝不会欺骗他。在他满意地证明上帝存在之前，他还是个“唯我论者”——认为只有他和他的经验是存在的。

即使在今天，当我们对物质对象——如黄油和大脑、山脉和季风有一定了解时，我们也会有这样的感觉，我们还是会怀疑其他有意识的生命体的存在。我们只看到别人的行为，从来看不到别人的经验。当然，在写这些时，我会假设我在对着其他有意识的生命体说话：好吧，也许——只是可能——有些人正在读这些话。

伯特兰·罗素曾在一篇文章中向读者表示，他认为唯我论是正确的。一个美国女人来信说，当她得知罗素是一个唯我主义者时是多么欣慰，而且宣称“我也是一个唯我主义者”。如果你读到这儿笑出声来，那你就了解什么是唯我论了。当然，这位女士是真的蠢，还是在讽刺罗素——我们就无从得知了。

因此，我们遇到了一个自相矛盾的难题，它处在笛卡尔的观点和维特根斯坦的观点之间。

我知道我在想什么吗？我知道别人在想什么吗？

先看第一个问题，请思考任意一种包含意识的经历。笛卡尔是这样说的：“我可能会误会我的腿有没有受伤，无花果、农场和鱼是否存在——它们可能是我想象出的虚构事物——我知道，至少在我看来，我的腿似乎受伤了，似乎确实有无花果、农场和鱼。在这一点上，我不会搞错。”

维特根斯坦的回答是：“我们只有在怀疑是可能的情况下才能获得知识。

当我处在痛苦中时，我无法开始思考我是否犯了错误。”所以，他说：“我无法得知我正处在痛苦中。”——尽管我可以把这些话当成段子看待（你会想，哲学家的笑点不过如此）。或者，我强调一点：当别人怀疑我时，我会感到痛苦。当“我知道”被添加到“我正处在痛苦中”，我与痛苦的关系再没有什么可以讨论的了。如果“我知道”被用在它的普遍意义上，那么以下两种说法——“我知道我正处于痛苦中”和“我不知道我正处于痛苦中”——就是无稽之谈。同样，“美德是黄色的”或者“美德不是黄色的”也是无稽之谈，除非它们能解释美德是无法被着色的实体。

当我们正确谈论人们知道或不知道事物的时候，在“知道”的正常意义下谈论他们的证据、所看到或听到的东西，这是可行的，无论他们的知道是肯定的、猜测的还是假装的。但我没有证据表明我处在痛苦之中，或者证明我正在想明天天气如何。我很可能猜对明天的天气，但猜的不是我现在的想法。我可以疑问我的腿是不是断了，但我无法知道我的腿是不是在疼。

当然“知道”可以用在其他的感觉上，但我们需要让那些感觉清楚一些。当人们叹着气说“战争就是战争”，他们没有在逻辑上指出战争和战争是一样的。他们是在对战争的肮脏、罪恶表达一种无力、绝望的感觉。

也许使用“我知道”，在表达“我知道我在想什么”或“我知道这很痛”此类想法时，强调了我对自己某些心理状态的特殊权威。让我们称之为使用“特权”，相对于使用“证据”和普遍权力。维特根斯坦和笛卡尔这下可以同意了，我们知道，在使用特权时，我们是在思考“我们处在痛苦中”……关于它们问题的争论已经消失了，但笛卡尔可能会误认为他从证据中得知了他目前的痛苦。

* * *

然而，还有下一个问题。我能知道其他人在想什么吗？反驳的人说：我不能——但是，我们再次必须清楚地了解“知道”的用法。使用“知道”的证据，需要怀疑的可能性，所以我知道他人在思考，并知道他们在想什么至少也是有可能的。矛盾的是，这仅仅是因为我们可能会误解这些事情。当然，这并不是说我们从来都不知道别人在想什么，他们在想象什么，他们是否处于痛苦中。

当然，我们无法从特权的角度了解别人的想法。这是一个逻辑问题。这归结于一个事实，我当然不是因为你的痛苦而感到痛苦。你对维特根斯坦的思考并不意味着我在思考维特根斯坦，用数字同样的思想。但那不应该使我们得出结论，说证据表明我不知道你在想什么，或者证据表明我不知道你是否处于痛苦之中。一个人可能会向你敞开心扉——可以说——你很清楚她在想什么，她在经历什么痛苦，她的快乐是什么。很明显，她的想法并不是你的想法；她的痛苦不是你的；她的快乐不是你的——虽然在某种意义上，你也许会有类似的想法，感受她的痛苦和快乐。

一种可能的回应是：“我对她的想法和感受的了解是间接的”。但是对她的想法和感受有直接的了解是什么呢？在“知道”的证据意义上，即使直接了解自己的想法和感受，也没有任何意义。在“知道”的特权意义中，我会成为她，表达她的想法和感受——而这是不可能的。

维特根斯坦的观点是他自己总结的，实际上被浓缩了，“一整套哲学浓缩为几句语法”，而“语法”在这里是指“逻辑”。然而这也许并不会让我们满意。即使在逻辑上，我不可能体验你的想法和感觉——唯一相同的想法和感觉——我可能是因为缺少某些东西遇到了这种不可能性：“只要我能进入你的想法”。

我感到痛苦——无所适从——因为我不能在你的思想和感情中处于特权

地位，如同我对自己的思想和感情，就像想让一个三角形有四条边一样荒诞可笑——就像当我激动时，却不确定是我在激动一样，根本不可能。“只要我们能够平息对不可能之物的渴望。”这句话可能恰恰表达了这种渴望。

80
对女人吹口哨是不对的

屠夫、烘焙师和蜡烛匠人——或者商人、导演、出租车司机——通常并不会因为被当成“工作对象”（如果我能这么称呼）使用而抱怨。但是，某些女性，尤其是那些被冠以“女权主义”之名的女性，却会因为被当成“性对象”而愤怒声讨。她们说，男人频繁地（幸好不是始终）这样对待她们，在工作中、在街头，甚至在床上。男人都是衣冠禽兽，随时准备扑向女人，把她们当成盘中餐。事实上，在两性关系当中，女性似乎只是：

> 欲望的对象。一旦欲望停止，就会像个被榨干的柠檬一样被抛弃……一切道德动机不再管用，因为作为欲望对象的她，变成了一件物品，可以被任何人如此对待。

奇怪的是，这段引文——当然，有些改动——并非来自一个极端女权主义者，而是来自伟大的哲学家康德。在第 1 节里他坚持声称，“我们不该把他人当成自己的手段”。我把它修正了一下，在这里用来讨论女性问题。但是康德并没有性别歧视，对他来说，无论男女，一律都会被看成性的对象。我们会把彼此当作手段来实现目的，假如目的仅仅包含性快感时我们就会把对方贬低为纯粹的享乐工具。

人类的大爱——包括善意、爱情和对他人的关怀——让我们得到救赎。在一般婚姻关系中，当心灵之爱和肉体的爱相结合，自然是最好。婚姻契约赋予缔约双方平等的权利，允许其终生使用对方的性器官和性能力。不幸的是，我们必须承认，康德在这里用毫不浪漫的概念表达了性节制问题，就好像在说性欲仅仅是为了使用对方的性器官——这和萨特的观点截然不同（见第 77 节）。

性不仅仅在睡觉时会困扰一些女人（和男人）。在大街上，在工作、玩耍中，一些女性认为她们主要是被当成性对象而不是人类来评价的。有人说，女性生活在“性对象化”现象当中，就像鱼在水里那样理所当然。然而，即使性对象化并不普遍，一些女性仍然会在遇到这种情况时感到苦恼。这种苦恼令人感到疑惑不解——我们经常使用别人，但这些人却不认为自己被误用了，或当作对象了，他们可能还欢迎我们使用。此外，在两性关系中，许多女人看重的是男人的性吸引力。

被当作性对象有什么问题？

说到作为性对象，女性通常被描写为男性欲望的对象。性虐待现象，也可能出现在其他性别关系中，但是为了简单起见，这里只讨论异性关系。女性是否被视为性对象，是一个基本的、经验性的问题。各种特征纷纷指向了“性对象”一词。它有时被联系到“仅仅作为他人使用或享乐的工具”。有时，女性的经历和自由选择根本就不重要，有时女性被视为没有个性、没有理性和偏好，有时被侵犯也默默接受，有时还有被人替代的压力——任何拥有同样特征的人都能做到。这一系列的现实，使我们很难简单回答上面那个问题。现在我们思考一些比较案例。

一群男建筑工人对着一个漂亮姑娘吹口哨，纯粹是因为她的性吸引力。她并没有被当作人来对待，而是一副长腿的性感肉体，可以被任何类似的人或更性感的人替代。这个例子（经常会见到）也可能被视为不敏感地将某些人看成工作对象；在某种程度上，建筑工人的工作是基于他们的身体特征——他们是可替换的，而且经常被替换。出租车司机在载客时会按喇叭，如果第一辆出租车有客了，那么第二辆就会这么做。然而，这些是糟糕的类比：一个女人不是一种职业，而路过并不通常意味着一种职业角色。而且，建筑工和出租车司机不仅仅被视为手段，还被视为目的。他们被视为自愿接受他们的职业的人（有多自愿是另一个要讨论的问题）；在利用他们时，我们就是在提升他们自身的可得利益。

在这里，警告和回应是必要的。我们通常并且应该把出租车司机当人来对待，而不是当成出租车的配件，但我们最初选择他们是由于物理上接近（收费或驾驶技巧）。我们选择建筑工人是因为他们的肌肉和作为建筑工人的能力，却不能因此把他们当作物体对待。当一个女人因为她的曲线被吹口哨，并不意味着，在任何产生的关系中，她就应该被单纯当作一件有曲线的物体被对待。即使众所周知女人会一见钟情；我们却不能得出结论，她们会把那个钟情的男人当作视觉上显示出让人满意的特征的物体。通过身体识别人，被他们的身体特征所吸引，雇用他们的肌肉力量或咨询他们的推理能力，不该让我们认为，一定要把他们分别看成力量、身体特征、强壮的肌肉或者推理者。

关于"性对象"的抱怨有时也是合理的。想想这种情况：当女性的性感程度成为加薪升职的唯一标准；想想这种情况：当女人着急赶着去上班，却被另一半要求亲热；想想这种情况：凶狠的男歹徒让女人感到脆弱。

在这里，我仍然要提醒一下：许多男女的穿衣方式与展示性感或晋升前景真的没有关系吗？在社会上（无论工作、玩耍的时候）许多男女真的不想被当成花瓶吗？这真是有些耐人寻味（据我所知是的）。问题在于调情、邀请和暗示挑选合适的时机。有些女人很乐意被吹口哨——有些男人也是。

*　　*　　*

“性对象”的抱怨与性冲动的痛苦有关。我们该如何看待这一点？

性关系通常是平淡无奇的，但往往包含一系列活动。一般来说，无论是男人还是女人，都不希望将非活动对象作为性伴侣。在性爱过程中，如果一切顺利，我们会通过我们和伴侣的性唤起意识，意识到我们的身体状态的改变，这可能会进一步加深感情——像一种万花筒般的体验。这就导致一些人强调一种不可知的相互作用，即意识到自己和伴侣都是有意识的体验主体，且试图让彼此只感受到对方的肉体。然而，某些女权主义作家发现了其中本质上的不协调：在性关系中，男人注定要成为主宰，他们的插入类似一种蛮力、暴行、一种强迫女性服从的占有行为。确实有可能是这样，但我们一样可以把男性形容为被包裹、被扼住、被吞噬、失去自我、甘于屈服。这些女权主义作家，似乎没意识到性伴侣之间通常会有共同动机，包括同意虐恋行为。她们也没有察觉性交易中的性行为与恋人之间性行为的区别，后者既无压迫，也没有任何不可告人的账单。

随着一部分人对恋物癖、性虐待的兴趣越发高涨，或许应该抵制某些对性对象的广泛、粗俗和误导性的讨论——这种讨论始终坚持“女性是受害者”的观点。也许，我们更该关注穆勒提出的古老的自由原则（见第 9 节），在这一原则之下，无论人之间是什么关系（包括性关系），只要双方同意，而且在没有他人许可之下没有对任何人造成直接伤害，都是可以被接受的。

说到这点，我们的价值观、欲望和选择——我们的生活——在多大程度上是由周围的观念所决定的？对于这点，我们有权抱持合情合理的、更普遍的担忧。有时候，无论男女，都已理所当然地接受了某些观念，例如，关于“人的地位和职责”的观念，在《圣经》中和在维多利亚时代的区别就很大。所以，在某些情况下，女性会觉得自己是自愿接受丈夫的性要求，或者自愿地穿着罩袍（或新潮的比基尼）——然而，回顾过去，她们却意识到受人摆布，没有任何行动的自由。在女权主义运动中，也有类似情况，在第 18 节可以看到：一些女性可能会回头去想为什么她们会被贬低，比如，对相夫教子就感到满足，而不担心对事业的影响和自己是否独立。

只有抛开一切价值观，才能合理判断哪些价值观无法接受。那么，我们要根据什么来判断？要根据实际情况，我们必须秉持某一种价值观来评价别人。在否定了笛卡尔通过有系统的怀疑寻求真理的背景下，20 世纪初的“逻辑实证主义”运动的代表人物、维也纳学派哲学家奥托·诺伊拉特（Otto Neurath）指出：“我们不能试图抛弃一切过往的观点从头开始。”具体而言，这就像我们在汪洋大海中一艘漏水的船上。在这种困境下，如果想把船拆了重造一次就太疯狂了，我们应该尽量利用现有资源来堵上漏洞，依靠船的本身生存下去。后面的章节里，我们会从另一个角度讨论修船问题。

回到现代社会，今天的男男女女，无论多数少数，无论穿着如何，都能对各种观念表示认可。我们会怀疑，这种认可是自由的还是来自精神上的压迫。但对于如何对自己的所见保持敏感，我们需要谨慎思考。在某些女权主义者质疑针对女性的歧视观念，并努力“挽救”那些女性的生活之前，我只想说一点——当女性说“是”，你就觉得她们在说“不是”，这不可能每次都管用，反之亦然。

81

美洲驼会坠入爱河吗

允许我向你们介绍两位朋友，莱拉（Leilah）和路易（Luis）。

莱拉和路易就像一双比翼鸟，形影不离，萧规曹随。我们知道会这样发展，因为当莱拉第一次见到路易——他刚走下秘鲁的航班——她根本无法把视线移开，这可以理解，因为他高大、自信、英俊。路易回应了她的目光，这同样可以理解，因为莱拉是个美女，有着修长的脖颈、明亮的双眸和圆圆的耳朵。他们是一见钟情的，并且爱情持续升温。时光飞逝，路易仍会轻咬那可爱的圆耳朵，而莱拉常常伴随在路易身边，眼神充满爱意，似乎十分欣赏他那高傲的步态。路易的其他哥们儿会和帕姆（Pam）、琳妮（Lynne）和哈蕾特（Harriet）这些姑娘嬉笑打闹，但是路易眼中只有莱拉。

爱就是有这样的威力，无论好坏。并且，允许我用了一点文学修辞，我刚才的描写，原则上适用于任何一对我们所知的恋人。人们坠入爱河——无论是最初的邂逅，还是后来的相望——持续相爱，尽管爱可能会朝着不同的方向发展。这里产生的困惑是，假如莱拉和路易是两只美洲驼，以上描述还能不能成立？——或者，我可以换成任何类似的动物——羊驼、豹子、斑马或田鼠。

“田鼠？”你会这样问我，“怎么突然提到田鼠？”因为，从配对行为上看，草原田鼠绝对是一夫一妻制，但在性行为上就完全不是了。一旦两只草原田鼠确定配对，就会黏在一起，保护彼此，与它们没有配对之前的滥交行为形成强烈的对比。对于田鼠生活方式的研究，导致关于草原田鼠夫妇永恒爱情的报道，这和草原田鼠对“快餐式性爱”和“渴望单身”的强烈需求截然不同。

与这些流行的报道相反，我们不需要把“坠入爱河”和白头偕老挂钩。我们集中讨论恋爱问题——是否只有人类可以谈恋爱？这里仅限于浪漫或情色之爱，不包含父母对孩子的爱，也不包含军人对家国的爱。

美洲驼会坠入爱河吗？

对于美洲驼和其他动物来说很有可能，当它们坠入爱河时，会表现得和人类一样。这里的“可能”是指一种逻辑上的可能性。正如上面所描述的那样，两只美洲驼生活在一起，当然没有什么不可能的，只是，这是否真的算是“爱情”？

从生物进化的角度来看，我们可能会把恋爱中的人看作动物成对结合的更复杂的例子。科学家们谈到了血管加压素受体及其神经位置。与草原田鼠不同，草原田鼠有足够相对定位的受体；所以，一个特定的草原伴侣和奖励

有关，这就解释了和这个伴侣结合的原因。草原田鼠沉迷于“爱上”它们的伴侣，并保持忠诚。如果酷酷的草原田鼠体内的血管加压素受体增加，它们也会成对结合。

浪漫的爱情确实可以比喻成上瘾，一种生物化学层面的上瘾。你会遇到某人，喜欢他们，并想再见到他们；如果一切进展顺利，你很快就会渴望他们的陪伴。就像毒品，一旦上瘾就会渴望更多。如果爱人和其他人一起离开，你就要承受戒掉这种症状的痛苦。

如果爱情仅仅被理解为一种上瘾行为——并且如果上瘾被解释为生物化学作用——那么美洲驼也可以坠入爱河并保持爱意。但用生化概念来看待爱情，可能会让我们忽略爱对个人意味着什么。大脑的生化特性可能有助于解释人们是如何爱的——就像在神话中，人们会制作爱的长生不老药——但是他们并不会因此就说明爱情是什么。知道水是由氢气和氧气组成的，并不能表现出水的湿润、解渴的特性，以及我们如何在海洋里游泳，如何被雷电所惊吓。

无论路易是否爱莱拉，他肯定非常依恋她——无论路易和莱拉是美洲驼、人类，还是草原田鼠，这都是确定的。然而，依恋不足以构成爱情。你可能对你的车、你的工作和威士忌酒瓶都依依不舍，但一般而言，你只会用比喻来形容你爱上了它们。爱的依恋与评价交织在一起，被爱的人是非常有价值的，并且值得关注。你也许很珍视你的车；但从它的角度来看，你不可能认真地做一些事情来进一步提高汽车的福利，因为它没有任何观点。你不能为了它而行动。

现在，一只美洲驼是拥有观点的。我们人类会珍惜美洲驼，并会为了它们的利益做一些事情。美洲驼“路易”或许也会用这种方式来增加莱拉的利益。也许他会主动走开，把更好吃的草让给莱拉；也许他会在莱拉的敌人面前挺身而出。然而，这些行为，就能代表他珍惜她，并“为了她”做出行动吗?

美洲驼缺少的是判断使用的语言；事实上，它们似乎根本不具备语言能力。然而，有些人会认为，这些判断和珍惜行为，已经被美洲驼的行为充分证明了。如果路易表现得像刚刚描述的那样，那就表明他确实是珍惜莱拉的。但即使是这样，我们也会觉得这些行为不足以称为爱情。这些行为，并不代表路易一定会为了莱拉做事情——特别为了她的利益做事情。

再额外思考一些爱情的相关特征，这些可能会使我们对这两只美洲驼之间的感情状态产生怀疑。

比如，许多恋人认为爱情改善了他们的生活。当然，他们也许是错的：也有悲剧般的恋人。然而，通常来说，当恋人珍视彼此的恋爱关系，并为彼此的利益而做一些事，爱在这时是繁盛期。如果真的处于爱情中，路易会为了莱拉的利益珍视她；并且如果路易开始意识到他被莱拉所珍视，那么他的依恋就会加深。路易加深的爱意，被莱拉感受到时，会进一步加深彼此的依恋。然而，我们的两只美洲驼，会用这种相互影响的方式珍视彼此吗?

此外，想要和爱人在一起的渴望，并不是没有理由的。情人可以解释为什么他们喜欢和心爱的人在一起。他们也许会给出错误的理由；他们也许会说得非常粗略——但是，恋人们不太可能很快就断言他们真的无缘无故地爱对方。我们的两只美洲驼可以给出这样的理由吗？

关于美洲驼和其他非人类的动物是否会坠入爱河的困惑，就像所看到的那样，归结到我们是否能正确地给非人类动物赋予一系列的心理特征。这些特征包括意识到依恋的原因，珍视被爱的人，可能认为爱情改善了生活。认为非人类的动物有能力在适当的程度上评估、采取行动，并决定为他人的利益行事，或者实际上欺骗他人，这是不可能的。所以，一旦认为爱情需要更多的心理深度，而非单纯的依恋，就没有合适的理由认为美洲驼——或海豚、田鼠——能坠入爱河，相爱，终成眷属。

*　　*　　*

我们经常把我们的心理投射到非人类的动物身上——甚至是无生命的物体上。我们可以想象自己在动物的位置，用正确的方式描述动物的心理。为什么我们可能会把这看成纯粹的投影或隐喻——动物并不是真的有这种状态——是因为心理状态本质上包含了某种观念。现在，观念要求有概念，概念又要用语言来表达。许多人认为，非人类的动物缺乏适当的语言，因此它们缺乏许多复杂的心理状态，包括爱所必需的心理。

美洲驼对气味做出反应，喜欢与产生气味者依偎在一起，但这是否表明它们拥有关于这类事情的信念？好吧，也许很多非人类动物拥有类似于原始信念的状态，但是在没有语言能力的情况下，要了解非人类动物是如何拥有理由、解释和为他人做事的概念是很困难的。没有了这类概念，路易就不会爱上莱拉。爱情也许是盲目的，但不会那么麻木。

82

我正在告诉你一个真相

一位内政部长被人发现“脱了裤子”（无论是字面上还是比喻上皆是），而且证据确凿。我们假设他是塞德里克先生（Mr. Cedric）。塞德里克要为他的政治事业奋斗，此刻正在记者会上公开道歉：

> 的确，我对我的妻子不忠。我撒了谎，我跟两个年轻姑娘保持着关系——或许是三个姑娘或更多。对于这一切，我现在深深地、极度地后悔。但是，相信我，虽然我在感情、绯闻和作风问题上都骗了大家，但在我的政治生涯中，我是完全诚实的，我真诚地为这个国家鞠躬尽瘁。我在其他所有事情上也是如此。确实，在感情上我是个骗子，但是一旦涉及国家事务，我就是个值得信赖的男人。

民众们关心的问题是——如果民意代表对他们的伴侣说谎，他们也会对选民说谎吗？相信塞德里克先生是理智的吗？他承认他偶尔会说谎，所以他现在依然可能在说谎。也许他不仅在出轨问题上，在国家事务上也是谎话连篇。当然，他也许说的是真的——就像他说的，也许他真的在为民服务上保持忠诚。仅仅在激情驱使下，他才会说谎。好吧，我们知道至少一件比他说出真相更重要（能阻止他说出真相的事）的事情，或者还知道其他事情。塞德里克的声明，是以下这种声明的典型案例："我准备在这类事情上误导你，但仅限于这类事情。"

虽然，这个说话者可能在说实话，但我们是否有充分的理由相信他呢？现在，我们知道在某些人的声明中，真相并不是他最优先考虑的事情。如果他在出轨这件事上说出了真相，显然他在其他场合也说谎了。如果他没有说出真相，那么他现在就在说谎。无论以哪种方式，他都违背了说出真相的承诺。假如一个政客专心于金融诈骗或者感情诈骗，但只有感情诈骗被曝光出来，他也会做和塞德里克一样的声明。

1963年，在就普罗富莫性丑闻一案[1]对斯蒂芬·沃德（Stephen Ward）进行审判的过程中，阿斯特勋爵否认他与曼迪·赖斯·戴维斯（Mandy Rice Davies）[2]有染。在采访中，戴维斯小姐始终重复道："他当然会这么说，不是吗？"矛盾的是，当有些人（除了阿斯特勋爵以外）公开声称自己说的真话确实有局限性，他们的谎言同样会在"戴维斯式"的反驳之下原形毕露。

1　这是英国20世纪60年代最臭名昭著的一桩政治丑闻。此次性丑闻的主角是国防大臣约翰·普罗富莫（John Profumo）和年轻的应召女郎克里斯汀·基勒（Christine Keeler），但基勒同时与前苏联驻英国大使馆的陆军武官有染。这桩丑闻迫使普罗富莫从内阁和议会辞职，同时也迫使英国保守党首相哈罗德·麦克米伦（Harold Macmillan）于1963年辞职。

2　普罗富莫和基勒是在阿斯特勋爵的庄园相识的，而斯蒂芬·沃德是一位骨科整形医生，是他把基勒带到勋爵庄园去的，而戴维斯是基勒的女性朋友。

如果有人告诉我们在某些事情上他们会说谎，那相信他们是否理性呢？

我是从马基雅维利那里听到的这个难题。在 16 世纪初的佛罗伦萨，马基雅维利提出：政客们应该在有助于促进社会共同利益的时候欺骗民众——但仅限于这一种情况。如果我们把马基雅维利看作一个政客，我们该如何理解他所说的政客们要做的事情？也许他只是用这些话来欺骗他们？也许他想要欺骗更多的人，却不想承认自己错了？

我们经常把我们的生活划分成不同领域；我们知道，通常人们在某些事情上比在其他事情上更容易误导别人——比如内心感情上，而不是在国家事务上。那些在跟朋友打交道时完全真诚的人，有时会在工资谈判中的条件上说谎。那些连几份报纸的钱都不愿少给的人，却可能因为银行、超市算错账意外获利而兴奋不已。关于人们如何只在某个方面说谎，我们只能从他们话中得知。相反，经验告诉我们，有些人可以在某些方面得到信任，而在其他方面则不然。事实上，我们不妨利用自己的偏好来判断那些方面。

功利主义要求我们寻求最多数人的最大幸福。有些人会说，这个目标比说真话更重要——甚至比真相还重要。然而，只有说出真相比欺骗能带来更大的幸福时，我们才应该选择前者。人类有时候需要一定的欺骗，因为这能获得更大的幸福，想想那些善意的小谎言吧。我们知道，那些公开宣称自己是功利主义者的人，随时在准备欺骗别人。如果他们的声明是真的，就等于明确承认自己正准备欺骗；如果他们的声明是假的，他们显然偶尔会欺骗别人。假如完全依赖他们的陈述来判断，请务必考虑他们这种欺骗性的倾向。这样一来，我们就会很困惑：在对我们宣称自己是功利主义者时，他们所说的到底是不是真相？而当他们告诉我们功利主义是正确的道德准则时，我们又陷入了另一种挣扎。

我们通常会默认别人所说的真相——然而，假如他们坦白告诉你这种真相是有局限性的呢？比如，他们会说："我所说的话也许在误导你。"这种声明并不具有"我在说谎"的那种矛盾性（见第25节的"说谎者悖论"），但它应该会削弱其听众对所述内容的信任感。矛盾的是，对于他们说要有所限制地说出真相，我们的真实评论就是一种"怀疑生成器"，我可以这样称呼。

如果安慰听众说"我们讲的是真话"，这本身就很荒谬。如果听众已经不信任我们了，他们为什么还要相信我们说的是真话呢？如果他们已经信任了我们，这时我们告诉他们我们在说真话就会适得其反。如果说以上两种有什么区别，那就是我们试图告诉别人我们说真话的方式，本身可能就是一个引起怀疑的信号，让别人怀疑我们关于说出真相的承诺。

相信我，我正在告诉你一个真相。

83

我应该生什么样的孩子

人们通常想为下一代争取最好的东西。并且，当他们产生这种欲望时，孩子一般已经诞生了——一般而言。我们有时想知道什么对孩子才是最好的，在他们诞生之前。最近有一些准爸妈，即使在备孕前也会合理进食，远离烟酒，并定期接受医学检查，以确保一切顺利。对健康后代的关注，代表女性一旦开始妊娠，就会被告知一系列的注意事项——从 B 超到维生素，再到化妆品的选择（据我所知）。

这儿有一些悲剧案例——一种痛苦的困境——当胎儿出现严重畸形时，大多数医生会建议堕胎："以后再生吧。"还有一些更有争议的悲剧性案例，有些人会建议堕胎，其他人考虑到这对产妇的伤害，就会反对。先让我们绕开堕胎可能引发的争议。至少在此处，我们只思考准备受孕的情况。

假设一个女人想要孩子，但她患有某种严重疾病，体内某些化学物质不稳定。如果她选择现在怀孕，孩子就有可能先天残疾。医生建议，如果她推迟几个月怀孕，那时她的健康就会好转，孩子就会健健康康。

“如果推迟怀孕，对你和孩子都会更好。”

这种模糊的说法是自相矛盾的。这样对孩子怎么会更好呢？如果延迟怀孕，那“这个”孩子也许就不会出生，生下来的根本是“另一个”孩子，因为那时结合的卵子和精子是不一样的。这样就会有一个难题：

会有错误的出生吗？

多数人在这种情况下，会选择推迟怀孕。通常这是正确的选择。如果这是正确的，那么这个女人决定现在怀孕的做法似乎是不对了。然而，我们假设她这么做了——最终出生的那个孩子是有先天残疾的，并且长大了。这样一来，会有什么坏处呢？

这个孩子受到伤害了吗？如果母亲没有怀孕，孩子就不会存在，因此，如果没能出生某种程度上是对他的一种整体伤害，他的生活就确实会被伤害，因为他必须承受许多痛苦，长大后不能自理——或者其他什么痛苦。我们来讨论两种可能：一种是他受到了整体伤害，另一种是他没有受到伤害。

一方面，如果他遭受的如此多的痛苦促使他坚决认为自己不该出生，那么他就会受到伤害：他由于被人生下来而受到了伤害。因此，若这种痛苦和由此产生的态度很有可能会发生，那就应该选择推迟怀孕，而不是怀上这个孩子。另一方面，他虽然有先天残疾，但他也可能由衷地热爱生活，因此这并没有对他造成什么伤害。而如果怀孕被推迟了，他就会失去宝贵的生命。

以上两种思考，都依赖于孩子可能会珍惜自己的生活，但这远非一切。别忘了，我们一直在考虑这个孩子在怀孕之前的利益。如果——并且是很重要的“如果”——我们可以在孩子被怀上之前搞清楚他们的利益，我们就应该考虑其他原本可能被怀上的孩子的利益，但是因为女人现在正准备怀孕，他们还没有被怀上。

一旦我们思考不同的孩子是如何被创造出来的，如果怀孕被推迟，无论推迟几个小时、几天还是几个月，我们都应该知道，我们难免地要在不同的潜在生命之间做出选择。如果那个女人推迟怀孕，残疾孩子没有被生下来，但后来生了一个健康的孩子。如果那个女人现在怀孕，那么残疾孩子就会被生出来，没有轮到那个健康的孩子。无论哪一种选择，许多可能降临的孩子都在被拣选。虽然许多人觉得这样的选择令人难以接受，但某种程度而言，这些选择一定会发生，虽然往往被我们忽略。

当然，在即将诞生的孩子之间做出选择，当然不是在考虑不同孩子可能带来的利益，而是在考虑其他利益，比如经济因素。这些因素导致了一些社会重男轻女。有时，父母可能会再多生一个孩子——一个“救星”——提供匹配的骨髓来帮助拯救一个已经生下来的孩子。孩子的诞生，可能来自许多混杂的动机和出发点——当然，一般来说生孩子并没有什么动机，但沉溺于性爱却有着很多动机。

如果必须做选择，可能最好的选择是要一个最幸福的孩子。当然，这也是争议所在。我们许多人也许会惊讶于失聪的父母，宁愿让他们的孩子遗传到这种缺陷，也不接受医疗干预——无论他们自己还是胚胎、婴儿，都不去预防或治愈耳聋。然而，这些父母有时会说孩子失聪对他们的家庭生活更有利——对孩子也更好。然而，我们应该抵制这种言论，因为假如这些孩子生来就听力健全，这似乎是在替这些失聪父母的错误行为进行狡辩。

或许，“在各种可能的孩子之间做出选择”的想法是错误的——就像有无数个可能的孩子，徘徊在阴暗的候车室里，等待受孕。在他们之间做出选择，似乎是个人选择行为——我们喜欢了一个，同时歧视了另一个。当然，我们如今经常在人与人之间做出选择——我们更想要一头乌黑长发而非金发——

即使在各行各业，这种外貌歧视也会备受谴责。然而，在怀孕问题上，我们没有直接歧视某一个体——他们还不曾存在——而他们一旦存在，那时再去评价人们更喜欢哪些特征。我们不能伤害或帮助一个不存在的人。给予伤害或者利益，必须针对已经存在的人而言。

我们评价任何人都想有的特征，不代表我们不尊重那些没有偏好的人。例如，值得注意的是，任何人都不愿瘫痪，不等于我们不尊重瘫痪的人。请思考一种类比：选择避孕，并不代表不尊重已经诞生的人。

在选择何时怀孕时，为了避免创造具有不幸特征的人，我们难免要考虑哪些处理和强化措施是我们应该（不该）允许胎儿、胚胎或备孕母亲做的。毕竟，对于已经存在的孩子，我们接受疫苗接种，纠正语言障碍，矫正牙齿，矫正扁平足。许多富裕家庭的父母，为孩子报各种补习班，希望他们在智力、语言或数学上领先一步。

现在，假设胎儿或母亲在怀孕之前能接受某项“治疗”，以增强未来孩子的智力、道德感甚至幸福感——也许还能事先消灭嫉妒和欺骗的倾向。对于这样的事情，我们如何能反对呢？

在某些时候，我们对某些基因操作感到不安，即使它们貌似是最好的；也许我们对提升潜在的竞争力的手段感到不安；也许我们有种危险的预感：一个基于财富和特权的超级阶级正在形成。也许我们会反思在维多利亚时代有多少人是因为宗教虔诚和爱国而被策划出生的，以及 ISIS 极端分子是如何侵犯自由、宗教多样性和性别平等的。

先把以上的危险和警告放在一边，回到下面这个简单问题——我们渴望让现有的孩子变得更好，那为何不一开始就生个更好的孩子呢？

第九章

美学：艺术的价值是什么

要么成为艺术品，要么佩戴艺术品。

——奥斯卡·王尔德

“这算什么艺术？！”在欣赏艺术品时，我们很容易听到这种感叹，无论是几十年前特蕾西·埃明的“我的床”[1]，马列维奇的绘画《黑色广场》（画了个普通的黑色方块）[2]，还是杜尚的“泉”（一个签着他的大名和年份的崭新小便斗）。那么，到底什么是艺术？苏格拉底将“××是什么？”这个疑问句套用在美、勇气和其他事物的定义上。然而，期望给事物下定义，往往会走向歧途。请留意下一章蚂蚁和蚂蚱的故事。

艺术——绘画、音乐、文学——通常被用来表现和表达：它们带来了感动、悲伤、喜悦和其他情感。然而，为什么我们知道看悲剧片和恐怖片会带来痛苦，却还要看呢？此外，艺术有时会扰乱社会和宗教规范：男性对女性裸体的“凝视”让一些女权主义者感到不安；公开展示先知的画像，会冒犯

1 英国艺术家埃明经常以出格的言论和作品引起公众话题。1999 年，她的装置艺术“我的床”在特纳奖展览中展出，装置主体是她的一张凌乱的床，床上还有用过的避孕套和染血的内衣，这在媒体上引起轩然大波。

2 俄罗斯画家卡西米尔·马列维奇于 1915 年创作了《黑色广场》，该作品被广泛认为是第一幅抽象主义画作。

一些教徒。社会应该采用特殊的玻璃柜和保安来让艺术品远离那些被冒犯的人吗?

“在生活中，是民主；在艺术中，是贵族。”托斯卡尼尼（Toscanini）写道。这种立场往往指向“高雅艺术”——比如文艺复兴时期的绘画、歌剧、弦乐四重奏——因此经常被指责为精英主义言论，它没有鼓励人们认识不同价值之间的差异。这种价值可以被理解为一种独特的美学价值：一幅精美的绘画、一首诗或一首歌，或者蓝调爵士乐，都会以不同方式吸引我们的注意力，一种不感兴趣的注意力。

如果纯粹出于美学考虑，我们不会关心艺术作品的商业价值，无论是油画、初版诗集或体现作曲家创作艰难的乐谱和手写书信。艺术的贬值，发生在它仅被看作是一种商机、对通货膨胀或低利率的补偿的时候。艺术的价值，也必须同某些令人困惑的事实抗争，即原创作品总是比复制品更讨喜，而艺术家本人的作品比赝品更值钱，即使某些赝品多年来同样被看作真实、精美的作品。

对艺术的审美欣赏，无论高低，都会为人类生活创造价值，帮助我们对事物加深理解，甚至能告诉我们该怎么穿衣服，就像奥斯卡·王尔德（Oscar Wilde）在本章开头所建议的。艺术能够帮我们展现出某些独特的人性。这跟小猫“普希金”的生活截然相反，仅仅在火炉前伸着懒腰取暖，它就能获得满足。但是小猫得再等等，本章的最后它才能出场。首先，我们遇到了一个窗户清洁工——他真是清洁工吗?

84

美人、窃贼和围观者

一个窃贼正在盗窃一间公寓。他可以敲门并声明他的意图，但这使得入室盗窃变得不可能。他要事先踩点，所以伪装成了一个窗户清洁工。当然，突然出现，声称自己是清洁工，这看上去会很可疑。他还要编一个故事——至少，要准备一个水桶、梯子或更多的装备。有了这些装备，他爬上梯子，透过窗户窥探，确定了珠宝的位置。人们在房间进进出出，为了避免怀疑，他又要假装好像在洗窗户，他觉得这些人还没有上当。保险起见，他开始有模有样地洗窗户，接着擦窗户。当然，他只是假装在清洁窗户——可是他确实是在清洁窗户。

这个难题很容易解决：他在打扫窗户的时候，假装是个清洁工。如果他真的是一个清洁工，同时又是窃贼，那么问题就复杂了。这个故事告诉我们，我们所做的事情，不仅关系到身体运动，还关系到动机和环境。牢记这一点，我们再来看一个难题。

“一群穿戴整齐的男人紧盯着一个漂亮的裸女在他们面前伸展。”一些人在不知情的情况下，描述了这样的场景。但那群男人和那个女人会反对这样的描述：我们是在上人体写生课，马上要开始了。

当然，有时可以换成模特是男人，画家是女性。但是，为了避免重复提示，假设这里的是一个女模特和一群男画家。这位女士也许很端庄，平时穿得非常保守，并不想炫耀身材。她也许确实对那个窗户清洁工感到过怀疑。但是，在画家的工作室里情况就不一样了：艺术家们追求的是美。如果被人察觉因为看到裸体而兴奋，就像在脱衣舞俱乐部里那样，艺术家也许会愤愤不平。有人大声反对，说我一提到性就显露了自己的鄙俗，而且没抓住艺术裸露和暴露的区别。毕竟“赤裸的真相”和“暴露的谎言”，既不是真人的裸体，也不是“谎言”的裸体。裸体是独特的，是一种美的艺术形式，艺术家的凝视当然也是一种审美的凝视。然而，问题是：

如何区分艺术的凝视和现实中的窥视？

有时人们认为美的范围是难以捉摸的，它脱离了欲望，远离俗世。当然，有些裸体画是专门挂在闺房里激发情欲，据说，真正艺术作品的观众需要带着一种超然的态度，就像艺术家在创作绘画时那样。在这幅画里，模特和裸露都是为了展现画作的形式。那么，我们的凝视不带有羞耻，没有任何的邪念。这种审美体验甚至有可能是高雅的。

先忽略艺术是否需要审美，先看看其他例子，在某些艺术作品中，“美”是对所见事物的自然表达，我们可以看到曲线与轮廓、平衡与和谐、阴影与纹理。这里的美不必等同于好看。伦勃朗的画通常都很美，即使它们表现的主题似乎不是很美。

有种传统的观点是：美其实不是来自审美者的眼光，而是来自一定数学比例的客观呈现。音乐和声是在长度不同的振动弦之间的简单数学比例。类似地，在美丽的画中包含着一种潜在的和谐——这也同样适用于裸体画。即使是最近，也有人认为这种和谐的美会促进公正。当然，这不仅仅是和谐问题，和谐一致有时仅仅代表无趣。同样，简单也许是美的，但太简单就会缺少表现和谐的部分。

无论细节如何，都会造成独特的审美欣赏，这远远不等于性欲。因此，男女都可以欣赏到人体的比例美和表现力。想体验裸体的美是一种不带有兴趣的欲望。色情作品或性感模特的照片引起的愉悦感与欣赏裸体画的愉悦感之间有着明显的差别，尽管它们描绘的场景可能是一样的。伪装成窗户清洁工的窃贼，和真正的窗户清洁工之间存在明显的差别，即使在两种情况下窗户都被洗干净了。

审美欣赏包含着愉悦的感受。当我们发现裸体是美的，我们经历了一些愉快的感觉，甚至是世俗的愉悦；也许这些感觉取决于我们的生物本能。如果我们是无形的、精神的，登上了非尘世的境界，但再去看着画作，我们还能体验到美吗？也许我们可以理性地感受和谐——但是，欣赏难道不依赖身体的感知吗？我们也许会感觉到夕阳很美，却不会对美本身有感觉。仅仅通过测量线条和识别比例，并不能产生审美上的欣赏。身体、感知、情感，对美的认知非常必要——这些会将我们带回现实。特别是，我们在性偏好上的标准，似乎与曲线和肉体色调是不是美的有关——无论是因为我们认同还是渴望它们。如果是这样，男人对于女性裸体的审美愉悦也许不会与其他的感觉完全脱离，感觉并不是直接和眼睛联系在一起。这个事实——如果真是事实——会引导我们得出错误的结论。

关于美，还有一种错误的结论。人们通常认为美与我们的生理结构有关。杜松子酒好不好喝，取决于“对谁而言好喝”；某物是不是美的——取决于

“对谁而言是美的”。事实上，某些进化心理学家喜欢说“不过是”，他们有时会说“美丽的特征无非是健康的象征”，“被美丽吸引无非是被健康吸引，是从基因遗传而来的”。我再次公开抵制这种相对主义，抵制“不过是”和“仅仅”这些词。请比较下列情形：

也许进化论能很合理地解释为什么我们人类——进化的胜利者——能够区分形状和颜色、陆地和海洋。然而，形状和颜色、陆地和海洋的区别，不仅仅是它们的进化作用。我们的生物学，是我们认识世界及其特征所必需的，但这不是说世界及其特征是由生物学决定的。所以，美也一样：只是因为我们需要一个特定的生物学来认识美，并不是说美取决于生物学。

* * *

正如生物学在美学欣赏中所扮演的角色，人们有时会得出错误结论——不仅美是相对的，而且男人的审美就是一种性的渴望。这就好像在说：渴望一个人和欣赏一个人是一样的。类似的错误结论是，窃贼和窗户清洁工都是在清洁窗户，他们没有任何区别。当反思利他主义行为是否出于利己目的时，我们就会遇到那种“不过是主义”的错误。

区别存在于性欲和欣赏之间，而有时它仅仅是一个程度问题，有时不同的程度彼此交织。例如，偶尔有艺术家会引诱他们的模特，还说这是一种审美冲动。但是，那些在写生课上坐着的模特，不该被当成欲望的对象。如果一个艺术家的目的是欲望——他就会假装画画，甚至真的在画画，就像窃贼假装清洁窗户并且真的清洁了——然后，他就像窃贼一样变成了骗子。他是在虐待这个模特，即使她斜倚着，没有意识到他的意图和欲望。他把她作为一种满足欲望的手段，而不是一种合意的方式，用以获得成功的素描和绘画。当然，事情可能不会像这样：模特和艺术家也许都同意性欲和艺术奉献。这两个目的不必互不相容。

以上这些都不能否认，当人们的观点发生冲突时，就会怀疑到底发生了什么，争论的重点是什么。“窗边的那个男人，或者说艺术家工作室里的那个男人，到底在做什么呢？”想想演员在扮演角色时，很少是在假装走路，而是真的在走路，他们假装翻越山峰，其实只是穿越了舞台。他们不会假装接吻和爱抚，因为他们真的在接吻和爱抚。然而，正因为处于这样的环境，接吻和爱抚失去了现实中的重要意义——通常如此。

假如一个男演员正和女演员对戏，而后者恰好是他现实中的妻子，并且他正在生她的气，同时，她在戏里扮演妻子，他扮演她生气的丈夫——那么表演和现实又该从哪里区分呢？到底发生了什么，取决于我们的动机、背景和更宽泛的视角——但是，我们有没有意识到：假如缺少了更加宽泛的视角，我们就只能看到正在发生的事情的某一部分。

毕竟，窗户确实被洗干净了。

85

绘画如何描绘现实事物

我们正在给大门涂油漆——我们暂时充当了油漆匠，而不是画家。我们可能感到困惑，画家和油漆匠之间的差别是否仅仅在于涂料的运用。一般来说，油漆匠的目的不是用画笔描边，用色彩和纹理来呈现事物；与油漆匠的作品不同，艺术家创作的画，注定要被悬挂、展示或仔细收藏。让我们去看看那些悬挂着的画作。

注视着云朵，盯着冬日里冰冷的窗玻璃，或者凝视着树叶——甚至是我们身边的灰尘，或者确切地说，我身边的灰尘。一个明显被忽略的事实是，我们现在所看到的，远比第一眼看到的多得多。从云朵、迷雾、树叶还有灰尘里，我们也许会看出美丽的脸、怪异的野兽或朋友的微笑。当捕捉到这个瞬间，我们就会看到一些从未发现的东西。

这幅画被许多人一眼看成鸭子，也有人说看到兔子，更多的人在两者之间犹豫——看，这长长的突起，向右延伸，一开始当成了鸭子的嘴，然后又看成了兔子的耳朵。虽然这幅画可能会被看成鸭子——或者兔子——但我们

大卫·博格 / 绘

不能同时看出鸭子和兔子的线条，这真是令人费解。鸭子不会同时是兔子，所以应该不会出现一种奇怪的动物“鸭兔”。但是在画里，鸭子和兔子同时出现了，并没有明显的矛盾。然而，这显然没有在现实中发生。

绘画通常以图画或绘图的方式展现场景、物体以及事件：人、景观、果盘，无论这些东西是真实的还是虚幻的，特别的还是一般的。蒙娜丽莎是一个特别的女性，其他的油画或许也表现过女人，但没有一幅如此特别。但还有一些画表现了不存在的东西：美人鱼、森林和农牧之神。如果我们用“绘画”来包含一切图画，通常就会遇到以下困惑：

绘画如何描绘现实事物？

一个直接的回答是，通过“相似方法”，但这立刻让我们陷入困惑。绘画和现实事物，在哪些方面，与什么东西相似？挂在艺术画廊里的画作，通常都很像，相似度远远超过它们跟它们所表现的事物。毕竟，它们的形状都是长方形的，都画在画布上，表面都涂上了水彩、碳粉或油漆。画上的马、风景或者脸孔，都像一团被矩形包围的点点。鸭子、兔子的画是否真的像有血有肉的生物，而不像其他简单描画的线条?

也许，这种对“相似方法”的鲁莽批评犯了严重的错误。这幅画——悬挂在墙上的画布——并不像马、风景或女人的脸。也许，当我们观看画布时，我们的体验内容与我们观察真正的马、风景、女人的体验是相同的。然而，这并不能解释我们体验到的这些区别来自我们看到的是鸭子的线条还是兔子的线条。

在研究“相似方法”时，一些人认为绘画的目的仅仅是欺骗，它们创造出我们所见事物的幻觉。比如说，这匹马在视觉上并不存在，它让人以为看到了一匹真正的马。现在，有一幅画——错觉画——正在欺骗我们。我们也许会误会眼前有个真桃子，但其实只有一幅精致的桃子画。大多数绘画都不会是欺骗，即使它们表现如此。上面这幅画不会误导观众认为这本书里夹着一只被压扁的鸭子。请默默回想一下其他表现形式。照片也许是黑白的，但被拍的对象是彩色的；漫画和讽刺漫画同样歪曲了它们所表现的东西。

这些令人费解的问题，把绘画仅仅看作表现一种相似性，这导致某些人走向了另一个极端，把这种表现看作约定俗成的传统、文化的作用，而根本不是客观的相似。当然，我们可能会同意，文字表达至少是传统形式。看看英文单词“鸭子”(duck)，“d”后面跟着“u”，它们并不像一只鸭子。有人提出，绘画的表现也是源于传统和教化——想想印象派、古埃及壁画和原始岩画的风格有多么大的区别。随着孩子们长大，根据周围的传统，他们认为一些绘画风格是代表事物的唯一“正确”方式。这种“正确的”方式其实取决于我们，而不是世界上其他客观的相似物。我们之前已经遇到更极端的观点(见第 41 节)，当时我们想知道这个世界是如何被塑造成物质、恒星、星团的。

这种先入为主的表现方式有很大的问题。先入为主存在于图表当中，存在于不同温度的变化当中，而图表并不等于图像。蒙娜丽莎代表一个女人，真的只是先入为主的问题吗？如果是这样，那么在特定情况下，蒙娜丽莎也可以代表马、仓鼠、小鹿或农牧神。至少一部分关于绘画的东西，和先入为主、文化习俗无关，这就设置了一定的界限。

画是让人好奇的对象。外表上看，可以说，一幅画就是一块帆布被涂上了油彩。但我们意识到了更深的内在：我们在画中看到马，就像我们在云朵中看到“人”，在书中看到鸭子或兔子。我们意识到，画既是一种事物，也是它们所代表的事物；画包含着两个方面：外在和内在。我们能看到画的“内在”。例如，我们不能从本节的画中同时看出兔子和鸭子；但当我们把它看成一种生物，比如鸭子时，我们能同时看到物体和画出的线条，在这些线条中看到一只鸭子。对这种两面性的认识，使我们避免把绘画误认为它们所代表的真实事物。在看到它所呈现的事物时，通过配置过的外表特征，我们同样可以看到缺失的东西——一只鸭子、一幅风景或一张脸。

艺术家通常会通过绘画使观众从他们的作品中看到某些东西。当然，观众可能需要获得信息、敏感度和一些提示，才能了解艺术家的意图。一旦他们看到了，就会获得一种全新的视觉体验——就像听到“嘎嘎”声的提示，观看者会突然在鸭子、兔子之间看到鸭子。我们也许需要更近、更仔细地研究一些绘画——看到脸和肢体，或者峭壁和山谷。“看见”的视觉体验与在现实或心目中看到的物体不同。绘画就像文字一样，会激发我们的想象力，但是想象中的场景当然不同于现实所见的场景。

在概述的方法中，绘画代表着让观众有机会看到。诚然，当我们用自己的语言去看任何一个书面句子时，我们不禁看到超越事物形状的意义，但这并不是因为这些形状提供了其意义的视觉体验。我们可以画出“鸭子”这个词，我们可以看到画中的鸭子，这表明视觉表现和传统的表达之间确实有一定的区别。

我们仍然没有解释为什么我们在一幅画中看到了一件东西而不是另一件。对相似性的要求可能会重提：当我们体验到画布上的形状时，它们被认为像是实际的物体，就仿佛从实际的角度看到的那样。但这还不能令人满意，因为这些视觉体验，取决于我们在绘画中所看到的事物。如果我们用体验中感知到的相似性来解释“看见”，而用“看见”来解释我们的体验，那么我们就会有循环定义的风险。毕竟，鸭子、兔子的画看起来不同，这取决于我们是看见了一只鸭子还是一只兔子。当我们“看到”一幅画时，我们为什么会看到所看到的东西，仍然令人困惑。着实令人困惑的是，在一幅不动的画作中，我们可能会看到运动。“我看到马在画里飞驰，这种想法是迷信吗？”维特根斯坦如此问道。

许多人可能不假思索地认为，画作所表现和“看到”的困惑，不适用于抽象画。当我们第一次看到抽象画，比如蒙德里安（Mondrian）、罗思科（Rothko）和波洛克（Pollock）的作品时，我们可能会觉得它们不包含具体的形象。但是即使在这些作品中，我们也看出了某些东西。在罗思科的画中，我们能看到一些颜色堆在其他颜色的上方或底层，不管他是否按顺序涂上颜料。我们也许能看到灯光闪烁着穿过心绪和情感。当我们学会如何看时，我们所看到的眼前的事物，在某种程度上，已经不再是我们之前所看到的了。

如果刷房子的油漆匠拦住我们说：“不，我刚刷的那面墙绝不‘仅仅是刷漆’，而是我在作画——你难道看不出我画了什么吗？”我们也许确实会盯着这些色块，看出油漆中的某些东西，而不只是一面刷过的墙。

86
人为什么会对虚构人物产生感觉

太可怕了！一伙人围观一个姑娘被一群恶棍粗暴地对待，被殴打、强奸，然后被遗弃等死，而那伙人已经杀了她的丈夫。没人出手相救，虽然人群很清楚发生了什么，因为就在他们的眼前发生的。太可怕了，最后他们又喊叫又鼓掌，在场没有一个人报警。

这是公诉人在一场谋杀案件中的开庭陈述吗？旁观者们是帮凶，还是只是害怕施暴者的路人？当一切过去，他们会在生活中为他们的行为，他们的怯懦，他们没有对受害者施以援手而感到羞愧吗？

这些问题的答案都是一样的："根本不会。"观众们都坐在剧院里看戏。他们都知道这是一部虚构作品，但——矛盾的是——大多数人都在参与其中。他们担心这个姑娘的下场，当团伙头目威胁她时，他的匕首闪闪发光，有些观众感到瑟瑟发抖。他们同情一些角色，赞赏另一些角色，并希望正义最终能得到伸张。还有一些观众就快哭出来了。当他们走出剧院时，彼此讨论了对这个姑娘的感受。一些人在午夜惊醒，想知道这些角色的生活如何继续，一些人想知道结局可能会有怎样的不同。

我们被虚构的人物所打动，不管他们是出现在电视剧、侦探小说或流行电影中，还是经典名著中的人物——罗密欧与朱丽叶、洛丽塔或麦克白夫人——或者出现在皇家莎士比亚剧团、国家剧院或皇家歌剧院制作的剧目中。一般来说，观众和读者都能充分意识到角色只是虚构的，但是这些虚构的人物能像真实的人一样活着出现——并不只是在表演的时候。一些肥皂剧的观众想知道这些虚构人物在每集之间都做了什么。比较一下，这是不是很奇怪，例如，想知道在真人秀电视节目中回应怪异要求的明星发生了什么？

为什么我们会对虚构人物产生爱恨情仇？

当我们感受到情感时——被德古拉吓到，怜惜年轻的简·爱或是对《雾都孤儿》中比尔·赛克斯对待南希的方式感到愤怒——我们坚信，或者至少半信半疑：这些人是存在的，并且具备可以让我们产生恐惧、怜悯或愤怒的特征。我们知道，虚构的实体确实是虚构的，并不存在。然而，矛盾的是，我们体验到了对它们的情感——或者看起来如此。

如果我们强调观众对于舞台表演或书面表达的信仰诚意以及情感体验，我们应该期望观众在现场，以某种方式代入情节当中。如果强调观众的视角——这只是一出戏、一本书、一部歌剧——我们对于观众的感动行为就会感到困惑；他们确实感动，有时甚至感动哭。

有种答案是，这是一种非理性行为。我们可以相信并参与许多不合理的事情。我们的情绪也可能源于非理性或错误的信念，但当我们意识到自己的错误时，情绪通常会淡去。当人们发现儿科医生不同于恋童癖者，那些在儿科医生家门外大喊着死亡威胁的暴徒会有（我们希望的）情感上的变化。即使那些恋童癖者已经被发现了，也许（我们再次希望）我们会通过反思更好的方式来减少愤怒和仇恨。当我们认为蜘蛛有毒时，我们会害怕，一旦我们确信蜘蛛是无害无毒的生物，我们的恐惧就会平息。在某些情况下，虽然我们知道这类真相，我们的恐惧还是会不理性地继续下去。所以，我们的情绪可能会持续，即使我们知道这些情感的对象是虚构的。

这个答案似乎挺简单，但是反思过后再去看，这个答案并不简单。即使是最理性的人也可能会被小说打动，即使人们被打动时，也清楚地知道他们正坐在剧院里、读着一本书或看着电视。是这样吗？也许，不管怎样，他们都中止了关于戏剧环境的信念，还删除了买门票的记忆，或者屏蔽了沙沙作响的翻书声。也许他们觉得一切都是真实的，他们确实认为一切都是真实的。然而，请记住，他们不可能投入得那么深：如果是，他们就会警告有危险，然后打 120 或 110——就像孩子看哑剧时那样假戏真做。

假如非理性不是正确答案，也许我们的情感根本就不是对虚构人物产生的。有人认为，小说引导观众对具有相关特征的真实人物（而不是小说本身）产生恐惧、怜悯、喜悦等情感。情感的原因，不一定是情感所指向的对象。你害怕邻居家的猎犬（或者说你以为），然而造成恐惧的不是猎犬，而是无线电的“嘟嘟”声。那是无线电的声音——让你误认为犬类威胁时的低吼——造成了你的恐惧。回到小说中，例如，阅读查尔斯·狄更斯对穷苦人的描述所产生的怜悯，并不是针对小说的人物，而是针对那些真实世界中贫穷的人。这个故事把那些真实的人带进了我们的脑海。

虽然这种虚构难题的解决办法有些道理，但仍缺乏合理性。通常来说，我们难道不会对虚构的人物感到赞同、怜悯或是愤怒吗？凭什么认为我们错了？此外，也许这种方法要求我们在脑海中有特定的真实个体来解释我们的情绪，然而我们在看一部戏剧时很少会在脑海中有这样真实的个体。

其他试图解决虚构那题的办法，都是源于宣称“我们对虚构人物的情感是虚构的情感”。这样的“解决方法”同样缺乏说服力。当我们被一些虚构故事所打动时，或许我们的眼泪是真实的，怜悯也是真实的。

*　　*　　*

对于事物的思考可以产生情感，不需要彻底的信念或怀疑——也许这对于解决这个难题来说足够了。我们不是真的认为女性受到了伤害，因为我们看的是舞台表演，也许仅仅是她被伤害的想法（或一些其他明显的心理状态）就足以引起我们的怜悯、厌恶或其他东西。我们的思想被戏剧、书籍或歌剧所承载，并产生真正的情感，尽管与适当行为联系在一起的情感会被破坏或削弱。一旦想到你的女儿被攻击，你就会担忧和恐惧；但是，由于你没有充分的理由相信这会发生，所以你还是鼓励她去参加舞会或者哲学研讨会。类似地，在舞台上表演的一场虚构的暴力袭击，可能会引起你的恐惧和痛苦，就像你想象中的那样；但是，你知道这是一场演出，不相信它真的发生了，也不可能从座位上跳起来报警。

无论以上解决方法是否正确，我们都不该陷入一种观念——认为我们的情绪仅仅针对于某些思想或观念。罗密欧与朱丽叶坠入爱河，最后凄惨地死去，他们的悲剧爱情让我们泪流满面，但罗密欧与朱丽叶的思想或观念本身不会坠入爱河。我们的思想或观念，关系到《罗密欧与朱丽叶》，关系到《洛丽塔》，关系到《东区人》等肥皂剧中的新移民，或者关系到《控制》《弗尔蒂旅馆》这类喜剧作品。我们和不存在的实体（如小说角色）之间的关系，究竟是什么？答案仍然模糊不清。如果我们反思歌剧的独特吸引力，迷茫又会继续增加。我们可能会为某个角色的困境所动容，同时又不协调地为女高音歌唱家的歌唱技巧鼓掌欢呼。

小说的悖论应该单独来看。奇怪的是，即使我们知道会发生什么，我们也能感受到悬念。许多人都不止一遍地看过阿尔弗雷德·希区柯克（Alfred Hitchcock）1960年的电影《惊魂记》（*Psycho*）。其中那个洗澡的场景，伴随着毛骨悚然的背景音乐，即使看多少次仍会引起悬念。我们会脉搏加快，脊背发麻——尽管我们知道这是一个不愉快的血腥结局，但它也是个黑白分明的血腥结局。

悬念，只是我们在小说、电影和音乐中遇到的不愉快情绪的一个例子。悲剧会引起痛苦，而恐怖故事让人恐惧——但是我们很享受这些"为什么？""到底发生了什么？"

亚里士多德认为这种虚构的体验让我们可以进行情感释放、心理宣泄——帮助我们继续过日子。这又是如何起作用的，为什么会起作用？我们不能简单回答，因为这提出了更深入的问题——艺术到底是为何而存在的？

我们把这个新问题留到……后面解答，当我们注意到麦克塔格特养的那只小猫"普希金"（见第91节）和之后（第98节）遇到的野蛮人。现在，让我们从"心理视角"来看待小说中那些感动我们的人物。我建议你们回想一些虚构角色，无论是电影、戏剧还是情景喜剧里的，那些让你为他们的生活大笑，与他们一起痛哭的角色，是他们引发了恐惧、同情或赞赏。那么，为什么会产生这些情绪或感觉呢？你很清楚：这些人物是虚构的，缺乏一切实体。那么，为什么你们——还有我——要在乎他们呢？我们找到正确答案了吗？我们是不是只是假装在乎，是一种自我欺骗？这种在乎本身也是虚构的吗？

87

我们讨论的到底是谁

我们先还原刘易斯·卡罗尔的《爱丽丝镜中奇遇记》中的一个场景，再试着解决本节的难题。

“你在路上看见了谁？”白国王问道。

“没有人（Nobody）。”爱丽丝回答。

“啊，从这个距离能看到他。”白国王说。

当送信者到达时，困惑更多了，国王问道：“你在路上经过了谁？”

“没有人。”送信者回答。

“很好，”国王说道，“这位年轻女士也看到他了。所以，没有人跑得比你慢。”

“什么？”送信者愤怒地说，“我确定没有人比我跑得更快。”

“不可能，”国王回答道，“否则他应该在你之前到达。”

白国王误以为“没有人”是人的名字（因此我用了大写字母N）。在谈论“没有人”的话题时，不需要真有一个叫“没有人先生”的人。

我们讨论的是现实中不存在的实体——如独角兽、圣诞老人和睡美人。我们遇到了一个更加根本、普遍的难题。我们如何才能在时间、空间甚至在眼皮底下谈论与我们毫不相干的东西？当我们谈论芝诺、莎士比亚、牛顿时，我们怎么知道我们说的是谁呢？毕竟，没有人见过他们。

有种快速直接的回答是：我们没必要为了谈论他们而去见他们。这有些道理。本节的问题就是：我们在使用某个专有名称时，是如何针对某天特定的对象的？在使用“芝诺”这个名称时，我们想表达的是有血有肉的芝诺、两千年前的哲学家，而不是柏拉图、恺撒或舒伯特。

另一种快速直接的回答是：芝诺就是我们指定的任何一个叫“芝诺”的人，但是这让我们掉进了一个怪圈——这人到底是谁？

当然，我们这里的难题，或许会联系到被人类命名的城市、雕塑和山峰，但为了专注起见，我们的问题限定如下：

我们如何讨论遥远过去的人？

有种简单的回答是：我们正在讨论的那个人，是在他那个时代被取了那个名字。但这不是合理的答案。我在这一节写到芝诺的时候，是指哲学家芝诺，但还有很多名叫“芝诺”的家伙，包括一些阿猫阿狗。我们也许会坚持认为，考虑到讨论的背景，我们指定的这个人确实是名叫芝诺的哲学家。然而，即使这样，也不足以让我们在脑海中锁定这个人，因为还可能有其他叫芝诺的哲学家——历史上确实有——斯多葛学派的鼻祖“基提翁的芝诺”，他跟埃里亚的芝诺就是不同的人。

上述回答，是把描述的东西和被谈论的名字联系了起来，例如“哲学家”。在这种回答的基础上，我们可能会认为：想让专有名称发挥作用，需要大量相关描述集合。这些描述需要足够详细地对应这个人，只有这个人，唯一确定的这个人。任何一个满足描述的个体，就是我们所要谈论的那位。

上述这种“描述论证”或“满足论证”需要一些修正，因为，我们很可能对我们讨论的个人产生错误的描述。此外，有一些描述比其他描述更有分量。

在谈到芝诺时，我们是在谈论一个希腊哲学家，是在公元前 460 年左右的名人，来自埃里亚，提出了“运动悖论”，个头很高。但是，假设这个人的存在满足了所有相关描述（除了个头高）。我们应该承认，我们谈论的是一个希腊哲学家、来自埃里亚……但他的个头不一样。他是一个研究悖论的哲学家，这点比他的身高体重都要重要。

因此，我们所指的历史人物，是那些满足于某一组描述的复数的人，并且，这些描述与我们使用的名称密切相关。但这种方案，要求我们识别所描述的名称——还有对那些指定个体的描述——这当然有问题（见第 37 节）。

确实有问题。想想，我们每天用众多的名字谈论历史人物，但是我们缺乏一些识别性的描述。我们会提到拜伦、牛顿、柏拉图和芝诺，但我们往往对这些名字的描述不够充分。很多人可能知道柏拉图是一个重要的希腊哲学家——当然，这还不能精确地指定一个人。学生们可以从老师的话中获知牛顿、达尔文的名字，却搞不清楚谁做了什么，所以，当学生们说“啊，没错，牛顿提出了进化论”时，他们当然说的是关于牛顿的谬误，而非关于达尔文的知识。

前面的问题终于得到了回答，我们承认，我们经常听从那些能够确定我们要表达的意思的专家。也许我们对牛顿、柏拉图、芝诺都有一些了解，但当我们使用这些学者的名字时，其实是指他们所具有与识别他们的名字相关的某些信息，以及我们仅仅了解最基本信息的那个人。“芝诺是谁？我是指现在的哲学悖论传播者们通常所指的那个人。”我们将名称的“意义”传达给了其他人——后者获得了与我们提到的名字相关的一系列描述。美国哲学家希拉里·帕特南（Hilary Putnam）将这种过程命名为**“语言分工”**。

然而，以上这种“满足观点”还没有走出困境。这里还有另一个问题：我们难道不能认为专家都错了吗？

专家认为是莎士比亚创作了《奥赛罗》《哈姆雷特》《李尔王》等戏剧。关于这点颇有争议，甚至可能是错的。假设它是错的，当我们在谈论莎士比亚时，我们就是在谈论培根（Bacon）、马洛（Marlowe）或其他作家吗？我们应该坚持认为我们一般说的就是莎士比亚。当遇到这种归属错误时，我们会说，“所以，莎士比亚没有写过《奥赛罗》和其他戏剧。”我们这时不是想表达：《奥赛罗》的作者从没写过《奥赛罗》。

在满足理论中，我们通过一组描述来确定我们所讨论的个体。但是，在多数情况下，这些描述只是恰好适用于这个人——因此它不适用于一切。亚里士多德可能从没写过任何哲学书。他可能是个养猪大户，然而，经过历史学家的错误或讹传，他被描述成了伟大的哲学家、形而上学的缔造者。这种显然可以理解的事实表明——至少，满足理论要求我们进行细致入微的分析。

回到本节开头讨论的“没有人”，一个不存在的人、虚构人物，他和历史人物完全不一样。我们必须通过相关描述来确认奥利弗·崔斯特（Oliver Twist）这个虚构人物——因为没有比狄更斯书里给出的描述更多的了。就算狄更斯什么也没说，没有真相、没有虚构的事实，崔斯特还是会做这做那，还是喜欢吃炒鸡蛋——他是个不确定的人。德国哲学家莱布尼茨提出，正是这种不确定性，使得虚构人物成其为虚构，而非真实的存在。此外，有的人认为，狄更斯对崔斯特的性格有什么误解，这也不对，我们倒是对荷马有些误解，这还有些可能。

可能，古希腊诗人荷马并没有写出《伊利亚特》《奥德赛》等史诗，其实是别人写的。我们还能再往故事里加进一个叫荷马的人，这有可能让我们陷入更多的难题。

88

但这是艺术，亲爱的玛蒂尔达

这可不是我的错。我那位上了年纪的姑妈玛蒂尔达（Matilda）想去画廊里转转——但我知道这不会很顺利。她向来厌恶埃里克·吉尔（Eric Gill）传递性特征的雕塑：把受辱被钉在十字架上的耶稣放在性感的裸女旁边。（她会说："这算什么艺术？"）当她看到罗伯特·梅普尔索普（Robert Mapplethorpe）[1]备受赞誉的摄影作品中表现出明确的同性恋行为，她差点报警了。此外，当她看到吉尔贝特（Gilbert）和乔治（George）的一些平面作品[2]，"下流""种族歧视"一类的词从她嘴里脱口而出。而当她了解到某些艺术家所使用的材料时，说话就更难听了。她简直被惊呆了。

玛蒂尔达姑妈的反应，引发了一个问题：对于艺术而言，是不是表现什么内容都可以。有人说，艺术是为了艺术本身，它应该以自己本身的方式来

1　美国摄影艺术家，拍摄过不少有争议的单一影像黑白照片，包含裸体男子、花卉等内容。

2　意大利艺术家吉尔伯特·普勒施和英国艺术家乔治·帕斯莫尔经常联合创作一些怪诞的艺术，主题包括人的绝望、精神压抑和贫民窟等。

呈现。

对于一些事物的提及是不恰当且无礼的。无论你认为已经逝去的人有多么声名狼藉，在他的坟墓边向他的家人提起这些事都是不恰当、不友善的。一个人的妻子死了，如果朋友在哀悼时还借钱，那就是毫不体谅别人。当与在战争中失去了儿子的家人聊天时，质疑这些战争的价值是非常冷漠的。有些事情不应该在某些情况下说或做。当然，还有其他的情况下，同样的事情可以说或做——有时是正确的。也许死者应该被揭露，战争的正当理由应该受到挑战。

注：鉴于（in the light of）和“在光线下”在英语中是双关语

难题在于，艺术家是否应该被允许“以艺术之名”做任何事情。无论是有争议的、下流的，还是非法的事。过去，英国政府曾禁止公开展示某些艺术作品，无论是在画廊、舞台上还是书本里，在今天许多国家也要进行艺术审查。当然，即使是最宽容的社会也需要一些审查制度，以防止对个人的伤害和对某些群体的压迫。有一些国家的法律禁止煽动，反对种族主义和性别歧视。然而，不管是习俗、道德还是法律禁令中，艺术是否应该被网开一面呢？

艺术应该被隔离起来吗？

在某些领域，隔离这个词不大适用。“以艺术之名”不是对真正的谋杀、现实生活中的偷盗和投资骗局的正当评价。这些活动的目的，即使是为了艺术，显然也是不正当的。虽然身上的刀痕显示了审美和谐，虽然小偷把他们的行为看成是一出芭蕾舞剧，虽然骗局涉及了一些艺术名作。先把这些放到一边，我们会对玛蒂尔达姑妈说什么？玛蒂尔达认为艺术的表达方式——亵渎神灵、淫秽、带有种族主义——错误地受到了保护。她是一个狭隘、孤僻、保守的人吗？

有一种对玛蒂尔达姑妈的直接回应是艺术涉及形式、结构并产生审美意识：确实“艺术是为了艺术本身”。内容不是关键的，表达内容的形式才是关键。关于基督被钉上十字架，还有战争恐怖的绘画和文学描述，都可以是美丽而杰出的作品。曾经被审查的书籍，比如劳伦斯的《查泰莱夫人的情人》，由于形式和语言的原因，也属于重要的文学著作。可以说，艺术不是为了引起政治变革，实际上它通常局限在“艺术画廊”“图书馆”等带有神圣光环的几个地方。至于那些可能被冒犯的敏感之人，他们既不需要去画廊，也不需要看书了。

第二种对于玛蒂尔达的回应，来自对第一种的反驳。即使艺术由于其形式受到关注，也经常被认为带有挑衅目的——而且试图带来社会影响和变革。想想毕加索的《格尔尼卡》，它象征了西班牙内战和独裁统治的恐怖。艺术也许会质疑现存的法律和禁忌，促进社会变革——这通常是积极的。这就是为什么艺术应该得到保护，即使是它可能表现出某种主义、表现裸露或挑战固有的信仰。

第二种回应准确地发现，艺术有时能、确实能并且应该能引起轰动；但这个答案的论据是薄弱的。说论据薄弱，是因为我们也可以说暴动具有挑衅性，挑战既有的法律，但有时也是为了改善社会，这就是为什么也宣扬某些观念或性解放的运动值得保护。艺术品被观赏，歌剧被聆听，书被阅读，更类似于一种高级的研讨会。所以，它可能会被争论，然而不会得到很好的争论。也许艺术和暴动的对比可以被反驳。运动有时会直接伤害到别人，这种骚乱就应该被制止。艺术被欣赏，歌剧被聆听，书籍被阅读，更类似于一种高尚的研讨活动。所以艺术可能会有争议，虽然这一点没有得到很好的论证。

参与者高喊种族主义信仰的有序游行，或者不会导致直接伤害的公开纵欲，目前在英国也是非法的。然而，当类似的种族主义或性行为在画廊发生时——那么这也许会避开禁令。指定在某些公共空间，这对于目前无法接受的，甚至完全不被接受的事物展出也许是有价值的。艺术也许能为此提供掩护。但是，艺术自由的支持者会对这种自由的掩护感到不满，因为它允许人们发泄不满情绪。

这带给我们一个微妙的困惑，“什么是艺术？”如果我们不能区分艺术行为和种族主义游行，比如说，“无论什么”都算是艺术，那么“无论什么”也适用于游行，无论游行者有没有穿着芭蕾舞裙在游行队伍中跳舞。

人们通常把这些推给画廊或美术馆的馆长，让他来决定什么是艺术——但是馆长怎么决定呢？假设一些“画廊”只展示了绘画、雕塑和美化大屠杀和希特勒的电影。假设没有艺术讽刺，我们应该想到某些政治总部在入口处会有新的招牌。假设一间新的“画廊”展出的画作，宣传女人在各方面不如男人，或者杀掉非教徒的教徒能进入永恒的天堂，这可能意味着一个极端的派别试图将这种想法变成现实。如果艺术需要要被赋予一种特殊的地位，这些例子提醒我们，分辨什么是艺术是很重要的。

想必美术馆馆长应该展现美好的艺术。也许，上述假设的画廊——带有美化压迫的作品——必然会展现拙劣的艺术。然而，即使艺术美化了道德败坏的人，难道它也不具备美学价值吗？

在评判一幅绘画时，你也许会被它的色调和颜色吸引，然而却发现形状很不协调，参差不齐，不知道要表现什么。确实这种不协调和不齐整太过分，以至于你无法正确地欣赏色调的和谐。所以，同样地，一幅绘画会因为它的色调和颜色吸引你，然而因为它所代表的——对反犹主义的歌颂，对女性的诋毁——你深感厌恶，无法注意到美学价值。这幅画对于你来说是失败的。然而，分享绘画道德立场的观众也许会评价它的形式以及它引起的感受。提醒你，观众信奉绘画所宣扬的东西，觉得值得珍视并且激励人心，以至于忽略了绘画的美学价值。

上述思考没有帮助我们确认被接受的和不被接受的艺术的界限，这大概是因为没有可追寻的界限。我们可能需要蒙混过关，忍受许多有问题的艺术——以表达自由的名义，以穆勒的自由原则的名义，以“生活实验”的名义——只有当一些严重的煽动可能会带来伤害时才向当局呼吁。然而，我们也许会问自己，如何才能对宣扬淫秽或声名狼藉的艺术做出回应。你认为你会如何做出回应？你应该如何回应？

如果在某些情况下，你的真实答案是“厌恶”，这可能说明你是一个正义之士。然而，它也可能显示出你没能将美学价值和道德价值分开看待。这也许会显示出你无法认识到一个人可以同时喜爱或厌恶一件艺术品——喜爱它的形式和作画技巧，却厌恶其主题和创作目的。如果这些都不是你的理由，你也许会热衷于收藏那些因审美而带有争议的画作。

假如你发现一幅明显美化种族屠杀、奴隶制或反犹主义的画作，你也许会忍不住欣赏这幅画的绘画技巧，选用的颜色和纹理。你可能会选择把这幅画挂在家里。好吧，不管多么精美的绘画形式，不管多么伟大的美学，它难道不会默默表达一些你不想说的话吗？

89

眼见一定为实吗

亚伯拉罕·布雷迪斯（Abraham Bredius）是20世纪的荷兰艺术史学家，在当时有很大的影响力。他专门研究17世纪艺术家扬·弗美尔（Jan Vermeer）的绘画。20世纪30年代末，一幅名为《基督和门徒们在以马忤斯》的画被公之于世。由于担心是赝品，布雷迪斯和其他人仔细研究了这幅作品，并确认这是真正伟大的弗美尔原作。他们把这幅画形容得很有美感，认为这是弗美尔最杰出的作品。鹿特丹的博伊曼博物馆从一位叫作汉·凡·米格伦（Han van Meegeren）的人手中买下了这幅画。凡·米格伦很高兴，不是因为钱，而是因为他成功地欺骗了专家。《门徒》是凡·米格伦在20世纪30年代所画的，而不是弗美尔在17世纪所画的。这幅画的质量让一些专家拒绝相信这是凡·米格伦所画，认为是他把画伪装成了赝品。尽管如此，在进一步的研究之后，如今已完全证实这是凡·米格伦的仿作，而非弗美尔所作。

A爵士是另一位更近代、更有影响力的艺术史学家。他也注意到了某些赝品。他是埃里克·黑博恩（Eric Hebborn）的朋友，后者是一个出色的造假者。我们不太清楚 A 爵士被黑博恩的赝品欺骗到什么程度。这位尊贵的安东尼·布伦特（Anthony Blunt）爵士，长期担任考陶尔德学院主任和女王画作鉴定师，但在 1979 年，他被发现是一个隐藏多年的苏联特工。

当《门徒》被发现是赝品时，不仅仅是这幅画的货币价值急剧下降，而且——对于多数人来说——它的审美价值也同样下降了。这不再是一幅优秀的画作，也不再被陈列在博伊曼博物馆。

当安东尼爵士被人视为英国的假"忠实仆人"时，他的正直彻底被削弱了，然而，没有人认真地以为他的间谍活动损害了他的审美专长和资历。这个人被另眼相看，但他的艺术感觉不是。我们也许会怀疑，他的美学判断是否像他对英国的忠诚一样具有欺骗性，但这将促使人们对这些判断的实质进行评估。他的判断是正确还是错误不会取决于他苏联特工的身份。

一幅假的弗美尔画作不会再被当作是弗美尔的作品而受到珍视。一旦对一幅绘画作品的假身份有所察觉，我们也许会更仔细地研究，寻找赝品的美学标志，但为什么仅仅是赝品就会减损它的审美价值呢？审美价值取决于作品的色彩、构图、优雅和美感，可是它怎么也取决于，甚至部分取决于，它的来源呢？

为什么你对一幅画质量的看法，会受到赝品的影响？

艺术专家，艺术爱好者以及普通大众，倾向于认为赝品并不像"真品"那样具有艺术价值。为什么呢？

在真品和赝品之间可能存在着相关的审美差异，即存在于"画作中"的差异。既然已经指出了这些差异，我们就可以看到它们——我们把它们看作是对绘画质量的贬低。我们可能会意识到，构图并不是那么有序，人物并没有优雅地被描绘出来。确实如此，但是，在许多造假的情况下，这些缺陷是难以察觉的，除非是在显微镜下或通过化学分析，所以很难理解它们对我们的审美欣赏有什么直接的关联。在著名的凡·米格伦的例子中，这幅画的美学品质受到了高度赞扬。确实，现在的专家已经确定了一些结构上的缺陷，但是这在当初凡·米格伦被揭露时，以及这幅画不再受宠时都没有被发觉。

与大师的原作相比，赝品往往是更劣质的作品。因此，尽管没有任何正当的理由，它也可能被认为是在某些地方，存在一些可察觉的瑕疵，事实上，这在任何赝品中都会被发现。那么，我们来想一下新的例子。考虑这样一个例子，一幅画中没有任何东西可以让观众看到这幅画是假的或是拙劣的仿造品。再想想另一个例子，在弗美尔的真品和赝品之间唯一的区别，是它们包含的化学成分、作画日期等，没有发现伪造品的专家，会把它看成精美的弗美尔原作。从美学角度看，这幅画没有任何改变，曾经被看成弗美尔的原作，但现在被归为赝品——或者看起来是赝品。

道德评价依然可以在此适用。人们被伪造者欺骗了，这幅画就是重要证据。也许一些非法的“假冒”交易已经悄然发生，但是为什么这些东西对美学如此重要呢？欺骗和违法可能不存在，对弗美尔原作的错误认定却可能发生。错误被发现了——这幅画的绘画价值也产生了同样令人困惑的后果。对于造假或错误归属与审美价值的相关性，我们需要从笔触之外寻找任何合理的解释，但是这样的超越似乎立刻使我们远离了审美价值。

回到凡·米格伦假冒弗美尔这个问题，这幅画缺少了弗美尔真迹的许多特征。它既不是弗美尔所画，也没有被他的朋友所见或看到这幅画还是未完成的状态，并思考要如何完成。我们没有看到一幅弗美尔所看到的画作。它缺少那些历史相关因素，那些连接过去的因素——这样的联想和联系往往对我们来说是有价值的。看看你母亲留给你的那块货真价实的手表是多么重要；拿着巴尔托克（Bartok）的原装音乐而不是复制品，或站在剑桥大学国王学院的教室里，据说维特根斯坦是在那里挥舞过火钳（第 34 节中提到过）。但是为什么这些联想和联系会与绘画所具有的美学价值有关呢？

也许，当我们看着一幅画作，评估它的构图、颜色、质感时，我们也把它看作是表现艺术家的创造性。也许艺术家的创造性可以从画作中看出。赝品通常是直接地复制，展示作假的技巧，却缺乏原创性。如果是这样，我们如何看待这幅画的变化。比较一下前面那幅线条画（见第 85 节），也许所画的仅仅被看作是只鸭子，直到有人指出那也是只兔子。

这种取决于原创性的方法，并不能解决凡・米格伦的“弗美尔”问题。凡・米格伦的画是一幅原创的作品，尽管采用的是弗美尔的风格。用弗美尔的风格来绘画并不会破坏它的原创性和美学价值，因为弗美尔之后的画作显示了他的风格，却并没有因此降低它的价值。也许，矛盾的是，凡・米格伦的《门徒》应该像弗美尔自己的后期作品一样被视为真迹。凡・米格伦在创作这幅画时，展示了按照弗美尔的风格最终画完的样子。从美学上来说，把它视为弗美尔的作品与亲见弗美尔的作品无异。

* * *

“塞克斯顿・布莱克斯”[1]（英语中音同“赝品”）经常被像凡・米格伦、黑博恩以及汤姆・基廷这样的人成功地制造出来。黑博恩声称他的一些假画仍然挂在画廊中，没有被发现。如果他们的赝品被发现了，就会被当作复制品移除。然而，矛盾的是，画廊有时会以原始画作的状态来掩饰复制品。一个历史上著名的案例是：1917 年的巴黎展览，其中包含了杜尚的“泉”，在第

1　伦敦仿造者汤姆・基廷（Tom Keating）在 20 世纪 50 年代末和认罪的 1976 年间创作了作品全集 *Sexton Blakes*，其中包括伦勃朗（Rembrandt）、德加（Degas）和塞缪尔・帕默（Samuel Palmer）等人的作品。

九章开头引文部分提到了。这件“艺术品”的原作只不过是数百万白色小便器中的一个，上面有杜尚的签名，被当作展品展出。这引出了一个疑问，正如之前所发现的，当一些除了位置之外无法区分的东西出现在画作中时，为什么一件画作还可以成为艺术品？当被放置在合适的环境中时，像杜尚的“泉”之类就会成为艺术品——或者经常被当作艺术品。即使杜尚的原创作品不是他创作的，但最初的展览是有价值的“泉”，一个完全无法区分的复制品并没有价值。

也许最有艺术价值的是美术馆本身，因为它的包容几乎可以把任何东西变成艺术。也许英国透纳奖的下一次展览应该展示美术馆，比如不列颠泰特美术馆、泰特现代美术馆或古根海姆博物馆。如果我们能轻易把一座泰特美术馆塞进泰特美术馆就好了，哪怕是把它的复制品放进泰特美术馆——如果我再年轻二十岁就好了——我会为了获奖去展示……我自己的身体。这种提议说明，“艺术品”可以不需要艺术，也不需要作品，甚至可以没有设计感。

90

音乐是超越的语言吗

当安妮（Annie）开心时，她会笑逐颜开，也许会迈着轻快的步伐走路，带着轻松的语气说话，并略带疯狂地烹饪。这就是安妮表达快乐的方式，无论是完成一幅画作的快乐，还是意外发现一张 50 元的纸币，或者听到她孙子成绩进步。安妮，是一个人而不是卵石或菠萝，是有知觉的，会经历快乐和悲伤、愤怒和同情、恐惧和希望。安妮表达她的感觉、她的情感、热情和心情；她的爱、欲望和生活。

音乐同样可以表达情感，当然，音乐却并不是一种有意识的存在。音乐是有组织的声音排列所成，通常是经过深思熟虑的，但也可能是大海的嘶吼声，狂风的席卷声或者是鸟叫声……音乐自身并不会经历愉悦和痛苦、快乐与悲伤、喜爱或恐惧，而我们中的许多人——“音乐盲”除外，欣然地说音乐能够表达这样的情感和心情，不免矛盾。随着音乐的演奏，我们可以听到内心的悲伤和渴望；我们可能会对这些声音做出回应。这是怎么回事？

为了使我们的注意力不被扭曲，我们会避开有歌词的音乐，尽管我们可能认为它们是音乐重要性的关键。语言可以与音乐如此紧密地结合在一起，以至于我们不能发现音乐本身所表达的东西。因此，请听一部让你感到特别有表现力的器乐作品。音乐可以是古典、爵士乐或流行。作品的标题也许具有提示性，但是把注意力集中在声音上。我在这里林林总总提几部，也许它们有所帮助：理查德·施特劳斯的《变形》，沃恩·威廉斯的《云雀高飞》，乔治·格什温的《蓝色狂想曲》，桑塔亚纳的《桑巴舞会》，米莱什·戴维斯的《那又如何》。

我们不进行音乐分析。特定的音乐设备和结构形成了表达快乐、悲伤或其他情感的音乐段落，这并不能解决哲学上的困惑：哪些因素使得这些段落能够那样表达情感。

对我们这个难题的一个直接反应就是否认音乐可以表达。当你表达快乐或悲伤、希望或恐惧时，你通常在脑海中会有一些客观对象，是这些状态的来源。你的儿子为了钱再次结婚，那是使你快乐的原因。你床边的动静来自一条蛇，蛇是你恐惧的原因。然而，音乐不具有思想，它不会经历客观对象——所以它怎么可能有情感和感觉来表达呢？

这个简单的反思提醒我们，音乐的情感表达不能以安妮的表达方式来理解。这确实是真的；但是，与其得出结论说音乐不能表达情感，更明智的是，我们可以用不同的方式来理解音乐的表现力，从而解决这个困惑。让我们记住：确实，大多数人发现，把音乐形容为可以表达情感并感动他们的方式是恰当的。如果我们很快断定他们错了，然后去喝一杯，那就真是自相矛盾了。那太容易了。

音乐如何使人快乐或悲伤、愤怒或平静？

同样的形容词也适用于音乐，也可以用在虚构的人物上，就像对人一样。

“快乐”“悲伤”“阴郁”“愤怒”，是我们学到的适用于人、其他动物，以及音乐的词。当然，一些人会坚称这些词汇在运用于音乐时，有着和平时不一样的意义，是具有比喻性的——那么，为什么这些词听起来也很恰当呢？把“悲伤”运用到一个音乐段落上并不是随意的。看起来，在人类姿态所表达的悲伤和那些音乐段落所表达的悲伤之间，的确存在相似性。

“相似性”是关键。然而，我们需要，将相似性与任何关联性区分开来。我们同样要问：相似性和哪些特点有关？手帕的结会让你想起购物，但这既不表达又不模仿你想要买的东西。相反，当音乐让我们感到悲伤——当它激发悲伤的感觉——我们也许会把悲伤归因于音乐。音乐也许能“表达”它所激发的情感。

“激发”这个答案当然是错误的。我们可能会意识到有些音乐是在表达悲伤，却没有感受到我们内心被激发的悲伤。一个悲伤的小丑可能会使我们发笑，而不是引起悲伤。从另一个角度来看，逻辑上的谜题可能会导致抑郁，但它不是一个抑郁的谜题。当具有表达性的音乐和所引起的情感之间有关联时，“激发”的解释就会出错。不是因为音乐激发了悲伤，我们才认为音乐是悲伤的。而是因为音乐是悲伤的，我们才认为它激发了悲伤。同样，通常会错误地认为你的恐惧解释了为什么狮子饥饿地看着你。而更确切地说，是狮子的唾液分泌和餐巾的准备解释了你害怕的原因。

我们一直在寻找音乐和情感之间的联系。激发理论连接了音乐与听者的情感——但是，正如刚才所说，听者可以听到音乐表达悲伤，并不需要音乐自身变得悲伤。

一些人会辩称音乐的表达性是由于作曲家在作曲时的情感，但是谁知道作曲家在匆忙完成作曲时是什么情感呢？作曲家也许会为了钱做出欢乐的音乐，而不需要变得欢乐。

让我们重申，音乐要变得快乐或悲伤、愤怒或严肃，必须与这些情感相关的东西有一些相似的联系。让我们再次尝试找出这些联系。

思考一下巴赛特猎犬[1]耷拉着脸的经典案例。它们的脸看起来很难过，表现出悲伤。看一朵云彩，你也许会看到威慑的脸。显然表象并没有经历威胁，猎犬也没有难过。然而，我们并不是一时兴起来描述它们的，我们不会随意地把感情投射到它们身上。猎犬的面部特征与一个人悲伤时的特征相似。同样地，也可以说，悲伤的音乐是悲伤的，因为它具有使我们想起人们悲伤的特征。显然，音乐并不是“看起来”悲伤，但是它的表达方式，它的声音轮廓，可能与悲伤之人的运动节奏和轮廓相似。这就是我的看法。

* * *

音乐是一种特殊的例子，它是一种强烈的东西，显示出人类生活的两种神秘特征。

首先，我们用同样的词来描述非常不同的事物。因此，我们经常感到这些事物之间一定有相似之处。诸如“岸边”（河）和“银行”（金融）或“入口”（进去的口）和“入迷”（被迷惑）等一些词都不会产生歧义。然而，它们唯一的相似之处似乎是我们用同样的词来表达涉及的事物。我们形容声音为“低”，然而它像一座低矮的桥吗？在沃恩·威廉斯的《云雀高飞》中，我们联想到一只高空中的云雀，然而在小提琴的“高”音与云雀的高度和飞行之间存在什么相似性呢？

其次，尽管我们很清楚悲伤的音乐本身并不是悲伤的，但我们可能会对音乐经历情感上的反应，就如同对待一个悲伤的朋友。想想我们在生活的其

1 一种法国短腿猎犬，也叫巴吉度猎犬。

他领域是怎么做的。我们可能为巴赛特猎犬感到难过，仅仅因为它耷拉着的脸，尽管知道那是多么愚蠢。我们被虚构的情节所感动，尽管它们是虚构的。我们可能为想象中发生在所爱之人身上的灾难所忧伤，尽管我们知道它们只是想象，并不会发生。

我们人类寻找相似点的能力和被外观所感动的能力确实是神秘的，也许我们就是这样。我们对音乐表现力的体验是神秘的，或者音乐就是这样。

有些音乐是有深度的——但是会像海一样深吗？有些音乐是轻缓明朗的——但是会像羽毛一样轻或日光一样明亮吗？有些音乐是悲伤的——但是会像人一样悲伤吗？无论音乐的表现力如何，我们在音乐中发现的意义肯定是无法表达的某种东西——除了通过音乐。

电影《卡萨布兰卡》最出名的，可能是那句错误的引用，将“弹吧，萨姆”说成了“再弹一遍，萨姆”。请允许我借用这个误引来回答关于音乐诉说什么的问题。

如果你被问到某段音乐有什么意义，它表达了什么，诉说了什么，唤起了什么？……你最好回答，意义就在于“再弹一遍”。没错，再弹一遍，萨姆。

91

人是最脆弱的生物

麦克塔格特——没错，约翰·麦克塔格特·埃利斯·麦克塔格特（John McTaggart Ellis McTaggart），那个 20 世纪初的剑桥哲学家——养了一只名叫“普希金”的猫。麦克塔格特住在剑桥大学里面，冬天去他家拜访的人都很惊讶，他们看见普希金骄傲地卧在壁炉前打盹儿，而麦克塔格特缩在角落的桌子边，冻得瑟瑟发抖。“你为什么要给普希金最暖和的位置呢？”“因为，”麦克塔格特回答道，“因为这样对猫最好。”

人类经常反思自己的生活——不像我们的猫科朋友。我们不只是在哲学课上和治疗师的沙发上反思，更是在酒吧和俱乐部里，当被困在机场里，或在海滨闲荡时，独自一人或和朋友在一起时——同样也在夜晚的寂静中，当我们辗转难眠，只能听到自己的呼吸和心跳时。

人的生活远比这只猫更重要，我们更看重人的生活。然而，一旦细细思考，我们会遇到麻烦，因为我们可能会为了是什么赋予意义或感知自我而烦恼。

我们怎样才能理解我们的生活?

有些人认为，生命只有在超越自己的目的时存在才有意义，那么，在寻找超越人类所有生命的目的时，他们要么因为找不到而被绝望所淹没，要么陷入神旨的奥秘，神显然不需要外界的目的。关于目的和结局，凡人和不朽的谜题，将在接下来的第十章中出现，在这里，我们仅仅关注生命的意义。

当我们阐明了时间、关系和活动，我们就会理解我们的生活，并把它们看成一种可识别的模式，有其价值、历史和发展。艺术——尤其是戏剧的叙述、小说和歌剧——可以通过讲述故事帮助我们理解虚构的生活。

故事开阔了我们的视野，提出了观点，昭示了联系，并指出了冲突。我们可以通过观察人物之间的联系，了解他们的过去和他们的未来，以及他们不断成长的价值观，来了解这些人物的生活和意义。故事以神话和传奇、传说和戏剧、诗歌和歌剧为主题——以及现今一直在上演的肥皂剧。古代的八卦，表现出希腊人的模式，内容关于宙斯、阿波罗和酒神；而如今观众的思索可能与《东区人》《加州靡情》《荒唐好莱坞》——或者与任何最新电视剧的发展有关。

虽然艺术不是为了帮助我们度过人生而存在的，但在欣赏艺术时，我们可以把它们与自己联系起来。我们知道生命是如何意外产生的，在恋人的发梢上，在偶然相遇中。我们遇到了脆弱和悲伤，此外还有决心和看待事物的神奇方式。想想，几个世纪以来，我们仍然生活在希腊神话中，我们对自己的理解，被更新的故事和心理学理论所塑造，唤起俄狄浦斯、那喀索斯和特洛伊的海伦。

生活可能缺乏意义，因为经验是支离破碎的，没有方法可以辨别，而情感处在一片混乱中。而且，正如第 62 节所写的那样，我们可能会对我们的本质是什么、我们想要什么而感到痛苦，被看到的和看不见的冲突所震撼。举例来说，在希腊神话中，有一场阿波罗神与酒神的冲突。

一方面，阿波罗的形象象征了一个理性的世界，有着不同的物体和规则：他拳头紧握表示掌控。这种形象产生了朴素、优美、精确的审美典范。我们人类常常向往这样的典范。另一方面，狄奥尼索斯酩酊大醉，在经历狂喜和迷乱之后，界限变得模糊：他手掌张开，表示欢迎、屈服；代表我们与其他人交融结合。我们很少有人根据这样明确的类别来思考，它本身就是一个阿波罗式的艰巨事业；但我们许多人认识到控制和屈服之间的矛盾——在直线和缠结之间。然而，我们需要的是单一的哲学极易缺乏的人物特质和小说家提供的细节，来启迪我们的奋斗。

例如，托马斯·曼（Thomas Mann）的小说《魂断威尼斯》给生活带来了一场冲突——无论是通过原作的中篇小说、维斯康蒂改编的电影，还是布里顿的同名歌剧。在小说中，古斯塔夫·冯·阿森巴赫（Gustav von Aschenbach）是阿波罗神的化身，他是一位自律的作家，喜欢欣赏美的事物，曾被一个神秘美丽少年所打动。阿森巴赫的阿波罗式的审美欣赏，最终转变为狄奥尼索斯式迷恋肉体的欲望——一切都是悄然进行的。阿森巴赫因此变得绝望和堕落，由于一个长者对少年的情欲和渴望而堕落。但矛盾仍然存在，他在岸边死去，濒死的眼神凝视着大海——他们也许会创造出一种让生活有意义，能产生整体感的方式。

这种简短的文字不够吸引人——但是小说、电影、歌剧却能吸引很多人。我们也许会在作品的美丽中迷失自我，也将之联系到我们自己和他人之间的冲突。艺术，以它们最好的状态出现，矛盾的是，它又将我们从自我关注中解放了出来，并塑造了我们对自己以及他人生活的看法，赋予我们新的视角。伟大的艺术也带来了新的关联，它们被重新解读，反映出当代的忧虑和思维方式。教徒以故事、仪式和音乐为依据，它们从《圣经》和传统中衍生而来，又被赋予新的面貌——想想《圣经》在这几百年间对奴隶制、同性恋和动物待遇的解读有多么不同。

我们不要这样愚蠢盲目地认为，优秀的艺术会激发正当的行为。想想大屠杀的遇难者——那些该为此负责的人，都是为贝多芬和舒伯特的辉煌乐章所陶醉的。因此，艺术不能作为我们选择行为的依据。

“只有回顾生命才能理解生命，然而生命只能向前。”第六章开头的这句话，来自克尔恺郭尔形容自我的恰当格言，为了对我们的生命多一些理解，我们需要理解自我生命演变的过程。但是，我们永远无法正确地把握我们的生命，因为我们从来没有片刻停下脚步，回顾过去。即使我们停下来，也会找到一些扭曲的观念——我们如何解读过去，有一部分取决于未来。想象一下，在比赛结束前十分钟，一场足球比赛突然被冻结。在这场比赛之前如何评估这场比赛，可能会与比赛结束后如何评估那段时间有很大区别。原先我们认为教练糟糕的排兵布阵，最后被称赞为“英明无比”。

“回顾过去”是有价值的，如同展望未来一样。叙事艺术展示了两种情况：生活在展望和回忆中。萨特在世时发现，我们可以自由塑造我们的生命，把它们引向新的方向，这是一个全新的“回顾过去”的观点。根据萨特所说（见第八章引文），死亡的剧痛让我们意识到，一旦死亡，我们就成为了他者的猎物。当别人尝试将我们诠释、定性和分类时，我们无能为力。但艺术叙事可以提醒我们，这种尝试可能会不断被修正。

尘世的生命，就像一个悖论，赋予我们太多或者太少，这就是悲剧所在。也许，我们愿意自己的一生都能周游世界，但我们同样渴望生活在一个稳定的小社区里。我们也许渴望精神生活，但也同样需要世俗的生活。我们渴望忠诚的家庭，但也同样渴望卡萨诺瓦[1]（Casanova）。我们渴望交际花、女诗人、娼妓，也同样想要脚踏实地的伴侣。我们不能同时拥有所有人。风暴无法与平静共存，彩虹永远不含灰色。

我们中的许多人对生活中的冲突、差异与荒谬都不由得一声苦笑。可怜那只叫“普希金”的猫，它根本不知道什么荒谬，也不知道如何微笑。但我也可怜我们自己——无法确切知晓我们的生命如何走到尽头。“可怜我们自己”，我刚才这样说了吗？

如果从根本上看，关于生活的知识，可能是我们最不需要具备的知识，但我们活着时，应当接受的是生活的混杂和无序。人类的生活，具有那只猫所不理解的伟大丰富性。我们人类可以陶醉在沉思、暧昧和幽默中，带着爱与渴望飞向太阳。但是，我们也会在艺术、音乐和奇迹中迷失自己——迷失在这片土地、海洋、星辰、城市生活、震颤的爵士乐中。还有，在对他人挥之不去的注视中，我们也会迷失自己。

哲学是一种分析和反思的艺术，这本书里的所有难题同样包含思考——

1　18世纪意大利冒险家卡萨诺瓦写过一本自传描述自己的大量风流韵事，后来成为浪荡子、好色之徒的代名词。

我们反思着思考，就像这句话本身一样。不过，我要强调的是，不去思考也给我们的生活赋予了某些意义。矛盾在于，在失去自我、纯粹屈服的过程中也会存在快乐，也许是像“普希金”那样，沉浸在黎明、黄昏、渴望——还有光怪陆离的色彩和声音，从飞扬的落叶和暴雪，到攀上石楠的云雀。除了反思、沉思和思考的魅力外，什么都没有说，一句话都不说同样充满魅力。纯粹的体验也同样充满意义。

当山花盛开，

它们的香气充满意义。

第十章

价值观：生命的意义是什么

宁可做不易满足的苏格拉底，也不做一头容易满足的猪。

——约翰·穆勒

我们是人类，不得不思考自我的价值，思考我们与他人的联系——最终还要思考一个问题：生命的意义是什么？有些人坚持认为自己没有价值观，却有一个奇怪的结论：他们必须去追寻他们的终极目标。他们满足于追求这种终极目的，比如积累财富。所以，无论有意无意，他们还是坚持了自己的价值观。他们将自己追求的目标看得无比珍贵，但如果这个目标仅有的价值是“他们想要”，那为什么还要费力去追求它呢？

一旦我们试图了解人性的内在和超越性——注意第 93 节的跳鼠难题——的价值时，就会遇到困惑。当然，生命中的一切都是有价值的，要记住，生命最终都会是痛苦的，或者说，无论是否痛苦，生命最终都会迎来终点。这种关于生命的绝望，自然会带来该不该追求长生不老、永恒生命的问题——第 95 节将会讨论。

一旦我们认识到生命的价值，就不得不去面对那些看似没有答案的难题。这是一种价值观的对立。乐观主义者会认为，生命中的每一种困境中，都预示着一个明确的答案，告诉我们应该做什么，如果我们能清晰、完整地看待困境，就一定会找到答案。现实主义者（我就是这种人）承认现实生活中会遇到某些重大的道德困境。在各种情况下，人应该如何权衡忠于友谊的道德价值还是揭露真相的道德价值，或许这要看在道德上能否接受。或者，人应该如何权衡让自己的孩子上高价钢琴课，以及用这笔钱帮助马拉维的儿童喝上干净的水。这些分明的现实观点，不代表现实中我们不会面对这种分明的判断。生活中有很多这样鲜活的例子。

在解决本章难题的过程中，我们会逐渐意识到对人性的尊重，但矛盾的是，用的是一种幸灾乐祸的方式。我们还会见证蚂蚁和蚂蚱关于生活方式的争吵，还有，我们从乌龟 T 先生的推理中会得出某些基本道德。没错，就是那个 T 先生，早前把我们卷进了时间和空间的困境。这次，轮到他来解救我们了。如果我们能从故事中获得正确的提示，他就一定会来解救我们。

随后本书将会告一段落，至少第十章结束了——带着对野蛮人的担忧，以及那些继续萦绕在脑海里的难题：生命中最重要的东西，到底是什么？

92

幸灾乐祸是好事吗

孔子似乎说过，“快乐就是朋友从屋顶上掉下来。”[1] 这句话是本节悖论的核心。为了方便展开，让我们想象一个虚构的人物。

> 确信女士（Lady Assured），她直到昨天还是英国政府的高级部长。下属们一致认为她工作非常出色，尽管态度有些傲慢。今天，她的生活彻底崩塌了。她被人窃听到在私下对首相有些不当评价，还谈到了对猎狐的支持，尽管她公开投票反对猎狐。此外，她的部门还弄丢了机密文件。今天的报纸头条就是对确信女士的指控。她宣布辞职了。

应该如何看待这种新闻？当然你可能觉得无所谓，但有些人还是会为她

1 这不是孔子的原话，应该是作者开的玩笑，是一种对“有朋自远方来，不亦乐乎”的讹用，考虑到本节主要讲幸灾乐祸，还是按原文直译。

感到遗憾。政府部长们必须遵守党派的路线——例如是否支持猎狐——即使这一路线与个人观点相冲突。此外，确信女士很不幸地弄丢了机密文件，不幸就这样发生了。而确信女士做出了体面的行动，主动负起了责任："我不会再推卸责任。"

然而，本节的难题与幸灾乐祸有关，也就是说，这关系到那些以确信女士的不幸取乐的人。他们就要憋不住笑了。我们中的很多人在某些特定的时候都会幸灾乐祸——尽管有人揶揄说幸灾乐祸（schadenfreude）这个词只有德国人在用。[1] 1997 年英国大选时，有几百万人对那个年轻自负的部长迈克尔·波蒂略（Michael Portillo）的败选幸灾乐祸。而在最近欧洲和美国的大选中，也有很多人对某些人政治生涯的终结感到雀跃。

幸灾乐祸通常是带有恶意的。假如我们想知道幸灾乐祸是不是错的，那么已经预设它是错的了。我们往往会为某个好人打抱不平，可是为什么呢？幸灾乐祸就不可能是好事吗？

幸灾乐祸可能是好事吗？

假设你对别人的痛苦幸灾乐祸，比如在一个小偷被抓住殴打，或者酒驾司机被处罚的时候。你的快乐也许是因为觉得这些人罪有应得。这也许会表明，你的快乐是非恶意的。一些人对确信女士的倒台感到快乐，也许仅仅因为她的下台是因为她表里不一，罪有应得。

有些道德高尚的人也许会认为：虽然不幸的审判结果已经发生，但如果他们是罪有应得，那么我们的幸灾乐祸就是正确的。这种快乐，应当是在伸

1 英语中的幸灾乐祸（schadenfreude）一词源于德语。

张正义而非支持施加痛苦。确实，我们可以——或许，我们应该——怜悯那些罪有应得的人。“这对我的伤害比对你们的伤害更大！”一个老校长这样批评淘气的男生。他也许会为男孩们偷苹果被抓而遗憾，同时又为他们被抓受罚而快乐。

抛开这些赏罚问题，我们有时也会幸灾乐祸——由不同的理由引起的感觉。那些支持猎狐的人，也许会对确信女士的下台感到高兴，因为这样也许会导致《猎狐法》被废除。可是他们也会同情确信女士的遭遇。这些人也许会说，他们的快乐来自她下台引起的相关结果，而不是确信女士的倒霉遭遇。

对于特定对象的赏罚及其带来的结果，让我们的幸灾乐祸变得复杂起来。复仇的快感也会让我们偏离初衷——我们幸灾乐祸的对象，也许没有对我们造成直接伤害。有时我们仅仅是因为别人的不幸而感到一丝快乐。我们对确信女士下台感到窃喜，但不是由于我们担心猎狐者的“呔嗬”（tally ho）声[1]，也不是要求部长们完美管理自己的部门。这种关于下台的窃喜行为，也许就是一种纯粹、简单的幸灾乐祸。现在，就因为它带有某些恶意，就值得被谴责吗？

对他人的痛苦遭遇感到窃喜，表明我们确实是希望发生这些遭遇。希望他人痛苦是一种恶意的行为，但我们不清楚，幸灾乐祸的人是否一定希望自己也有相同的经历。正相反，一些不幸遭遇恰恰使这些人有了这些经历。现在，某些情况下的幸灾乐祸，明显表明了一种邪恶的人性。如果有人对已经遭遇一系列痛苦的人幸灾乐祸，这会令人极度反感。想想那些地震的灾民，他们会在余震中遭受更多的伤害，再想想那些因战争流离失所的穷人，对这些痛苦幸灾乐祸是完全不能容忍的。

1　英国猎人发现猎物时号召猎狗追捕的喊声。

假如某种幸灾乐祸真的是合理的，它就该针对在社会上混得好的人。或者说，它应该针对那些自我满足、狂妄自大的人。也许确信女士平时的傲慢导致了一部分人幸灾乐祸。但这很有可能让我们绕回到赏罚问题——自负的人罪有应得？傲慢的人活该下台？我们再一次站上了道德制高点。这种观点就等于是说，幸福仅仅属于踏实获得回报的人，而遭遇痛苦的人罪有应得。如果是这样，那么我们再一次失败了：在抛开赏罚问题的情况下无法证明幸灾乐祸是正确的。

我们再看看，假如有合适的理由，我们是不是就能幸灾乐祸？

你看到一位自信的男士身着得体的西装走来——也许是一身四件套。就像弗吉尼亚·伍尔夫在讽刺 T. S. 艾略特的打扮时说的：

> 他走出来，转着他那根顶端镶银的手杖。但是，过一会儿，他却被一只鸽子拉了一身，然后被一场暴雨浇透了。

这当然会引起我们的窃喜，随即变成嘲笑，却不单单因为他打扮上的不协调。这位男士不该遭遇这些。那只鸽子和那场暴雨是他预料之外的，不在他的控制范围之内。他突然受到了客观事件的摆布。他确实是不幸的。确信女士同样遭遇了丢失机密的客观不幸。我们幸灾乐祸的原因——她的下台——也许就是因为这样的客观不幸。这些例子表明了什么呢？

在我们看来，这位男士和确信女士都是一样的，都遇到了命运女神、霉运和偶然事件的摆布。马基雅维利将命运形容为一个强悍的女人，我们想要努力驯服她，但最终受伤的还是自己。

那位男士的得体西装、镶银的手杖、自信的目光，显示他能在生活的变迁中安全幸免，而鸽子的消化不良和那场暴雨，却带来了另一种结局。确信女士的身居高位也显示了她的安全，但是由于运气不好，一切都崩塌了。以上这些遭遇，暴露了一个人类的共同弱点。在命运女神面前，我们都是平等的——至少在这一点上人人平等。幸灾乐祸是在为恢复这种平等而欢呼庆祝。

幸灾乐祸的庆祝，因此就带有了恶意，不值得鼓励吗？一些人会说上面这些例子，仅仅表明我们在嫉妒他人的成就。这样说有时也是对的，但不是每次都对。事实上，如果事情太过顺利，一旦遇到不幸，我们也会对自己幸灾乐祸。是否幸灾乐祸取决于人性，也取决于我们怎样在“生活不确定性”这片大海上航行。

* * *

当英国前首相哈罗德·麦克米伦（Harold Macmillan）被问到如何决定施政方针时，他说：“事件，亲爱的，看具体事件。”一旦理解了这句话，我们就能认为幸灾乐祸是好事，否则，我们就该认为，有一位命运女神——无论是以丢失文件的形式出现，还是以突发的暴雨或傻鸽子的形式出现——用一根叫作“人性”的绳子把我们绑在了一起。

93

我们应该拯救跳鼠吗

长耳跳鼠长着——嗯，长长的耳朵。它生活在蒙古国和中国的荒漠里——靠着那对长长的耳朵。它是一种迷你的夜行性哺乳动物，由于那对巨大的耳朵显得更加迷你。它跳的时候像袋鼠。在所有哺乳动物里面，它的耳朵占身长的比例是最高的，也就是说，相对它的体形而言，它的耳朵太大了。它的脚上长着很多毛，就像穿着一双雪地靴，这使得跳鼠能在沙漠里跳跃。据说，它长得可爱又滑稽，还被列入了濒危物种。哦，我刚才有没有提到它的耳朵？

我们为什么要关心跳鼠？这个问题涉及物种，跳鼠是其中一类，或者这样表达，跳鼠是一种生物。当我们谈论一个物种时，很容易把这个物种和它的个体成员相混淆，尤其是因为，人的语言可以轻易地转变意思：我们说"跳鼠"，既可以指某一只特定的跳鼠，也可以指跳鼠这一物种。个体的跳鼠，每只都有两只长耳朵。但是"跳鼠"这个物种，作为集合，不会真的长出耳朵，而且，很明显这么多跳鼠不仅仅有两只耳朵。我是说，跳鼠是一类生物，这类生物通常长着两只长长的耳朵。当我们关心一个物种的生存时，通常是指关心它的整个物种的生存，不是指某一个体。任何个体的物种都会死，但是整个物种，作为特定个体组成的集合，将会永远活下去。

当然，我们也会关心某一只跳鼠——可能是不想让任何一只跳鼠遭遇不幸。我们会发现，对于某一只跳鼠来说生活还算可以，但是对整个跳鼠物种来说，它们可能正在遭遇不幸的痛苦。事实上，当我们保护某一个物种，可能会剔除或杀死其中一些个体。所以我们遇到一个普遍问题，还有一些相应的例子如下：

我们为什么要保护濒危物种？为什么要拯救跳鼠？为什么要对渡渡鸟的灭绝感到惋惜？

一些简单直接的回答认为，我们支持保护动物是出于对人类利益的考虑，或者至少是某些潜在的利益。保护动物是正确的，理由是动物是一种能帮助人类生存的工具。也许生物多样性有助于维持地球的生态平衡。也许在未来，研究动物基因能够促进药物研究的发展。还有，人类还会通过观察野外的动物个体来获得某种快乐。出于各种类似的理由，我们就会为渡渡鸟的灭绝感到惋惜。

假设跳鼠在生态学和未来的遗传学研究中没有这些工具性价值，再假设跳鼠隐蔽地生活在十分荒凉的环境中，平时根本见不到，所以我们就不会因为观察它们而得到愉悦感。那么，跳鼠这个物种还有存在的价值吗？

有，人们认为它们是有价值的，也许仅仅是因为，我们知道跳鼠存在，知道身边有这样一个物种，还有它们的变种。我们是在支持一种奇怪的工具性价值，因为我们没有对跳鼠产生直接的体验啊。但是，我们又一次成功在跳鼠的存在中找到了某种价值，因为跳鼠确实影响着人类，尽管不是直接影响。跳鼠或者其他动物，它们的存在都有其内在价值——某种不依赖于它对其他事物所产生的价值的价值。比如说，它们不依赖于人类的目的？

这个说法忽略了一种假设：一个物种不能同时具有工具价值和内在价值。因为它不是一个“二选一”的问题。一些物种可以同时具有这两种价值。可以说，从哲学上说它具有内在价值，但它一样具有工具价值，比如能够为宇宙带来安定与和谐。好吧，这些是对的——尽管最后一点有些不切实际。但“某些东西具有内在价值”这一观点绝非不切实际。有时候，我们会阻止自己说：“某个东西仅仅因为它是一种工具，才具有价值……”反对的证据就是幸福，一般是指人类整体幸福——它就具有内在价值。许多人经过一番思考，自然就会欣然接受这一观点——虽然继续思考幸福又会陷入迷茫，比如幸福具有哪些成分？它与快乐、满足和满意的关系是什么？

回头看跳鼠这个问题，我们假设它没有工具价值，我们看看它有没有其他价值能够适用于这个物种，比如内在价值？也许，跳鼠的存在是有价值的，仅仅因为，它是由鲜活的个体组成的。当然，这不是说仅仅“活着”就能创造价值。天花、艾滋病病毒和传播疟疾的蚊子也都活着呢，它们也有价值吗？我们不信这些病毒有什么价值，可能是因为它们曾伤害过我们——但是，它们依然有某些内在价值。

或许，自然中存在一些有价值的东西，它们不受人类的干涉。但是，这当然不代表我们不该保护物种。我们曾经导致数量庞大的物种消失——不管为了什么——摧毁别的物种，可能是人类的某种天性，是驯服自然的一部分。仅仅因为人类的干涉，我们建起大桥、雕塑、令人叹为观止的美术馆，导致了田野、庄稼和国家公园里的乡村美景的消失。

* * *

或许我们应该意识到，我们确实关注其他物种的存在。我们关注独立于人类目的、独立于人类一切价值之外的其他事物。我们确实出于自身的利益关注跳鼠。请注意，即使在这里，跳鼠的价值也可能仅仅取决于“人类关注它的价值”。但是，还有另外一种启示：跳鼠，或者其他物种，具有被人类关注以外的其他价值。毕竟，如果这个物种不具有这种价值，我们为什么还要为了它而珍惜它呢？如果一个东西不值得被关注，那么我们为什么还要关注它呢？

“因为我们关注”这种观点适用于某一物种时，我们似乎很难驳斥。如果我们能为某一只跳鼠做点儿什么，就会知道我们如何考虑它的利益，我们会考虑它的生活，知道它需要食物和窝。但是一个物种——而非某一个体——有哪些具体的利益，我们就不得而知了。从某个物种的角度看，整体的发展前景还远远未能明朗。毕竟物种可没有能“看”的视角。

人类确实创造了某一些事物。我们重视这部分事物的存在，因为我们能评价它们。可能——或许对人类比较方便——这些事物包括具有内在价值的人，至少，包括那些自身就是评价者的人，比如我们自己。但是，我们也许会好奇我们为什么会这样认为。没有了评价者，就没有值得重视的事物。但这种观点，既不等于评价者有什么价值，也不等于只有当事物被人重视时才有价值。

我们的评价带有某些偏好，我们发现某些事物值得拥有，是因为我们意识到这些事物具有某种价值。这种价值既不是我们自己经历的，也不会变成我们的经历。或许，这就是为什么我们中的许多人——哪怕是无神论者——都想要保护某些物种免受人类及其冷漠天性的摧残。或许，这就是为什么我们中的一些人会从夕阳和大海的美景中找到美感，美感就很有价值，即使无人欣赏，也仍然存在。

在某些情况下，也许没有人类最好——想想那些布满易拉罐、烟头和其他垃圾的海滩，这些垃圾让眼睛不舒服，损害了美感。但是，假如没有人的存在，还有没有这些“不舒服”“损害或增添美感”的感觉呢？

海滩、珊瑚礁、湖泊、潟湖、高山、雨林、沼泽、北冰洋和南极洲——纷纷受到成堆的垃圾、石油勘探、污染物和混凝土的影响，它们的美都被人类所玷污。可以这样说，倘若人类再继续这么过分，人类这个物种就会灭绝，可能导致所有的生物都因此而消失。如果没有人类、人类的价值，以及人类对自身行为感到的厌恶、悲伤、遗憾、悔恨，那么在这些仅剩的东西里，还会不会有这些负面价值？生态环境已经严重被破坏，假如情况愈演愈烈，会有怎样的后果呢？

或者说，宇宙之眼会为此流泪吗？

94

为何我们选什么都是错的

律师和情人、医生和商人、政客和牧师——事实上，我们所有人——都会掉进一种危险的困境。我们都想做对的事，但有时，无论我们做什么，好像都是错的。

“我应该对人友好，但如果我对阿诺德（Arnold）友好，那么佐伊就会难过。如果我对佐伊友好，那么阿诺德就会难过。如果我同时不理他们，他们都会难过——我也会难过。我怎么做才是对的呢？”这里只涉及单一价值观——不该让人难过。另一个关于“单一价值观”的难题就是公平问题。我们应该享受公平，那么乱停车应该有统一的罚款标准，比如 200 英镑。“但这很不公平。200 英镑对某些人来说是周薪，对某些人却是时薪。为了公平，罚款应该考虑收入水平或车价占总资产的比例。”这些事情我们应该如何判断？

由于价值观有所不同，我们会遇到困境：不同的“正确”会让我们走向相反的方向。你替某家银行做咨询，并签了保密协议，但你发现这家银行有一些可疑的交易。你应该违反保密协议吗？

反恐小组： 如果我们拷问这些疑犯，就能知道下一个炸弹藏在哪里。但如果我们动用私刑，就违背了正直，做出了不当行为。疑犯也有可能是无辜的。

小情人： 如果我选择私奔，就能和心爱的人过上想要的生活。但如果我年迈的父母认为私奔可耻，那我就该放弃我的爱人和我的原则。

不同价值观必然会互相冲突，绝对正确的价值观可能只存在于虚无缥缈的天堂。只要在地球上，它们就会产生冲突。你不该折磨疑犯，但是这有可能拯救无辜的生命，有没有这种可能性？可能性有多高？你应不应该遵守婚礼上的誓言，即便你后来的婚姻形同虚设？你应不应该尊重女性的自由权利，即使你由衷认为堕胎等于谋杀？政府应不应该提高艺术补贴，以促进富人本就不错的生活质量，而不去改善饥饿人群的生活？

无论于私于公，道德都包含了相互混杂的各种价值观——自由、快乐、诚信、尊重、权利、平等、福利——还有美德，比如勇敢、慷慨、正义。还有更高尚的价值观：礼貌、体面、尊严、谨慎、沉着、美丽和优雅——道德既关乎数量，也关乎质量。当价值观产生冲突时，我们应该如何判断？——你不关注，它们就会经常冲突；而你一关注，冲突就偶尔出现。

“这就是一道判断题。”但是，即使我们知道问题和最终答案，我们又怎么知道判断的方法呢？

我们如何判断什么是对，什么是错？

做判断有时很简单，原则而言是这样。在不同的价值观之间可能也有相同的评判标准，我们的目的是将这个评判标准最大或者最小化。也许，我们应该将被拯救的生命数量最大化，将整体的不幸最小化。但我们还是没有摆脱困境。我们如何判断可能的事情？如果两种可能发生的行为有着相同的价值，但行为发生时又来不及判断，那我们又该怎么办呢？现实中也有可能遇到这种案例，比如，死刑有没有用？残忍的酷刑有没有用？这些都是很实际的例子，但不是个别极端的例子。我们真的希望当局保留那些酷刑器械吗，仅仅为了以防万一？

在我看来，我们是在讨论深刻的哲学难题。如果没有一个共同的判断标准，价值观无法比较时，我们该如何判断呢？我们的判断是否依据自由、权利、美德、公平或者幸福的数量和质量？一种行为，可能表现了一部分言论自由，却又麻烦了某些教徒。一种行为，可能既保持诚信，又协助了犯罪行为。我不是说天平两端应该永远平衡，而是，这个天平好像不存在。

“天平不存在”这个观点值得警惕。因为，如果我们撒谎欺骗恐怖分子就能拯救许多生命，但说实话就会导致众多生命丧失，那我们就应该撒谎。但是，当我们没有遇到这种极端情况，我们还知道自己该怎么判断吗？

有些人会说，我们是在极端情况下判断的，所以衡量“道德价值”或类似东西的天平必须存在，可以说，在困境中问题只在于它量得准不准。因为在极端情况下我们都知道做什么，但在一般情况下，我们大概还没有统一标准。我目前不清楚“道德价值”的观点如何帮助我们做出判断。另外，在道德价值和审美价值之间也存在一些矛盾。我们能判断“延长人类预期寿命”和“保护威尼斯的建筑奇迹”哪个更重要吗？

这些困境需要我们做出理智的判断，这些判断有可能鲁莽或来自一些偶发因素，比如“我碰巧这么认为”。当然，我很好奇这种随机判断跟扔硬币掷骰子有什么区别。我得承认，一旦遇到更严重的问题，我们就缺少了相应的判断方法。

当英美的最高法院的一些资深大法官讨论到判断依据、权衡利弊时，他们却得出了相反的结论。比如，一个意义重大却富有争议的判决（美国联邦最高法院 2015 年的真实案例），当时有五位大法官判定，同性婚姻是一项国民基本权利，同时另外四名大法官曾表示反对。问题在于，这种“服从多数”的办法，比扔硬币更管用吗？我们应当记得，假如当时在场或被指定的是另一批法官，那么最终结果很有可能就不一样了。这样一看，扔硬币的比喻就更加贴切了。

我们再思考某些极刑、死刑和其他终极惩罚。美国的大多数州仍然保留绞刑，尽管量刑手法不统一，实施过程惨无人道，还有无数冤假错案被掩埋。在这里，用“扔硬币”的比喻似乎不太恰当，问题主要在现实中的不公平。有数据表明，对于同样的罪行，黑人比白人更容易被判死刑。但我们好像有点儿跑题了，聊到了某些个别法律和不道德的执法行为，而本章的重点是现实中的道德困境，所以，我们回到刚才的话题。

*　　*　　*

道德困境往往会引起一些不适。我们经常想找到正确答案，比如如何判断应该视具体情况而定。但是这样看的话，根本没有正确答案。也许，正确答案是，无论我们如何选择，结果都有好的或坏的一面，选择之间无法比较。我不是说——我说的不够明显——有一条上帝才知道的正确道路，但人类无法发现。

我们偶尔会回头看自己的选择，会进行反思：“现在我知道了，那就是我应该做的。”但是这里，在反思之前，当我们面临选择时，可能会发现我们别无选择。这不是说我们在生理上、心理上无法做出选择，而是说，我们成为自己，或者说我们处在那种情况下，就别无选择。

想象一下：两个上大四的姑娘意外怀孕，她们遇到了同样的情况——都在决定要不要堕胎。她们最终做出了不同的决定，尽管思考的是不同的因素，包括人际关系、生活、做母亲的意义，还有堕胎对家庭、财务和工作的影响。当她们下定决心，都为自己的道德原则付出了努力，成为真实的自己。其中一个姑娘认为，留下孩子的决定是勇敢的，她尊重了生命的创造，选择了养育她体内的生命。另一位勇敢地选择了堕胎，可能是因为她被侵犯怀孕，也许是为了事业，也许是为了以后的家庭，她深刻地感到，在她目前这个阶段不应该有孩子。

我们到底应该如何判断这件事？

有些人会说，两个姑娘的选择一个是对的，一个是错的。但也许这样判断本身就不对。也许，她们两个都是对的，即使在那种情况下，她们也同样关注生活、事业、未来等等。接着，这些人又坚持说，因为她们对不同的因素关心程度不同。但是，他们凭什么这样认为呢？也许姑娘们确实权衡了各种利弊，但也是她们自己下的决定。

换一个轻松的例子：有两个女人在回忆过去，她们都认为，自己的决定是对的，而且一定是对的。当然，我们脑子里还会回忆起一些凄凉悲惨的场景。我们有时会回忆过去，反思当初的决定是多么愚蠢，承担的后果是多么苦涩。

我们常常要判断似乎无法判断的事情。我们做出判断的依据是什么？这仍然是一个谜团。正如在这本书里我们看到的各种各样的案例和思想实验：奔跑的熊、男女平等、功放的音乐和偷窥的邻居，还有对小提琴家的同情，还有更多更多的场景。我们所做的，往往只是应付了一下。“应付了一下”这种表达似乎不够严肃，也缺少了一种学术的权威感，因此我宣布，我所推崇的是一种“折中道德”。我们前面了解了许多伦理学中普遍关注的道德难题，从人类幸福到尊重他人，从量变到质变，从正义、平等到忠诚，再到家庭至上主义——从更多无形的东西，到更多有形的东西。面对着这么多混杂的东西，我们好像别无选择，只能应付一下。

道德、人类，还有身为人类这件事——共同酿出了一种风味独特的美酒。

95

长生不老有什么好

你可能拥有太多美好的东西，可能吧。但是，假如美好的东西就是生命，人们会珍惜得多，比很多还要多。许多人会追求长生不老。更准确地说，许多人希望获得永生的可能，希望永远活着，希望拥有永恒的生命。

对永生的渴望，不等于信奉永恒的无实体存在的宗教信仰，而是说，要追求作为永恒实体的不朽生命，要确实活在地球上，或移民到了其他星球上。当然，环境可能会急剧恶化，甚至连最乐于生活的人也不愿继续活着了。但是，假设这样的灾难尚未发生，许多人依然渴望更长的寿命，而更多的人不明白“更多不等于无限”。永生，是一种没有尽头的生命，这就是许多人追求的东西。

*　　*　　*

“我希望能长生不老。”

弗利斯（Fliss）正在享受生活，她没理由认为生活会变得很糟。她很聪明，很有魅力，感情很冷静，收入也很高，一切条件都很好。“如果我的生命不会结束，如果它没有尽头就好了。”她叹息道。

“那么，就喝下我的长生不老药吧。”面目狰狞的老汉在尘土飞扬的蒙古市场里含糊地说。他几乎没什么牙齿，也似乎还不知道有肥皂这种东西。他指着一瓶药水，又看看弗利斯，很显然，眼前这位游客已经偏离了路线。

作为见识广博的女性，弗利斯会把老人当成精神病、卖蛇油的小贩，卖的是一瓶没用的药水或者毒药——这是我编的故事，但故事里这个面目狰狞的老汉或许不是幻想，弗利斯知道这个提议是真的。毕竟，也许有一天，随着基因技术和医药的发展，人类有可能真的长生不老。这点没什么问题。

“好主意，”弗利斯说，“但您老自己怎么不喝呢？”

“你怎么知道我没喝？”老人回答。

“就算我会衰老和虚弱，我也不想长生不老——牙快掉完了，还不洗澡。”

“放心，你喝了这瓶药水，就会立刻长生不老，还能永远保持年轻。你会永远停留在 27 岁，如果这就是你想要的。”

弗利斯被“永远 27 岁”这句话打动了。她后来意识到，如果她在几百年前就拒绝这个提议，她就不会被永生困扰这么久了。有长生不老药，就肯定能有解药。于是，她热情地付了钱，一口喝了下去。现在，问题在于弗利斯会选择在某个年龄阶段喝下解药吗？如果理性地看待，难道没有一个时刻，任何人都有足够的生命吗？

长生不老有什么好处？

人们常常对现世永生的价值观有强烈的当下反应。对于多数人而言，无止境的生命明显对永生的人是有好处的；对于其他人来说明显相反。为了评估这种反应，在讨论不朽和生存问题之前，需要先澄清一些前提。

一种永无止境的生命也许存在于我们没有意识到的地方，在没有尽头的深度无梦的睡眠中。这么想不会给人们带来他们想要的东西，如果他们寻求永生，他们并不会得到；这也不会给人们带来他们害怕的东西，如果他们寻求逃避，他们就会实现所追寻的生命，或者所要避免的生命，是一种包含意识的生命，当中大概有某种心理的连续性在运行。这并不意味着不朽的生命非要记住一切；但至少他们需要一些自我意识比如记忆和计划，保证持续存在的自我。不符合这点的，都不会是我们的永生者弗利斯内心所渴望的。

永无止境的生命应该是足够有意识的，但是它的无穷是由于相同事件的无限重复：你一次又一次地过着自己的生活，从 0 岁到 80 岁，从未发觉这种重复性。请回忆一下本书序言中尼采提出的“生命的永恒轮回”，那种描述可以说是恐怖至极。当人们渴望永生时，这种无限重复的生活往往不是他们所追求的。

渴望永生是我们意识到自身的生命是在持续不断的，并承受着不同的经历——大概，我们知道我们是不朽的，但仍然是我们自己、神秘的自我。现在，出现了哪些问题？

其中一个问题是：这种药是否能使我们免于死亡和疾病的痛苦，以及能否使我们回避重大伤害。如果真的可以，那么永生的生命将与凡人彻底拉开距离。我们不必再担心交通事故、核战争和饥荒带来的死亡。像“勇气”“安全”这样的词，还有我们对他人的关怀，这些东西的含义将会变得非常不同。因此，我们的血液、骨骼和器官将会对辐射、强烈撞击和过量酒精产生不同的反应。我们的生命体征几乎不再是人类的了。

还有一个关系到数量的问题。如果我是唯一长生不老的人，那么我将看到朋友走进和离开我的生活，我将和不同的人建立各种各样的关系——也许最终根本不会和任何人有关系，只是对他们的记忆渐渐退去。然而，如果，我和其他少数人都是不朽的——也许是那些能买得起长生不老药的富人——我们会不会像一个与普通人类不同的物种？如果很多人都是不朽的，那么新创造出来的人最终会遭遇“空间缺乏”，这表明男女之间的关系最终会被改变：需要彻底改变生孩子的需求。

空间缺乏，防止了对可能的长生不老及其对人类影响的仔细考虑；但是重要的是，它能让我们避免思考的单调性及无目的性。

如果我保留足够的记忆使我可以继续存在，那么，在数百万年之后，如果我是这个世界上唯一的不朽者，我是否会因为和新的朋友建立关系而感到无聊呢？如果我在一个我们都是不朽的世界里，我不会厌倦遇见同样的人吗？

作为回应，也许有一些值得我们无限重复的快乐，或者也许我们能想出无穷的新项目。举个例子，如果我对数字着迷，那么我无限的时间就会充满了对更高阶数字以及它们属性的进一步反思：数字没有尽头。或者，就像在迷雾中一样，我可能珍惜这种永远重复相同的强烈感觉，或者听重复相同的音乐——比如巴尔托克（Bartok）的弦乐四重奏——这音乐确实无穷无尽，或者，我能这样做吗？

即使我们可以避免无聊和恐惧，仍然存在着动机的问题。如果有什么事情可以推迟到明天，为什么不推迟呢？明天是一个无穷无尽的数字——所以今天就没有什么紧急的事情要做了。事实上，除非我们一再自欺欺人地去思考，否则我们也许会怀疑我们的生活到底是怎么构成的？矛盾的是，尽管许多人认为如果生命最终是以死亡而终结，那么它就是没有意义的，不朽的生命也许既威胁到了生命的意义，又导致了无意义的生命的产生。

* * *

想要让生命有意义，必须给它一个终点，它需要用死亡来填满一个完整的框架，在这个框架中，我们的生活可以被随意塑造。这不代表我们现在的生命长度就是理想的，也许能活一千年会更好。我们挑战这道难题，仅仅是在思考一种偶然的假设，即永恒的生命也许是有价值的。我们也许会怀疑，如果我们对生命的终结缺乏认识，那么这样的生命怎么能说是令人满意的？考虑到有限的生命和不朽的生命之间有本质的区别，我们可能想知道永生的“我”有什么意义。如果试图避免单调重复的生活，我们可能会绝望，因为我们显然需要有一次不朽的生命，用以包含无限丰富的经历、目标和承诺。正如第六章所表现的，人在有限的一生中想要弄清个人的身份、我如何成为我自己，就会遇到困惑；如果必须把不朽放进这个短暂的过程，那困惑就更多了。

以上，我们对一些难题的挑战，同样在逻辑上找到了重要依据。关键就在于，“我每天都说今天不喝酒”“我说我每天都不喝酒”这两句话是完全不同的。

“总是希望某个东西这样”和“希望某个东西总是这样”这两句话也是不同的。假设我每天都有一种选择，要么直接死亡，要么多活一天。每天我自然都会选择多活一天——这样我就能永生——但我也许并不会选择永生。或许，我总是渴望拥有多一天的可能性，但也许多数人都不期待的结果是：我们的生活可能会永远重复，没有尽头。

当然，糟糕的是，我们都很想结束，而且，虽然说出来很奇怪——美好的生活确实应该结束。

96
生活总是容易的

有时是的，生活很容易，起码对一些人很容易。我们的外派记者正在下乡体验生活，采访乡民——采访谁？我有点儿匪夷所思——采访一只蚂蚱和一只蚂蚁。

*　　*　　*

你每天都做什么呢，蚂蚱小姐？

“我唱唱歌，跳跳舞，走过绿油油的草地，在蔚蓝色的天空下，阳光照在我的翅膀上。”

你很幸福，蚂蚱小姐。但是蚂蚁，我听说你拒绝蚂蚱的生活方式。

“对。你也应该拒绝。对于这位小姐和其他蚂蚱来说生活很容易——但是我们工人没时间去做这些琐碎的休闲活动。我们不分昼夜地埋头工作——假如有精力会一直这样。我们不适合跟轻舞飞扬、衣着亮丽的懒惰蚂蚱玩游戏。我们长途跋涉，日复一日地采集食物，然后煞费苦心地储存粮食，熬过即将到来的寒冷冬天。”

“嘿，别大声喊叫，亲爱的蚂蚁先生。加入我们，唱歌跳舞，跳舞唱歌；你所有的苦功都是无用的、徒劳的。你的劳动、你的工作、你的苦难又有什么意义呢？它们都是这样的，没有什么意义，你懂的。”

“我来告诉你什么有意义，年轻的小姐。你会惨遭失败，相信我，工作是你维持生计必须做的事。你听好：到时候你又冷又饿，在冰天雪地里冻僵时可别来敲我的门——到那会儿你就知道难过了。记住！”

“但那都是明天、后天的事啊。想想今天吧——跟我来，到这儿来吧，一起来玩儿。”

“轻浮——真是浪费时间！为什么我要浪费时间听你说话？我必须生存下去，一定要生存。”

讲到这儿，我最好回到演播室里，看看时间，插播一则交通信息。我们不能让听众陷入蚂蚱的模式。我们有要做的工作、要赚的钱、要还的账单，但是……

当一只蚂蚱会不会更好呢？

以上这个《伊索寓言》里的故事，启发我们要认真生活。如果你今天虚度了时光，那么明天会怎样？蚂蚁在道德上有没有义务帮助蚂蚱，如果她在冬天敲门求助，要求一点儿食物？她是有意让自己在冬天陷入饥饿的，这都是她自己的错。她本可以在炎炎夏日辛苦劳作，就像蚂蚁那样。她的行为，为自己带来了冬天的不幸。然而，对于不负责任的人，这则寓言可能会产生一个有别于我们的道德责任的难题。问题就是：生命中最有意义的是什么？

蚂蚱和蚂蚁代表的是休闲和工作的对比，也是无所事事和有所作为之间的对比。

然而，大多数人都会认可：整天无所事事肯定没什么意义。事实上，“无所事事”到底意味着什么？我们也许只是躺在海边、望着蓝天，感受着太阳的温暖；但是，这就是有意义的生活吗？它可能也是生活中的重要一刻，但我们不应该考虑得更多、更多吗？

蚂蚱可能也是做事的人，但跟蚂蚁恰恰相反，他们不做那些必须做的事。蚂蚱玩耍，蚂蚁劳作。蚂蚁劳作，不是因为辛苦本身是有价值的，而是达到目的的一种必要手段，很重要的目的——丰衣足食地度过冬天。蚂蚱玩耍，在玩耍中她也做事，但她既不非得达到游戏的目的，也不一定是为了满足自己。游戏本身就有存在的意义。玩耍通常都与游戏相关，但也有人指出，游戏是一种克服不必要障碍的自愿尝试。

在工作和游戏中，我们都达成了一些目标，但是在游戏里，这些目标通常没有具体意义，它们不是游戏的关键。蚂蚁认为，如果冬天吃不饱，生活就会完蛋。而在游戏里则不会——比如高尔夫球没能进洞，足球没能进球，填字游戏还没完成，又能怎样？游戏的魅力在于玩家所追求的最终结局。当然，也许还有更进一步的结局，比如赢得最高分奖励。

游戏目的的无意义性和达到目的所需要的手段性必须符合。玩家不能把高尔夫球放进洞里，把足球拿进球门，或者看答案解决填字游戏。游戏规则限制了实现目的的手段。游戏可以很好，也可以很糟。好的游戏，既不能太容易，也不能无法完成。

为什么更多人选择蚂蚱的生活，而不是蚂蚁的辛苦劳作呢？蚂蚁的行为，是出于某种目的的需要，不是为自己，而是为别的东西。也许这一点降低了蚂蚁行为的价值。玩耍和游戏少了这些外在的压力。当然，蚂蚁最后会成功的，因为凛冬确实会来。但他们付出了什么呢？如果一个人辛勤劳作只为了吃饱，那么他生活的意义是什么呢——为了日复一日地劳作吗？蚂蚱的一生虽然短暂，却已经摆脱了辛劳的必然性。

顺便，我们应该质疑："玩耍"能不能在无外在压力下获得所有有价值之物？创作、欣赏、绘画和音乐，我们本就觉得这些很有意义，就像在第九章中所说的，它们没有任何更深入的目的。

* * *

人类——包括某些哲学家——都喜欢非黑即白的理论和答案。"你是从A地旅行到B地吗？要是这样，何不一开始就待在B地，那就不用旅行了。"现实中，这有时候可能真会发生，但通常情况下，你旅行到B地的过程一样有它的价值。我们不能忘记，为了达成必要目的所进行的活动，本身也有意义，而本身有价值的活动，还可能会有额外价值，即成为其他有价值之物的手段。我们可以想象一下，如果蚂蚱玩耍也有助于准备过冬的食物，那该多好。如果那些爱发传单的健身房教练同时也能发发电该多好。我是不是有些偏执了？

上面的讨论引出了另外两个问题：一个是普遍问题，涉及词语意思的本质；另一个则是关于自我的困惑。

第一个问题：众所周知，维特根斯坦曾以"游戏"一词举例，告诉我们如何成功理解词语的意思，尽管某些词本身就缺乏准确定义。一些人觉得维特根斯坦是错的，因此"游戏"的定义，就像前面总结的，是"为了克服不必要障碍的自愿尝试"。这一定义值得商榷：登山和写俳句，好像也是克服不必要障碍的自愿尝试，但它们不一定是游戏。一些必要的工作，对某些人而言可能只是一场游戏。

无论维特根斯坦对"游戏"的论述正确与否，但他说并不是所有的词都能通过提供充分的必要条件、使用的方法，以获得详细的定义。这也是对的。回想一下，我们对“伤害”一词那种毫无意义的探索吧（第 9 节）。我们常常想知道的是，词语在生活中是如何使用的，而不是寻找一个正式的定义。我们必须接受这种灰色地带。“游戏”是一个例子：一项活动可能具有游戏的一些典型特征，但又缺乏游戏的其他典型特征。有时我们应该抵制“非黑即白”“是或不是”的说法。

第二个“深入的问题”，即个人身份问题。为什么蚂蚁在夏天会关心冬天的命运？当未来还没确定时，为什么要在当下埋头苦干——要是未来失去乐趣呢？毕竟，年龄增长会让我们慢下来。再深入点儿说，我们关于个人身份的困惑，就像我们在第六章讨论的。为什么我——彼得·凯弗——的欲望、信仰和性格发生了根本转变时，还能认出 1 年前、20 年前或者 1 年后的我？

回到蚂蚁的问题，有一只来自未来冬天的蚂蚁，支配了现在这只蚂蚁，让他在夏天辛苦工作。现在的蚂蚁为什么非得重视未来蚂蚁的意见呢？“因为那还是我。”现在的蚂蚁回答道。但它是吗？是不是又太过“非黑即白”了？

97

逻辑是没有尽头的吗

乌龟们需要得到教训，而我们从 T 先生这只乌龟身上得到的教训是，一个简单的逻辑，毫无争议的简单。在本节，我们设定 T 先生代表一种有效推论，是一种演绎逻辑，即使是你也无法驳倒我们。

“我是个卑微的人，先生，我渴望学习，我是那位严厉而美丽的女主人逻辑小姐的忠实信徒。”

“太好了，T 先生，让我为你展示演绎的力量。假设：所有的乌龟都以喝香槟为荣。”

“尽管听起来很诱人，可我担心这不是真的，像我这样卑微的乌龟不敢奢求香槟，而且……”

“这就是我们为什么说‘假设’，T 先生，就是想阻止你讲述悲伤的身世，尽管你富裕，却还背着个二手龟壳。这点逻辑与它的出发点是否真实无关，更无关于前提，却关系到我们能从前提中推断出什么。”

“这很公平，先生，但请别生气。我只是一只卑微的乌龟。”

“哦，别说了，T 先生。”

“好的，先生，我正专心听着。我正在思考所有乌龟都以喝香槟为荣。我打赌，你想让我进一步认真思考：T 先生是一只乌龟。”

“没错。”

“所以，你得告诉我，我应该从那两个前提里得出结论：T 先生是以喝香槟为荣的。当然，其实我不是这样。”

“是的，我来陈述一下。

前提 1：所有的乌龟都以喝香槟为荣。

前提 2：T 先生是一只乌龟。

结论：T 先生以喝香槟为荣。

我们知道这个结论是错的，但是逻辑证明的结论是由前提得出的。就是说，如果前提都是真的，那么结论也一定是真的。”

“逻辑小姐真是非常严谨、有规律啊，先生。我对她的智慧佩服得五体投地，但我能核查一下吗？这个论点——这不是你说的吗，先生？——我接受所有的乌龟都以喝香槟为荣，而且 T 先生是一只乌龟，但是，在这儿我必须抓紧我的壳和脑袋——我不是很肯定——我非得接受 T 先生以喝香槟为荣这个结论吗？你看到了，先生，我不确定我能不能得出这个结论——尽管逻辑小姐的目光十分严厉。”

我们能帮乌龟发现结论是如何得出的吗？

对话仍在继续，我们可能会回答它。

“看，T 先生，通过你那厚厚的壳，你难道看不出……”

“很抱歉，先生，但我从没有用我的壳看东西。”

“这只是一种修辞，T 先生。”

“对你来说确实‘只是’，但对我不是，我背着个破旧的二手壳，还有……”

“咱们继续吧，T 先生。难道你看不出如果所有的乌龟都以喝香槟为荣，而 T 先生是一只乌龟，那么它就一定会以喝香槟为荣吗？”

“啊，你是说，如果前提 1 和前提 2 是真的，那么结论一定也是真的？”

“没错。”

“那么，这是我掌握这个推论的关键一步吗？”

“是的，我猜是这样的。”

“那我们最好记下来，以防忘了。这是另外一个对推论似乎很重要的前提。”

好吧，是的——哦，是的是的，所以完整的争论是：

前提 1：所有乌龟都以喝香槟为荣。

前提 2：T 先生是一只乌龟。

前提 3：如果 1 和 2 是真的，那么 T 先生以喝香槟为荣。

结论：T 先生以喝香槟为荣。

“啊，我明白了。”

“我很希望你明白，T 先生。如果你不明白，逻辑小姐会掐住你的脖子，在你壳上跳舞……”

“现在，先生，别得意忘形。让我再来核查一下，以确保我真的理解了。

我接受前提 1、前提 2，也接受前提 3，但是，我仍然会对结论感到疑惑。”

“哦，亲爱的 T 先生，你真是个傻瓜。你真的还不明白，如果前提 1、前提 2 和前提 3 都是真的，那么一定会得出结论吗？”

“我感觉你又会提出另一个前提，先生。你已经解释过了，为什么又给我一个能推出这个结论的前提：

前提 4：如果 1、2 和 3 是真的，那么 T 先生会以喝香槟为荣。

你必须把这个前提也加进去。”

*　　*　　*

唉，听到这儿我们都叹了一口气，因为既然 T 先生让我们给出更多的前提，这样就会没完没了，或者说是逻辑上没有尽头，尽管这场对话可能会有一个令人不爽的结局。刘易斯 · 卡罗尔曾精彩地写道：一只乌龟设置了这些挑战，而阿喀琉斯在笔记本中记下越来越多的前提，以证明自己的推理是正确的。他确实需要一本能无限书写的笔记本——当然，所有笔记本都能，但那是另一个关于空间无限分割的故事，正如第 33 节中那场赛跑的结论。

人们很容易认可这一点：通过提供更多的前提，演绎也无法被证实其合理性。因此，有些人说能证实特定演绎的，是它们能符合特定规则和逻辑组合，例如：所有的 S 都是 P；a 是 S；所以 a 就是 P。我怀疑这是否能让 T 先生闭嘴，因为一旦提出这样的规则，他就能再要求进一步的规则，比如我所提出的规则的其他应用，等等。此外，在解释这一切的时候，我们已经在进行这样的演绎推理了：如果你能接受 T 先生，你就该接受这一点。你确实接受了这一点，所以你就应该接受这一点。

“呃——呃——”

“怎么了，T 先生？你是怕给逻辑小姐添更多麻烦吗？”

“当然不是。我只想知道我是否能帮上你。”

“继续吧，T 先生。”

“这是你的错，容我冒昧，先生，你就是试图证明演绎推理的合理性。你可以试着解释一些东西，这可以理解。可能我逼你把这些评论写下来作为前提，在某些情况下可能会有帮助。画一些小图表可能也有帮助。这些有用的小技巧虽然能让你的眼睛忙起来，但不能让推论有效。一个推论想要有效，只需要简单证明，例如：通过前提 1、前提 2 得到结论。规则和模式，以及额外前提无法证明是从这些前提中得出，结论也不能由此得出。事实上，先生，规则和模式都是从特定的场景中得出的——比方说刚才说的香槟的案例。

“这也能提醒一些人，从前提‘某个形状是方形’中，就能有效得出这个形状有四条边。没有必要费力又错误地坚持，必须有另一个前提‘所有的方形都有四条边’才能得出这个结论。”

说完，T 先生走了，高高地抬起骄傲的头（也没多高，毕竟还是乌龟），嘴里“咕哝”着矮胖子和火鸡小姐讨论的事，他们认为归纳推理也需要理由。他还“嘀咕”着：“即使是在生活里，我们也要学会什么时候停止索取。”当然，考虑到他和阿喀琉斯的赛跑，T 怎么才能穿越时空，到达他理想的终点呢？对他而言——不是对我们而言——这仍然是一个谜。

98

到底谁是野蛮人

羊“咩、咩”（baa-baa）地叫着，这些叫声就像一堆外语，就像在用英语聊着流行科技甚至哲学话题。所以，就像古希腊人见到外邦人时那样，我们可能会把这些话当成“废话”（blah，blah）充耳不闻。而那些外邦人来自文明社会、文明语言之外——也就是希腊以外的“其他地方”。据说“野蛮人”（Barbarians）这个单词和概念就是这样来的——说着废话的外邦人。

野蛮人——就像古希腊人所描述的——强悍、繁荣、战无不胜，但他们缺少了某些东西——其中最缺乏的就是文明，像希腊这样的文明。

野蛮人通常居于城墙外侧，被人拒之门外。今天依然是这样，也可能一直会是这样。但是，他们同样也居于城墙内侧——在城市中，甚至在我们心中。野蛮可能是由社会推动的——通过法律、机构和某些当权者。野蛮也可体现在当代主义思潮、人们的态度和时代精神当中。

在今天，你内心深处觉得什么才是野蛮的行为？先抛开那些显而易见的答案，比如引发恐怖主义暴行的极端宗教、宗教不宽容或原教旨主义。我们先来反思一下，美好、文明的生活到底需要什么？就像在今天的西方社会，是什么腐蚀了美好的生活？我们先通过“野蛮”的概念来讨论这个难题：

今天谁是野蛮人？

我们会迅速意识到，美好、文明的生活是通过一定的竞争和科技进步来推动的。尽管，我们也会渴望不受科学成就影响的田园生活，但对许多人来说，自来水、夜里的灯光、美学和社会救济都是慷慨的恩赐，它们为人类的反思、文学、艺术留出了足够的余地。我们其实很清楚，这些社会进步同样推动了野蛮、庸俗甚至最低级的欲望，观众变成客户，艺术家变成商人，而教育机构追求利润。我们同样清楚，社会群体和物质缺乏的穷人，可能拥有我们缺乏的某些优雅和感性。他们也许能敏感地分辨细微的天气变化、鸟的栖息地或编织坐垫的材料，他们也许能从神话和传统中汲取灵感，他们可能对生命的意义有着微妙的把握，他们可能没有被个人的野心与贪婪所玷污。物质上的缺乏，显然并非野蛮的来由。

现代社会的一些野蛮行径立刻浮现在眼前：毫无理由的侵略、自私和商业主义推动的欲望。今天的英国和美国有一种风气，过分强调经济增长和奢侈的生活方式，并鼓励“赚得多，花得多”——再浪费更多。想想政府因为汽车销量爆发式增长而喜悦，想想人们彻夜排队就为了买最新款的手机，城市高管的待遇和球星的天价工资令人咋舌，跟其他同样努力奋斗的平凡工作者比起来，他们得到的似乎太多了。然后，随着时间推移，社会就会反映出更多的野蛮行为。

借用一种流行的说法，野蛮人是一种“物质主义”者。物质主义，包括日益增长的以自我为中心的消费，带着更多的个人欲望。无论钱包够不够厚，野蛮人都会炫耀金表、名牌和更豪华的汽车。他们渴望更多——更多的声色犬马，由于过度竞争，却逐渐缺乏想象力与精细化。数量至上主义和即时性消费——“我必须马上就有”——彻底打败了质量和品位、反思与沉淀。在旅途中，面对天空的色彩、威尼斯的教堂或卢浮宫的艺术品的沉思，如今让位于拍更多旅游照片，挤进人群多看一眼，上传更多的自拍，还有旅游购物清单。

为了纠正这种物质主义倾向，一些人转而投入宗教的怀抱。宗教经典通常会提醒人们关注精神，不鼓励过度的自我中心主义。

但某些教徒同样无视教义，行为粗鲁，轻易滋生出另一种野蛮——将信仰强加于人——强迫他人接受他们眼中的“美好”，如要求女性佩戴面纱或者将出轨认定为犯罪。

盲目从众也是一种野蛮，或许来自某宗教立场或意识形态。幸好，我们不必依靠宗教来抵制物质主义的庸俗。对上帝的信仰，不要求我们欣赏静美的落叶、激昂的乐章、巧夺天工的雕塑曲线，或对他人需求的感知——甚至，矛盾的是，不要求我们重视对某些经典的反思。请注意，因为只有“某些”经典的内容值得强烈抵制。

* * *

野蛮的来源其实只有一个——人类在不同环境中所遭遇的危险。物理还原论[1]、科学至上论——另一种截然不同的“物质主义”——把爱情、美的欣赏，以及我们面对苍天巨浪产生的敬畏，统统理解为“不过”是有待化学和进化心理学解释的物理变化。科学至上论可能会粗鲁地误导我们贬低对爱、

1 简单来说，物理还原论认为现实生活中的每一种现象都可看成是更低级、更基本的物理现象的集合体或组成物。

美甚至真理的追求，它得出结论说，野蛮人能做的、应该做的就是满足自身欲望。当然，假如科学至上论真的破坏了价值观，它也一定会破坏野蛮人的价值观（满足自身欲望）。

我们应该质疑物理还原论和科学至上论的观点。我们用哪一种科学定律才能讨论敬畏、美丽和对真理的追求呢？哪里有关于精美饰品、休闲皮包和套装裙的定律呢？的确，我们可以用敏感、敬畏和文雅的起源来解释，但它们现在的存在，并不是它们当初应该成为的样子。冰块又冷又硬，但如我们今天所知，它曾是由氢和氧原子组成的。

宁可做不易满足的苏格拉底，也不做一头容易满足的猪。

这句话来自我们在维多利亚时代认识的可爱的约翰·斯图尔特·穆勒。那些接受普遍的物质主义，或被科学至上论误导的野蛮人，遵循的是这句话里那只猪的生活方式。穆勒拒绝了猪的生活，欲穷千里目，追求更高层的快乐和修正后的人类天性——诗歌、音乐、大自然的乐趣，以及高尚、怜悯、诚实的品格。一旦领略那些更高层次的快乐，我们就会认识到它们的好——穆勒是这样认为的。当然他也有可能错了——关于生命的意义是什么，还有许多争论、推理和思考的空间。然而，选择这些争论、推理和思考的人，已经从野蛮人当中独立出来了。

请想象，三五知己举杯畅所欲言，话题涉及政治时事、流行肥皂剧的情节，或者香菜的烹饪方法。这种场面和那些低头刷手机的朋友毫无干系，那些人只是发着短信和微博，说自己正在喝酒，很累，正准备吃点儿什么。请想象一个养豚鼠、喂鸽子、欣赏新文艺运动的人，或者一个欣赏装饰艺术的人或努力学外语、弹钢琴、学习康德哲学的人，他会与那些怠于追求价值的人形成强烈比照。我们应该意识到，某些人的生活比那些毫无热情的精英生活更有成就感。我们至少要明白，一个人的歌声可能比其他人的歌声更能带来愉悦，一个球员可能比其他球员表现更突出，某些小说比普通的月度畅销榜首更能引发深刻的思考，以上这些，才是真正的精英主义的表现。

我们最好别把“幸福”作为人生的终极目标。幸福从来不是一种衡量标准——它也不应该是。更准确地说，幸福一词源于古希腊语 eudaimonia，如今正在大行其道。穆勒——还有许多其他学者——纷纷由衷地宣扬美好、幸福、繁荣的人类生活。无论满足于欲望和性爱、饮食，还是满足于懒惰和幸灾乐祸，它们都是有价值的。尤其是，当满足夹杂着某些敏感性与优越性时就更有价值——穆勒似乎低估了这一点。这种满足可能会出现在繁荣的生活中，更重要的是，它可能会出现在对旅行、园艺、星象学、诗歌、木工，甚至崇高的歌剧艺术进行的研究和体验当中。

繁荣的生活，需要我们以带有反思和更真实的方式来接受它。就像“我们的”真实的生活，具有想象力和感受能力——而且，通常是张开双臂，悦纳他人。当然，这样的生活依然存在风险——依然有可能变得更糟糕。就像有人开玩笑说：“尝试是失败之母。”在这儿我们又遇到了另一种野蛮：人们总是盼望一切顺利，认为我们就该活得这样幸福，一旦遇到意外，就渴望着要求补偿。

*　*　*

在卡瓦菲斯[1]（C. P. Cavafy）的诗歌《等待野蛮人》（*Waiting the Barbarians*）中，那些等待的人最终意识到并没有野蛮人要来，结果陷入了混乱。

1　卡瓦菲斯是希腊最重要的现代诗人，也是20世纪最伟大的诗人之一，其诗风简约，集客观性、戏剧性和教谕性于一身。

而现在，没有了野蛮人我们该怎么办？

而那些人，是一种方法的解答。

矛盾的是，我们恰恰需要野蛮人来保护、拯救我们，避免我们自己陷入野蛮。令人费解的是，很不幸，我们可能应该对那些不懂礼貌的人，那些通过闪烁的灯泡或凌乱的床表达美学的“艺术家”，那些追求名利的人，那些攫取更多财富却要求少缴税的商人和高管表达感激之情。当然，我们还得保持他们的地位。例如，伟大的经济学家凯恩斯认为，让一个暴君对银行存款实施极权统治，比让他对普通公民进行专制统治更好些，那些自私自利、自我中心的人应当在城市里游荡，而不该掌控权力的回廊[1]。这曾是正确的道理，但如今，在全球性的企业总部的权力回廊里，阻止野蛮的行为谈何容易。

野蛮人以其各种各样的表现帮我们意识到：生活中一定有比那些野蛮消费、炫富、歧视穷人等诸多行为更有价值的东西。

野蛮人可以提醒我们，怎样才能不去做这些事情。

1 指能暗中控制决策的权力中心。

99

这就是生命的意义

你在某天早晨独自醒来。你的家人和朋友不见了，他们都被你遗忘了，或者说再不会出现了。他们不再重要，任何事都不再重要，你只知道一件事情——痒。你奇痒难忍，位置就在你的肩胛骨下面，靠近背的中间，它会让你无法集中注意力。它刺激着你，让你紧张，真是邪恶，却也微妙——那些折磨你的人，制造出这种奇痒难忍，仅仅是为了看你扭动，却不让你去挠。你扭曲了你的胳膊，让它们拉伸、变形。你终于从奇痒难忍中得到解脱，多美妙的感觉，多么美妙的解脱！

现在，让我们思考这个故事的两个续集，看看会如何发展。我们暂且把这两个续集命名为《不满足》和《满足》。

《不满足》：多么美妙的解脱！但这种解脱是短暂的，你又有了另一种瘙痒。再一次，你左右扭动，抓挠着皮肤。然后又回归平静，但或者只是暂时的，瘙痒再一次开始。而且，一旦瘙痒停止，就会有更多的瘙痒，反反复复，在一定程度上刺激、触动着你的神经，每次的位置都不一样。当瘙痒出现时，你扭动着，蠕动着抓挠。生活就这样继续，不断地继续，继续着……痒和抓痒，痒和抓痒，痒……

《满足》：多么美妙的解脱！满足感充满了你的身体，痛苦的瘙痒消失了。你沐浴在幸福的感觉当中，瘙痒很快就会平息，这会让你感到满足。但是，一切到此为止，没什么再能激起你的兴趣——希望、欲望、好奇都没有了。太阳升起，划过天际，落下，生活没有任何阻碍，没有任何吸引力，没有任何困扰……你就是这样，这就是你生活的全部。

在我们的生活中，除了不满足和满足两种状态，还剩下什么呢？生活是一个由苦与乐、绝望和希望、家庭和朋友、工作和游戏、爱恋和运气、学习和失败、健康和疾病组成的万花筒。生活不仅仅是瘙痒和挠痒，然而，这些不都能归结于“瘙痒和挠痒”吗？这两种状态不就能代表生活中的一切吗？最终，我们刚才列出的那么多事情，全都关系到需要克服的不满足（痒），以及（如果幸运的话？）克服不满足的办法（抓挠）。这一切的意义是什么？

如果满足仅仅是来自克服不满足，那么，没有最初的不满足不是更好吗？然而，这样说似乎毫无意义——就像在说“当一颗卵石仅仅是为了当一颗卵石”。然而我们人类，就算满足了，往往也会飞快转变为不满足、无聊——苦于无聊的呻吟，因枯燥和空虚产生的叹息和泪水。我们甚至愤懑地抱怨，“生活有什么意义？！到底有什么意义？！”毕竟当一颗卵石还更好些。

为什么人比卵石更好呢?

在 19 世纪,“悲观主义哲学家”叔本华向我们强调人生是痛苦的——我们要么渴望自己缺少的东西,要么已经得到了自己渴望的东西。无论是哪一种,我们都会感到痛苦——我们因为得不到想要的东西(或者,因为当初得不到想要的,现在却得到了想要的)而感到空虚、无聊。的确,各种各样的意欲可能会彼此混杂、交错,我们会在不同的时刻感到满足(或不满足),但这种纠缠的痛苦和无聊,本身并不会缓解我们的痛苦和无聊。假如叔本华是对的,那么当一颗卵石,没有这些经历岂不是更好?如果我们都只是在海滩上和树下的小石子,那么所有生命的波澜和潮涌,都不会(我能这样说吗?)这样冲刷着我们。

叔本华说得不对,至少细节上不够严谨。生活中有许多事情,我们只是享受或强调克服它们的过程,至少是努力克服不满足的过程。正像人常说的——满怀希望地旅行,好过到达目的地。

假如我们认为,我们通过手段实现目标,就代表手段其实不重要,它缺少价值,只有目标才最重要,这也是错误的。我们的目标,是能攀上珠穆朗玛峰峰顶,但我们不关心任何攀登的手段。我们很想征服这座高峰,与暴风雪抗争,努力向上攀爬。万一(或者用“如果”更好)我们登上了顶峰,就实现了我们的目标,更是因为采用了正确的手段。我们所取得的成就,不能仅仅由结果来衡量,它还取决于过程和手段,假如我们是坐直升机或按个机器按钮就能瞬间到达顶峰,就会失去成功的吸引力,除非你追求的是成功坐上直升机,或者成功造出一台神奇的机器,按个按钮,就能瞬间转移。

叔本华的悲观主义当然也有合理之处,因为就多数人而言,人生的不如意十有八九。无论或多或少,苦难似乎都是无法避免的——即使是对于那些人生的胜利者来说。他们一样会面对家人、朋友和爱人的逝去，会发现随着年纪增长，身体越来越不听使唤，而且很有可能，我们有一天也会直接遭遇残疾或病痛的折磨，而且会持续很多年——随后就会经历死亡的痛苦。如今，我们对过去、现在、未来还有动物所遭受的折磨，都有了一定的认识，我们中的一些人，对物质的依赖越来越深——一本书、一套礼服、一辆爱车——有时，我们甚至觉得这些物品也有生命，一旦它们随着岁月损坏、磨损时，我们会感到由衷的难过。带着这样的反思，我们或许会同意——最快乐的人，其实就是从未出生过的人（我可以这么说）。

许多人会忍不住追问：生命的意义到底是什么？在发现生命的意义之前，我们应该为自己的生活创造出什么样的意义和目的呢？如果别人问我们生命的意义和目的是什么，应该如何作答？

有些人会说他们找到自己生命的意义，是通过抚养孩子，帮助穷人，或推动某些社会事业，帮助别人找到生命的意义。但这其实是逃避你真实的意义和目的——因为，你孩子的生活或者社会事业的意义又是什么？

不管我们如何回答，都会面临这样的难题。有些人转而追求永生不死，但它不比有限的生命更有意义。如果有限的生命存在根本的意义问题，那么无限生命也一样会有这个问题。在我们回答“追随上帝”或类似答案之前，必须先问一句：“追随上帝”还有“上帝的存在”，这些的意义又是什么？

我们应该也需要意识到：**某些东西虽然有价值，但不一定要有意义**。这是很久以前我们对“某些戏剧、音乐和文学的意义是什么”给出的答案。注意，我提出这种回答，也许是为了先人一步，虽然本书快要结束，但仍要追问“哲学的意义是什么”。对这个问题，我也可以给出一些答案。首先，哲学思考，会使我们认识到，世界上各种各样的人类活动都很有价值，却没有意义。哲学本身也是一种人类活动，一种富有价值的活动——我们很多人是因为哲学本身而重视它的，我们重视思考，尝试解释，我们在各种迷惑人的光环背后，精准地寻找万物的真相。

有些人的生命可能很有意义，尤其是那些平等看待其他宇宙生命及其个性的人。生命确实是有限的，但是，就像第 95 节所说的——我们是否有勇气面对永恒的生命呢？一旦意识到死亡的来临，许多人会满面愁容，忧郁地说："活着有什么意义呢？"而当他们摆出一种绝望、沮丧的姿态躺着等死的时候，生活却又发生了转机。请你们谨记一个关于意义的逻辑推论：**除了意义之外，没有任何的意义。**

让我们继续反思——就像第 77 节那样——类似这样荒谬的句子，在人类的生命中不断闪耀：从遥远的宇宙的角度来看，我们对生命意义的思考、对人类现状的忧虑，恰恰代表生命是有意义的。至少，对很多人而言，"想再活几年"的愿望和对永生的恐惧就是自相矛盾的。所谓讽刺，是指那些荒谬的、不协调的、博人一笑的东西。假如真的人生苦短，我们可能会退缩，而且会意识到自己的依恋和退缩，接着我们会嘲笑自己，放声大笑，最终接着去面对生活。毕竟，从浩瀚宇宙的角度来看，我们都不重要，一点儿也不重要。所以，我们还是要回到生活。

回到生活，确实是这样……虽然我们的生活仍然疑神疑鬼、担惊受怕、心有戚戚焉……

*　　*　　*

当一天天、一周周、一年年循环往复——当我们似乎永远要这样奔波，到不了任何地方（或到达某一个地方）——我们也许会同情被众神责罚的西西弗斯，他必须把巨石推向山顶，永远持续，因为巨石总是会滚落下来。在另一则希腊神话里也有类似的场景，伊克西翁（Ixion）被绑在着火的车轮上，永远旋转。叔本华苦于这些，苦思冥想之后得出了一种逃脱方法，正如第 91 节所说——人类都会沉迷于艺术，尤其是音乐。

通常情况下，我们不得不努力生存，努力实现目标，认为这是有意义的生命的一部分。但是，除了努力奋斗之外，我们确实还要拿出余力去做别的事。否则我们就会变得空虚、颓废，沉溺于某些没有实际价值的东西里，终日叹息。不过，这同样很有价值，比如我们可能会沉溺于某些有价值的东西，比如，在艺术的超然与神秘感（原谅我没有更好的词了）中迷失自我。无论是无神论者、不可知论者还是教徒，没有人能抗拒那些鼓舞人心的乐章，比如阿莱格里（Allegri）的《求主垂怜》和塔利斯（Tallis）的《寄望于他人》[1]。

借用那位悲观哲学家的话说：在我们心底闪现出了一丝乐观，审美的体验，为我们提供了“心甘情愿的苦役安息日”。一旦陶醉在对音乐的审美体验中——就像禅宗说的：“一叶障目，不见泰山。”——我们就会停止奋斗，我们对意义的一切追求，都会被遏止，并且逐渐遗忘。

矛盾在于，迷失自我，可能恰恰是我们的最佳状态。

1　1573 年作曲家塔利斯为庆贺女王伊丽莎白一世 40 岁生日而作。

结语

思考永无终点

无数渺小的思考填满了人的一生。

——维特根斯坦

结语——也叫总结——我好像还没得出任何结论吧。哲学的实践需要重新审视、思考、完善和提高。很久以前哲学提出的令人费解的难题，如今可以从新的角度、以新的眼光来看待。一代人最终揭示了前面几代人未能解释的含义。艺术同样可以接受一些新的观点。听听舞蹈家格特鲁德·斯坦因（Gertrude Stein）的故事吧——当她看到毕加索为她画的肖像时，她说画得一点儿也不像。而毕加索的回答是："没关系，它会像的。"与几个世纪前相比，社会变化很大，甚至几十年前我还在思考社会风气将会如何变化，至少会思考在许多国家，对动物福利、性取向、奴隶制度，以及我们在宇宙中的地位等问题的思考会如何变化。但这不等于说最新的观点一定是——总是——更好的观点。

我之所以在序言里引用“万物合谋”，是因为西方人常常轻易地忽视这一事实。我们的生活，与世界上其他国家的人交织在一起，我们的幸福生活，有一部分取决于那些看不到的可怜人，包括血汗工厂里的童工，还有种植园里的老者。**读一本哲学书，写一本哲学书，都是很有价值的活动。**但绝大多数人都没机会去做，而那些被欲望淹没的人，仅仅是在“活着”。我们应该牢记这一点。话虽如此，在这类活动上，我们哲学家通常会有一些特权——虽然这样说有些不好意思。

是该停止解释了

探讨哲学是一种持续性的活动。话虽如此——说“话虽如此”，就是在冒着一种自相矛盾的风险——我们可以得出一些稳定的道德原则。就像我在前文中指出的，我们不该无视共同的人性光辉和陌生人的困境。下面我还有一些要说的。

无论是通过对逻辑乌龟 T 先生，对做梦和知识论的思考，还是对道德的追求，我们都应该认识到，必须停止过度的解释了，应该停止了。

T 先生告诉我们如何理解一些简单的逻辑观点。到最后，如果还有人理解“如果所有的人都会死，而苏格拉底是人，那么苏格拉底最后会死”——那我就无话可说了。还有一些关于道德错误的案例，请回忆第 11 节关心暴徒的问题。纯粹为了取乐而虐待无辜女童，违背她的意愿，这是一种道德错误。我们可能会诉诸“假如是你”“感受那种恐怖和痛苦”“假如受害者是你的女儿呢”这类说法，从而推断出某些道德原则，但如果还是有人意识不到这种错误，那我更是无话可说。当然，也许我们应该做些什么，至少应该保持敏锐的眼光吧。

关于生命的意义、目的或价值观，这样的解释也该停止了。是的，无论我们能活多久，总是会思考“为什么”。我们试着寻找更多的解释，更多的意义，更多的理由。然而，总是渴望更多的答案，这本身就是一条死胡同。最后我们万般无奈，认为最终的答案在于某个超验的、超理性的存在，接受一种神秘的上帝神性。但是，这种神秘没有任何解释。本书第 99 节的最后一个难题关于“生命的意义”。这个问题偶尔会出现在我们面前，给我们很大压力。答案就是，试图找到超越一切的意义，这本身就没有意义。逻辑上都不存在的东西，不该是我们遗憾的原因。必须停止寻找意义了，就像我们应该停止解释了。

再回到道德问题，有些事情显然正确，我们不认为存在现实的困境。在现实中我们仍然会面对许多困境。柏拉图曾指出，假如人们对大和小——还有计算雅典的距离等——存在不同的标准，只要测量就能解决问题。但柏拉图继续说，对正义与不公、美和丑、善与恶的分歧，就会导致人们的愤怒和敌对。现实中常常会有一些根深蒂固的分歧，其中涉及的各种价值观无法调和：回顾一下第 94 节对艺术的看法，对与错之间的界限，并不总是那样明显，往往会有灰色地带。

当人类有什么好呢?

大卫·休谟说过：“我宁愿毁灭整个世界，也不愿伤害自己的手指。这没有违反理性。”他认为，好的推理能帮我们找到最佳方案——比如，去苏黎世的最快捷径，如何逃税，如何保存香槟。但是，好的推理，无法告诉我们应该追求什么样的目标，幸好，我们发现自己还有基本的欲望、偏好和情感，其中大多数都跟别人一样。幸好，我们还懂得表达同情和理解。

然而，我们要提醒休谟，偏好一样会被扭曲，导致更糟的结果。生于奴隶社会或在维多利亚时代扫烟囱的孩子，可能满足于他们的生活，因为他们不知道什么是更好的。就算有更好的机会，受害者也会因为伤害太深而无力把握机会。有些服刑犯仰赖监狱提供的权利，以至于出狱后又想方设法“二进宫”。泰戈尔说：“对那些不要自尊的人来说，忽视它们也许是一种公平，也不会给他们造成痛苦。”然而，即使没有肉体的痛苦，他们仍然在遭受虐待。他们应该享受更好的生活。

时代观念（Zeitgeist）——正在我们身上传播、蔓延，它始终影响着我们的偏好。例如，政府、媒体和企业领袖都宣称并重申企业家、金融家和企业领袖将不再创业、管理和领导，除非薪酬越来越高，包括不菲的签约金、奖金、低税收和不菲的辞职赔偿金（这很矛盾）。因此，可以说，财富、资本和收入的根本性不平等也都趋于合理。因此，今天的主要时代观念——至少在英国和美国是这样——已经被塑造，而且正在自我实现、自我延续，几乎没遇到任何阻碍。企业家、金融家和企业领袖通常会相信这一神话，认为他们值得拥有财富；只有财富才能验证他们的工作。神话传播，渗透了高校、卫生服务机构甚至一些慈善机构的领袖。这种观念，让人们认同追求财富最大化、占有更多财富——重点是，要比其他人占得更多。

哲学上的反思，可能有助于我们超越地看待，让我们对如今的时代观念及其相关的因素提出质疑，比如让我们质疑对生产规模、商业模式和利润的痴迷，这些东西把我们的每一天都变成购物狂欢节，还把教育、健康和艺术变成由市场价值主导的商品。请回忆“野蛮人”那一节（第98节）。当然，商贸、制造、技术、服务都有各自合理的作用，但不该是诱导人们尽量消费，忽略商品的实际价值。我们难道不应该对“过时的制造”，大量垃圾食品，把儿童培养成下一代消费者（仅仅是为了扩大企业的利润和权力）等现象表示遗憾吗?

许多人仅仅看重物质积累，对价值观的损失视而不见——忽视不平等，会导致富人傲慢地歧视穷人，这往往会导致穷人的不自信，还会带有仇富心理。

著名经济学家凯恩斯在本书中已经出现了多次，他曾对金钱作为成功和地位的标准而感到震惊:“这个时代的道德问题，就是金钱崇拜。”那是在1925年，而如果他看到今天显露出的社会风气，无疑会更加震惊，例如，某些国家的高层腐败阻碍了对贫困人口的救济。而在英国（我已经暗示过），还存在明星球员、公司董事和名人名家的天价薪酬，会计师、银行家明目张胆的避税、逃税行为。毫不奇怪，一些穷人对一切伤害自身尊严的东西都十分敏感。那些安逸、富有、自信，或者家境优渥的人，遇到服务员怠慢、付款错误和未接电话，应对的心态会相对轻松，而对于那些由于社会的拜金主义而遭受不公平的穷人来说，就不那么简单了。

拜金主义和社会不公平会导致许多贬值现象，有些显而易见，有些难以察觉，更多的介于两者之间。对作者我来说，足球的乐趣实在难以理解，但“足球产业”为本书提供了一个简单例子——似乎关系到货币引起的贬值。先不管国际足联腐败的事，只看英国联赛和俱乐部，是怎么为富得流油的俱乐部老板带来生意和社会地位的。想想那些高得可怕的转会费和薪金，以及随之而来的高票价、炫酷的周边商品和无法兑现的夺冠承诺。跟五十年前相比，英国足球更好了吗?那时的俱乐部老板和球员，往往真正代表了自己的城市，球迷能感觉到自己和球队同舟共济，而且说实话，那时候票房更好。

当富人买下许多艺术品——拉斐尔的、伦勃朗的、毕加索的——却深藏府库，不与观众分享，这些艺术品也会慢慢贬值。仅仅为了经济价值而创作的画，其实已渐渐被世人遗忘。当然，少数富人也曾是杰出的慈善家，他们出资建立了艺术画廊，普及音乐审美，支持医学研究和扶贫项目。这些人就是例外，而且做得很出色，不但言而有信而且值得表扬。通过前文的思考，我们知道他们的慈善捐款通常不会对自己的生活品质造成多么大的影响。相较之下，某些普通人却负担不起慈善捐款。

通过思考，我们能看得更深入一些。许多人——包括杰出的经济学家、政治家和媒体专家——认为税收是对富人的惩罚。“惩罚”是一个被误用的概念。随着人们对社会价值的认识，会逐步意识到社会稳定的好处——还会意识到企业的生存同样仰赖于基础设施、学校教育、警察和卫生服务，如果没有这些，社会就无法存在——意识到这一点，应该就能抵制某些对企业的妖魔化。如果能正确理解某些价值观，如正义、仁慈、勇敢，前面提到的“道德正确的时代精神”就失去了存在的可能，也不会导致社会贫富差距，更不会导致富人（甚至中产阶层）提倡减税，一说加税就打算逃到海外（请回忆第 76 节的勒索公司）。已经成功的男男女女，迫切地认为自己的成功是努力工作换来的，他们应该反思自己是有多么幸运没有生于贫困，没有绝望地逃离战火摧残的祖国，没有沦为淹死在地中海里的难民。他们应该反思自己是有多么幸运，因为他们有上天赋予的才华和热情，在有利自身发展的环境中奋斗。“白手起家，发家致富”这种特殊的例证，也无法证伪这一基本的规律。

通过思考，我也许就能挑战那些仅仅促进了压迫、不公正、不平等的宗教神话。有人提到“法律面前，人人平等”，但这一观点在今天已经被玷污了。一旦我们仔细审视，就会发现有些人根本无力承担法律的责罚，而对于某些生而优越的人，财富往往能够帮他们改变宣判的结果——正如第 94 节所提到的——审判结果可能取决于好运气、陪审团或大法官。《英国大宪章》宣称："余等不得向任何人出售、拒绝或拖延其应享之权利与公正裁判。"我们可能会叹一口气，因为许多人经常自豪地说，这些条款到今天仍是英国和其他国家权利的基石。

很明显，许多非宗教的信仰都属于科学至上主义。它们认为，所有的事物——美丽的夕阳、信守诺言的价值、爱情的滋润——都可以看成"不过"是一些不断自转的物理粒子。一些缺少信仰的人，把自然界看成待价而沽的商品。更有些人，仅能从字面上理解"自私的基因"，用它来错误地证明人类普遍的自私行为。相形之下，某些宗教的比喻似乎还更有味道——"人性是上帝的恩赐，值得尊重赞美。"用耶稣的话来讲就是："即使赚得世界，赔上性命又有何益？"[1]

我们需要从哲学角度更多地反思宗教的救赎——信仰使得某些人误以为动物是人类的工具，误以为拯救苍生要通过杀戮叛教者。即使是耶稣本人，据《路加福音》所说，也曾想杀害不承认他为王的人。还有一些看似不紧要却十分重要的是，有些人受到宗教的影响——基督教和其他宗教——在他人的行为与自己的虔诚信仰发生抵触时，会去毁坏文物和其他有价值的历史遗迹。即使在今天，这种破坏仍在持续。很显然，宗教信仰绝不是道德真理的可靠来源。

与宇宙形成一个微小的夹角

在讨论野蛮人时，我们认识了希腊大诗人卡瓦菲斯。E. M. 福斯特曾如此评价他："一位戴着草帽的希腊绅士，一动不动地站着，与宇宙形成一个微小

1 见《新约 · 马可福音》8:36。

的夹角。”哲学思考会让我们回忆起我们所知道的一切。我们一样也能站着，或者能够站起来，与宇宙形成一个微小的夹角——以我们自己的观点、自己的选择，站在自然与人文、思想、艺术的情境中——比如彼此寒暄的朋友，投来微笑的陌生女子，回忆听过的音乐，还有与爱人相处时诉说衷肠的小幽默。

因为哲学思考，我们对自己和他人的生活，获得了一种全新的认识。这种认识可能鼓舞人心、催人奋进，也可能是默然或忧郁，严肃或荒诞，理性或感性，稳定或多变。它可以帮助我们描绘天空，或栖居于诗意的大地，认识到我们自身的极限，还有难以避免的无谓苦难。无论这种认识是什么样的混杂产物——都是属于我们自己的认识，是关于理解自我生命的真相。这，就是我们可能成为的——也是将要成为的——人类，而且与宇宙形成了一个微小的夹角。

卡夫卡曾写道：“生命的意义在于结束。”作为人类也应当站在微小的视角，通过他人——最终也是通过我们自己——认识到活着的当下和生命的终结。当这种认识填满了我们的存在，那么——即使我们都在进行哲学思考——我们可能会再度渴望找到一些更深层的意义。尽管世界令人疲惫不堪，但是我们可能无法阻止自己去渴望一个终点，渴望一个永恒的未来。另外，谨记我们应该欢迎、拥抱生命中一切有价值的片段，无论多么短暂——因为，即使是一瞬的火花，也闪耀着永恒的光芒。我建议你们都来回忆一下。

我们所珍视的一切人和事，无论多么稀少，多么微不足道，都赋予了我们整个生命的意义与内涵——那些友谊、爱情、幽默与荒唐，充满魔力的交织着激情和光芒的声色回忆，那些美酒、文字和音乐的陶醉，那些惊奇和随意的沉思，让我们在蒙眬睡意中辗转反侧。当黎明到来，我们的感官极度渴望被波光粼粼的湖水唤醒。汹涌的波涛、神秘的月晕和倒影，还有让目光无限舒展的广阔天空，统统不复存在，令人费解的是，那时我们会迷失自己，变得不再是自己——而我们和他们的回忆，依然会持续存在，永远真实，真实地存在于一切时间之外。

对永远的情人来说，这样最好。
吹，号角响起，
狂野的回声飞扬；
回声，回答，
回答，死亡，
死亡，死亡。

——丁尼生[1]

1 英国维多利亚时代著名诗人。

致谢

《旧约·传道书》中说："太阳底下无新事。"本书中的这些悖论难题，虽然不是一直广为人知，但其所蕴含的哲学问题已经默默存在了成百上千年。把它们发掘出来，就是我的个人兴趣。因此，在这里，我要感谢许多哲学同行、讲座、会议、书籍、文章和研讨活动，还有我做过的一些美梦和噩梦——要感谢的太多了，但允许我先谢一部分。

对于我有限的哲学成就，我很感激多年前在伦敦大学学院和剑桥大学国王学院的求学经历，也要感谢最近在城市大学、纽约大学（伦敦），尤其是开放大学的许多学生和同事，还要感激皇家哲学研究所和伦敦亚里士多德学会为我举办的多场讲座。

思考和尖锐的噪声不共戴天，至少，对我跟我的许多同事、朋友来说是这样。这几年，伦敦市中心一直是个嘈杂的大工地。如果政客们愿意，他们肯定能促进减噪设备的推广。而且，事实上，人们有时会怀疑提倡发展的观点，通常这些倡议一旦被实现，某些建设行为就会破坏地方特色，并且会被利润、消费主义和富人的欲望所驱使。很多人会说这是一种卑鄙的行为。

提起远离噪声这件头等大事，本书大部分草稿我都是在大英图书馆里撰写的，那里有丰富的藏书、热心的管理员。遗憾的是，由于笔记本电脑和手机发出的噪声，我最近去得就少了。

这些酷炫的、喧闹的掌上玩物，都是微软和苹果公司的杰作。许多读者缺少对噪声的考虑、意识或缺少礼貌，很少会把手机关静音。最近我又躲进了雅典娜图书馆，感谢所有工作人员，感谢他们的礼貌、热心和对图书馆环境的维护。我同样感谢海藻俱乐部的会员，尤其是哈齐尔·泰莫里安和丹·科恩·谢伯克以及其他几位，他们的讨论和访谈涉及十分广泛的领域，虽说都是在哲学之外，却经常能激发我的哲学思考。

在我写作各个难题的不同阶段，许多人都出于有意或无意，给予我很大的帮助，这些人包括（不分先后）：尼克·埃弗瑞特、阿德里安·摩尔、安德鲁·哈维、乔纳森·沃尔夫、杰里·瓦尔伯格、马丁·霍尔特、杰拉德·利文斯顿、理查德·诺曼、朱利安·迈尔斯、尼克·罗梅洛、艾莉森·弗莱明、马尔科姆主教、大卫·布莱瑟威克、约翰·尚德、罗斯·艾莉森、乔纳森·卡兹、彼得·阿特金斯、雷·塔利斯、苏菲·海夫·格蕾丝·坎贝尔、杰里米·巴洛和斯蒂芬·威廉姆斯。另外，请允许我感谢这些积极鼓励我写作的人——我还要对那些暂时、长期在我记忆之外的人表示歉意。他们给予了我额外的帮助，有的是通过行动，有的是加油打气，我要感谢“同一个世界”小组的迈克·哈普雷、保罗·纳什和其他成员。对于最近一些发人深省的思考，我还要感谢道格拉斯·亨德利、保罗·弗莱彻、克里斯·高文以及妮娜·杜布尼，感谢他们对我的鼓励。

此外，我特别感谢迈克尔·克拉克、阿诺德·祖博夫、索菲·博拉特和德里克·马特勒福斯，尤其因为他们替我审读了书稿的不同版本和不同章节，经过了反复删改，本书才得以成形。

我要特别感谢奥西·汉夫林和劳伦斯·戈尔茨坦（你俩可别伤心了）。他们是优秀的哲学家和出色的人——而且，多年来，他们大大地提高了我的思维水平（这很有必要）。戈尔茨坦重新点燃了我对悖论的兴趣，前段时间还审读了本书大部分的初稿——富有洞察力和幽默、不乏调侃和友谊。此外，我还要感谢安吉拉·乔伊·哈维多年的鼓励和深入的哲学思考。

我在哲学道路上最大的恩人是阿登·莱昂（Ardon Lyon）。我从这位优秀的哲学家兼亲密朋友身上学到了很多。即使在我写作本书的时候，他也一直傻乎乎地劝我“别再出书了”。其实这是我“拖稿”的一种委婉借口。他所写的论文值得仔细阅读和思考。阿登经历了一番煎熬，审读了书中所有处在不同发展阶段的哲学难题。他为我提供了许多颇有裨益的洞见，有些实在没什么帮助，但有些很幽默、富有洞察力，有些甚至就是真理。偶尔，他还会为我提供苹果和管家服务，还经常放声大笑。

当然，这本书难免会有一些错误，人类总是需要在错误中学习。我承认，阿登是个真正的伙伴、哲学家和哲人，他帮我审读了所有章节（仅在初稿阶段），如果还有什么遗漏，麻烦你们去找他啊。毕竟，生活就是这么不公平，谁叫他有着宽厚肩膀，笑声又像大海呢。

上帝笑了 99 次：
哲学悖论里的大思考

[英] 彼得·凯弗 著
程水英 译

图书在版编目（CIP）数据

上帝笑了 99 次：哲学悖论里的大思考 /（英）彼得 · 凯弗著；程水英译 . —北京：北京联合出版公司，2019.2（2019.5 重印）
ISBN 978-7-5596-2760-5

Ⅰ . ①上… Ⅱ . ①彼… ②程… Ⅲ . ①哲学—普及读物 Ⅳ . ① B-49

中国版本图书馆 CIP 数据核字（2018）第 243792 号

THE BIG THINK BOOK: Discover Philosophy Through 99 Perplexing Problems

by Peter Cave

北京市版权局著作权合同登记号 图字：01-2018-7352 号

策　划	联合天际
责任编辑	杨芳云
特约编辑	王　微
美术编辑	冉　冉
封面设计	左左工作室

UnRead
思想家

ISBN	978-7-5596-2760-5
出　版	北京联合出版公司 北京市西城区德外大街 83 号楼 9 层 100088
发　行	北京联合天畅文化传播公司
印　刷	三河市冀华印务有限公司
经　销	新华书店
字　数	460 千字
开　本	700 毫米 × 980 毫米 1/16 36 印张
版　次	2019 年 2 月第 1 版 2019 年 5 月第 4 次印刷
定　价	78.00 元

关注未读好书

未读 CLUB
会员服务平台

本书若有质量问题，请与本公司图书销售中心联系调换
电话：(010) 5243 5752 (010) 6424 3832